# QUEEN ELIZABETH II.

*und die*

# KÖNIGLICHE FAMILIE

# QUEEN ELIZABETH II.

# *und die*

# KÖNIGLICHE FAMILIE

DK

Penguin Random House

**DK London**
**Cheflektorat** Angeles Gavira Guerrero
**Lektorat** Rob Houston
**Redaktion** Constance Novis, Helen Fewster
**Redaktionsleitung** Liz Wheeler
**Programmleitung** Jonathan Metcalf
**Art Director** Karen Self
**Bildredaktion** Sharon Spencer, Michael Duffy
**Designassistenz** Alex Lloyd
**Herstellung** Francesca Wardell, Mary Slater
**Umschlaggestaltung** Sophia MTT

**DK Delhi**
**Cheflektorat** Rohan Sinha
**Lektorat** Sreshtha Bhattacharya, Anita Kakar
**Redaktion** Vibha Malhotra, Priyaneet Singh
**Bildredaktion** Shreya Anand, Upsana Sharma, Sudakshina Basu
**Herstellung** Balwant Singh, Pankaj Sharma
**Umschlaggestaltung** Suhita Dharamjit, Saloni Singh
**Bildrecherche** Sakshi Saluja

Für die deutsche Ausgabe:
**Programmleitung** Monika Schlitzer
**Redaktionsleitung** Caren Hummel
**Projektbetreuung** Andrea Göppner
**Herstellungsleitung** Dorothee Whittaker
**Herstellungskoordination** Arnika Marx
**Herstellung** Inga Reinke

Titel der englischen Originalausgabe:
Queen Elizabeth II. and the Royal Family



**Gesamtproduktion** SAW Communications, Redaktionsbüro Dr. Sabine A. Werner, Mainz
**Übersetzung** SAW Communications: Martina Fischer, Sonja Häußler, Norma Keßler und Christa Trautner-Suder
**Lektorat** SAW Communications: Julia Gilcher, Marc Niemeyer, Anna Ueltgesforth, Dr. Sabine A. Werner
**Satz** SAW Communications in Zusammenarbeit mit Anke Enders – alles mit Medien, Mainz
**Vorwort** Kristin Freter

ISBN 978-3-8310-3034-7

**Druck und Bindung** Leo Paper Products, China

Besuchen Sie uns im Internet
**www.dorlingkindersley.de**

# BERATUNG

**Joe Little** ist seit 16 Jahren leitender Redakteur des Magazins *Majesty*. Seit er 1994 erstmalig im Ausland über den historischen Staatsbesuch von Queen Elizabeth II. in Russland berichtete, hat er viele der Reisen verschiedener Mitglieder der königlichen Familie begleitet. Little steht der BBC bei vielen wichtigen königlichen Anlässen beratend zur Seite. Unter anderem war er an Projekten wie der Hochzeit des Prince of Wales mit Camilla Parker Bowles im Jahre 2005, den Feierlichkeiten zum 80. Geburtstag der Königin im folgenden Jahr, der Hochzeit von Prince William und Catherine Middleton und zuletzt der Parade *Trooping the Colour* beteiligt.

# AUTOREN

**Susan Kennedy** war im Verlagswesen als Redakteurin für Enzyklopädien und Geschichtsatlanten tätig. Sie war an der Entstehung von über 15 Büchern für Erwachsene und junge Leser beteiligt und interessiert sich besonders für Geschichte und zeitgenössische Kultur.

**Stewart Ross** ist Lehrer, Dozent und ein preisgekrönter Autor geschichtlicher Bücher für Erwachsene und Schüler. Zu seinen Veröffentlichungen über die britische Monarchie zählen Titel wie *The British Monarchy From Henry VIII*, *Monarchs of Scotland* und *The Stewart Dynasty*.

**R. G. Grant** hat bereits über 30 Bücher veröffentlicht, von denen sich viele mit historischen und militärgeschichtlichen Themen beschäftigen. Er hat Titel über die Amerikanische Revolution, den Ersten und Zweiten Weltkrieg sowie den Vietnamkrieg veröffentlicht und ist Autor mehrerer Bücher bei DK.

**Joel Levy** ist Autor und Journalist. Unter seinen vielen Büchern über Geschichte finden sich Titel wie *History's Worst Battles*, *History's Greatest Discoveries* und der im DK Verlag erschienene Titel *Geschichte der Welt*.

**Ros Belford** hat zahlreiche Reisetitel für DK geschrieben, in denen sich ihr Interesse für Geschichte, Geografie und Biografien mit ihrer Liebe zum Reisen vereint. Sie ist besonders interessiert an der Rolle von Frauen in der Geschichte.

# INHALT

# 3

# 4

5

# DIE KÖNIGSFAMILIE HEUTE

# Vorwort

Während Premiers und Regierungen kommen und gehen, ist das englische Königshaus der Inbegriff von Stabilität und Kontinuität. Seit mehr als 64 Jahren ist Queen Elizabeth II., die am 21. April 1926 in London zur Welt kam, offizielles Staatsoberhaupt des Vereinigten Königreichs von Großbritannien und Nordirland sowie von über 15 Staaten des *Commonwealth of Nations*.

Darüber hinaus ist Elizabeth II. die am weitesten gereiste Regentin in der Geschichte. Das Arbeitspensum der vierfachen Mutter, achtfachen Großmutter und fünffachen Urgroßmutter ist enorm: Mit einem stets vollen Terminkalender von über 400 Terminen pro Jahr ist sie noch weit vom Ruhestand entfernt. Sie repräsentiert ihr Land auf höchster Ebene, doch mit politischen Aussagen hält sie sich stets zurück – dafür ist das Parlament zuständig. Vielleicht ist es gerade dieses besondere Zusammenspiel von Jahrhunderte alter Tradition und demokratischer Machtenteilung in der konstitutionellen Monarchie, das heute auf viele eine Faszination ausübt.

Mit Deutschland verbindet die durch und durch britisch anmutende königliche Familie mehr als man auf den ersten Blick meinen könnte: Die deutschen Wurzeln der Windsor lassen sich bis zu König Georg I., dem Begründer des Hauses Hannover, zurückverfolgen. Von 1871 bis 1918 folgten die Hymne des deutschen Kaiserreichs und die Großbritanniens sogar derselben Melodie. Doch der Erste Weltkrieg setzte der engen Verbindung zu Deutschland ein Ende. Im Juli 1917 verzichtete George V. für sich und alle Nachkommen auf seine deutschen Namen und Titel und benannte sich nach dem Ort, an dem die britische Königsfamilie ihren Sommersitz hat: Windsor. Das Stammbuch Sachsen-Coburg und Gotha war damit zugeschlagen.

Während des Zweiten Weltkriegs hielten die Windsors ihrem Volk die Treue: Anstatt sich selbst oder die beiden Prinzessinnen zu evakuieren, blieben sie in London. Mit gerade einmal 14 Jahren hielt Elizabeth ihre erste Rundfunkansprache in der *Children's Hour* der BBC, um anderen Kindern in diesen finsteren Zeiten Mut zuzusprechen.

Erst 1965 betrat Elizabeth II. als Königin zum ersten Mal deutschen Boden – und würdigte damit den Neuanfang des Landes als demokratische Republik. Auf ihrer elftägigen Rundreise wurde sie begeistert gefeiert. Seitdem erfreut sich „die Queen" in Deutschland großer Beliebtheit. 50 Jahre und fünf offizielle Staatsbesuche später wurde auch ihre jüngste Deutschlandreise 2015 von vielen Tausend Fans freudig begleitet.

Das vorliegende Buch zeichnet ein umfassendes Porträt der am längsten regierenden Monarchin Großbritanniens. Reich bebildert mit über 400 Fotografien ermöglicht es spannende Einblicke in das öffentliche und private Leben der königlichen Familie und bringt dem Leser Queen Elizabeth II. damit noch ein wenig näher.

Berlin 1965

Bei ihrem ersten Staatsbesuch in Deutschland hält Elizabeth II. eine Ansprache vor dem Schöneberger Rathaus. Unter den Zuhörern befinden sich Bundeskanzler Ludwig Erhard *(links)* und der Regierende Bürgermeister von Berlin, Willy Brandt *(links außen)*.

DEPENDENCIES
OF THE EMP
CORONATION
SOUVENIR 1911
ASIA

# 1 DAS HAUS WINDSOR

## 1911 – 1947

« Keksdose zur Erinnerung an die Krönung von King George V. und Queen Mary, 1911

# DAS HAUS WINDSOR
## 1911–1947

### 1911

**24. JUNI 1911**
Elizabeths Großvater George V. wird gekrönt.

**4. AUGUST 1914**
Großbritannien erklärt Deutschland den Krieg.

» Krönungstasse George V.

**DEZEMBER 1914**
Der *Queen's Work for Women Fund* wird von Queen Mary gegründet, um die Soldaten mit Kleidung zu unterstützen. George V. besucht erstmals das britische Hauptquartier an der Westfront. Die deutsche Marine überfällt Scarborough, Hartlepool und Whitby, es gibt 137 Tote und 592 Verletzte.

**7. MAI 1915**
Das britische Passagierschiff *Lusitania* wird versenkt, 1198 Zivilisten sterben.

Auf diesem Soldatenfriedhof im nordfranzösischen Ovillers liegen viele Gefallene der Schlacht an der Somme.

**31. MAI 1915**
Deutsche Zeppeline bombardieren London.

**9. JANUAR 1916**
Nach dem Sieg der osmanischen Truppen werden die letzten britischen Truppen aus dem türkischen Gallipoli abgezogen.

**MAI 1916**
Die Getreidevorräte in Großbritannien gehen zur Neige. Der König bittet die Familien, den Brotverbrauch zu senken. Die *Women's Land Army* wird gegründet, um die Agrarproduktion zu erhöhen.

**1. JULI–18. NOVEMBER 1916**
Mehr als eine Million Soldaten sterben an der Somme.

**2. MÄRZ 1917**
Zar Nikolaus II., der Cousin von George V., dankt ab.

**17. JULI 1917**
George V. verfügt für das britische Königshaus die Änderung des deutschen Namens Sachsen-Coburg und Gotha zu Windsor.

### 1918

**FEBRUAR 1918**
King George gibt seine königliche Zustimmung zum *Representation of the People Act*, der unter anderem Frauen über 30 das Wahlrecht einräumt.

**17. JULI 1918**
Zar Nikolaus II. und seine Familie werden von bolschewistischen Revolutionären ermordet; die europäischen Königsfamilien sind erschüttert.

**11. NOVEMBER 1918**
Deutschland unterzeichnet ein Waffenstillstandsabkommen mit Großbritannien. Ein Brief von George V. wird vervielfältigt und an alle heimkehrenden Kriegsgefangenen verteilt – der erste Akt der Massenkommunikation eines Monarchen.

**11. NOVEMBER 1920**
King George V. enthüllt das Kriegerdenkmal in Whitehall. Der Leichnam des unbekannten Soldaten – eines nicht identifizierten britischen Soldaten, der im Ersten Weltkrieg starb – wird in der Westminster Abbey beigesetzt.

**21. NOVEMBER 1920**
Am *Bloody Sunday* tötet die Irisch-Republikanische Armee (IRA) in Dublin 14 britische Undercover-Agenten. Als Vergeltung feuern Einheiten der *Auxiliary Division of the Royal Irish Constabulary* bei einem Gaelic-Football-Spiel im Croke Park gezielt in die Zuschauer. 14 Menschen werden getötet und mehr als 60 verletzt.

**JUNI 1921**
Die Zahl der Arbeitslosen erreicht 2,2 Millionen.

**11. NOVEMBER 1921**
*Poppy Day* – erstmals wird wird an diesem Tag mit Mohnblumen an die im Ersten Weltkrieg gefallenen Soldaten erinnert.

« Mohnblumen erinnern an den Ersten Weltkrieg.

**1922**
Nach dem Krieg erreicht das Empire seine größte Ausbreitung. In ihm lebt mehr als ein Viertel der Weltbevölkerung.

**DEZEMBER 1922**
Der Irische Freistaat mit George V. als Staatsoberhaupt entsteht. Sechs Grafschaften im Nordosten Irlands – das heutige Nordirland – treten ihm nicht bei.

### 1923

**26. APRIL 1923**
Georges zweitältester Sohn Albert, Duke of York, heiratet in der Westminster Abbey Elizabeth Bowes-Lyon. Aus der Ehe gehen zwei Töchter, darunter die heutige Queen Elizabeth II., hervor.

Hochzeit des Duke und der Duchess of York

**23. APRIL 1924**
George V. ist bei der Eröffnung der *British Empire Exhibition* in dem eigens dafür gebauten Wembley-Stadion als erster britischer Monarch im Radio zu hören.

**16. JANUAR 1926**
Ein Hörspiel der BBC über einen fiktiven Arbeiteraufstand in London führt zu Panik.

**21. APRIL 1926**
Geburt der zukünftigen Queen Elizabeth II.

**3. MAI 1926**
Ein Generalstreik im gesamten Land schürt Revolutionsängste.

**13. MAI 1927**
George V. ändert seinen Titel in König des Vereinten Königreichs von Großbritannien und Nordirland und erkennt damit an, dass der Irische Freistaat nicht mehr Teil des Königreiches ist.

**1929**
Die BBC testet erstmals eine Fernsehausstrahlung.

**DEZEMBER 1930**
Die Zahl der Arbeitslosen steigt auf 2,5 Millionen.

Bis 1917 verriet der Name Sachsen-Coburg und Gotha die deutschen Wurzeln des britischen Königshauses. Doch während des Ersten Weltkriegs sah sich King George V. dazu gezwungen, den Namen in Windsor zur ändern. Nach dem Krieg stand die britische Königsfamilie, in die Elizabeth II. am 21. April 1926 hineingeboren wurde, vor der schwierigen Herausforderung, zu einer neuen gesellschaftlichen Rolle zu finden. Doch statt auf Kontinuität im eigenen Haus bauen zu können, musste die Abdankung Edwards VIII. verkraftet werden, durch die Elizabeths Vater überraschend zum König wurde.

**1931** | **1938** | **1943**

**1931**
Edward, der älteste Sohn von George V., gründet den *National Relief Fund* zur Unterstützung der Arbeitslosen.

**24. AUGUST 1931**
Aufgrund der schweren Folgen der Weltwirtschaftskrise wird auf Anraten von George V. eine Allparteienregierung gebildet.

**11. DEZEMBER 1931**
Das *Statute of Westminster* ist der erste Schritt vom British Empire zum Commonwealth.

**OKTOBER 1932**
Oswald Mosley gründet die *British Fascist Party*. Sogenannte „Hungermarschierer" erreichen London und liefern sich dort Schlachten mit der Polizei.

**25. DEZEMBER 1932**
BBC Radio überträgt die erste königliche Weihnachtsbotschaft von George V.

**9. FEBRUAR 1933**
Der Debattierklub der *Oxford Union* stimmt für die Aussage „Dieses Haus wird keinesfalls für seinen König und sein Land kämpfen".

**12. AUGUST 1933**
Churchill hält seine erste öffentliche Rede über die Gefahren der deutschen Wiederbewaffnung.

**21. JANUAR 1934**
Etwa 10 000 Menschen besuchen in Birmingham eine Wahlkampfveranstaltung der *British Union of Fascists* von Oswald Mosley.

**11. JULI 1934**
Im Rahmen des neuen Luftverteidigungsprogramms erhält die Royal Airforce 41 zusätzliche Geschwader.

**6. MAI 1935**
Der schwer erkrankte King George V. feiert sein Silbernes Thronjubiläum.

**10. DEZEMBER 1935**
Der englische Physiker James Chadwick wird für die Entdeckung der Neutronen mit dem Nobelpreis ausgezeichnet.

**20. JANUAR 1936**
King George V. stirbt. Elizabeths Onkel Edward, Prince of Wales, folgt ihm als King Edward VIII. auf den Thron.

» Porträt von Edward VIII.

**7. MÄRZ 1936**
Deutschland besetzt das Rheinland, eine nach dem Versailler Vertrag entmilitarisierte Zone.

**OKTOBER 1936**
Es kommt zur „Schlacht in der Cable Street" zwischen der *British Union of Fascists* und Antifaschisten. 207 arbeitslose Minenarbeiter marschieren von Jarrow nach London.

**10. DEZEMBER 1936**
Edward VIII. dankt ab. Elizabeths Vater Prince Albert wird King George VI. und Elizabeth damit Thronfolgerin.

**12. MAI 1937**
Krönung von George VI.

**9. JULI 1938**
Alle britischen Zivilisten erhalten Gasmasken.

**29. SEPTEMBER 1938**
Premierminister Neville Chamberlain und Hitler unterzeichnen das Münchner Abkommen, das den Weg für die deutsche Annexion des Sudetenlands frei macht.

**27. APRIL 1939**
Die Wehrpflicht wird eingeführt – alle Männer ab 21 müssen eine sechsmonatige militärische Grundausbildung absolvieren.

**JUNI 1939**
Elizabeths Eltern, George VI. und seine Gattin Elizabeth, besuchen die USA und Kanada, deren Unterstützung im Kriegsfall entscheidend ist.

**ENDE AUGUST/ANFANG SEPTEMBER 1939**
Aus allen großen britischen Städten werden Kinder aufs Land gebracht; Mobilmachung von Armee und Marine; Verdunklungspflicht für das gesamte Land. Am 3. September erklärt Großbritannien Deutschland den Krieg.

» King George VI. und US-Präsident Franklin Roosevelt

**JANUAR 1940**
Großbritannien zieht 2 Millionen 19- bis 27-Jährige ein. Lebensmittel werden rationiert.

» Lebensmittelration für britische Soldaten im aktiven Dienst

**4. JUNI 1940**
Ende der Evakuierung von Dünkirchen. Churchill hält eine seiner berühmten Kriegsreden.

**JULI–OKTOBER 1940**
Die Luftschlacht um Großbritannien beginnt. Im sogenannten *London Blitz* bombardiert die Luftwaffe die Stadt an 57 aufeinanderfolgenden Nächten.

**NOVEMBER/DEZEMBER 1940**
Deutsche Luftschläge werden auf Industriestädte wie Coventry, Birmingham, Manchester und Liverpool ausgeweitet, Hunderte Menschen sterben.

**1941**
Der *National Service Act* wird verabschiedet.

**26. JANUAR 1942**
Erste US-Kampftruppen kommen in Belfast an.

**25. FEBRUAR 1942**
Princess Elizabeth meldet sich mit 15 Jahren zum Kriegsdienst.

**NOVEMBER 1942**
Wichtige Siege der Alliierten in der 2. Schlacht von El Alamein sowie in Tobruk.

**MAI–SEPTEMBER 1943**
Luftangriffe auf deutsche Talsperren und der Einmarsch der Alliierten in Sizilien und Italien heben die Moral.

» Elizabeth II. im Einsatz

**NOVEMBER 1943**
Evakuierung der Salisbury Plain und von Teilen von Devon als Vorbereitung der Landung in der Normandie.

**6. JUNI 1944**
Am D-Day landen 155 000 alliierte Soldaten an den Stränden der Normandie.

**MÄRZ–APRIL 1945**
Die letzte Aktion des Feindes auf britischem Boden ist der Einschlag einer V1-Rakete in Hertfordshire. Am 15. April befreien britische Truppen das Konzentrationslager Bergen-Belsen.

**8. MAI 1945**
Churchill hält seine Siegesansprache und tritt mit der königlichen Familie auf den Balkon des Buckingham Palace. Im ganzen Land wird der *Victory in Europe Day* gefeiert.

**29. MAI 1946**
Princess Elizabeth und Philip Mountbatten werden erstmals zusammen fotografiert.

1865–1936

# George V.

## „Mit **geballter Faust** kann man sich **nicht die Hand reichen.**“

GEORGE V. ÜBER FRIEDENSVERHANDLUNGEN IM ERSTEN WELTKRIEG

Elizabeths Großvater, King George V., übernahm 1910 den Thron von seinem weltgewandten, beliebten Vater Edward VII. George wirkte weniger charismatisch, er war pflichtbewusst, pflegte keine Extravaganzen und verhielt und kleidete sich wie ein durchschnittlicher englischer Landbesitzer. Er jagte gerne, segelte und sammelte Briefmarken. Die Verantwortung seines Amtes lastete schwer auf ihm, und so zog er sich gerne ins Privatleben zurück. Aber genau dieser zurückhaltende König erwies sich als der ideale Monarch für ein Land in schweren Zeiten.

### Karriere in der Navy

Als zweitem Sohn des Prince of Wales wurde George die Königsrolle nicht in die Wiege gelegt. Er wurde Offizier in der Royal Navy, während sein älterer Bruder sich auf sein zukünftiges Amt vorbereitete. Prince George war zufrieden mit seiner Rolle, gelangte durch seine Leistung zu hohem Rang und fuhr gerne zur See. Dieses ruhige, relativ normale Leben endete 1892 mit dem frühen Tod des Bruders.

### Zukünftiger König

Im Alter von 26 fiel George die Rolle seines Bruders als zukünftiger König ebenso wie dessen Verlobte zu, Mary of Teck, genannt „May". Trotz der unglücklichen Umstände, die zu ihrer Ehe führten, entwickelte das Paar wohl Liebe und Zuneigung zueinander. George wurde ein treuer und liebevoller Ehemann, dem die Unterstützung seiner Frau viel bedeutete.

King George V.
Das offizielle Porträt des Königs in der Krönungsrobe. Der Großvater von Elizabeth II. gab nicht viel auf extravagante Kleidung, beugte sich aber pflichtbewusst den Kleidervorschriften für solche Anlässe.

Enge Bindung
Der junge Prince George mit seiner Mutter Queen Alexandra. Edward VII. und Alexandra waren warmherzige und liebevolle Eltern, insbesondere George hatte eine sehr enge Bindung zu seiner Mutter.

### Familienleben

Typisch für die Bescheidenheit von George ist seine Entscheidung für das York Cottage auf dem Gelände der königlichen Residenz Sandringham als Haus für die Familie. Das königliche Paar hatte sechs Kinder – David (1894), Albert (1895), Mary (1897), Henry (1900), George (1902) und John (1905). Der Zweitgeborene, Albert, ist der Vater von Elizabeth II. George V. war als Vater streng, disziplinbewusst und wenig emotional. Es heißt, seine Söhne hätten Angst vor ihm gehabt. Die Kinder litten aber wohl eher unter der häufigen Abwesenheit ihrer Eltern, denn nach der Thronbesteigung von Edward VII. 1901 musste das Paar seine Kinder bis zu sechs Monate am Stück alleine lassen, wenn es in entfernte Teile des Empires reiste. Die Kinder wurden dann von Angestellten betreut.

### Thronbesteigung

Der Tod von Edward VII. im Mai 1910 traf George hart. „Ich habe meinen besten Freund und den besten Vater verloren", schrieb er in seinem Tagebuch. Er bestieg den Thron in politisch schweren Zeiten: Zwischen der liberalen Regierung und dem konservativen Oberhaus gab es Konflikte, die Suffragetten kämpften für das Wahlrecht der Frauen, irische Nationalisten stritten für die Home Rule, und die Gewerkschaften drohten mit Massenstreiks. Zum Glück hatte Edward seinem Sohn viel über die Arbeit eines Monarchen beigebracht und ihm kluge Berater an die Seite gestellt. George V. versah sein Amt in der konstitutionellen Monarchie mit Würde und Pflichtbewusstsein. Er war in politischen wie auch moralischen Dingen konservativ, mischte sich aber nie direkt in politische Fragen ein.

**Familienporträt**
Auf dem Foto (Balmoral, 1906), steht George neben Mary, die John auf dem Arm hält. Die anderen Kinder sind, von links nach rechts, Princess Mary und die Prinzen Henry, George, David (später Edward VIII.) und Albert (George VI.), der Vater von Queen Elizabeth II.

### Der Erste Weltkrieg

Seine Rolle während und nach dem Ersten Weltkrieg brachte George V. viel

„Versuche, von **ihrem Lohn zu leben,** bevor du **urteilst.**"

GEORGE V., 1926

Anerkennung, aber der Sturz seines Cousins Zar Nikolaus II. in Russland und von Kaiser Wilhelm II. in Deutschland führten ihm deutlich vor Augen, wie schnell die Gunst des Volkes schwinden kann. Die Monarchie musste sich Loyalität erarbeiten und verdienen. Auch wenn es vor allem die Aufgabe seines ältesten Sohnes, des charismatischen Prince of Wales, wurde, die Monarchie volksnäher zu gestalten, so akzeptierte George V. doch die Notwendigkeit, in Kontakt mit seinem Volk zu treten, wofür er vor allem das neue Medium Radio nutzte. 1924 musste er Ramsay MacDonald mit der Bildung der ersten britischen Labour-Regierung beauftragen, was viele als Vorbote einer Revolution deuteten. Der König sah den Aufstieg der Labour Party gelassener. „Sie haben andere Vorstellungen als wir, denn sie sind alle Sozialisten", sagte er zu seiner Mutter, „aber sie sollen eine Chance erhalten und fair behandelt werden."

### Krankheit und Tod

Ab Mitte der 1920er-Jahre litt der König an einer schweren Lungenkrankheit. Im Herbst 1928 wäre er fast gestorben und wurde im folgenden Jahr zweimal operiert. Seine Enkel, darunter die zukünftige Elizabeth II., waren ihm in dieser Zeit eine große Freude. Er war ihnen gegenüber warmherziger als bei den eigenen Kindern. Seinen ältesten Sohn, den Prince of Wales, sah er kritisch und bevorzugte seinen pflichtbewussteren zweiten Sohn Albert, Elizabeths Vater. Zweifellos passte George V. nicht in die Zeit. Er war konservativ und wenig weltoffen. Neuerungen wie Cocktails lehnte er ebenso wie gesellschaftliche Entwicklungen wie Scheidung und rauchende Frauen ab. Seine Seriosität und Bescheidenheit machten ihn beim Volk dennoch beliebt. Nach seinem Tod im Januar 1936 erwiesen über 800 000 Menschen dem Verstorbenen in der Westminster Hall die letzte Ehre.

**Der Monarch und sein Empire**
Eine Postkarte zur Erinnerung an die Krönung von George V. betont die Rolle des Königs als Zentrum des britischen Empires und der verschiedenen Nationen des Vereinigten Königreiches.

**CHRONIK**

- **3. Juni 1865** Geburt im Marlborough House, London, als zweiter Sohn von Edward, Prince of Wales, und Alexandra
- **Januar 1892** Tod seines älteren Bruders; er wird Thronfolger und Duke of York.
- **6. Juli 1893** Hochzeit mit Mary of Teck im St James's Palace, London
- **November 1901** Wird Prince of Wales, als sein Vater den Thron besteigt
- **6. Mai 1910** Thronbesteigung nach dem Tod des Vaters
- **1911** Krönung in Westminster Abbey (22. Juni); am 12. Dezember in Delhi formal als Kaiser von Indien eingesetzt
- **Juli 1914** Gastgeber einer Allparteienkonferenz, um die Irlandfrage zu lösen
- **4. August 1914** Großbritannien tritt in den Ersten Weltkrieg ein.
- **Oktober 1915** Verletzung nach einem Sturz vom Pferd bei einem Truppenbesuch in Frankreich
- **März 1917** Ablehnung des Asylersuchens von Zar Nikolaus II. nach dessen Abdankung in Russland
- **17. Juli 1917** Änderung des Namens des Königshauses von Sachsen-Coburg und Gotha auf Windsor
- **11. November 1918** Waffenstillstand beendet Ersten Weltkrieg
- **11. November 1920** Enthüllung des Kriegerdenkmals in Whitehall zur Erinnerung an die Kriegstoten
- **22. Juni 1921** Eröffnung der ersten Parlamentssitzung von Nordirland in Stormont in Belfast
- **23. April 1924** Bei der Eröffnung der *British Empire Exhibition* in Wembley hält der Monarch seine erste Radioansprache.
- **21. April 1926** Geburt von Elizabeth Alexandra Mary, der späteren Queen Elizabeth II.

DER GENESENDE KÖNIG MIT DER KÖNIGIN

- **1928** Schwere Lungenerkrankung, Genesungsphase bis 1930
- **25. Dezember 1932** Erste Weihnachtsansprache des Königs im Radio
- **6. Mai 1935** Nach 25 Jahren auf dem Thron wird sein Silbernes Thronjubiläum groß gefeiert.
- **20. Januar 1936** Tod in Sandringham; Beisetzung in der St.-Georgs-Kapelle in Windsor Castle am 28. Januar

**Feierliche Parlamentseröffnung**
King George V. und Queen Mary, die Großeltern von Queen Elizabeth II., fuhren im Jahr 1924 anlässlich der Eröffnung des Parlaments in dieser Prunkkutsche durch die Stadt.

Königliche Residenz

# Windsor Castle

**Das sagenumwobene Windsor Castle ist das älteste bewohnte Schloss der Welt. Seit fast 1000 Jahren ist es das Heim der britischen Königsfamilie, und man sagt, die Königin halte sich hier am liebsten auf. Das Schloss ist Schauplatz bedeutender königlicher Zeremonien.**

Wenn die königliche Wappenstandarte auf dem Round Tower weht, ist Queen Elizabeth zu Hause in diesem ehrwürdigen Schloss, auf das der Name der königlichen Familie zurückgeht. Windsor Castle soll auf einem alten Lager von König Artus errichtet worden sein; Historiker erzählen jedoch eine andere, aber ebenfalls faszinierende Geschichte: Der Bau reicht zurück bis zu den ersten Jahren der normannischen Herrschaft, in der ein ständiger Kampf mit den Baronen stattfand und die Macht mit dem Schwert erhalten wurde.

### Mittelalterliche Festung

Windsor wurde im Jahr 1070, vier Jahre nach der Schlacht von Hastings, von Wilhelm dem Eroberer gegründet und sollte als Festung London vor den Angelsachsen schützen. Der Standort an einer Biegung der Themse beim Dorf Windlesora befand sich am Rand des noch umkämpften Gebiets. Den umliegenden Wald reklamierte Wilhelm als königliches Jagdrevier, um die Versorgung mit Holz, Wild und Fischen zu sichern.

Zunächst entstand eine einfache Befestigung aus Holz mit drei Gebäudeeinheiten rund um einen zentralen Hügel. Im 12. Jh. ersetzte Henry II. (1133–1189) die hölzernen Palisaden durch eine Steinmauer mit quadratischen Türmen. Außerdem baute er einen Bergfried aus Stein auf den Hügel – den heute berühmten Round Tower (Runder Turm). Bewähren mussten sich die neuen Befestigungsanlagen 1214 während des Aufstands der Barone gegen die rücksichtslose Besteuerung und Machtausübung von King John (1167–1216). Im Jahr danach fand eine Konferenz in Windsor statt, in deren Verlauf John gezwungen wurde, einer Einschränkung seiner Macht zuzustimmen. Besiegelt wurde das berühmte Dokument, die Magna Carta, in Runnymede Meadow, 5 km themseaufwärts von Windsor.

### Tradition und Romantik

Während der Herrschaft Edwards III. (1312–1377) im darauffolgenden Jahrhundert entwickelte sich Windsor Castle zum Symbol für Tradition, Monarchie und Rittertum, das es bis heute ist. Zwischen 1350 und 1377 investierte Edward 50 000 £ in die Renovierung des Schlosses – die höchste Summe, die ein mittelalterlicher englischer Monarch je für ein einziges Gebäude ausgab. Damit ist Windsor wohl der teuerste säkulare Bau des Mittelalters. Das Geld stammte zum Teil aus Lösegeldern für Gefangene aus Edwards siegreichen Kämpfen in Frankreich bei Crécy, Calais und Poitiers. Aus der Festung wurde ein großzügiger gotischer Palast mit extravaganter Einrichtung. Viele zum Teil bis heute fortdauernde Rituale entwickelten sich in dieser Zeit. Edward III. belebte den Kult um König Artus neu und schuf 1344 seine eigene Tafelrunde in Windsor. Archäologen fanden 2006 Überreste eines Baus mit Platz für 300 Ritter. Inspiriert von der Artuslegende scharte Edward einen Kreis von Edlen, den Hosenbandorden, um sich und unterstützte die Bemühungen, den hl. Georg, der eigentlich ein griechischer Christ aus Palästina war, als Schutzheiligen von England zu etablieren. Die Kapelle von Windsor ist dem hl. Georg gewidmet, und Bilder des Drachenbezwingers finden sich überall.

Im 15. Jh. herrschten Offenheit und Gastfreundlichkeit in Windsor, obwohl das Schloss damals noch deutlich kleiner war. 1416 wies Henry V. den Dekan und das Kapitel von Windsor an, ihre Unterkünfte für Kaiser Sigismund und seine Gefolgschaft vorzubereiten, der mit seinem Besuch Frieden zwischen England und Frankreich stiften und dem König Zugeständnisse abringen wollte. Henry empfing den Kaiser mit großer Gastfreundlichkeit, Sigismund wurde Ritter des Hosenbandordens, und schließlich wurde der Vertrag von Canterbury unterzeichnet, der die englischen Forderungen gegen Frankreich unterstützte. ››

DER „LANGE WEG", DIE ALLEE ZUM SCHLOSS

PARKANLAGEN VON WINDSOR

**Windsor Castle aus der Luft**
Luftansicht des Runden Turms auf dem Hügel und der Befestigung darunter. Die neogotischen Türmchen und Zinnen entstanden unter George IV. Sie sollten das Gebäude imposanter wirken lassen.

ST.-GEORGS-KAPELLE

BRUNNEN IM KREUZGANG DES DEKANS

**Beeindruckende Landschaft**
Um das Schloss liegt der 2000 ha große Windsor Great Park mit einem Damwildbestand und Eichen, die so alt sind wie das Schloss selbst. Der von Platanen und Rosskastanien gesäumte „Lange Weg" verläuft über 4 km schnurgerade durch die Landschaft und bietet einen unvergesslichen Blick auf das Schloss. Die Allee wurde von Charles II. angelegt, der dafür insgesamt 1652 Ulmen pflanzen ließ. Unter Queen Anne wurde sie für Kutschen ausgebaut. Innerhalb der Schlossmauern bietet sich das vertraute Bild der rot-goldenen Uniformen der Yeomen of the Guard, der ältesten noch bestehenden britischen Militäreinheit (hier auf der Treppe der St.-Georgs-Kapelle), und auch der Drachentöter Georg ist allgegenwärtig.

›› Die Tudors veränderten das Schloss nur geringfügig, allerdings feierten sie immer extravagantere Feste des Hosenbandordens. Unter Elizabeth I. entstand ein Raumproblem, da in ihrer Zeit viele Diplomaten im Schloss lebten. Die Spannungen nahmen Anfang des 17. Jh. noch zu, als James (Jakob) I. mit seinem schottischen Hof nach Windsor kam und englische und schottische Gefolgsleute sich um die Räumlichkeiten stritten.

„Es ist das **romantischste Schloss** auf der ganzen Welt."

SAMUEL PEPYS, CHRONIST, 26. FEBRUAR 1666

Charles I. beauftragte den berühmten Architekten Inigo Jones mit einem Ausbau der mittelalterlichen Gemächer, aber der Bürgerkrieg stoppte die Pläne. Oliver Cromwell nutzte das Schloss als Hauptquartier und Gefängnis für Royalisten. Charles wurde drei Wochen in Windsor festgehalten; nach seiner Exekution wurde sein Leichnam hierher zurückgebracht und ohne Feierlichkeit in der Gruft unter der St.-Georgs-Kapelle beigesetzt.

## Restauration

Charles II. war fest entschlossen, Windsor zum Symbol für die Wiederherstellung der Monarchie zu machen, und beauftragte 1668 den Architekten Hugh May mit der Modernisierung des Schlosses. Die königlichen Gemächer erstrahlten in barockem Glanz. Die Wandteppiche und Textilien waren so wertvoll, dass sie nur genutzt wurden, wenn das Königspaar im Hause war. Alles blieb praktisch unverändert, bis George III. das Gebäude einer klassizistischen Neugestaltung unterzog.

George IV. dagegen war sich der Symbolkraft des Schlosses bewusst und konzentrierte sich auf den Erhalt der gotischen Elemente der Außenfassaden. Er erhöhte den Runden Turm und ließ Türmchen und Zinnen im mittelalterlichen Stil hinzufügen. Im Inneren ließ er eine 168 m lange Galerie – den Großen Korridor – im Empire-Stil anlegen. Als der König Ende 1828 einzog, hatten die Baumaßnahmen fast 300 000 £ verschlungen. Seine Nachfolger sahen kaum Notwendigkeit für weitere Eingriffe, erst Queen Victoria, die Ururgroßmutter der jetzigen britischen Königin, ließ nach dem Entwurf von Edward Blore eine neue Privatkapelle am Ostende der St.-Georgs-Halle errichten. Hier brach am 20. November 1992 ein Feuer aus, das fast 20 Prozent des Schlosses zerstörte.

Die sofortige Sanierung und Restaurierung leitete ein Restaurierungskomitee unter dem Vorsitz des Duke of Edinburgh. Die am stärksten in Mitleidenschaft gezogenen Bereiche, wie die St.-Georgs-Halle, erhielten eine gotische Gestaltung, andere Bereiche, wie der große Empfangssaal und der Bankettsaal, wurden nach den Plänen von George IV. originalgetreu wiederhergestellt. Innerhalb von fünf Jahren waren die Arbeiten abgeschlossen und das Schloss wieder für die Öffentlichkeit zugänglich.

### Innenraumgestaltung

Zwei Salons von George IV. wurden nach dem Brand 1992 originalgetreu restauriert. Die St.-Georgs-Kapelle (unten) – eines der schönsten gotischen Gotteshäuser Englands mit großartigen Fächergewölben und Standarten mit den Wappen der Queen, des Prince of Wales sowie von 24 Rittern des Hosenbandordens – blieb unbeschädigt.

GRÜNER SALON

ROTER SALON

FÄCHERGEWÖLBE DER ST.-GEORGS-KAPELLE

**St.-Georgs-Halle**
Der große Empfangssaal des Schlosses wurde durch den Brand 1992 stark in Mitleidenschaft gezogen und im gotischen Stil wiederaufgebaut. Bei Staatsbanketten finden hier bis zu 160 Gäste Platz.

# Eine **kurze Amtszeit: Edward VIII.**

**Als George V. im Alter von 70 Jahren starb, folgte ihm sein ältester Sohn Edward auf den Thron. Erst dessen Abdankung nach nur kurzer Amtszeit ebnete den Weg für seinen Bruder Albert – und damit auch für dessen Tochter, die spätere Queen Elizabeth II.**

Bis Dezember 1936 wusste kaum ein Bürger Großbritanniens um die Krise der Monarchie. Berichte über die Verbindung von King Edward VIII. mit der geschiedenen US-Amerikanerin Wallis Simpson fand man zwar in ausländischen Medien, nicht aber in der britischen Presse. Stattdessen konzentrierte man sich auf die Vorbereitungen zu Edwards Krönung im folgenden Jahr. Der konservative britische Premierminister Stanley Baldwin hatte von Anfang an starke Vorbehalte gegen den neuen König. Edwards Vater, George V., war ein untadeliger König in einer konstitutionellen Monarchie und mischte sich öffentlich nicht in die Politik ein. Baldwin verlangte zudem von der königlichen Familie, auch in moralischen Fragen Vorbild zu sein. Er vermutete mit einer gewissen Berechtigung, dass Edward sich kaum aus politischen Fragen heraushalten – seine Sympathie für die British Union of Fascists war bekannt – oder in moralischen Dingen Beispiel sein wollte. Seine Sorge wegen Edwards Beziehung zu Wallis Simpson teilten auch andere führende Persönlichkeiten, wie das Oberhaupt der *Church of England*, Cosmo Lang.

## FRÜHER

**Als Edward VIII. am 20. Januar 1936 mit 41 Jahren König wurde, sah es nach einer langen Regentschaft aus.**

**VIELVERSPRECHENDE ZUKUNFT**
Edward war ein sehr aktiver **Prince of Wales** und den Menschen bereits vertraut. Er war charismatischer als sein Vater, und in den 1920er-Jahren hatte er **das Commonwealth bereist,** um dessen Loyalität zur Krone zu stärken. Ein großes Medienecho hatten seine **Besuche in den von der Wirtschaftskrise betroffenen Teilen Großbritanniens,** in denen er Empathie für die Arbeiterklasse zeigte. Aber seit 1934 unterhielt er eine Beziehung zu der verheirateten US-Amerikanerin Wallis Simpson, die ihn letztlich die Krone kostete.

## Der offene Bruch

Im Oktober stellte Premierminister Baldwin den König wegen Berichten in der ausländischen Presse über seinen Urlaub mit Wallis Simpson am Mittelmeer zur Rede. Er machte ihm klar, dass man solche Meldungen

**325** **Tage war King Edward VIII. im Amt.**

nicht dauerhaft zurückhalten könne. Zwischenzeitlich war Wallis von einem Gericht in Ipswich, Suffolk, geschieden worden, was den Weg zu einer Eheschließung mit Edward ebnete. Das Drama erreichte seinen Höhepunkt bei einem Treffen von König und Premierminister am 16. November. Edward informierte Baldwin darüber, dass er Wallis heiraten wolle. Baldwin antwortete, eine geschiedene US-Amerikanerin sei für das britische Volk, das Commonwealth und die *Church of England* inakzeptabel. Edward entgegnete, wenn dies der Fall sei, würde er eher auf die Krone statt auf die Eheschließung verzichten.

**Die Pflichten eines Königs**
Dem offiziellen Protokoll folgend erschien Edward am 3. November 1936 zur Parlamentseröffnung im Oberhaus. Es wird das einzige Mal bleiben, dass er Teil dieser Zeremonie ist.

Zwei Tage später beim Besuch einer Region mit hoher Arbeitslosigkeit in Wales erklärte der König in Anwesenheit der Presse, dass „etwas getan werden muss", damit die Leute wieder Arbeit bekommen. Dieser in der Presse viel zitierte Satz galt als Beweis für die Zuwendung des Königs zum Volk. Baldwin und seine Regierung sahen ihn jedoch als Kritik an ihrer Wirtschaftspolitik und als unangemessene Einmischung.

Für die Öffentlichkeit begann die Krise um die Abdankung am 3. Dezember mit einem deutlichen Angriff von Alfred Blunt, dem Bischof von Bradford, auf die Lebensführung des Königs. Plötzlich war diese Thema in den Zeitungen im ganzen Land. Hinter den Kulissen hatten sich die Fronten bereits verhärtet. Edward wollte seine Heiratspläne nicht aufgeben, Baldwin und das britische Establishment lehnten eine Queen Wallis aber kategorisch ab. Es wurde noch die Möglichkeit einer morganatischen Ehe erwogen, in der Wallis weder den Titel noch die Rechte einer Königin bekäme. Aber dieser Vorschlag fand kaum Unterstützung im Parlament und wurde von den Regierungen der Commonwealth-Länder Kanada und Australien abgelehnt.

## Rücktritt

Einige einflussreiche Persönlichkeiten setzten sich weiterhin für den König ein. Zu ihnen zählten der britische Faschistenführer Mosley, der Pressemagnat Max Aitken und eine kleine Gruppe konservativer Parlamentarier unter der Leitung des zukünftigen Premierministers Winston Churchill. Obwohl der König sehr beliebt war, gelang es den Unterstützern nicht, die Regierung zum Einlenken zu bewegen. Edward hielt an der Beziehung zu Wallis fest und schien den drohenden Verlust des Throns eher leicht zu nehmen. Dagegen beunruhigte seinen Bruder, den Duke of York, die Möglichkeit, König zu werden, enorm. Schließlich bot sogar Wallis eine Beendigung ihrer Beziehung zu Edward an, aber die Entwicklung war nicht mehr aufzuhalten. Am 10. Dezember unterschrieb der König seine Abdankung.

Am nächsten Abend hielt Edward, nunmehr Duke of Windsor, eine bewegende, würdevolle, aus Windsor Castle im Radio übertragene Ansprache: „Endlich kann ich einige persönliche Worte sagen." Er versicherte seinem Nachfolger die Treue und erklärte, warum er die „Bürde der Verantwortung" nicht tragen könne. Dann bestieg er in Portsmouth ein Schiff der Royal Navy und fuhr nach Frankreich zu Wallis. Edwards jüngerer Bruder Albert, Elizabeths Vater, folgte ihm als George VI. auf den Thron.

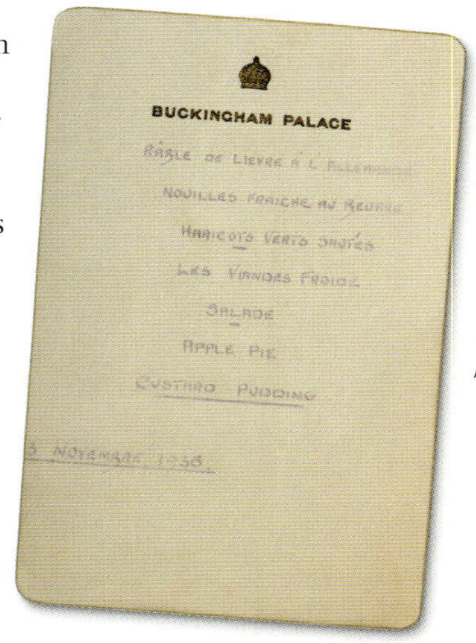


**Speisekarte**
Die Speisekarte für das offizielle Abendessen im Buckingham Palace nach der feierlichen Parlamentseröffnung im November 1936. Eine Woche davor war Wallis Simpson geschieden worden, was die Krise um die Abdankung beschleunigte.

**Edwards erste Radioansprache**
Edward VIII. hielt seine erste Radioansprache als König im März 1936. In seiner nächsten Rede zur Nation und zum Empire im Dezember verkündete er bereits seine Abdankung.

**Hochzeit**
Der Duke und die Duchess of Windsor am Tag ihrer Hochzeit im Juni 1937 vor dem Chateau de Condé in Frankreich. Die Familie des Bräutigams war nicht anwesend.

„Es ist für mich **unmöglich,** meinen Pflichten als König nachzukommen **ohne die Hilfe und Unterstützung der Frau, die ich liebe.**"

EDWARD VIII. IN SEINER ABDANKUNGSREDE IM DEZEMBER 1936

## SPÄTER

**George VI. wurde am 12. Mai 1937 in einer Zeremonie zum König gekrönt, die eigentlich für Edward VIII. geplant war. Edward agierte derweil im Exil politisch unberechenbar.**

### SKANDALÖSER BESUCH

Am 3. Juni 1937 **heirateten Edward und Wallis** in ihrer Wahlheimat Frankreich. Im Oktober **besuchten sie Deutschland und trafen Adolf Hitler.** Als Großbritannien 1939 in den Krieg mit Deutschland eintrat, wurde dies ein ernsthaftes Problem.

DIE WINDSORS BESUCHEN 1967 GROSSBRITANNIEN.

### ANNÄHERUNG

Nach fünfjähriger Amtszeit als **Gouverneur der Bahamas** kehrte Edward nach Frankreich und ins öffentliche Leben zurück. Zur königlichen Familie gab es wenig Kontakte, der Duke **nahm an der Beerdigung von George VI. 1952 teil,** blieb aber der Krönung von Elizabeth II. im Jahr danach fern. Ab 1965 besuchten die Windsors gelegentlich Großbritannien und nahmen an einer Reihe von Veranstaltungen des Königshauses teil, etwa an der Feier des 100-jährigen Geburtstags von Queen Mary 1967. Queen Elizabeth besuchte das Paar erstmals 1972 kurz vor dem Tod des Duke in Frankreich.

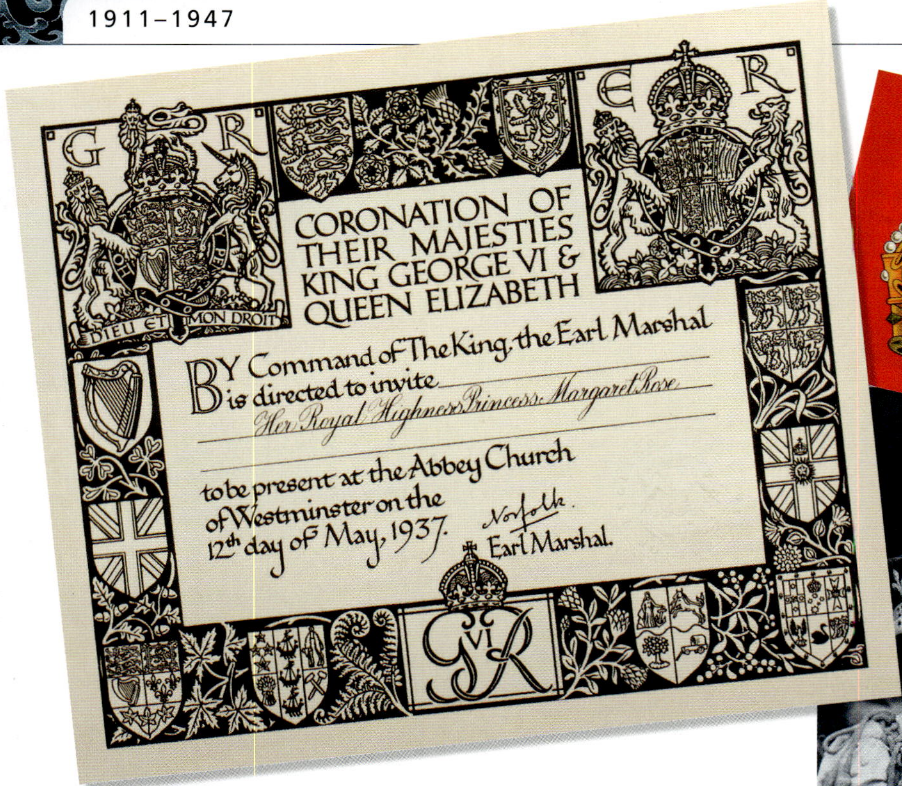
G R E R
CORONATION OF THEIR MAJESTIES KING GEORGE VI & QUEEN ELIZABETH
DIEU ET MON DROIT
BY Command of The King, the Earl Marshal is directed to invite
Her Royal Highness Princess Margaret Rose
to be present at the Abbey Church of Westminster on the 12th day of May, 1937.
Norfolk.
Earl Marshal.
G VI R

**Aufkleber mit Krone**
Diese Aufkleber zierten in den 1930er-Jahren alle Wagen der königlichen Familie, „normale" Autos des Fuhrparks trugen die schwarz-weiße Variante.

**Einladung zur Krönung**
Die Einladungen zur Krönung von George VI. wurden vom Earl Marshal, dem 16. Duke of Norfolk, Bernard Fitzalan-Howard, ausgestellt. Als Vorsitzender des Krönungsausschusses lud er neben den Mitgliedern der königlichen Familie unter anderem auch Gewerkschaftsvertreter ein.

**Nach der Krönungsfeier**
Am 12. Mai 1937 traten King George VI. und seine Familie nach der Krönungsfeier in der Westminster Abbey auf den Balkon des Buckingham Palace vor die jubelnde Menge. Von links nach rechts: Queen Elizabeth, Princess Elizabeth, Queen Mary, Princess Margaret und George VI.

# Überraschend ein neuer König

**Mit der Abdankung Edwards VIII. verlor die Monarchie an Glaubwürdigkeit. In ganz Europa waren in den vorangegangenen Jahren viele Monarchien gestürzt worden, und auch in Großbritannien hinterfragten nun viele die jahrhundertealte Ordnung. Neuer König war nun Georg VI., seine Tochter Elizabeth damit Thronfolgerin.**

## « FRÜHER

**Die Abdankung Edwards VIII. stellte die Bedeutung der Monarchie als Inbegriff von Verantwortungsbewusstsein und Tugendhaftigkeit infrage.**

**EIEN UNGEWISSE ZUKUNFT**
**Die Abdankung Edwards VIII.** **« S. 22–23** spaltete die Nation. Während die Traditionalisten darin eine Pflichtverletzung sahen, erklärten die Radikalen, der König könne tun, was er wolle, weil er ohnehin unbedeutend sei. Entsprechend unsicher schien die Zukunft, als Elizabeths Vater George VI. den Thron bestieg.

**KÖNIG WIDER WILLEN**
Prince Albert und seine Familie absolvierten zwar ihre Pflichttermine, aber sie standen nicht im Rampenlicht. **Für den extrem schüchternen und stotternden Albert** waren öffentliche Reden eine Qual. Nach einer misslungenen Ansprache 1925 in Wembley begann er eine Sprachtherapie.

George V. zweifelte schon früh an der Eignung seines erstgeborenen Sohns Edward für das Amt des Königs. Er setzte große Hoffnungen in seinen zweiten Sohn Prince Albert und seine Enkelin Elizabeth. Dennoch bereitete er Albert in keiner Weise auf eventuelle Aufgaben eines Königs vor. Dieser stand immer im Schatten seines extrovertierten älteren Bruders, war aber nach der Abdankung (S. 22–23) gezwungen, in dessen Fußstapfen zu treten. Seine Krönung zu George VI. fand an dem für Edwards Krönung vorgesehenen Tag statt. Die *Illustrated London News* hatte bereits Gemälde des Ereignisses anfertigen lassen, und der Künstler musste nun Edwards Gesicht durch das von George ersetzen.

### Schwere Zeiten

Es war keine gute Zeit, um König zu werden. In England hatte die Abdankung die Glaubwürdigkeit der Monarchie untergraben, und in Europa und im Empire stellte man die alte Ordnung infrage. In Indien und Irland wurde der Ruf nach Unabhängigkeit immer lauter. In vielen Ländern Europas kamen Diktatoren die Macht – Stalin regierte die Sowjetunion; unter Hitler wurde das Rheinland besetzt, Franco entfachte den Bürgerkrieg in Spanien, und das faschistische Italien und Deutschland schmiedeten eine Allianz. Auf den britischen Inseln war die Arbeitslosigkeit hoch, und wachsende Spannungen zwischen den politischen Flügeln führten zu Unruhen in der Bevölkerung.

In diesem Zusammenhang erschien Edward, ein Playboy, der Hitler bewunderte und dem mehr an seinem Privatleben als an seinem Land zu liegen schien, als Gefahr für die Monarchie und für ein demokratisches Europa.

### Ein unpassender Kandidat

George VI. war ernst, schüchtern und ein Stotterer ohne Selbstvertrauen. Auch er schien nicht geeignet zu sein, das Schicksal der Monarchie in seine

„Dickie, das ist furchtbar. **Das wollte ich nie;** ich bin **nicht darauf vorbereitet ...** Ich habe noch nie im Leben in Regierungsunterlagen geschaut."

GEORGE VI. ZU LORD MOUNTBATTEN KURZ NACH SEINER BERUFUNG

Hände zu nehmen. Aber Bescheidenheit, Entschlossenheit und Fleiß gepaart mit eisernem Pflichtbewusstsein machten ihn zu einem hoch geachteten König, der den Ruf der Monarchie rettete und von Politikern wie vom Volk große Wertschätzung erfuhr.

Vor der Abdankung Edwards führten Prince Albert und seine Familie ein relativ ruhiges Leben, obwohl auch sie Pflichttermine wahrnahmen. Aufgrund seines Stotterns hielt Albert selten öffentliche Ansprachen. Laut dem Hofbiografen Dermot Morrah gab es sogar Bestrebungen, die Krone dem charismatischeren jüngeren Bruder von Albert, Prince George, zu geben, der darüber hinaus bereits einen männlichen Erben gezeugt hatte. Albert und Elizabeth waren wütend auf Edward und Wallis Simpson, der sie misstrauten, lehnten die Abdankung aber strikt ab. Beide strebten nicht nach dem Thron, aber am Ende siegte das Pflichtbewusstsein. George VI. arbeitete sich zäh in seine neue Rolle ein, studierte verfassungsrechtliche Zusammenhänge und Regierungsunterlagen und kooperierte eng mit seinen Premierministern. Bisweilen zeigten sich dennoch Unerfahrenheit und Naivität, insbesondere als die Spannungen vor dem Zweiten Weltkrieg zunahmen. Sein dringender Wunsch war, einen neuen Krieg zu verhindern, und so unterstützte er Premierminister Neville Chamberlain in dessen Beschwichtigungspolitik gegenüber Hitler so stark, dass viele Abgeordnete ihm Einmischung vorwarfen.

## Ein entscheidender Besuch

Die vielleicht bedeutendste Handlung von George VI. in der Zeit vor dem Krieg war sein USA-Besuch im Juni 1939. Sowohl Präsident Franklin D. Roosevelt als auch dem König war die Bedeutung dieses Besuches bewusst. Roosevelt sah den bevorstehenden Krieg, und für ihn war Großbritannien „unsere erste Verteidigungslinie".

Er erklärte, er wolle sein Land davon überzeugen, seinen Isolationismus aufzugeben. Amerikas Unterstützung, das war George klar, war entscheidend für einen Sieg der Alliierten. Der König und Roosevelt sprachen lange und eingehend miteinander. George machte ausführliche Aufzeichnungen, die er der britischen Regierung schickte, darunter: „Wenn London bombardiert wird, marschieren die USA ein." Im September befand sich Großbritannien im Krieg mit Deutschland.

### SPÄTER

**George VI. füllte sein königliches Amt mit zunehmendem Erfolg aus. Die persönliche Beziehung zu seinem älteren Bruder blieb angespannt.**

**EINE VORTEILHAFTE ALLIANZ**
Die diplomatischen Bemühungen von George VI. in den USA zahlten sich aus. Nach Großbritanniens Kriegserklärung an Deutschland erweiterten die USA ihre Unterstützung und **hoben das Waffenembargo auf.** Mit dem sogenannten **Lend Lease Act** konnten Waffen, Munition und Lebensmittel geliefert werden, und zwar an „jedes Land, dessen Verteidigung der Präsident als entscheidend für die Verteidigung der USA betrachtet". Im Dezember 1941 wurden die USA offiziell Kriegspartei. Während des Krieges gab es regelmäßige Beratungen von George VI. mit dem britischen Premierminister **Neville Chamberlain** **S. 36–37 ››** und dessen Nachfolger Winston Churchill.

GEORGE VI. MIT DEM BRITISCHEN PREMIERMINISTER NEVILLE CHAMBERLAIN

**STREIT**
Die Differenzen zwischen George VI. und seinem Bruder wurden durch Edwards Begeisterung für Hitler noch vertieft, den er 1937 getroffen hatte.

**Mit dem Präsidenten der USA**
George VI. und Präsident Franklin D. Roosevelt auf dem Weg zum Weißen Haus. Viele Treffen festigten die diplomatischen Beziehungen zwischen den Alliierten vor und während des Zweiten Weltkriegs.

1895–1952

# George VI.

## „Ich bete zu Gott … dass sich **nichts zwischen Bertie, Lilibet und den Thron** stellt.“

GEORGE V. AUF SEINEM STERBEBETT, 1936

Prince Albert, oder Bertie, wie er liebevoll genannt wurde – der zweite Sohn des Duke und der Duchess of York (später King George V. und Queen Mary) – war ein zurückhaltender Junge. Er wuchs im Schatten seines glamourösen älteren Bruders Edward auf. Im Jahr 1895 wurde Albert am 14. Dezember geboren, an dem sich der Tod von Queen Victorias geliebtem Ehemann Prince Albert jährte. Die Königin war sehr bekümmert; erst als sie zwei Tage später erfuhr, dass ihr Urenkel Albert heißen sollte, „jener geliebte Name, der für alles Große und Gute steht“, schien sie getröstet.

Der Duke of York und seine Familie lebten im York Cottage, einer eher düsteren Villa im Tudor-Stil auf dem Gelände der königlichen Residenz Sandringham. Er war ein typisch viktorianischer Patriarch und strenger Vater. Während sich sein erster Sohn Edward gegen die Autorität auflehnte, verschwand Alberts Selbstvertrauen mit jedem Tadel und Verweis ein Stück mehr. Wie in den meisten Adels- und sogar vielen Mittelschichtsfamilien hatten die York-Kinder nur wenig Kontakt zu ihren Eltern. Sie lebten fast ausschließlich in einem abgetrennten Teil des Hauses mit einem Heer von Kindermädchen, Bediensteten und Hauslehrern; hin und wieder wurden sie, so die Countess of Airlie, nach dem Tee in das Damenzimmer ihrer Mutter eingeladen oder hatten

**In voller Uniform**
George VI., der Vater von Queen Elizabeth II., in der Uniform eines Großadmirals. Er trägt die Collane des Distelordens sowie die Sterne des Hosenbandordens und des Distelordens.

**Zeit mit der Königin**
Albert (auf einem Kissen sitzend) mit seinen Geschwistern Mary (auf dem Stuhl), Edward (stehend) und dem kleinen Henry bei ihrer Urgroßmutter Queen Victoria.

**Verlobung**
Der zukünftige King George VI. verlor sein Herz an Elizabeth Bowes-Lyon; sie verlobten sich am 18. Januar 1923 in London. Im April heirateten sie in der Westminster Abbey, drei Jahre später kam ihre erste Tochter, Elizabeth, auf die Welt.

„jene weniger angenehmen Gespräche mit ihrem Vater in dessen Arbeitszimmer“. Die Countess, eine enge Vertraute von Alberts Mutter, war häufig in dem Haus zu Besuch. „Ich habe die Kinder nie auf den Fluren rennen sehen, sie liefen immer gesetzt und waren meist in der Obhut von Kindermädchen oder Hauslehrern“, schrieb sie. Im Gegensatz dazu gaben sich die Großeltern, Edward VII. und Queen Alexandra, sehr entspannt – für George und Mary waren sie viel zu nachgiebig –, bei ihnen konnten sich die Kinder von ihrem strengen Zuhause erholen.

## Eine unerfreuliche Kindheit

Zwischen seinem charismatischen blonden älteren Bruder Edward und der einzigen Tochter Mary, die der Liebling des Vaters war, schien Albert bisweilen vernachlässigt worden zu sein, emotional von seinen Eltern und physisch vom Kindermädchen. Er führte seine lebenslangen Magenprobleme auf Mangelernährung zurück. Es soll extreme Wutausbrüche gegen den älteren Bruder gegeben haben, die wohl meist durch erbarmungslosen Spott ausgelöst wurden.

Der sensible, schüchterne und unsichere Albert musste obendrein Beinschienen zur Korrektur seiner X-Beine tragen, und man machte ihm deutlich, dass seine Linkshändigkeit ein schwerer Mangel sei. Für das Kind war klar: Es war nicht gut genug. Als er mit sieben oder acht Jahren gezwungen wurde, mit der rechten Hand zu schreiben, begann Albert auch noch zu stottern.

## Albert beißt sich durch

Als Albert 14 Jahre alt war, wurde er auf eine Marineschule geschickt. Er war klein, ängstlich und kannte nur das abgeschottete Leben in Sandringham. Zunächst wurde er verspottet und schikaniert: „Es hat mir definitiv nie genützt, Prinz zu sein, und oft wünschte ich, ich müsste nicht dort sein. Es war ziemlich hart.“ Aber bald schloss er Freundschaften und gewann durch seine bescheidene Art und seinen Humor viele Sympathien. Mit Engagement und entschlossenem Training brachte er es dann auch zu sportlichen Leistungen.

Schulisch musste er kämpfen und erreichte nur das schlechteste Abschlussexamen seines Jahrgangs. Am nächsten Ausbildungsort, der Marinehochschule in Dartmouth, bekam er einen Leutnant als Tutor an die Seite und strengte sich sehr an. Am Ende des Schuljahres erhielt er von diesem als ganz besonderes Geschenk falsche Silberlöffel, die beim Umrühren des Tees schmolzen. Bertie probierte sie zu Hause in Sandringham aus, was sein Vater George V. nicht lustig fand.

Die Entschlossenheit, die Albert zeigte, zahlte sich auch auf anderem Gebiet aus. Er verliebte sich in die junge Elizabeth Bowes-Lyon, die ihm zunächst aber unerreichbar schien. Sie war gesellschaftlich gewandt, weltoffen und überall ungemein beliebt. „Er spricht ständig von ihr“, bemerkte seine Mutter zu Lady Airlie, „sie scheint ein sehr nettes Mädchen zu sein, aber ich kenne sie kaum.“

Nach einigen Erläuterungen von Lady Airlie war Queen Mary ebenfalls überzeugt, dass Elizabeth die Frau war, die Albert glücklich machen könnte. Aber Elizabeth war zurückhaltend, und Albert musste dreimal um ihre Hand anhalten. Als sie schließlich einwilligte, schickte Albert seinen Eltern ein Telegramm mit dem zuvor abgesprochenen Wortlaut: „All right. Bertie“

## Hochzeit

Die Hochzeit fand am 26. April 1923 in der Westminster Abbey statt. Die neue British Broadcasting Company (BBC) bat um die Erlaubnis, das Ereignis im Radio übertragen zu dürfen, aber das Domkapitel sprach sich dagegen aus. Nach der Hochzeit und einer langen Reise durch Afrika ließ sich das Paar in einem Haus an der Londoner Straße Piccadilly nieder, wo die beiden Töchter Elizabeth und Margaret Rose geboren wurden. Sie lebten ein typisches Aristokratenleben dieser Zeit, angenehm und privilegiert, behütet und altmodisch, aber keinesfalls extravagant.

Mit der Abdankung von Edward VIII. änderte sich für die Yorks alles. Sie zogen in den Buckingham Palace und tauschten den angenehm geringen Bekanntheitsgrad und einzelne Pflichttermine gegen den Druck des Amtes und die Berühmtheit ein. Am 12. Mai 1937, dem Tag, an dem Edward VIII. hätte gekrönt werden sollen, fand die Krönung von Albert als King George VI. statt.

„Ich bin nur ein **Marineoffizier**, das ist **alles, was ich kann.**“

**PRINCE ALBERT,** DER ZUKÜNFTIGE GEORGE VI., ZU LORD MOUNTBATTEN, 1936

## Ein König des Volkes

Auf den ersten Blick passte die Rolle des Königs nicht zu diesem netten, sensiblen Mann, der keinerlei Merkmale eines großen Monarchen zu haben schien. Doch es war eine besondere Zeit, und vielleicht war es genau die Bescheidenheit und Zurückhaltung, verbunden mit Mut und Entschlossenheit, die ihn zu dem König machten, der Großbritannien durch den Krieg führen konnte. Er hörte zu und lernte. Den Menschen war dieser bescheidene König sympathisch, sie fühlten mit ihm und schätzten seine Menschlichkeit und sein Pflichtbewusstsein. Als er die Nation in einer live übertragenen Radioansprache über Großbritanniens Kriegseintritt informieren musste (S. 36–37), lag in seinen Worten etwas für königliche Ansprachen ungewohnt Menschliches. Da war kein „ihr dort und wir hier“, sondern nur ein gemeinschaftliches Wir.

**Das Georgs-Kreuz**
King George VI. führte 1940 einen neuen Orden für Zivilisten und Soldaten ein, das Georgs-Kreuz, zur „Auszeichnung von großen Heldentaten oder größtem Mut in höchster Gefahr“.

**CHRONIK**

**14. Dezember 1895** Geburt in York House, königliche Residenz Sandringham, zweiter Sohn von Prince George, Duke of York, und Mary of Teck

**22. Januar 1901** Tod von Queen Victoria, der ihr Sohn, King Edward VII., folgt. Prince Albert wird Dritter in der Thronfolge.

**1909** Besuch des Royal Naval College in Osborne House auf der Isle of Wight

**22. Juni 1911** Alberts Eltern, George und Mary, werden zu König und Königin gekrönt.

**1913–1916** Eintritt in die Royal Navy und Dienst im Ersten Weltkrieg, aus gesundheitlichen Gründen Rückzug aus dem aktiven Dienst

**1918** Wechsel zur kurz zuvor gegründeten Royal Air Force; erstes Mitglied der königlichen Familie mit Fluglizenz

**1920** Albert verlässt die Universität Cambridge und übernimmt royale Pflichten. Nach Besuchen von Kohleminen, Fabriken und Eisenbahnbetrieben erhält er den Spitznamen „Industrial Prince“. Er lernt Elizabeth Bowes-Lyon kennen.

**26. April 1923** Heirat mit Elizabeth Bowes-Lyon

**21. April 1926** Elizabeth Alexandra Mary, die zukünftige Queen Elizabeth II., wird geboren.

**11. Dezember 1936** Abdankung von Edward VIII.; Albert wird König. Der Irische Freistaat streicht jede Erwähnung des Monarchen aus der irischen Verfassung.

**12. Mai 1937** Krönung von George VI. am Tag, an dem Edward VIII. hätte gekrönt werden sollen

DIESE BRIEFMARKE ZUR KRÖNUNG VON EDWARD VIII. WURDE ZWAR GEDRUCKT, ABER NIE HERAUSGEGEBEN.

**Juni 1939** Besuch der USA mit Queen Elizabeth

**3. September 1939** George VI. verkündet im Radio den Eintritt Großbritanniens in den Krieg gegen Deutschland.

**13. September 1940** Der Buckingham Palace, in dem sich König und Königin aufhalten, wird bombardiert.

**1940–44** Der König trifft Premierminister Winston Churchill wöchentlich. Er besucht die Truppen und unterstützt die Notleidenden im Land.

**8. Mai 1945** Der *Victory in Europe Day* wird gefeiert. Die königliche Familie grüßt das Volk vom Balkon des Buckingham Palace.

**1947** Teilung Indiens, der neue Staat Pakistan entsteht. George ist nicht mehr Kaiser von Indien, sondern König von Indien und Pakistan.

**1950** Indien wird Republik im Commonwealth. George ist nicht mehr König von Indien, sondern Oberhaupt des Commonwealth.

**September 1951** George VI. wird aufgrund eines Tumors der linke Lungenflügel entfernt.

**6. Februar 1952** George VI. stirbt im Alter von 56 Jahren an einem verstopften Koronargefäß.

Königliche Residenz

# Buckingham Palace

**Seit 1837 ist die offizielle Residenz der britischen Monarchen in London der Buckingham Palace. Er ist der Arbeitsplatz von Queen Elizabeth, an dem sie ihren zeremoniellen und offiziellen Pflichten nachkommt. Hier finden viele Staatsakte und nationale Feiern statt.**

Buckingham Palace entwickelte sich aus dem kleinen Buckingham House des Duke of Buckingham vom Anfang des 18. Jh. Das großzügige Stadthaus kaufte später George III. für seine Frau, Queen Charlotte, weshalb es als Queen's House bekannt wurde. 14 der 15 Kinder von George III. wurden dort geboren.

Der Architekt John Nash modernisierte und vergrößerte Buckingham House in den 1820er-Jahren für George IV. Der König wollte aus London eine klassizistische Stadt machen und benötigte einen Palast, der Großbritanniens Stellung in der Welt reflektierte. Die Kolonnaden im Stil der griechischen Antike und der Portikus mit Giebeldreiecken um einen großen Vorhof sowie der großartige Triumphbogen im römischen Stil gelten als architektonische Meisterwerke. Aber Nash überschritt den veranschlagten Kostenrahmen deutlich und wurde deshalb nach dem Tod des Königs 1830 entlassen. Viele Arbeiten waren noch nicht fertiggestellt, so auch die Ausstattung der Prunksäle nach Nashs Entwürfen. Edward Blore wurde als dessen Nachfolger berufen. Doch der neue König, William IV., zeigte kein Interesse daran, in den Palast zu ziehen. Seine Nachfolgerin Queen Victoria war 1837 die erste Monarchin, die den Buckingham Palace als offizielle Residenz wählte.

Der Palast bot ein großartiges Ambiente für Empfänge, aber das tägliche Leben war deutlich weniger luxuriös. Es gab keine Badezimmer, und der Königin musste für ein Bad immer eine Badewanne gebracht werden. Die Kamine rauchten so stark, dass niemand darin ein Feuer entzünden wollte; somit war der Palast eiskalt. Außerdem waren die Räume schlecht belüftet, was zu unangenehmen Gerüchen führte und nachder Einführung von Gaslampen die Explosionsgefahr erhöhte. Die hauseigenen Bediensteten ließen sich von der jungen Königin wenig sagen, galten als faul und ließen den Palast verkommen.

Im Februar 1845 erhielt Blore den Auftrag für einen neuen Flügel, in dem Victorias größer werdende Familie Platz finden sollte. Für diesen Anbau musste der Triumphbogen an seinen heutigen Standort bei Speaker's Corner versetzt werden und heißt seitdem Marble Arch. Aber das bedeutendste Element von Blores Entwurf war der zentrale Balkon an der neuen Hauptfassade, der auf Anregung von Prince Albert aufgenommen und zur Einweihung der Weltausstellung 1851 erstmals genutzt wurde. ››

Der Geburtstag der Königin

Die Feierlichkeiten *Trooping the Colour* finden auf dem Paradeplatz statt. Die Königin nimmt die Parade ab, die am Buckingham Palace beginnt und endet. Die Zeremonie bildet die „offizielle" Geburtstagsfeier des Monarchen und geht zurück auf das Jahr 1748.

ABSCHLUSS DER PARADE VOR DEM BUCKINGHAM PALACE

**Ein theatralischer Eingangsbereich**
Nash inszenierte die große doppelläufige Treppe, die zu den Prunksälen führt – mit vergoldeter Bronzebalustrade und Tageslicht, das durch eine Kuppel aus graviertem und geätztem Glas fällt.

›› Zu Victorias Zeiten gab es im Palast viele Feste. Berühmte Musiker traten auf, darunter Felix Mendelssohn Bartholdy und Johann Strauss, Jr. Es fanden extravagante Kostümbälle, offizielle Empfänge und Staatsbankette statt. Als Victorias Ehemann 1861 starb, zog sie sich aus dem öffentlichen Leben und dem Buckingham Palace zurück und bevorzugte die Abgeschiedenheit.

Nach Victorias Tod wurde der Buckingham Palace zum Mittelpunkt der glamourösen Gesellschaft um Edward VII. und Queen Alexandra. Debütantenbälle und ausschweifende Partys fanden in den im Stil der Belle Époque umgestalteten Räumen statt. Unter George V. wurden hochoffizielle Anlässe wichtiger, aber in seiner Zeit spielten hier auch berühmte Jazzmusiker, wie 1932 Louis

„In den Kaminen **heulte der Wind** wie tausend Gespenster."

**DAS KINDERMÄDCHEN MARION CRAWFORD** NACH IHRER ERSTEN NACHT IM BUCKINGHAM PALACE

Der Palast wurde von der königlichen Familie kaum genutzt. 1864 hängte jemand einen Zettel an das Geländer: „Aufgrund der schlecht laufenden Geschäfte des ehemaligen Besitzers stehen diese beeindruckenden Räumlichkeiten zur Miete oder zum Verkauf."

Armstrong, während Queen Mary die Restaurierung der Bausubstanz und die Erweiterung der Kunstsammlung zu ihrer Aufgabe machte.

Luftverschmutzung hatte die weichen französischen Steine der Fassade stark beschädigt. Sie wurden 1913 durch weißen Portland-Stein ersetzt. Dennoch war der Buckingham Palace kein Märchenpalast, und als die Eltern der heutigen Queen, King George VI. und Queen Elizabeth, 1936 dort einzogen, war er ein düsterer, zerfallener Ort mit schlechten Stromanschlüssen, endlosen Gängen und kalten Räumen voller Mäuse.

Unter der derzeitigen Königin wurde der Palast erneut renoviert, um seiner Rolle als offizielle Residenz und Ort für Empfänge gerecht werden zu können. Im Zuge von Banketten, offiziellen Essen, Empfängen und Gartenfesten kommen jährlich etwa 50 000 Gäste in den Palast.

Bei der Bewältigung der Krise nach dem „Annus horribilis" 1992 diente der Buckingham Palace als Zugang zur königlichen Familie. 1993 wurden zur Finanzierung der Renovierung von Windsor Castle die Prunksäle erstmals der Öffentlichkeit zugänglich gemacht. Seither wurden im Palast, der jeden Sommer geöffnet ist, über 6 Mio. Besucher gezählt.

**Der Öffentlichkeit zugänglich**

Einige Führungen schließen den Weißen Salon, die königliche Kunstsammlung sowie den wie für ein Staatsbankett eingedeckten Ballsaal ein.

**WEISSER SALON**

**GEMÄLDEGALERIE**

**BALLSAAL**

**Pomp und Zeremonie**
Der majestätische Thronsaal nach dem Entwurf von John Nash ist der eindrucksvollste Saal im Buckingham Palace. Hier entstehen Krönungs- und Hochzeitsbilder und werden offizielle Ansprachen gehalten.

1900–2002

# Queen Elizabeth, die **Königinmutter**

## „[Elizabeth ist] **die gefährlichste Frau Europas.“**

**ADOLF HITLER** ÜBER ELIZABETHS FÄHIGKEIT, DEN BRITEN IM KRIEG MORALISCHE UNTERSTÜTZUNG ZU GEBEN

Elizabeth Bowes-Lyon stammte aus einer der wichtigsten adeligen Familien Schottlands. Ihre Eheschließung mit Prince Albert wurde trotzdem als ein Schritt zur Modernisierung angesehen, da englische Prinzen bislang nur Mitglieder anderer Königsfamilien geheiratet hatten. Elizabeth erlebte eine Bilderbuchkindheit, die Abenteuer in der Natur ebenso umfasste wie glanzvolle Bälle. Sie hatte immer eigene Hauslehrer und sollte einmal eine gute Partie machen.

### Kindheit und Jugend

Elizabeth war 14, als der Erste Weltkrieg begann. Der Familiensitz, Glamis Castle, wurde Militärkrankenhaus, und Elizabeth und ihre Schwester Rose halfen bei der Versorgung der Verwundeten. Vier ihrer Brüder gingen zur Armee, einer geriet in Gefangenschaft, ein anderer wurde getötet. Ihrer Lebensfreude nach dem Krieg tat das keinen Abbruch. Elizabeth zeigte sich gerne in der Londoner Szene jener Zeit. Sie hatte das gewisse Etwas, war charismatisch, fröhlich und voller Elan, hatte aber auch ein sicheres Gespür für die gebotenen Grenzen.

**Die junge Elizabeth**
Elizabeth, Buffy genannt, war das neunte von zehn Kindern. Ihre Kindheit verbrachte sie hauptsächlich im Landhaus ihrer Eltern in St Paul's Waldenbury in Hertfordshire nördlich von London.

**Porträt einer Königin**
Auf diesem offiziellen Porträt von 1954 trägt Elizabeth ein Satinkleid bestickt mit Gold, Silber und Kristallperlen. Ihr Schmuck und das Diadem sind mit Diamanten besetzt.

### Neue Herausforderungen

Prince Albert, der Duke of York, liebte vor allem Elizabeths fröhliche und lockere Art, die jedoch von älteren Mitgliedern des Königshauses weniger geschätzt wurde. Als sie ein Interview über ihre Verlobung gab, erboste sie ihren Schwiegervater in spe George V. dadurch, ihren Verlobten „Bertie“ zu nennen. Nach der Hochzeit arbeitete Elizabeth im Hintergrund daran, Albert bei der Überwindung seiner Sprachprobleme zu helfen und ihm mehr Selbstvertrauen zu geben. Sie wollte ihren Kindern die freudlose Formalität von Alberts viktorianischer Erziehung ersparen und schuf für die Familie ein Zuhause voller Wärme. Elizabeth war nicht unbedingt für Zurückhaltung bekannt. Als sie von Edward VIII. zu einem Essen in Balmoral eingeladen war, wurde sie von der Geliebten des Königs empfangen, der zweifach geschiedenen

**Eine neue Ära**
Elizabeth und der Duke of York heirateten am 26. April 1923 in der Westminster Abbey. Ihre acht Brautjungfern waren: (von links) Mary Cambridge, Diamond Hardinge, Mary Thynn, Elizabeth Elphinstone, May Cambridge, Katharine Hamilton, Betty Cator und Cecilia Bowes-Lyon.

**Geburt von Elizabeth**
Die Duchess of York brachte ihr erstes Kind Elizabeth Alexandra Mary, genannt Lilibet, per Kaiserschnitt am 21. April 1926 um 2:40 Uhr zur Welt. Ihr zweites Kind, Margaret Rose, wurde vier Jahre später geboren.

US-Amerikanerin Wallis Simpson. Elizabeth lief an ihr vorbei und sagte: „Ich bin gekommen, um mit dem König zu speisen." Dann setzte sie sich rechts neben Edward. Wenige Monate später dankte Edward ab (S. 22–23), Albert wurde zu King George VI. gekrönt, und Elizabeth wurde Königin – eine große Herausforderung, da zudem noch alle Zeichen auf Krieg standen. Mit dem Ziel, einen weiteren Weltkrieg zu verhindern, mischte sich Elizabeth ein einziges Mal offen in die Politik ein. Als Premierminister Neville Chamberlain mit Hitler einen Friedensvertrag unterzeichnet hatte und zurückkehrte, lud sie ihn auf den Balkon des Palastes ein, ein klarer Bruch des Protokolls, da das Parlament den Vertrag noch nicht ratifiziert hatte.

Als der Krieg dann aber ausbrach, wollte auch Elizabeth moralische Unterstützung geben. Nachdem sie bei ihren ersten Besuchen bombardierter Straßen im Londoner East End noch edle Kleidung, hochhackige Schuhe und Schmuck trug und ausgebuht wurde, lernte sie schnell und kleidete sich bescheidener.

Nach dem Ende des Krieges kehrte wieder Normalität ein. Aber gesundheitlich ging es dem König immer schlechter, bis er schließlich 1952 starb. Elizabeth machte Wallis Simpson und die letztlich aus dieser Affäre erwachsene Pflicht für ihren Mann, den Thron zu übernehmen, für dessen frühen Tod verantwortlich.

> „Seltsamerweise haben wir **keine Angst.** Mit **Gottes Hilfe** können wir uns **in Ruhe** der Situation stellen."
>
> QUEEN ELIZABETH IN EINEM BRIEF AN COSMO LANG, DEN ERZBISCHOF VON CANTERBURY, ZWEI TAGE NACH DER ABDANKUNG VON EDWARD VIII., 12. DEZEMBER 1936

## Späte Jahre

Queen Elizabeth, die Königinmutter, blieb sich auch nach der Thronbesteigung ihrer Tochter treu. Als 1968 Demonstranten eine Toilettenpapierrolle auf sie warfen, blieb sie stehen und hob sie auf, so als hätte jemand sie versehentlich dort abgelegt. „Gehört das Ihnen?", fragte sie einen Studenten, „würden Sie es bitte nehmen?" Keiner sagte mehr etwas. Elizabeth redete auch mit Politikern nicht anders. So fragte sie den ehemaligen Außenminister Lord Carrington, warum die Tories ihre eigene Premierministerin Margaret Thatcher abgesetzt hätten. Er antwortete: „Ma'am, sie wurde am Ende absolut untragbar." Darauf sagte sie: „Dann sollte ich mich wohl dankbar sein, dass Sie für mich nicht zuständig sind."

Prince Charles sprach einmal von Elizabeths „überschäumender Lebensfreude", und diese zeigte sich auch in einer Liebe zum Extravaganten und Edlen, wofür sie auch schon einmal ihr Konto um 4 Mio. £ überzog. Aber die Königinmutter hatte ihre Fans in allen Schichten der Bevölkerung. Sie wirkte nie hochnäsig und blieb sich bis zum Ende ihres Lebens treu.

**Krönungsroben**
Zur Krönung trug Elizabeth ein Seidenkleid, bestickt mit Rosen- und Distelmustern aus echtem Gold. Ihre Töchter trugen weiße Seidenkleider mit cremefarbener Spitze.

**Geburtstagsfeiern**
Die Königinmutter winkt an ihrem 90. Geburtstag im August 1990 den Menschen zu. Die Feierlichkeiten begannen bereits am 27. Juni mit einer Parade der *Horse Guards*.

## CHRONIK

- **4. August 1900** Geburt, Eltern Claude Bowes-Lyon und seine Frau Cecilia Cavendish-Bentinck
- **4. August 1914** 14. Geburtstag; Kriegserklärung Großbritanniens an Deutschland
- **27. September 1915** Der ältere Bruder Fergus fällt in der Schlacht bei Loos.
- **28. April 1917** Der ältere Bruder Michael, ebenfalls in der Armee, wird nach einem Einsatz als vermisst gemeldet.
- **Mai 1917** Die Familie erfährt, dass Michael verwundet und gefangen genommen wurde. Er bleibt bis zum Ende des Krieges in Gefangenschaft.
- **1921** Ablehnung des ersten Heiratsantrags von Prince Albert
- **22. Februar 1922** Brautjungfer bei der Hochzeit von Princess Mary, Tochter von King George V. und Queen Mary
- **1922** Ablehnung des zweiten Heiratsantrags von Prince Albert
- **13. Januar 1923** Annahme von Alberts drittem Heiratsantrag
- **26. April 1923** Elizabeth heiratet Prince Albert und wird Duchess of York.
- **1925** Der australische Sprachtrainer Lionel Logue wird für Albert engagiert.
- **21. April 1926** Geburt von Elizabeth Alexandra Mary, der späteren Queen Elizabeth II.
- **6. Januar 1927** Aufbruch zu einer sechsmonatigen Weltreise mit Prince Albert
- **21. August 1930** Geburt von Margaret Rose
- **11. Dezember 1936** Albert besteigt nach der Abdankung von Edward VIII. den Thron.
- **12. Mai 1937** Krönung zu Queen Elizabeth in der Westminster Abbey; Albert wird King George VI.
- **30. September 1938** Premierminister Neville Chamberlain tritt nach Treffen mit Hitler und der scheinbaren Friedenssicherung auf Einladung der Königin auf den Balkon des Buckingham Palace.
- **17. Mai 1939** Besuch in Kanada mit George VI., der als erster regierender Monarch in das Land reist
- **26. April 1948** Feier der Silberhochzeit mit George VI.
- **6. Februar 1952** George VI. stirbt; Elizabeth II. wird Königin.
- **April 1975** Besuch im Iran. Die Menschen staunen, dass sie unabhängig von deren Status mit den Leuten spricht.
- **8. Mai 1995** Elizabeth eröffnet die Feiern zum 50. Jubiläum des *Victory in Europe Day.*
- **4. August 2000** 100. Geburtstag
- **9. Februar 2002** Tod von Princess Margaret
- **30. März 2002** Elizabeth stirbt im Schlaf in der Royal Lodge, Windsor Great Park.

**GEDENKMÜNZE ZUM 80. GEBURTSTAG DER KÖNIGINMUTTER**

# Die **Kindheit** von **Elizabeth** und **Margaret**

**Im April 1926 durchlebte Großbritannien eine schwere Krise, die Minenarbeiter drohten mit landesweiten Streiks. In dieser aufgeheizten Atmosphäre bot die Nachricht der Geburt von Elizabeth, damals die Dritte in der Thronfolge, eine willkommene Abwechslung.**

Am 21. April 1926 wurde nach langen und schweren Wehen bei Prince Alberts Frau Elizabeth Bowes-Lyon im Londoner Haus ihrer Eltern, dem Earl und der Countess of Strathmore, ein Kaiserschnitt vorgenommen. Elizabeth Alexandra Mary wurde um 2:40 Uhr geboren. Kurz nach Bekanntgabe der Geburt versammelte sich eine begeisterte Menge vor dem Haus, in dem Telegramme, Geschenke und Besucher eintrafen.

Vier Tage danach erreichte der Streik mit der Erklärung des Notstands seinen Höhepunkt. Am 3. Mai wurde ein Generalstreik ausgerufen, der sechs Tage andauerte, in denen jedoch auch das Interesse der Öffentlichkeit an dem Neugeborenen anhielt, und die Menschen kamen zum Haus der Strathmores, um einen Blick auf das königliche Kind zu erhaschen. Am 29. Mai wurde Elizabeth im Buckingham Palace getauft.

Die Haustiere der Prinzessin

Elizabeth mit zwei Welsh Corgi Pembrokes – ihrer Lieblingshunderasse – im Juli 1936 im Garten des Londoner Hauses an der Piccadilly. Ihr erster Corgi, Dookie, war 1933 ein Geschenk von George VI. (S. 42–43).

## « FRÜHER

**Der Erste Weltkrieg stürzte Großbritannien in eine Wirtschaftskrise mit Staatsschulden und Arbeitslosigkeit.**

**ERFREULICHES IN DÜSTEREN ZEITEN**

Was als Streik der Minenarbeiter um bessere Löhne und Arbeitszeiten begann, drohte sich bald zu einem Generalstreik auszuweiten. Die Regierung, die **Anarchie und Revolution** befürchtete, mobilisierte Soldaten, um die öffentliche Ordnung aufrechtzuerhalten. Trotz der Krise war das **Interesse an der Geburt des Babys** in der Königsfamilie groß, wohl auch als Symbol für Tradition und Kontinuität in unruhigen Zeiten.

### Ein beliebtes Baby

Im Januar 1927 gingen Elizabeths Eltern auf eine sechsmonatige Reise nach Australien. Wie in der Oberschicht in dieser Zeit durchaus üblich, ließen sie das Kind in London in der Obhut von Betreuern und Großeltern zurück. Auch in Australien war die Presse begeistert, und „Betty", wie man sie nannte, wurde das berühmteste Baby der Welt. Schokolade, Geschirr, Krankenhausstationen und sogar ein Gebiet der Antarktis wurden nach Elizabeth benannt. In Neufundland gab es eine Briefmarke mit ihrem Bild. Als ihre Begeisterung für Pferde bekannt wurde, schuf man bei Madame Tussaud's eine Wachsfigur von ihr auf einem Pony.

Frauenmagazine diskutierten den Charakter von Elizabeth. Sie berichteten, dass das 21 Monate alte Kind bei einem Fest in Sandringham auf dem Tisch stand und Kekse auf die Gäste warf. Andere schrieben von Besuchern des Hauses, die auf der Treppe von oben mit Teddybären beworfen wurden. Aber immer war der kleine Wirbelwind auch der goldgelockte Engel, der mit seinem Lächeln mehr Macht über den Großvater, King George V. (S. 14–15), besaß als sonst irgendjemand im Königreich. Der Erzbischof von Canterbury berichtete einmal, dass er in den Palast kam und der König für Elizabeth „Pferd" spielte: „Er krabbelte auf Händen und Knien auf dem Boden und ließ sich von der kleinen Prinzessin am Bart führen."

Puppenhaus

Dieses Puppenhaus im Tudor-Stil wurde 1932 für eine Ausstellung gebaut. Elizabeth Bowes-Lyon erwarb es für ihre Töchter.

### Vorbildliche Schwestern

1930 war die eng miteinander verbundene Familie mit der Geburt von Princess Margaret vollständig. Elizabeth und ihre Schwester Margaret hatten eine behütete Kindheit. Bei den seltenen Auftritten in der Öffentlichkeit waren alle Kameras auf sie gerichtet, alle Mädchen eiferten den Prinzessinnen nach, und alle Mütter versuchten, deren Kleider zu kopieren.

### Königin in Wartestellung

Einblick in die Gedanken der jungen Elizabeth geben Sätze, die sie am 12. Mai 1937, dem Tag nach der Krönung ihres Vaters, schrieb. „Am Ende wurde der Gottesdienst mit den vielen Gebeten langweilig. Oma [Queen Mary] und ich schauten in das Programm, wie viele Seiten es noch hätte; wir blätterten noch eine Seite um, und ich zeigte auf das Wort an deren Ende, dort stand ‚Finis'. Wir lächelten uns an und wandten uns wieder dem Gottesdienst zu." Elizabeth war damals elf Jahre alt. Seit fünf Monaten wusste sie, bekämen ihre Eltern keinen Sohn mehr, würde sie eines Tages Königin sein.

## SPÄTER »

**Nach der Abdankung von Edward VIII. wurde Elizabeths Vater König und sie Thronfolgerin. Drei Jahre später, als Hitler ganz Europa bedrohte, erklärte Großbritannien Deutschland den Krieg.**

**DAS ENTSTEHEN EINER KÖNIGIN**

George VI. war bei seiner Thronbesteigung völlig **unvorbereitet auf die Aufgaben eines Königs,** was er für seine Tochter Elizabeth unbedingt vermeiden wollte. Er führte sie in die komplexen Pflichten und Vorgänge ein und holte sich dabei auch Hilfe von Experten **S. 40–41 ››**. Viele Monarchien in Europa stürzten, und durch die Abdankung hatte auch die britische Öffentlichkeit nur noch wenig Vertrauen in die königliche Familie. George VI. war überzeugt, dass Elizabeth für ein Überleben der britischen Monarchie ein **unerschütterliches Pflichtbewusstsein** benötigte. Während des Zweiten Weltkriegs folgte Elizabeth dem Vorbild der Eltern und unternahm die ersten Schritte auf dem Weg, das Aushängeschild ihrer Nation zu werden **S. 40–41 ››**.

„[Princess Elizabeth] ist eine **Persönlichkeit.** Für ein Kind strahlt sie eine erstaunliche **Autorität** und **Besonnenheit** aus."

WINSTON CHURCHILL

ÜBER DIE ZWEIJÄHRIGE ELIZABETH II., 1929

Krönungstag

Princess Elizabeth mit ihrer Mutter am Krönungstag ihrer Eltern auf dem Balkon des Buckingham Palace. Die Prinzessin trug ein langes Kleid, eine Schleppe und eine kleine Krone.

**Schaukelpferd**
Elizabeth und Margaret auf einem Schaukelpferd im Spielzimmer des Landhauses der Familie Bowes-Lyon in Hertfordshire. Mit dem Pferd hatte bereits ihre Mutter gespielt.

# Die **königliche Familie** im **Zweiten Weltkrieg**

**Als Großbritannien und Frankreich am 3. September 1939 Deutschland den Krieg erklärten, war George VI. wie seinem Vater im Ersten Weltkrieg moralische Unterstützung wichtig, und er stand ein für Nationalbewusstsein und den Zusammenhalt der Gesellschaft.**

Der König spricht
Auf diesem offiziellen Bild von der Radioansprache, auf dem King George in seiner Marineuniform vor dem Mikrofon am Schreibtisch sitzt, wirkt er sehr ruhig. Tatsächlich sprach er bei offenem Fenster in einem kleinen Raum hemdsärmelig vor einem Lesepult.

King George VI., der zurückhaltende, pflichtbewusste Familienvater, wurde zum Symbol für den gemeinsamen Widerstand. Für die britischen Arbeiter und die Mittelschicht stand der ernste, bescheidene Mann, der zu Hause bei seiner Familie am glücklichsten war, für die Werte, für die Großbritannien kämpfte. Ein eher glamouröser, dynamischer König hätte vielleicht die Kluft zwischen den sozialen Schichten vergrößert, aber dieser unsichere Mann, der das Rampenlicht mied, verkörperte Menschlichkeit.

Die Gesellschaft hatte sich seit dem Ersten Weltkrieg verändert. Großbritannien hatte die erste Labour-Regierung, Irland war unabhängige Republik, Frauen durften wählen und waren vermehrt berufstätig, und der Bildungsgrad der Gesellschaft hatte sich deutlich verbessert, seit es die Schulpflicht bis 14 Jahre gab. Die Verbreitung von Zeitungen nahm zu, und, noch wichtiger, fast in jedem Haushalt des Landes stand ein Radio, und in jeder Stadt gab es ein Kino. Der Zweite Weltkrieg war der erste Krieg, in dem Politiker und König direkt mit ihrem Volk kommunizieren konnten, nicht nur in Großbritannien, sondern im gesamten Empire und Commonwealth.

> „Ich bin **froh, dass auch bei uns Bomben fielen.** Jetzt kann ich den **Menschen aus dem East End in die Augen schauen.**“
>
> QUEEN ELIZABETH NACH DEM BOMBENANGRIFF AUF DEN BUCKINGHAM PALACE

Am 3. September 1939, dem Tag der Kriegserklärung, musste George VI. die wichtigste Rede seines Lebens halten, und zwar live im Radio. Landesweit hatten sich die Menschen um die Empfänger versammelt. Die Erwartungen waren hoch, und der König wusste es. Als einzige andere Person war sein Sprachtherapeut Lionel Logue mit im Raum (S. 27). Er riet dem König, nicht an die Zuhörer zu denken und nur zu ihm zu sprechen, und es funktionierte. Trotz seiner Ernsthaftigkeit war George der erste König des Volkes.

### Bomben auf den Buckingham Palace

Während des gesamten Krieges weigerte sich das Königspaar, London zu verlassen und in das sicherere Windsor Castle zu ziehen. Sie waren meist im Buckingham Palace und besuchten regelmäßig die Menschen in den ausgebombten Stadtteilen, insbesondere im East End. Der Palast wurde mehrfach getroffen. Am 13. September 1940 schlug eine Bombe ein, als der König

## « FRÜHER

**George VI. musste seine neue Rolle erst noch finden, nachdem er durch die Abdankung seines Bruders unerwartet auf den Thron gekommen war.**

**EINE WELT IM WANDEL**
Die Welt- und Gesellschaftsordnung wandelte sich, **in Europa stürzten viele Monarchien, Faschisten drängten an die Macht.** Das **British Empire** erlebte seinen **Niedergang, die USA wurden bedeutender.**

Unerschütterlich in Kriegszeiten
Queen Elizabeth und King George VI. betrachten die Zerstörungen am Buckingham Palace, nach einem deutschen Luftangriff auf London am 10. September 1940. An diesem Tag waren sie nicht im Palast.

und die Königin im Palast weilten. Einige Angestellte wurden verletzt, die Kapelle zerstört. Am selben Tag besuchte das Königspaar West Ham im East End. Die Königin sagte später: „Ich fühlte mich, als liefe ich durch eine Totenstadt. Niemand war mehr in den Häusern, durch die zerborstenen Fenster sah man die Habseligkeiten der Leute, wie sie sie zurückgelassen hatten.“ Wie viele Briten verloren auch George und Elizabeth Verwandte im Krieg. 1942 stürzte der jüngere Bruder des Königs, Prince George, Duke of Kent, mit einem Flugzeug ab. Dieses Leid machte die königliche Familie nur noch sympathischer.

## Unterstützung für die Menschen

In den Wochenschauen wurde zur Stärkung der Moral regelmäßig über Besuche der königlichen Familie bei Bombenopfern, in Munitionsfabriken, Krankenhäusern, Suppenküchen oder bei den Truppen berichtet. Es gab Beiträge über Besuche des Königs bei den Truppen in Frankreich zu Beginn des Krieges 1939 und in Nordafrika 1943 nach dem Sieg von El Alamein in Ägypten, wo die Briten die Achsenmächte zweimal geschlagen hatten. Im Juni 1944, zehn Tage nach dem D-Day, besuchte er die Truppen in der Normandie und später im Jahr in Italien und den Niederlanden stationierte Truppen. Der König beteiligte sich zwar nicht an Strategiediskussionen, aber er traf sich während des Krieges jeden Dienstag mit Premierminister Winston Churchill. So entstand eine Atmosphäre des Vertrauens und des Respekts und eine der engsten Beziehungen zwischen einem Monarchen und seinem Premierminister.

Unterstützungsmaßnahmen
Britische Frauen, die im Zweiten Weltkrieg für die Army arbeiten wollten, traten dem *Auxiliary Territorial Service* (ATS) bei. Ende 1943 hatte er 200 000 Mitglieder. Princess Elizabeth diente dort als Fahrerin und Mechanikerin.

Alle Mitglieder der königlichen Familie, auch die Kinder, sollten ihren Teil zu den Kriegsanstrengungen beitragen. Im Alter von 14 Jahren hielt Princess Elizabeth ihre erste Radioansprache an die Kinder des Landes (S. 40), auch nähte sie für die Truppen und sammelte Spenden bei einer Weihnachtsaktion. Später trat sie dem *Auxiliary Territorial Service* (ATS) bei.

Um in Zeiten eines modernen Krieges auch die Leistungen von Zivilisten zu würdigen, führte der König eine Ordensauszeichnung für besonders mutiges Verhalten von Frauen und Männern ein. Im Jahr 1942 wurde dieses Georgs-Kreuz dem gesamten Volk von Malta in Anerkennung seiner Leistungen während der langen Belagerung durch die Deutschen verliehen.

**9 Bombenangriffe gab es auf den Buckingham Palace während des Zweiten Weltkriegs.**

## Siegestag

Eine ungewöhnliche Bitte der Töchter des Königs wirft ein Schlaglicht auf die Beziehung, welche die königliche Familie in den Kriegsjahren zum britischen Volk entwickelt hatte. Nachdem sich die Familie am Abend des *Victory in Europe Day* (VE), dem 8. Mai 1945, auf dem Balkon des Buckingham Palace den jubelnden Menschen gezeigt hatte, „fragten wir meine Eltern, ob wir alleine hinausgehen dürfen“, schrieb Elizabeth später. Die 19-jährige Prinzessin und ihre 14 Jahre alte Schwester zogen ihre Kappen tief ins Gesicht und mischten sich unerkannt unter das Volk. „Wir liefen durch die Straßen, unbekannte Menschen gingen Arm in Arm die Whitehall hinunter, getragen von einer Woge des Glücks und der Erleichterung. Ich glaube, diese Nacht werde ich mein Leben lang nicht vergessen.“

**SPÄTER**

**George VI. wurde ein hoch geachteter Monarch, aber die Bürde des Amtes ruinierte seine Gesundheit.**

**NEUE WELTORGANISATIONEN**
Nach dem Krieg entstand, auch mit der **Gründung der Vereinten Nationen** 1945 und der **NATO** 1949, eine neue Weltordnung. In Großbritannien selbst festigten einige Gesetze den Wohlfahrtsstaat mit den Zielen, die Menschen gesünder leben zu lassen, sie besser auszubilden und für mehr soziale Gerechtigkeit zu sorgen.

**ERKRANKUNG DES KÖNIGS**
King George VI. hatte immer **gesundheitliche Probleme,** und die **Bürde des Amtes,** insbesondere während des Zweiten Weltkriegs, verstärkte diese Probleme noch. Er rauchte sehr viel und erhielt schließlich die **Diagnose Lungenkrebs.** 1952 erlitt er im Schlaf eine **Koronarthrombose,** einen Gefäßverschluss am Herzen, **S. 58 ››** und starb im Alter von 56 Jahren.

Arbeiten im ATS
Princess Elizabeth lernt 1945 als Helferin beim *Auxiliary Territorial Service* (ATS) das Reifenwechseln. Kurz vor Ende des Krieges wurde sie zum *Junior Commander* befördert.

**Prinzessinnen im Garten**
Princess Elizabeth (rechts) verbringt im Sommer 1941 ein paar ruhige Stunden mit ihrem Hund, ihrer Schwester Princess Margaret und ihrer Mutter Queen Elizabeth in Windsor Castle.

# Elizabeths Jugendjahre

**Elizabeth und Margaret wuchsen in einem behüteten Elternhaus und einem privilegierten Umfeld auf, doch es gab zwei Ereignisse, die ihr Leben grundlegend veränderten: die Abdankung von Edward VIII. und der Ausbruch des Zweiten Weltkriegs.**

Nach der Krise um die Abdankung (S. 22–23) 1936 wurde Elizabeths Vater König, und die Familie zog von ihrem Stadthaus in den Buckingham Palace. Das Stadthaus war groß, es gab 25 Zimmer und 16 Angestellte, aber die Familie empfand es als gemütlich, und es entsprach den Häusern, wie sie viele der reicheren Aristokraten in London hatten. Marion Crawford (S. 34–35), die 16 Jahre lang Gouvernante von Elizabeth und Margaret war, ist praktisch die einzige Informationsquelle über das Leben der Prinzessinnen in dieser Zeit.

## FRÜHER

**Man konnte davon ausgehen, dass Edward VIII. als König eigene Nachkommen haben würde. Eine Thronbesteigung durch Elizabeth erschien daher äußerst unwahrscheinlich.**

**PRIVILEGIERTE PRINZESSIN**

Elizabeth und Margaret führten ein **behütetes,** durchaus **nicht extravagantes Leben,** wie es für adelige Mädchen angemessen erschien. Eine gute Heirat war das Lebensziel, auf Bildung wurde nicht allzu viel Wert gelegt. Beide Mädchen hatten **Hauslehrer** und lernten neben Mathematik und Englisch auch Tanzen und Reiten. Hatte die Mutter der Prinzessinnen etwas anderes mit ihnen vor, fiel der Unterricht auch einfach aus.

### Neues Zuhause

Marion Crawford beschreibt den Buckingham Palace nicht als angenehmes Heim. Der Palast war düster, riesig, kalt und voller Ungeziefer: „Eigentlich müsste doch ein königlicher Palast das Neueste vom Neuen bieten, das war nicht der Fall. Das Leben im Buckingham Palace glich eher dem Lagern in einem Museum – das auseinanderfällt. In der ersten Nacht heulte der Wind wie 1000 Gespenster durch die Kamine. In dem Palast lagen erst seit Kurzem elektrische Leitungen, und der Lichtschalter für mein Zimmer war ein Stück den Gang runter. Das Essen musste aus der fast einen Kilometer entfernten Küche am Ende der Buckingham Palace Road in das Speisezimmer am Ende des Constitution Hill gebracht werden. Wir brauchten auch einen Kammerjäger, der mit Mausefallen eine vergebliche Schlacht gegen das Ungeziefer focht."

Nach Crawfords Bericht war sie es, die eine zu starke Isolierung der Mädchen fürchtete und den Beitritt zu den Pfadfinderinnen vorschlug. Die *1st Buckingham Palace Guide Company* traf sich am 9. Juni 1937 zum ersten Mal. Alle 20 Mitglieder waren Töchter adeliger Familien oder von Angestellten der königlichen Familie. Eine Wölflinggruppe mit 14 Mädchen zwischen sieben und zehn Jahren wurde für Margaret gegründet.

Pfadfinderinnen

In Pfadfinderuniform schicken Elizabeth und Margaret 1943 eine Brieftaube an die oberste Leiterin der Pfadfinderinnen, Lady Olave Baden-Powell, mit einer Botschaft zum Geburtstag ihres verstorbenen Mannes.

### Vorbereitungsjahre

George VI. wollte, dass seine Tochter auf die bevorstehenden Pflichten besser vorbereitet wurde als er. Er ermunterte Elizabeth, sich zu ihm zu setzen, wenn er Staatsunterlagen durchging (S. 56), und engagierte Henry Marten, den Vize-Provost des Eton College, um sie die Verfassungsgeschichte, die Rolle der Monarchie und parlamentarische Verfahren zu lehren. Einen so differenzierten Unterricht bekam Margaret nicht.

Durch die Besuche der Eltern in Australien, Neuseeland, Kanada und den USA bekamen die Prinzessinnen die zu dieser Zeit seltene Gelegenheit, fremde Länder und Kulturen durch Leute kennenzulernen, die tatsächlich dort waren. 1939 schrieb Elizabeths Mutter ihr von einem heute berühmten Picknick bei US-Präsident Franklin D. Roosevelt in New York: „Wir saßen alle an kleinen Tischen rund um das Haus unter Bäumen, und alle Speisen waren auf einem Teller: Lachs, Truthahn, Schinken, Salat, Bohnen, von allem etwas – sogar HOT DOGS!"

Gelegentlich begleiteten die Mädchen ihre Eltern bei diesen Besuchen. Im Juli 1939 war die 13-jährige Elizabeth mit ihnen und ihrer Schwester in der Marinehochschule in Dartmouth. Prinz Philip von Griechenland (S. 52–53), ein übermütiger 18-jähriger Kadett, hatte die Aufgabe, sich um die Mädchen zu kümmern. Crawford schrieb dazu: „Er [Philip] machte Spiele mit ihnen [Elizabeth and Margaret] … und tat viele verrückte Dinge, am Ende ruderte er sogar mit seinem Boot hinter der auslaufenden königlichen Yacht her, bis der König ihm befahl umzukehren." Elizabeth war offensichtlich begeistert.

Radioansprache im Krieg

1940 hielt Elizabeth ihre erste Radioansprache an die Kinder der Nation, von denen viele aufs Land gebracht worden waren. Am Ende kam auch Margaret hinzu.

### Kriegsausbruch

Als einen Monat später der Krieg ausbach, blieben der König und die Königin in London, die Mädchen wurden nach Windsor Castle gebracht. Dort war es düster und unheimlich: Die Fenster waren verhängt, alle Bilder entfernt, die Kronleuchter hingen dicht über dem Boden, damit sie bei Bombenangriffen nicht herunterfielen, und die Möbel waren mit Tüchern abgedeckt. Der König hielt Schweine auf einem Bauernhof auf dem Gelände, und die Mädchen versorgten einen Gemüse- und Blumengarten und hielten Hasen. In den Badewannen in Windsor und im Buckingham Palace war in etwa 13 cm Höhe eine Linie eingezeichnet, mehr Wasser sollte nicht eingelassen werden. Während der Luftangriffe boten die alten Kerker des Schlosses Schutz, in denen allerlei Ungeziefer hauste. Aber die Prinzessinnen hatten immerhin den seltenen Luxus von sanitären Anlagen im Luftschutzkeller. Einmal zeigte ihnen der Bibliothekar in den Gewölben die Kronjuwelen (S. 66–67), versteckt in alten, mit Zeitungspapier ausgestopften Hutschachteln.

Die Mädchen blieben weiterhin Pfadfinderinnen, und wie alle Mädchen im Land strickten und bastelten sie, um

# „**Tausende von euch ...** mussten ihr Zuhause verlassen ... Meine Schwester Margaret Rose und ich **fühlen sehr mit euch,** denn wir wissen ... was es heißt, **von denen, die wir am meisten lieben, getrennt zu sein.**"

**ELIZABETH II.,** IN IHRER ERSTEN RADIOANSPRACHE ZU DEN KINDERN DER NATION, 1940

damit die Soldaten zu unterstützen. Ab 1940 organisierten sie jährliche Weihnachtsaufführungen zugunsten der Truppen. Der König witzelte darüber: „Sollte ich den Thron verlieren, dann können die Mädchen auf jeden Fall für sich sorgen." Im Oktober 1940 hielt Princess Elizabeth mit Margaret an ihrer Seite ihre erste öffentliche Ansprache; es war eine Live-Radioübertragung an die Kinder der Nation, von denen viele aufs Land gebracht worden waren.

Margaret war das lustigere, eigenwilligere Kind und zog in der Regel die Aufmerksamkeit auf sich. Elizabeth dagegen war zurückhaltender und ernster. Sie sagte von ihrer Schwester: „Alles ist viel leichter, wenn Margaret dabei ist, jeder lacht über das, was sie sagt."

Die beiden Mädchen verließen Windsor selten und begleiteten ihre Eltern gelegentlich bei öffentlichen Auftritten. Mit 15 trat Elizabeth dem *Auxiliary Territorial Service* (ATS) bei und lernte, Lkws zu fahren und Motoren zu warten. Bei den Pfadfinderinnen erlebte sie eine gewisse Normalität. 1944 wurden die beiden Mädchen in einem Zeltlager gefilmt, als sie den Abwasch machten, in einem Unterstand kicherten und mit den anderen für ihre Mutter sangen. Die Menschen lasen begeistert Berichte darüber, wie die Königin aus einer alten Teetasse trank, die ihr Margaret reichte.

An ihrem 18. Geburtstag 1944 ernannte George VI. Elizabeth zum Staatsrat, damit wurde sie verantwortlich für die Übernahme von Amtspflichten bei seiner Abwesenheit oder Erkrankung, was mehr war als eine Formsache. Wenig später, der König war in Italien, musste Elizabeth als Staatsrat die Begnadigung eines Mörders unterschreiben. Die Prinzessin, bislang von den weniger angenehmen Seiten des Lebens ferngehalten, traf diese Aufgabe recht unvorbereitet. „Warum tun Menschen solch schreckliche Dinge?", fragte sie sichtlich bestürzt. „Das muss man doch wissen! Es muss einen Weg geben, ihnen zu helfen. Ich muss so viel über die Menschen lernen."

## SPÄTER

**George VI. bereitete seine Tochter gewissenhaft auf ihre Rolle als Monarchin vor, und so war Elizabeth eine ernsthafte junge Frau.**

**EINE ENGAGIERTE KÖNIGIN**

Elizabeth erhielt durch ihre Erfahrungen im Zweiten Weltkrieg einen tiefen Einblick in **Pflichten eines Monarchen.** In einer **Radioansprache,** die im gesamten Commonwealth an ihrem 21. Geburtstag aus Südafrika übertragen wurde, sagte sie feierlich: „Ich erkläre Ihnen hiermit, dass ich mein gesamtes Leben, sei es lang oder kurz, in Ihren Dienst und in den Dienst unseres großartigen Commonwealth stellen werde, dem wir alle angehören. Aber ich kann diese Aufgabe nur erfüllen, wenn Sie alle mir dabei helfen."

**ELIZABETH UND PHILIP**

Nach dem ersten Kennenlernen 1939 trafen sich Elizabeth und Philip bei verschiedenen Anlässen **S. 44–45 ››** und kamen sich dabei wohl immer näher **S. 50–51, S. 178–179 ››.**

Erste Amtshandlung

Zur Feier von Elizabeths 16. Geburtstag fand als ihre erste Amtshandlung eine Spezialparade in Windsor Castle statt. Die Prinzessin, kurz zuvor zum Ehrenoberst der Grenadier Guards ernannt, inspizierte das Regiment.

# Die **Haustiere** der königlichen Familie

**Die Liebe der königlichen Familie zu Hunden reicht lange zurück. Möpse gehören ebenso dazu wie die Spaniels von King Charles, ab dem 17. Jahrhundert entdeckt man sie auch auf königlichen Porträts. Seit Queen Victoria gibt es für die Hunde der Königsfamilie einen Friedhof in Sandringham.**

Corgis sind seit ihrer Kindheit die Lieblingshunde von Elizabeth II., die Gedenkmünze zu ihrem goldenen Thronjubiläum zeigt sie mit einem Corgi. 2012 traten drei ihrer Hunde, Monty, Holly und Willow, in einem Film zur Eröffnungsfeier der Olympischen Spiele auf. 1933 kaufte ihr Vater ihr den ersten Hund. Sein Name lautete Rozavel Golden Eagle, gerufen wurde er nur Dookie oder Duke. Seither besaß Elizabeth 30 Corgis, die meisten stammen von der Corgihündin Susan ab, die sie zu ihrem 18. Geburtstag geschenkt bekam und die die Königin und Prince Philip auf ihrer Hochzeitsreise 1947 begleitete. Nebenher hatte sie auch Labradors, einen Golden Retriever, Cockerspaniels und Shih Tzus, zudem züchtete sie Dorgis, eine Kreuzung aus Corgi und Dackel. Die Tierliebe der königlichen Familie beschränkt sich nicht nur auf Hunde. Elizabeth ist eine gute Reiterin und besitzt Rennpferde von Weltklasse. Hin und wieder bekommt die königliche Familie auch ungewöhnliche Tiere geschenkt. Während des Zweiten Weltkriegs brachte Earl Mountbatten Elizabeth und Margaret ein Chamäleon mit; 1956 schenkte Nikita Chruschtschow der sechs Jahre alten Princess Anne einen Braunbären; bei einem Staatsbesuch 1961 in Gambia erhielten Elizabeth und Philip ein kleines Krokodil als Geschenk für den einjährigen Prince Andrew. Der Privatsekretär der Königin hielt das Tier in der Badewanne, bis man es dem Londoner Zoo übergab. Auch die Kinder und Enkel der Königin lieben Tiere; sie alle halten Hunde und sind Schirmherren verschiedenster Tierschutzorganisationen.

„Die **Königin** hat bei der Kleideranprobe immer **einen Magneten dabei,** um den Boden **nach Nadeln abzusuchen,** damit sich ihre **Hunde nicht verletzen.**“

**EIN SCHNEIDER DER KÖNIGIN**, IN BRIAN HOEYS BUCH *PETS BY ROYAL APPOINTMENT*

**Die Königin und ihre Hunde**
Das Bild der Fotografin Lisa Sheridan zeigt Elizabeth II. 1952 im Garten von Balmoral Castle. Sheridan wurde die Fotografin, der die königliche Familie am meisten vertraute, nachdem sie Anfang der 1930er-Jahre die königlichen Corgis für ein Hundebuch fotografiert hatte.

## FRÜHER

**Über Jahrhunderte wurden Ehen zwischen europäischen Königshäusern geschlossen, es entstanden enge Verbindungen. Anfang des 20. Jahrhunderts wurden jedoch viele Monarchen in Europa durch Krieg und Revolution gestürzt.**

**KÖNIGLICHE HOCHZEITEN**
1863 arrangierte Queen Victoria die Hochzeit ihres Sohnes, des späteren Edward VII., mit Alexandra, der Tochter von König Christian IX. von Dänemark. Bei Ausbruch des Ersten Weltkriegs saßen Enkel von Victoria beziehungsweise Christian auf den Thronen von Großbritannien, Russland, Deutschland, Griechenland, Spanien, Dänemark, Norwegen und Rumänien. **Enge Verwandte** waren nun **Kriegsgegner.**

**EHESTIFTER**
**Louis Mountbatten,** der Onkel von Philip, wollte Elizabeth und Philip **unbedingt zusammenzubringen.** Philip schrieb ihm sogar einmal: „Ich bitte Sie, sich nicht zu sehr in diese Herzensangelegenheit einzumischen." Mountbatten hoffte wohl, seinen Namen unter den Nachkommen der späteren Königin wiederzufinden.

„In seinem Schrank **war weniger** als in dem vieler **Bankangestellter.** Er besaß **nur einen Anzug,** und seine Socken waren mehrfach gestopft."

JOHN DEAN, PHILIPS KAMMERDIENER

# Elizabeth und Philip

**Sie waren eigentlich ein ungleiches Paar: Princess Elizabeth war schüchtern, pflichtbewusst, ernst, und Prinz Philip von Griechenland war übermütig, direkt – und quasi mittellos. Die Kindheit der Cousine und des Cousins dritten Grades hätte unterschiedlicher nicht sein können.**

Elizabeth als Brautjungfer
Im Oktober 1946, als es erste Spekulationen über eine Beziehung gab, war Elizabeth Brautjungfer und Philip Begleiter bei der Hochzeit von Lord Mountbattens Tochter Patricia mit Lord Brabourne.

Im Alter von 13 Jahren besuchte Elizabeth mit Eltern und Schwester die Marinehochschule in Dartmouth (S. 40). Dort lernte sie ihren Cousin, den 18-jährigen Prinz Philip von Griechenland, kennen. Ein Wiedersehen gab es bei einer der jährlichen Weihnachtsaufführungen der Prinzessinnen (S. 41) in Windsor. Bald darauf stand eine Fotografie des Prinzen auf Elizabeths Kaminsims, und als ihre Gouvernante, Marion Crawford, sie davor warnte, dass dies zu Gerede führen könnte, stellte sie ein Bild von Philip mit Vollbart auf. „Schau, Crawfie, ich wette, niemand erkennt ihn. So ist er ganz inkognito." Als Philip nach der Weihnachtsaufführung zur Marine ging, begannen sie, sich regelmäßig zu schreiben.

### Angemessene Verbindung

Philip ist der Sohn von Prinz Andreas von Griechenland und Prinzessin Alice von Battenberg. Die Familie musste Griechenland 1922 verlassen, und so wuchs er unter anderem in Deutschland auf. Als die Nationalsozialisten an die Macht kamen, verließ er Deutschland und war einer der ersten Schüler der Gordonstoun School in Schottland (S. 52, 86). Philip gab gerne als Adresse „ohne festen Wohnsitz" an, wenn er sich in Gästebücher eintrug, und war nur mit den Kleidern, die er trug, und einem Rasierer unterwegs.

Philip war direkt und offen, selbstbewusst, humorvoll und lebensfroh. Er unterschied sich sehr stark von vielen anderen jungen Aristokraten. Im Allgemeinen galt er als „ziemlich ungehobelt", sogar als unhöflich und anmaßend. Für Elizabeth jedoch, der alle immer nur schmeichelten, brachte Philips unverblümte und unkonventionelle Art frischen Wind in ihr Leben.

### Kriegsheld

Im Juli 1943 war sein Schiff, der Zerstörer *HMS Wallace*, an der Landung der Alliierten auf Sizilien beteiligt. Nachts wurde das Schiff südöstlich von Sizilien Ziel eines deutschen Bombers und schien dem Untergang geweiht. Philip schlug vor, verdunkelt davonzufahren und ein Floß mit brennenden Rauchsignalbomben zurückzulassen, damit es so aussähe, als würden von dem Zerstörer nur noch Trümmer brennen. Der Trick funktionierte, und die *Wallace* konnte sich in Sicherheit

**Bei der Arbeit**
Prinz Philip war 1946 und 1947 Ausbilder im *Petty Officers' Training Center* in Corsham in Wiltshire. In diese Zeit fiel seine Verlobung mit Princess Elizabeth.

> „Elizabeth **legte nun deutlich mehr Wert auf ihr Äußeres** und spielte gerne den Song *People Will Say We're In Love* aus dem Musical *Oklahoma*!“
>
> MARION CRAWFORD, ELIZABETHS GOUVERNANTE

bringen. Philips originelle Idee hatte viele Leben gerettet.

## Beginn einer langen Beziehung

Als Philip nach dem Krieg nach London zurückkam, stand sein schwarzer MG-Sportwagen regelmäßig vor dem Buckingham Palace. Beim ersten Mal war er einfach ohne Einladung aufgetaucht und entschuldigte sich später bei Elizabeth für seine „gewaltige Frechheit“. „Ich fühle zwar Reue“, schrieb er, „aber es heißt ja auch immer ‚wer wagt, gewinnt‘. Ich habe etwas gewagt und eine wunderbare Zeit gewonnen.“ Laut Marion Crawford warb Philip hauptsächlich bei Tee im alten Kinderzimmer um Elizabeth, wobei Margaret immer dabei war.

Crawford schrieb: „Die Manieren von Philip, der häufig nur im Hemd erschien, waren nicht besonders, auch das Essen war unspektakulär: Fisch und Süßes, dazu Limonade. Danach ging es in den Korridoren hoch her, wenn die drei außer Rand und Band Ball spielten, wobei einige Glühbirnen zu Bruch gingen. Philip und Elizabeth gingen auch hin und wieder zusammen aus, wobei sie darauf achteten, stets mit Freunden unterwegs zu sein; trotzdem gab es erste Spekulationen in der Presse.

Beim Besuch der 19-jährigen Elizabeth in einer Fabrik wurde diese ganz verlegen, als man sie nach Philip fragte. Kurz darauf wurde Philip nach Balmoral eingeladen, wo er die anderen Gäste schockierte, als er anstatt in Knickerbockern in Flanellhosen sowie mit einem geliehenen Gewehr zur Jagd ging. Ein Bediensteter ließ die Presse wissen, dass Philips „alter Seesack“ weder Schuhe noch Pyjama oder Pantoffeln enthielt und seine einzigen Ausgehschuhe zum örtlichen Schuhmacher gebracht werden mussten. Man vermutet, dass Philip 1946 in Balmoral Elizabeth einen Heiratsantrag machte, den sie annahm. Zunächst teilten der König und die Königin die allgemeinen Vorbehalte gegen Philip wohl, aber nachdem sie ihn besser kennengelernt hatten, gefiel ihnen seine direkte Art, sein Humor und die Liebe zum Landleben. Einmal soll Philip in einem geliehenen Kilt vor dem König einen Hofknicks gemacht haben, angeblich weil er in dem zu kurzen Kilt nur so das Protokoll wahren konnte. Philips Humor und Extrovertiertheit waren ein guter Ausgleich zu Elizabeth Ernsthaftigkeit.

Anfang Oktober 1946 bei der Hochzeit von Lord Mountbattens Tochter Patricia mit Lord Brabourne in der Romsey Abbey trafen die beiden wieder zusammen. Philip war Begleiter, der die königliche Familie vom Auto zu ihren Plätzen führte. Die Medien machten einen verliebten Blick zwischen Philip und Elizabeth aus. Es gab keine offizielle Verlobungsmitteilung, aber wilde Spekulationen in den Medien.

Als Vorbereitung für die anstehende Verlobung hatte sein Onkel, Lord Mountbatten, für Philips britische Staatsbürgerschaft gesorgt. Er sicherte sich dafür 1946 die Zustimmung sowohl des Innen- als auch des Premierministers. Eigentlich wäre dieses Verfahren gar nicht notwendig gewesen, denn nach einem Gesetz von 1705 sind die Nachfahren von Sophia von Hannover, der Mutter von George I. ohnehin Briten.

## Eine Zeit lang getrennt

Anfang 1947 begleiteten Elizabeth und ihre Schwester die Eltern auf eine viermonatige Südafrikareise; während dieser Reise feierte Elizabeth ihren 21. Geburtstag. Das Paar schrieb sich viele Briefe während dieser Trennungsphase, und auf Elizabeths Schminktisch stand immer ein Foto von Philip. Bei der Rückkehr war Elizabeth blass und dünn; aber erleichtert heimzukommen. Beim Einlaufen in den Hafen von Portsmouth tanzte sie vor Freude an Deck der *HMS Vanguard*.

Am 10. Juli 1947 wurde die lange erwartete Verlobung von Princess Elizabeth und Philip Mountbatten verkündet und mit einem großen Gartenfest im Buckingham Palace gefeiert.

**Familienporträt**
Die königliche Familie nach Bekanntgabe der Verlobung von Elizabeth mit Philip Mountbatten (von links nach rechts): Elizabeth, Philip, Queen Elizabeth (später Königinmutter), King George VI. und Margaret.

**Bekanntgabe der Verlobung**
Elizabeth und Philip auf der Terrasse des Buckingham Palace nach der Bekanntgabe der Verlobung im Juli 1947. Der Verlobungsring trägt einen Solitärdiamanten in Platinfassung mit fünf kleineren Diamanten auf jeder Seite.

**SPÄTER**

**Mit der Bekanntgabe der Verlobung von Princess Elizabeth und Philip stieg das öffentliche Interesse am zukünftigen Gemahl.**

**VERSCHWÖRUNGSTHEORIEN**
Philip war Abkömmling der griechisch-dänischen königlichen Dynastie und hatte vier mit deutschen Adeligen verheiratete Schwestern; nach dem **Zweiten Weltkrieg** wurde über seine **Sympathien für Deutschland** und sogar für die Nationalsozialisten spekuliert.

# 2

# ELIZABETH II.

## 1947 – 1960

« Die Edwardskrone wird von jedem neuen Souverän bei der Krönung getragen.

# ELIZABETH II.
# 1947–1960

## 1947

**21. APRIL**
Elizabeth feiert ihren 21. Geburtstag mit einer Radioansprache an den Commonwealth.

**10. JULI**
Der Buckingham Palace gibt die Verlobung von Princess Elizabeth mit Prinz Philip von Griechenland bekannt.

» Bekanntgabe der Verlobung

**15. AUGUST**
Der König verliert den Titel Kaiser von Indien nach Verabschiedung des *India Independence Act* im Juli; Pakistan wird ein eigener Staat.

**20. NOVEMBER**
Elizabeth heiratet Philip in der Westminster Abbey.

« Princess Elizabeths Hochzeitskutsche fährt vor.

## 1948

**30. JANUAR 1948**
Ermordung von Mahatma Gandhi

**6. SEPTEMBER 1948**
Peter Townsend begleitet Princess Margaret zur Krönung von Königin Juliana der Niederlande.

**30. APRIL 1948**
Silberhochzeit von George VI. und Elizabeth I.

**29. JULI 1948**
Die Olympischen Spiele in London beginnen und bekommen den Beinamen *Austerity Games* (Spiele der Entbehrungen).

**14. NOVEMBER 1948**
Geburt von Prince Charles

« Taufe von Prince Charles

**12. MÄRZ 1949**
George VI. wird operiert.

**28. APRIL 1949**
Gründung des modernen Commonwealth durch die Erklärung von London

**JULI 1949**
Elizabeth und Philip ziehen ins umfassend renovierte Clarence House um.

**NOVEMBER 1949**
Elizabeth und Philip gehen nach Malta, wo Philip bei der Royal Navy stationiert ist.

## 1950

**JUNI**
Der Korea-Krieg beginnt; über 100 000 britische Soldaten dienen bis 1953 in den multinationalen UNO-Streitkräften.

**15. AUGUST**
Princess Anne wird geboren.

**NOVEMBER**
Marion Crawford veröffentlicht das Buch *The Little Princesses*.

**25. DEZEMBER**
Der Stein von Scone wird gestohlen. Der Block aus rotem Sandstein ruhte seit 1296 als Symbol für die Einheit mit Schottland unter dem Krönungsstuhl in der Westminister Abbey. Er taucht vier Monate später wieder auf.

## 1951

**MÄRZ**
Der Duke of Windsor veröffentlicht seine Memoiren: *A King's Story*.

**3. MAI**
George VI. eröffnet die britische Industrieschau *Festival of Britain*.

**7. JULI**
Der Duke of Edinburgh verlässt die Royal Navy, um sich auf seine Pflichten als Prinzgemahl zu konzentrieren.

**26. OKTOBER**
Winston Churchill wird zum dritten Mal britischer Premierminister.

**SEPTEMBER**
George VI. wird aufgrund einer Krebserkrankung ein Lungenflügel entfernt.

## 1952

**31. JANUAR**
George VI. verabschiedet Elizabeth und Philip zu einer Reise durch Afrika.

**6. FEBRUAR**
George VI. stirbt im Schlaf in Sandringham, während Elizabeth in Kenia ist. Sie erfährt erst mehrere Stunden später, dass sie jetzt Königin ist.

**16. FEBRUAR**
Beisetzung von George VI., sein Sarg wird durch London getragen und in der Krypta in Windsor beigesetzt.

» Seine Witwe und seine Töchter trauern um George.

**4. NOVEMBER**
Elizabeths erste wichtige Amtshandlung: Sie nimmt an der feierlichen Eröffnung des Parlaments teil.

» Auf dem Weg zur feierlichen Eröffnung des Parlaments, 1952

Die Nachkriegsjahre waren für Elizabeth ereignisreich: Sie heiratete und bekam Kinder, sie betrauerte den Tod ihres Vaters und ihrer Großmutter und bereitete sich auf ihr Amt und eine prunkvolle Krönungsfeier vor. In den folgenden Jahren bereiste sie die ganze Welt, vom Berg Fuji bis zum schottischen Fife, überall fand sie Inspiration und Anregung. Sie begleitete eine Phase, in der Großbritanniens internationaler Status im Wandel war, und fand immer einen guten Ausgleich zwischen den Bedürfnissen ihrer Familie und den Anforderungen ihres Amtes. Ihre Schwester Margaret dagegen lebte stets im Spannungsfeld zwischen Liebe und Pflicht.

## 1953

**NOVEMBER**
Elizabeth und Philip brechen zu einer Reise durch den Commonwealth auf.

» Teedose zur Erinnerung an Elizabeths Besuch in Australien

**24. MÄRZ**
Im Alter von 85 Jahren stirbt die Königinwitwe Queen Mary.

**29. MAI**
Erstbesteigung des Mount Everest durch Edmund Hillary und Tenzing Norgay.

**2. JUNI**
Krönung von Queen Elizabeth II. in der Westminster Abbey.

## 1954

**12. JANUAR**
Queen Elizabeth eröffnet das Parlament in Neuseeland.

**15. APRIL**
Queen Elizabeth und Philip kehren von ihrer Commonwealth-Reise zurück.

« Krönung von Elizabeth II.

**6. MAI**
Der englische Läufer Roger Bannister läuft als Erster die Meile in unter vier Minuten.

Daily Mirror
2d FORWARD WITH THE PEOPLE
IS SHE SAD?
SEVEN HOURS APART —THEN DINNER WITH PETER . . .

**4. JULI**
Nach über einem Jahrzehnt endet die Zeit der Rationierungen in Großbritannien

## 1955

**17. FEBRUAR**
Großbritannien gibt bekannt, dass das Land in Besitz der Wasserstoffbombe ist.

**5. APRIL**
Sir Anthony Eden löst Churchill als Premierminister ab, der aus gesundheitlichen Gründen zurücktritt.

**14. AUGUST**
Pietro Annigonis Porträt der Königin zieht die Massen in die Royal Academy.

**18. SEPTEMBER**
Großbritannien annektiert Rockall, einen kleinen Felsen im Atlantik, um einer sowjetischen Expansion in der Region vorzubeugen.

**31. OKTOBER**
Margaret gibt gekannt, dass sie Peter Townsend nicht heiraten wird.

## 1956

**24. MÄRZ 1956**
*Devon Loch*, das Pferd der Königinmutter, stürzt in Führung liegend wenige Meter vor dem Ziel beim Rennen *Grand National*.

**23. APRIL 1956**
Der Sowjetpolitiker Nikita Chruschtschow besucht die Königin in Windsor.

**OKTOBER 1956**
Englische und französische Truppen, die Ägypten nach der Verstaatlichung des Sueskanals angegriffen hatten, müssen sich unter internationalem Druck zurückziehen. Die Sueskrise läutet das Ende von Großbritanniens imperialem Machtstreben ein.

« Die Medien berichten über Margarets zerbrochene Beziehung.

**31. DEZEMBER 1956**
Prince Philip verleiht erstmalig die *Duke of Edinburgh Awards*.

**10. JANUAR 1957**
Harold Macmillan wird Premierminister, nachdem Anthony Eden mit seinem Rücktritt eine Verfassungskrise auslöste.

**6. MÄRZ 1957**
Die Goldküste, das heutige Ghana, erlangt als erste afrikanische Kolonie die Unabhängigkeit.

**OKTOBER 1957**
Die Königin reist durch Nordamerika und trifft mit US-Präsident Eisenhower zusammen.

^ Die erste königliche Weihnachtsansprache im Fernsehen

**25. DEZEMBER 1957**
Queen Elizabeth hält ihre erste Weihnachtsansprache im Fernsehen.

## 1958

**3. JULI 1958**
Zum letzten Mal werden Debütantinnen bei Hof vorgestellt; letzte Zeremonie mit der Königin in Holyrood nach dem letzten Ball im März im Buckingham Palace.

**26. JULI 1958**
Im walisischen Cardiff beginnen die *Commonwealth Games*; Charles wird zum Prince of Wales ernannt.

**APRIL 1959**
Die Königinmutter und Princess Margaret besuchen Papst Johannes XXIII. im Vatikan.

**JUNI–AUGUST 1959**
Die Königin und Prince Philip unternehmen den längsten Besuch eines Königspaars in Kanada und eröffnen dabei auch den Sankt-Lorenz-Seeweg.

## FRÜHER

**1947, zwei Jahre nach Kriegsende, stand Großbritannien der härteste Winter seit Menschengedenken bevor. Das Land unterlag einer Sparpolitik mit immer strengeren Rationierungsmaßnahmen.**

Die meisten Güter waren rationiert, man brauchte Marken, um Kleidung, Zucker, Benzin, Fleisch, Käse, Butter, Margarine, Tee und Seife zu kaufen. Benzin durfte nur für „notwendige Fahrten" verwendet werden, Ferienaufenthalte im Ausland waren untersagt. Premierminister Clement Attlee räumte ein: „Ich weiß nicht, wann es besser wird."

**DEN ZEITEN ANGEMESSEN**

Im Oktober 1947 **traten neue Einschränkungen in Kraft.** Die wöchentlichen Fleischrationen wurden auf den Wert eines Schillings reduziert, Kartoffeln wurden rationiert, bei Bekleidung wurde weiter gekürzt. Gab es zuvor 32 Marken, so erhielt man für die folgenden fünf Monate nur 20 Marken. Vor diesem Hintergrund gab es **große Vorbehalte gegen die relativ opulenten Hochzeitspläne.** Die Abteilung Camden Town der *Amalgamated Society Of Woodworkers* warnte den König: „Jedes Festessen und Zeigen von Reichtum bei der Hochzeit Ihrer Tochter ist in der heutigen Zeit eine Beleidigung des britischen Volkes. Sie sind gut beraten, eine sehr ruhige, den Zeiten angemessene Hochzeit auszurichten."

BEKLEIDUNGSMARKEN

# Die **Hochzeit** von **Elizabeth** und **Philip**

**Die Hochzeit von Princess Elizabeth und Philip Mountbatten brachte Farbe und Freude in ein düsteres, von Entbehrungen gezeichnetes Großbritannien und ließ die Menschen feiern und staunen.**

Die Verlobung (S. 44–45) zwischen Princess Elizabeth und Philip Mountbatten wurde im Juli 1947 bekannt gegeben, die Hochzeit für November angesetzt. Trotz der Überzeugung vieler, dass die Hochzeit wegen der darniederliegenden Staatsfinanzen bescheiden sein sollte, setzte sich die gegenteilige Haltung durch. Die königliche Hochzeit solle mit royalem Pomp und Zeremoniell gefeiert werden, sodass sie, laut Churchill, „etwas Licht und Farbe in unser derzeitig hartes Leben bringt". Einen Großteil der Kosten trug der König mit seinen Einnahmen aus dem Krongut.

### High Society

Philip hatte für die britische Staatsangehörigkeit seine griechischen und dänischen Königstitel abgegeben; diese Titellosigkeit war nun ein Problem. Am Vortag der Hochzeit verlieh ihm King George VI. den Titel „Seine Königliche Hoheit" und nahm ihn in den Hosenbandorden auf. Direkt vor der Hochzeit wurde Philip Duke of Edinburgh, Earl of Merioneth und Baron Greenwich. Der König sagte dazu: „Das sind viele Titel auf einmal, aber ich weiß, dass Philip klar ist, welche Verantwortung er übernimmt."

Die Hochzeitsgäste aus praktisch allen Königsfamilien der Welt, darunter die Königin von Spanien, das dänische Königspaar, die Könige von Rumänien, Norwegen und des Irak, stiegen im Claridge's ab. Philip Mountbatten feierte am Abend vor der Hochzeit gleich zwei Junggesellenabschiede, während der König zum Tanz im Palast einlud, bei dem der Duke of Devonshire von einem indischen Raja beleidigt wurde und der König eine fröhliche Polonaise durch die Prunkräume anführte.

### Schlichte Hochzeitszeremonie

Am 20. November trug die Prinzessin ein herrliches elfenbeinfarbenes Satinkleid von Norman Hartnell. Wie jede andere Braut hatte Elizabeth zusätzliche Marken zum Kauf von Stoff erhalten, aber anders als andere bekam sie auch extravagante Geschenke. Ihr Diadem war ein Geschenk ihrer Großmutter. Ihr Trauring wurde aus einem Goldstück aus Wales gefertigt, aus dem inzwischen die Trauringe mehrerer Bräute aus dem britischen Königshaus gefertigt wurden. Etwa 2000 Gäste waren in der Westminster Abbey. Nicht anwesend waren Philips Schwestern, bei denen es Verbindungen zu den Nationalsozialisten gab, und der Duke und die Duchess of Windsor, die nicht eingeladen waren (S. 22–23). Der Gottesdienst sollte schlicht sein, wie bei „Leuten, die an diesem Mittag in einer ländlichen Kirche in den Tälern von Yorkshire heiraten", schwärmte der Erzbischof von Canterbury. Sehr viele Menschen verfolgten die Zeremonie im Radio. Die Höhepunkte wurden auch für das Fernsehen aufgezeichnet, aber es gab noch kaum Empfangsgeräte. Eine Menschenmenge säumte die Straßen, um den Frischvermählten und dem König zuzujubeln.

**10 000 aus den USA importierte Perlen zierten Elizabeths Hochzeitskleid.**

### Gewärmt vom Corgi

Zum Hochzeitsfrühstück waren 150 gute Freunde eingeladen; die vierstöckige Torte von McVities and Price war 2,74 m hoch und wog 227 kg. Die Prinzessin trug ein zartblaues Kleid von Hartnell, das als „ein Hauch Liebe" beschrieben wurde. Später fuhr das Paar in einer offenen Kutsche zur Waterloo Station. Damit Elizabeth nicht fror, hatte sie unter der Decke auf ihrem Schoß eine Wärmflasche, und neben ihr lag ihr Lieblingscorgi Susan. Philip und Elizabeth fuhren dann mit dem Zug nach Winchester und verbrachten ihre Hochzeitsnacht in Broadlands, dem Landsitz von Philips Onkel Lord Mountbatten.

Nach ihrer Hochzeitsreise bezogen sie zunächst Windlesham Moor in Surrey, bis das Clarence House hergerichtet war. Dieses große, aber zu diesem Zeitpunkt relativ heruntergekommene Haus liegt wenige Straßen vom Buckingham Palace entfernt, so hatte das Königspaar seine Tochter in der Nähe. In Windlesham Moor warteten auf das Paar etwa 3000 Hochzeitsgeschenke, darunter 500 Dosen Ananas aus Queensland, ein Stück Spitze aus Garn, das Gandhi gesponnen hatte, ein Teewärmer in Form eines Hasen, zwei Scheiben durchweichten Toasts sowie ein Stein vom Berg Snowdon von einem alten Waliser.

**Hochzeitstorte**
Dekoriert war die Hochzeitstorte mit den Wappen der beiden Familien, den Monogrammen von Braut und Bräutigam sowie militärischen Abzeichen.

**Auf dem Weg zur Kirche**
Der Hochzeitszug erreicht die Westminster Abbey, an der Spitze Elizabeth in der *Irish State Coach* in Begleitung ihres Vaters in der Uniform eines Großadmirals.

„Es ist sehr viel **bewegender,** die **eigene Tochter zum Altar zu führen,** als selbst zu heiraten."

KING GEORGE VI. ZUM ERZBISCHOF VON YORK, 20. NOVEMBER 1947

Das Brautpaar
Elizabeth und Philip stellen sich nach der Hochzeit den Fotografen. Das Kleid der Prinzessin aus elfenbeinfarbenem Duchessesatin ist bestickt mit Girlanden aus Lilien und weißen York-Rosen mit orangefarbenem Kelch und Kornähren.

## SPÄTER

**Die Ehe von Elizabeth und Philip hat der Kontrolle der Medien und dem Druck der Verpflichtungen standgehalten. Bald nach der Hochzeit ihrer Schwester geriet Princess Margaret in den Fokus der Medien.**

### MARGARET IM RAMPENLICHT

Nachdem Elizabeth verheiratet war, begannen Öffentlichkeit und Medien den Blick auf Margaret zu richten. Am 21. August 1948 feierte sie ihren 18. Geburtstag mit ihrem **Schritt ins Rampenlicht.** Einige Zeit lang galt das Medieninteresse der **schönen und glamourösen jungen Prinzessin und ihren Heiratsaussichten.**

### DAUERHAFTE PARTNERSCHAFT

BRIEFMARKE ZUR SILBERHOCHZEIT, 1972

Nach der Hochzeit schrieb Philip in einem Brief an seine Schwiegermutter, dass Elizabeth „das Einzige auf der Welt ist, was wirklich real und echt für mich ist". Elizabeth und Philip haben die **Silberne und Goldene Hochzeit** bereits lange hinter sich. 2007 waren sie 60 Jahre verheiratet, womit die Königin die erste britische Monarchin ist, die ihre **Diamantene Hochzeit** feiern konnte **S. 178–179 ››**. 2012 feierten die beiden bereits ihre **Eiserne Hochzeit.**

* 1921

# Der **Duke** of **Edinburgh**

## „Die **Königin** besitzt die **Tugend** der Toleranz **im Überfluss.**“

PRINCE PHILIP, 1997

Philip kam auf Schloss Mon Repos auf der griechischen Insel Korfu zur Welt und entstammt einer Familie mit Verbindungen zu vielen europäischen Königshäusern, was für das 19. Jh. typisch war. Durch schicksalhafte Wendungen wurde er, aus dem Haus Schleswig-Holstein-Sonderberg-Glücksburg stammend, als Prinz von Griechenland sowie von Dänemark geboren.

Anfang des 20. Jh. fanden viele Monarchien durch nationalistische, republikanische, kommunistische und faschistische Bewegungen ihr Ende. Philip war erst 18 Monate alt, als sein Vater, Prinz Andreas von Griechenland,und seine Mutter, Prinzessin Alice von Battenberg, nach Paris ins Exil gingen und ihre Titel aufgaben. Dadurch wurde Philip trotz adliger Geburt, wie es sein offizieller Biograf einmal nannte „namenlos, staatenlos und mittellos“.

Mit sieben Jahren wurde Philip nach Surrey in England geschickt, wo er bei Verwandten seiner Mutter, deren Namen er später annahm, wohnte. Aufgrund der antideutschen Stimmung während des Ersten Weltkriegs wandelte Philips Großvater Prinz Louis den Namen Battenberg auf Wunsch von King George V. in Mountbatten um, 1946 folgte Philip entsprechend. Zuvor jedoch, 1933, wurde Philip auf das Internat Schloss Salem geschickt. Während einige Mitglieder seiner Familie die Nationalsozialisten unterstützten, lehnte Philip diese Ideologie ab. Wie sein ideenreicher Rektor, Kurt Hahn, wurde auch er aus Deutschland vertrieben und besuchte die Gordonstoun School in Schottland, die er mit hervorragenden Leistungen abschloss.

### In der Marine

Kurz vor dem Zweiten Weltkrieg trat Philip mit dem Besuch der Marinehochschule in Dartmouth in die Fußstapfen seiner berühmten Verwandten der Familie Mountbatten. Als George VI. 1939 das College besuchte, betreute Philip die damals 13-jährige Princess Elizabeth und ihre Schwester Margaret. Philip ist ein Cousin dritten Grades von Elizabeth, da er, wie nicht wenige Angehörige europäischer Königshäuser, ein Nachkomme von Queen Victoria ist.

Nach seinem Abschluss als Jahrgangsbester begann er 1940 eine glanzvolle, wenn auch relativ kurze Karriere bei der Royal Navy. Nach seiner Heirat erhielt Philip das Kommando über ein eigenes Schiff. Diese Position musste er aber aufgeben, als die Prinzessin 1952 Königin wurde. Er bedauerte diesen Rückzug sehr – „ich wäre, offen gesagt, viel lieber bei der Marine geblieben“, erinnerte er sich 1992.

### Beruf Prinzgemahl

Philips Leben veränderte sich nachhaltig, als seine Verbindung zu Elizabeth enger

**Prinz-Philip-Bewegung**
Eine besondere Stellung nimmt Prince Philip in der nach ihm benannten religiösen Bewegung ein, die in den 1960er-Jahren auf der Insel Tanna im Südpazifik entstand. Dort wird er als Gott verehrt, und von ihm signierte Fotografien werden in höchsten Ehren gehalten.

**In Uniform**
Philip in seiner Marineuniform. Er vollzog in der Marine eine bemerkenswerte Karriere; 1942, im Alter von 21 Jahren, wurde er der jüngste Oberleutnant der Royal Navy.

wurde. Als er um Elizabeth warb, galt der junge Offizier und Liebhaber schneller Sportwagen als verwegen, und weder die Öffentlichkeit noch die königliche Familie waren von der Verbindung angetan. Aber man respektierte Elizabeths Wunsch, und so wurde Philip bald Seine Königliche Hoheit Duke of Edinburgh, Earl of Merioneth und Baron Greenwich. Heute ist er der am längsten amtierende Prinzgemahl in der britischen Monarchie sowie das älteste männliche Mitglied, das es je in der britischen Königsfamilie gab.

### Des Prinzen Fettnäpfchen

Seit vielen Jahren ist Philip ein pflichtbewusster Prinzgemahl an Elizabeths Seite, aber er pflegt auch eigene Interessen. Er wurde ein geschickter Kutschenfahrer und engagierte sich für den Fahrsport. Auch begeistert er sich für Großwild – paradoxerweise sowohl für die Jagd als auch den Schutz. Dieser Widerspruch wurde 1961 deutlich, als er Präsident des neu gegründeten *World Wide Fund for Nature* (WWF) und zugleich wegen des Abschusses eines Tigers in Indien kritisiert wurde. Generell wurde es zu seinem Markenzeichen, dass er immer wieder in das eine oder andere Fettnäpfchen tritt.

Bei einem Staatsbesuch in Papua-Neuguinea 1988 sagte er zu einem britischen Studenten, der als Rucksacktourist im Land unterwegs war: „Sie haben es also geschafft, nicht verspeist zu werden", und nach der *Royal Variety Performance* 1969 fragte er den Sänger Tom Jones, ob er wohl mit Kieselsteinen gurgele. Philip ist sich seiner lockeren Zunge durchaus bewusst und erfand dafür die Wissenschaft „Dontopedalogie", in Anspielung darauf, dass man im Englischen diese Fertigkeit ‚den Fuß in den Mund stecken' nennt.

**Vierspänner**
Philip mit Beifahrer und Navigator lenkt 2005 bei den *Lowther Driving Trials* in Cumbria seine Kutsche durch einen Wassergraben.

**Philips Monogram**
Monogramme sind beim europäischen Adel seit viktorianischer Zeit beliebt, um persönliche Gegenstände zu kennzeichnen. Philips Monogram ziert alles, vom Briefkopf bis zu Taschentüchern.

### Förderung Jugendlicher

Einer der nachhaltigsten Beiträge Philips für die Gesellschaft ist sein Programm für Jugendliche, der *Duke of Edinburgh's* (DofE) Award, inspiriert von den Erfahrungen des Prinzen mit Kurt Hahn an der Gordonstoun School. Hahn führte dort ein System von Auszeichnungen ein, mit dessen Hilfe sich junge Menschen Ziele stecken und übertreffen können. Dabei handelte er nach der Devise, dass Sport zwar von größter Bedeutung, ein übersteigerter Wettbewerbsgedanke aber kontraproduktiv ist. Nach dem Krieg unterstützte Prince Philip Hahn in dem Bemühen, die Prinzipen dieser Pädagogik in ganz Großbritannien zu verbreiten.

Philip war überzeugt, dass „ein ‚leistungsorientiertes' Programm, für das keine Mitgliedschaft notwendig ist, wertvoll für die Entwicklung junger Menschen sein kann …, dabei wird auf Hahns vier Kritikpunkte bei der Entwicklung junger Menschen eingegangen, … der Verlust von Leidenschaft, der Verlust von Fertigkeiten, der Verlust von körperlicher Fitness und der Verlust von Initiative". Das Programm startete 1956 mit Bronze-, Silber- und Goldabzeichen, für welche die Jungen Ziele in unterschiedlichen Feldern wie Fitness, Freiwilligendienst und Abenteuer erreichen müssen. Zwei Jahre später gab es auch ein DofE-Programm für Mädchen: „Ich stellte eine Gruppe von Frauen zusammen und bat sie, ein ähnliches Programm zu entwickeln, das sie für Mädchen der gleichen Altersgruppe für angemessen hielten." Bald wurde daraus ein internationales Programm, das 1966 in 22 Ländern lief. Bis heute wurden allein in Großbritannien 2 Mio. Abzeichen verliehen. Seit 1956 haben über 7 Mio. junge Menschen in 132 Ländern an dem Programm teilgenommen.

„Prince Philip … gab mir immer **Kraft und Rückhalt.**"

**QUEEN ELIZABETH**, ANSPRACHE ZUR DIAMANTENEN HOCHZEIT, MÄRZ 2012

**CHRONIK**

- **10. Juni 1921** Geburt auf Korfu
- **1922** Nach einem Staatsstreich muss Philips Familie nach Paris ins Exil gehen.
- **1928** Philip wird zu seinen Verwandten, der Familie Mountbatten, nach Surrey geschickt.
- **1933** Schulaufenthalt auf Schloss Salem, Rektor ist Kurt Hahn.
- **1934** Philip folgt Hahn auf die Gordonstoun School in Schottland.
- **1939** Eintritt in die Marinehochschule in Dartmouth; zuständig für die Betreuung von Elizabeth beim königlichen Besuch
- **1940** Abschluss und Auszeichnung für den jahrgangsbesten Kadetten
- **1940** Eintritt in die Royal Navy
- **1941** Teilnahme an der Schlacht bei Kap Matapan mit ehrenvoller Erwähnung
- **1943** Beginn der Freundschaft mit Elizabeth, nachdem er sie bei einer Weihnachtsvorführung gesehen hat
- **1947** Heirat mit Elizabeth, Ernennung zum Duke of Edinburgh
- **1947** Versetzung nach Malta
- **1952** Beförderung zum Kommandeur, erstes Kommando über ein Schiff; Rückzug aus aktivem Dienst
- **Februar 1952** Meldung vom überraschenden Tod von Elizabeths Vater
- **1956** Gründung des DofE-Programms

**PHILIP SPRICHT BEIM ZWEITEN WELTKONGRESS DES WWF 1970.**

- **1961** Ernennung zum Präsidenten des WWF
- **1986** Philips Bemerkung über „Schlitzaugen" bei einem Staatsbesuch in China führt zu Verstimmungen.
- **2001** Rücktritt vom Vorsitz des *DofE Award Scheme*, das er fast 50 Jahre erfolgreich geleitet hat
- **2002** Veröffentlichung von Briefen zwischen ihm und Diana, Princess of Wales, um zu widerlegen, ihre Beziehung sei belastet gewesen
- **2009** Philip ist der am längsten amtierende Prinzgemahl in der britischen Geschichte.
- **2011** 90. Geburtstag und Rücktritt von der Schirmherrschaft bei über einem Dutzend Organisationen

FRÜHER

**Die öffentliche Begeisterung über die unmittelbar bevorstehende Ankunft eines königlichen Babys erreichte in den Tagen vor dem Geburtstermin des ersten Kindes von Princess Elizabeth ihren Höhepunkt.**

**LAUTE BEGEISTERUNG**
Eine **große Schar von Gratulanten** versammelte sich vor dem Buckingham Palace, als der Tag der Niederkunft näher rückte. Sie waren so laut, dass Elizabeths Familie besorgt war, der Lärm könne **die Prinzessin stören.** Ihre Eltern schlugen ihr vor, in ein ruhigeres Zimmer auf der anderen Palastseite zum Garten hin umzuziehen, aber sie lehnte ab. Elizabeth erklärte: „Ich will mein Baby in meinem eigenen, gewohnten Zimmer zur Welt bringen."

# Die **Geburt** von **Charles** und **Anne**

**Bereits im ersten Jahr ihrer Ehe konnten Princess Elizabeth und der Duke of Edinburgh sich über die Geburt ihres ersten Sohnes freuen, dem in den nächsten Jahren noch drei weitere Kinder folgten.**

**33 Generationen führen in der Abstammungslinie von Wilhelm dem Eroberer bis zu Prince Charles.**

Stolze Eltern
Princess Elizabeth und der Duke of Edinburgh lächeln mit Prince Charles in die Kamera, nachdem er im Musikzimmer des Buckingham Palace am 15. Dezember 1948 getauft wurde.

Im Frühjahr 1948 besuchten Elizabeth und ihr Ehemann Philip Paris, wo sie von jubelnden Menschenmengen begrüßt wurden. Französische Zeitungen schrieben, es sei wie bei der Normannischen Eroberung gewesen, nur umgekehrt; dieses Mal hätten die Engländer die Franzosen besiegt. Aufmerksame Beobachter stellten fest, dass die Prinzessin trotz ihrer Begeisterung für Pariser Pferderennen, Nachtclubs und Geschäfte müde ausgesehen und sich oft ausgeruht habe.

Später bestätigte der Buckingham Palace, was bereits vermutet wurde: Elizabeth erwartete ein Kind. Die Ankündigung erfolgte am Derby Day, dem 4. Juni, an dem das Pferderennen auf dem Epsom Downs Racecourse in Surrey stattfindet. Die Prinzessin erschien pflichtgemäß und grüßte gut gelaunt in die Menge. Aus aller Welt traf Post ein, eine Flut von Karten, Geschenken und Tipps für die Schwangerschaft. Der Kinderwagen, in dem bereits Elizabeth und ihre Schwester Margaret gelegen hatten, wurde in Gelb ausgestattet, sodass, wie Elizabeth sagte, „niemand erraten kann, ob wir uns einen Jungen oder ein Mädchen wünschen".

## Einfach nur ein Brauch

Während für Elizabeth der Geburtstermin näher rückte, verschlechterte sich die Gesundheit ihres Vaters. Seine Gemütslage wurde zunehmend wechselhaft, und sein Verständnis für Staatsgeschäfte schwand. In der Öffentlichkeit rückte die junge Prinzessin in den Mittelpunkt, während ihre Eltern an den Rand gedrängt wurden. Es war klar, dass Elizabeth bald zur Königin gekrönt würde, und der Appetit der Öffentlichkeit auf Neuigkeiten von ihr und ihrem Mann war unersättlich.

Inzwischen rangen Minister und Hofbeamte mit der Tradition, wonach der Geburt eines königlichen Erben Zeugen beizuwohnen haben. Dieser Brauch entstammte der im Mittelalter verbreiteten Angst, es könnten Babys in das königliche Geburtszimmer geschmuggelt werden, die keine legitimen Sprösslinge des Monarchen waren, und beugte dem Risiko vor, dass die Legitimität königlicher Erben angezweifelt würde. Die Begründung war ebenso antiquiert wie der Brauch selbst. Victoria hatte ihn im 19. Jh. bereits modernisiert, als sie darauf bestanden hatte, ihre Minister müssten draußen auf dem Korridor

warten, anstatt sich neben ihrem Bett aufzuhalten, während sie in den Wehen lag. 1948 entschied Innenminister James Chuter Ede, es gebe für ihn kein verfassungsmäßiges Gebot, der Geburt beizuwohnen, und er schrieb: „Es ist einfach nur ein Brauch …, für seine Fortführung gibt es keine gesetzliche Notwendigkeit.“ Dem traditionalistischen König und der Königin lag jedoch viel daran, dass der Innenminister bei der Geburt zugegen sei. Das Problem spitzte sich Anfang November zu, als der kanadische Hochkommissar gegenüber dem obersten Hofbeamten des Palastes, Sir Alan Lascelles, erwähnte, er erwarte, neben dem Innenminister und weiteren Vertretern des Commonwealth bei der Geburt zugegen zu sein. Lascelles stellte fest, rein rechtlich dürften sogar „… sieben Minister auf dem Korridor sitzen“. Das reichte aus, um den König davon zu überzeugen, dass es ein überkommener „archaischer Brauch“ sei. Lascelles war erleichtert und schrieb später, er habe diese Praxis schon lange als „altmodisch und lächerlich“ empfunden. Die Niederkunft der Prinzessin würde also privat bleiben.

„Prince **Charles,** wie er genannt werden wird, ist ein sehr **folgsames Modell.**“

CECIL BEATON, FOTOGRAF, DEZEMBER 1948

## Vertrauensbruch

Vor der Niederkunft besuchte Elizabeth ihr ehemaliges Kindermädchen Marion Crawford, die kurz zuvor nach 17 Jahren den königlichen Haushalt verlassen hatte, um mit ihrem Ehemann zusammenzuleben. Sie und die Prinzessin hatten ein enges Verhältnis, und Elizabeth vertraute ihr an, sie habe keine Angst vor der Geburt: „Dafür sind wir schließlich gemacht.“ Leider schlug das Verhältnis zwischen Crawford und der königlichen Familie bald um. Um ihre Finanzen aufzubessern, vertraute die frühere Nanny sich Journalisten an. Die Artikel für die amerikanische Presse wirken heute wie harmlose Erinnerungen. Für die verschlossene Königsfamilie stellten sie einen großen Vertrauensbruch dar. Als Crawfords Erinnerungen an ihre Zeit als königliches Kindermädchen 1950 unter dem Titel *Die kleinen Prinzessinnen* als Buch erschienen, wurde jeder Kontakt mit Marion Crawford abgebrochen, und zwar endgültig.

## Königliche Geburten

Das war alles noch Zukunftsmusik, als am 14. November 1948 um 21:14 Uhr durch Sir William Gilliatt, den königlichen Gynäkologen ein Junge mit einem Geburtsgewicht von 3340 g mithilfe einer Geburtszange auf die Welt kam. Elizabeth wurde, wie damals üblich, während der Wehen ein starkes Betäubungsmittel verabreicht, das ihr auch jede Erinnerung an die Geburt raubte. Hierin folgte Elizabeth der königlichen Tradition, denn ihre Ururgroßmutter Victoria hatte im 19. Jh. dem Gebrauch von Betäubungsmitteln während der Geburt den Weg bereitet.

Philip spielte in Erwartung der freudigen Nachricht Squash. Begleitet vom Jubel der Menge auf der Mall traf er ein, um seinen neugeborenen Sohn zu begrüßen, der den Namen Charles Philip Arthur George erhalten sollte. Die Wahl des Namens Charles war wegen des Schicksals eines früheren englischen Monarchen gleichen Namens umstritten, aber Elizabeth und Philip gefiel der Name. Sollte Charles den Thron besteigen, müsste er nicht den Titel Charles III. annehmen, da er nach dem Vorbild seines Großvaters und seines Großonkels entscheiden könnte, unter einem anderen Namen zu regieren.

Charles' Geburt löste eine Welle von Glückwunschschreiben aus, und die Prinzessin verkündete, jedes Kind im Land, das am selben Tag geboren wurde, werde ein Paket mit Säuglingsnahrung erhalten. Kurz nach Charles' Taufe im Dezember desselben Jahres mussten Mutter und Sohn eine durch Masern erzwungene zweimonatige Trennung überstehen, und weniger als 18 Monate später feierten Elizabeth und Philip die Ankunft ihres zweiten Kindes.

Am 15. August 1950 um 11:50 Uhr wurde das 2700 g schwere Mädchen geboren. Es erhielt den Namen Anne und weitere Vornamen, die seine Familie widerspiegelten: Elizabeth nach ihrer Großmutter mütterlicherseits, der Königin; Alice nach ihrer Großmutter väterlicherseits, Alice of Battenberg, und Louise nach einer Großtante. Der Duke of Edinburgh stieß mit Champagner auf ihre Ankunft an, und nachdem er ihre Namen beim Standesbeamten von Westminster hatte registrieren lassen, erhielt er den Ausweis seiner Tochter, ein Lebensmittelmarkenheft und eine Flasche Lebertran. Kurz nach Annes Geburt schrieb ihre Mutter: „Das Baby ist anders als sein Bruder, es wird interessant, nach wem es kommen wird, wenn es älter ist.“

**Eine bodenständige Kindheit**
Charles und Anne posieren am vierten Geburtstag des Prinzen in Mänteln. Auch auf vielen anderen Fotos aus dieser Zeit sieht man die beiden in dieser Aufmachung. Ihre Mutter bestand darauf, in einer Zeit anhaltender Rationierung mit Kleidung sparsam zu sein.

**Die Taufe der Prinzessin**
Princess Elizabeth hält Princess Anne, während sich Queen Elizabeth am Tag der Taufe von Anne im Oktober 1950 um Prince Charles kümmert. Die Zeremonie wurde vom Erzbischof von York, Cyril Forster Garbett, geleitet.

### SPÄTER

**Nachdem Elizabeth Königin geworden war, sollte sie noch zwei weitere Kinder bekommen. Das letzte Mal davor, dass eine regierende Monarchin ein Baby bekam, war im Jahr 1857, als Queen Victoria ihre jüngste Tochter Princess Beatrice gebar.**

**WEITERE KÖNIGLICHE GEBURTEN**
Am 19. Februar 1960 brachte Elizabeth im Buckingham Palace **Andrew Albert Christian Edward** zur Welt. Einer Freundin schrieb sie: „Das Baby ist hinreißend und lieb, es nimmt auch gut zu. Seine beiden älteren Geschwister sind völlig vernarrt in den Kleinen, daher wird er sicher von uns allen schrecklich verwöhnt werden!“ Vier Jahre später, am 10. März 1964, brachte die Königin, ebenfalls im Buckingham Palace, **Edward Antony Richard Louis** zur Welt.

* 1926

# Elizabeth II., die frühen Jahre

„Ich erkläre, … dass ich mein **gesamtes Leben,** sei es lang oder kurz, in **Ihren Dienst** … stellen werde."

ELIZABETH II. IN EINER REDE AN IHREM 21. GEBURTSTAG, 1947

**Eine Königin in der Lehre**
King George VI. bereitet seine ältere Tochter Elizabeth auf ihre Rolle als Königin vor. In einem Arbeitszimmer in Windsor Castle geht er 1942 mit ihr staatliche Unterlagen durch.

Um einen Eindruck von den frühen Jahren der Regierungszeit von Elizabeth II. zu gewinnen, muss man wissen, dass sie in ihrer frühen Kindheit gar nicht für den Thron vorgesehen war. Ihre Kindheit war behütet und abgeschottet, und sie hatte eine enge Bindung zu ihren Eltern. Elizabeth und ihre Schwester lebten in ihrer eigenen kleinen Welt. In ihrem Buch von 1950, *The Little Princesses*, erinnert sich Marion Crawford, „Crawfie", die Gouvernante von Elizabeth und Margaret, dass deren Kindermädchen Clara Wright, „Alah", „die Kinder außerhalb der Schulzeit in ihrer Obhut hatte. Dabei war sie zuständig für deren Gesundheit, Körperpflege und Kleidung, während ich sie von 9 bis 17 Uhr betreute. [Alah] hatte mich als Kindermädchen dabei zu unterstützen." In ihrer Kindheit stand Elizabeth an dritter Stelle der Thronfolge. Da nicht ihr Vater, sondern ihr Onkel David die Krone als Edward VIII. übernehmen sollte, erwartete niemand, sie jemals auf dem Thron zu sehen. Edward VIII. dankte 1936 ab (S. 22–23). „Der Schock dieser schrecklichen Dezembertage war überwältigend", erinnerte sich Queen Elizabeth, die Königinmutter. Nun würde ihre Tochter Königin werden. König George VI. war das Gegenteil von seinem extrovertierten Bruder David. George VI. und seine Frau vermittelten ihrer Tochter ihre Werte, was sich während Elizabeths Regierungszeit in ihrem Umgang mit der Rolle der Monarchin zeigte und ihre herausragenden Eigenschaften formte: einen Sinn für den Dienst an der Öffentlichkeit verbunden mit der Pflege traditioneller Werte.

## Gute Werke

Vor ihrer Thronbesteigung ereignete sich das Drama des Zweiten Weltkriegs. Auch Elizabeth leistete ihren Dienst zu Kriegszeiten und stand zunehmend in der Öffentlichkeit. Im Mai 1944 warb sie öffentlich für das *Queen Elizabeth Hospital for Children* in Hackney im Osten Londons zu werben, einer wohltätigen Einrichtung, die nach ihrer Mutter benannt war. In einer Zeit, als der Trend zum staatlichen Engagement bei den sozialen Einrichtungen ging, betonte sie die Tradition der Unterstützung ehrenamtlicher Dienste. Damit legte sie den Grundstein für das, was bis heute ein zentrales Element königlicher Projekte ist: die Rolle der „guten Werke". Derzeit umfasst die Liste der Schirmherrschaften der Krone über 3000 Einrichtungen, alleine die Königin hält 800. Dem britischen Historiker David Cannadine zufolge „stellt das wohltätige Engagement die erfolgreiche Vermischung der königlichen Kultur herablassenden Hierarchiebewusstseins mit der Volkskultur sozialer Bestrebungen dar".

**Traditionsverbunden**
Elizabeth teilt die Briefmarkenleidenschaft der königlichen Familie. Hier ist sie 1946 mit ihrer Sammlung beschäftigt. Sie verwendete grüne Alben, ihr Vater George VI. blaue.

## Mit Hingabe dienen

Ein weiterer früher Hinweis auf Queen Elizabeths künftige Art fand sich in der 1947 anlässlich ihres 21. Geburtstags ausgestrahlten Sendung für das Empire (S. 41), in der sie daran erinnert, dass bereits ihre Vorfahren hingebungsvoll gedient hatten und dass auch sie ihrem Volk dienen würde. Pflichtbewusstsein wurde zum alles überspannenden Grundsatz der Regierung von Elizabeth II. Das brachte aber auch einige Probleme beim Setzen von Prioritäten mit sich. Elizabeth war nicht nur die Monarchin mehrerer Nationen und stand an der Spitze des Commonwealth, sondern war auch eine hingebungsvolle Ehefrau, Mutter, Tochter und Schwester.

Die unterschiedlichen Rollen waren nicht immer leicht zu vereinbaren. Während ihrer langen Reise durch das Commonwealth 1953/54 etwa war sie über sechs Monate lang von ihren beiden kleinen Kindern Charles und Anne getrennt. Darauf folgten 1956 drei Monate, in denen ihr Mann Philip abwesend war, weil er mit der neuen Motoryacht *HMY Britannia* zu Seetüchtigkeitsprüfungen unterwegs war. Diese Trennung führte sogar zu Spekulationen über ihre Ehe. Als es zudem um ihre Schwester Margaret und deren qualvolle Entscheidung ging, den geschiedenen Oberst Peter Townsend zu heiraten, kam die unbeugsamste Seite der jungen Königin zum Vorschein. Sie weigerte sich, Margarets Wahl zu unterstützen, die Liebe über die Pflicht zu stellen.

## Perfekt ausgewogen

Diesem Beispiel harschen Pflichtbewusstseins kann jedoch ihr überwälti-

**Pferdeliebe**
Elizabeth II. ist ein Pferdenarr. Auf dem Foto bewundern sie und die Königinmutter, wie *Sea Bird II.* im Juni 1965 das Galopprennen beim *Epsom Derby* gewinnt.

„Wir sollten **nicht vergessen,** dass trotz aller wissenschaftlichen Fortschritte und großen Verbesserungen unseres materiellen Wohlstands die **Familie** weiterhin im **Zentrum** unseres Lebens steht."

QUEEN ELIZABETH IN DER WEIHNACHTSANSPRACHE, 1965

gender Familiensinn gegenübergestellt werden. So enthielt die Weihnachtsbotschaft der Königin 1956 (S. 80–81) die folgenden anrührenden Worte zur langen Abwesenheit ihres Mannes: „Sie werden mich daher verstehen, wenn ich Ihnen sage, dass von allen Stimmen, die wir heute Nachmittag gehört haben, meinen Kindern und mir keine größere Freude bereitet hat als die meines Mannes." Solange ihre Mutter und ihre Schwester lebten, telefonierte Elizabeth jeden Tag mit ihnen. Ihre Rolle als Königin beinhaltet einen gewissen Konflikt zwischen öffentlichem und privatem Auftreten. In der Öffentlichkeit wird sie weitgehend als reserviert und unnahbar wahrgenommen, viele Beschreibungen von ihr als Privatperson zeichnen hingegen das Bild einer Frau mit ausgeprägtem Sinn für Humor. Die Königin zieht es vor, sich auf ihre Arbeit zu konzentrieren. An jedem Wochentag, außer an Weihnachten und Ostern, erhält sie abends um 19 Uhr staatliche Unterlagen, die sie durcharbeitet und gegebenenfalls unterschreibt.

### Hauptsächlich Pferderennen

Lange Zeit pflegte die Königin ihre Liebe zu Pferden und Pferderennen. Sie besitzt einen eigenen Rennstall, aus dem viele große Sieger hervorgingen. Ihre Liebe reicht zurück in ihre Teenagerjahre und war ein wichtiges Element ihrer frühen Regierungszeit. Als Winston Churchill gefragt wurde, worüber er und die Königin bei ihren wöchentlichen Dienstagstreffen sprachen, antwortete er: „hauptsächlich über Pferderennen".

**Privatperson**
Obwohl sie die vielleicht berühmteste und wohl am häufigsten fotografierte Frau der Welt ist, legt die Königin großen Wert auf ihr Privatleben. Dieses offizielle Foto wurde im Januar 1956 vor ihrer Nigeriareise veröffentlicht.

**CHRONIK**

- **21. April 1926** Geburt in London als erstes Kind des Duke und der Duchess of York, getauft auf den Namen Elizabeth Alexandra Mary
- **1934** Erste Begegnung mit Philip Mountbatten
- **1936** Tod von George V.; Edward, Prince of Wales, wird King Edward VIII.; nach einem Jahr voller Kontroversen über seine Politik und sein Privatleben entscheidet sich Edward VIII. zur Abdankung. Elizabeths Vater wird am 12. Dezember zu King George VI. gekrönt.
- **1944** Nach ihrem 18. Geburtstag wird Princess Elizabeth Staatsrätin und kann, nachdem das Parlament im Jahr zuvor eine Gesetzesänderung beschlossen hat, ohne Monarchen regieren.
- **1945** Sie schließt sich dem *Auxiliary Transport Service* (ATS) an und erlernt das Fahren und Warten von Lkws.
- **20. November 1947** Hochzeit mit Philip, der zum Duke of Edinburgh ernannt wird
- **14. November 1948** Geburt von Charles, dem ersten Kind von Elizabeth und Philip
- **15. August 1950** Geburt von Elizabeths einziger Tochter, Anne
- **1952** Tod von George VI.; Elizabeth II. trägt ihren Vater am 15. Februar zu Grabe und eröffnet am 4. November ihre erste Parlamentssitzung.

DAS KÖNIGLICHE WAPPEN DES VEREINIGTEN KÖNIGREICHS

- **2. Juni 1953** Sie wird zur Königin gekrönt. Im selben Jahr begibt sie sich mit ihrem Mann auf eine sechsmonatige Reise durch das Commonwealth.
- **Januar 1957** Der konservative Premierminister Anthony Eden muss wegen der Sueskrise zurücktreten. Elizabeth wird geraten, sich für Harold Macmillan als Nachfolger zu entscheiden, nicht für R. A. Butler.
- **19. Februar 1960** Geburt ihres zweiten Sohnes, Andrew
- **10. März 1964** Geburt ihres dritten Sohnes, Edward
- **Mai 1970** Bei einem Neuseelandbesuch entsteht die Tradition der „königlichen Rundgänge", um in Kontakt mit der Bevölkerung zu treten.
- **6. Februar 1977** Elizabeth feiert ihr Silbernes Thronjubiläum.
- **27. August 1979** Die Ermordung von Louis Mountbatten durch die *Irish Republican Army* (IRA) erschüttert die königliche Familie.
- **November 1979** Die Enttarnung des Direktors der königlichen Gemäldesammlung Anthony Blunt als russischer Spion bringt die Königin in Verlegenheit.

Rückkehr als Königin
Die neue Königin steigt von Kenia kommend nach einem 24-stündigen Flug die Gangway hinunter. Sie erreichte in der Abenddämmerung des 7. Februars 1952 den Londoner Flughafen, wo Premierminister Churchill und weitere Politiker sie erwarteten.

# Elizabeth wird Königin

**Elizabeths Hoffnungen auf einige Jahre ungestörten Familienlebens zerschlugen sich mit dem unerwarteten Tod ihres Vaters, der sie im Alter von nur 25 Jahren auf den Thron brachte.**

### « FRÜHER

**Die Gesundheit von King Georg VI. verschlechterte sich seit Langem. Auch sein starkes Rauchen war die Ursache einer Reihe schwerer Erkrankungen.**

**NACHLASSENDE GESUNDHEIT**
Der König litt unter schwerer Arteriosklerose, hatte eine Krebserkrankung und musste sich vielen Operationen unterziehen, darunter eine zur Linderung einer sehr schmerzhaften Nervenkompression. Im Herbst 1951 wurde ihm ein Lungenflügel entnommen. Man sagte dem König nicht, dass seine Lunge von Krebs befallen war, sondern ließ ihn in dem Glauben, Ursache sei eine Bronchialblockade gewesen.

**42 amtierende Könige von England gab es seit Wilhelm dem Eroberer.**

Die angegriffene Gesundheit des Königs ließ Auslandsreisen nicht mehr zu. Stattdessen vertraten ihn Princess Elizabeth und ihr Mann. Im Oktober 1951 besuchten sie Kanada und die USA. Sie kehrten zurück, um Weihnachten mit dem König auf dem Landsitz Sandringham zu verbringen. In Anwesenheit seiner Tochter erholte sich der König, sodass er auf die Jagd gehen und das Fest genießen konnte. Es sprach nichts gegen eine sechsmonatige Reise von Elizabeth und Philip durch das Commonwealth, die im Februar 1952 begann und während der sie Prince Charles und seine Schwester Anne in der Obhut ihrer Großeltern ließen. Die offizielle Reise sollte auf Ceylon, heute Sri Lanka, beginnen. Zuvor war ein romantischer Aufenthalt in Kenia geplant. Elizabeth freute sich auf das Treetops-Safari-Hotel in der Nähe der Sagana Lodge, die ein Hochzeitsgeschenk der kenianischen Regierung gewesen war. Am Morgen nach einem gemeinsamen Besuch des Musicals *South Pacific* im *Drury Lane Theatre* winkte der König Elizabeth und Philip am Rollfeld des Londoner Flughafens zum Abschied.

Die Prinzessin sollte ihren Vater nie wiedersehen. Zurück in Sandringham schien der König guter Stimmung zu sein. Am 5. Februar ging er auf die Jagd, wobei er eine speziell angefertigte, elektrisch beheizte Weste trug. Er erlegte neun Hasen. An diesem Abend war er „in großartiger Verfassung und sah gut und glücklich aus“, erinnerte sich die Königin später. Um 22:30 Uhr ging der König zu Bett. Ein Wachmann sah ihn gegen Mitternacht noch einmal am Fenster. Als sein Diener James MacDonald ihm am nächsten Morgen um

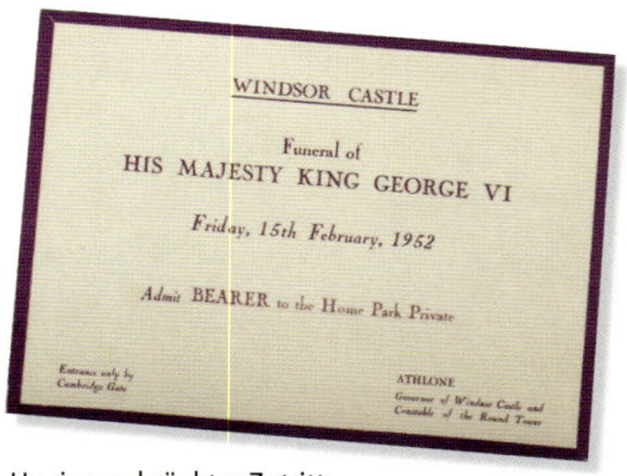
WINDSOR CASTLE

Funeral of
HIS MAJESTY KING GEORGE VI

Friday, 15th February, 1952

Admit BEARER to the Home Park Private

ATHLONE

Uneingeschränkter Zutritt
Für die Trauerfeier für George VI. in der St.-Georgs-Kapelle auf Windsor Castle wurden Eintrittskarten ausgegeben. Zuvor war der Sarg in einem Trauerzug durch die Straßen Londons zum Bahnhof Paddington getragen worden.

7:30 Uhr eine Tasse Tee brachte, um ihn zu wecken, war der König tot. „Es wurde viel gescherzt, und er ging früh zu Bett, weil er rekonvaleszent war“, erinnerte sich Princess Margaret,

**Der Trauerzug**
Der königliche Zug brachte den Leichnam des Königs von Norfolk nach London. Dort beförderte man den Sarg auf einer Lafette in die Westminster Hall zur Aufbahrung. 300 000 Menschen erwiesen dem König die letzte Ehre. Später fuhr der Zug nach Paddington und anschließend nach Windsor, wo George VI. beigesetzt wurde.

„und dann war er einfach nicht mehr da." Er starb am Morgen des 6. Februars an einem Herzanfall. Trotz vorhandener Warnsignale waren keine Vorkehrungen getroffen worden. MacDonald berichtete der Frau des Königs über dessen Tod, die Jagdaufseher trugen den Leichnam in die örtliche Kirche. Es dauerte jedoch über eine Stunde, bis ein Hofbeamter in die Downing Street entsandt wurde, um dem Premierminister Winston Churchill, einem Freund des Königs, die Nachricht zu überbringen. „Schlechte Nachricht?", rief Churchill und fegte einige Staatsdokumente vom Tisch. „Das ist die schlimmste! Wie unwichtig erscheinen dagegen diese Dinge." Sein Privatsekretär fand ihn später weinend vor, wobei er klagte, er kenne die neue Königin kaum, und sie sei doch noch ein Kind.

## Keine Zeichen von Tränen

Dieses Kind befand sich an einem der entlegensten Orte der Welt. Elizabeth hatte die Nacht damit verbracht, Elefanten an der Wasserstelle zu filmen, die unter den Ästen des Feigenbaums von Treetops lag. Das Gästebuch verzeichnet: „Zum ersten Mal in der Geschichte ist ein junges Mädchen als Prinzessin auf einen Baum geklettert und am nächsten Tag als Königin heruntergekommen." Die Hofdame der Königin, Pamela Mountbatten, schrieb Ähnliches: „[Elizabeth] kletterte die Leiter als Prinzessin hinauf, und als sie wieder herabstieg, war sie Königin." Berater aus dem Tross hatten von Reportern vom Tod des Königs erfahren und schalteten heimlich die BBC-Weltnachrichten ein, um den Wahrheitsgehalt der Gerüchte zu überprüfen. Sie erfuhren, dass Elizabeth seit mindestens fünf Stunden Königin war, wovon sie und Philip die meiste Zeit beim Angeln verbracht hatten. Der königliche Haushofmeister Mike Parker überbrachte Prince Philip die Nachricht. Der reagierte entsetzt. Er hatte sofort erkannt, dass der idyllische Teil seines Lebens mit Elizabeth zu Ende war. Philip informierte Elizabeth, die diese Nachricht, wie er sagte, „tapfer wie eine Königin aufnahm". Ein Berater traf sie später in ihrem Zimmer an, „am Schreibtisch sitzend, sehr gerade, mit hochrotem Gesicht, ohne Anzeichen von Tränen". Auf die Frage, unter welchem Namen sie regieren würde, antwortete sie promt: „Unter meinem Namen natürlich, Elizabeth – wie sonst?"

Am 7. Februar kehrte Queen Elizabeth II. ins Vereinigte Königreich zurück. Als 43. amtierender Herrscher von England war sie mit 25 Jahren auch seit 1837 der jüngste. Damals war Victoria mit 18 Jahren Königin geworden. Elizabeths vollständiger Titel variierte in den Teilen des Commonwealth, im Vereinigten Königreich wurde sie angesprochen als Ihre Majestät Elizabeth die Zweite, von Gottes Gnaden Königin des Vereinigten Königreiches von Großbritannien und Nordirland und ihrer anderen Länder und Gebiete, Oberhaupt des Commonwealth, Verteidigerin des Glaubens. Auf Lateinisch: *Elizabeth II, Dei Gratia Britanniarum Regnorumque Suorum Ceterorum Regina, Consortionis Populorum Princeps, Fidei Defensor.* Weitere ihrer Titel und Ehrentitel sind: *Duke of Normandy und Lord of Mann; Member First Class of the Most Esteemed Royal Family Order of Brunei; Grand Commander of the Order of the Niger und Honorary Companion of Honour with Collar of the National Order of Merit of Malta.*

**539 MILLIONEN Untertanen hatte Elizabeth II. zum Zeitpunkt der Thronbesteigung.**

Bei einem Treffen mit dem Thronbesteigungsrat im St James's Palace sagte Elizabeth: „Ich bete, dass Gott mir helfen wird, die schwere Aufgabe, die mir so früh im Leben aufgebürdet wurde, würdig zu erfüllen." Am 11. Februar kam der königliche Zug mit dem Leichnam von George VI. aus Wolferton, Norfolk, am Bahnhof King's Cross an und wurde von der königlichen Familie in Empfang genommen. Nach der Aufbahrung in der Westminster Hall wurde der Sarg in die St.-Georgs-Kapelle von Windsor gebracht, wo die Beisetzung am 15. Februar erfolgte. Der Kämmerer und Hofmarschall brach seinen Amtsstab entzwei und warf ihn in das Grab. Die Königswitwe, die sich künftig als Queen Elizabeth, the Queen Mother bezeichnen ließ, dankte der Welt: „Sie sollen wissen, wie sehr Ihr Mitgefühl mir in meiner Trauer geholfen hat. Ich empfehle Ihnen unsere liebe Tochter an. Schenken Sie ihr Ihre Loyalität und Zuneigung: In der großen und einsamen Position, auf die sie berufen wurde, wird sie Ihren Schutz und Ihre Liebe brauchen."

## SPÄTER

**Monarchen tragen keinen herkömmlichen Familiennamen, vielmehr wird das jeweilige Königshaus genannt. Die Wahl des Namens für die neue Königsfamilie sorgte für einige Meinungsverschiedenheiten.**

**WAS SIND SCHON NAMEN?**
Am 9. April 1952 unterzeichnete Queen Elizabeth II. eine Verfügung, in der sie erklärte, „sie und ihre Kinder würden genannt und bekannt als das **House of Windsor**". Damit folgte sie der strikten Ansicht ihrer Großmutter, Queen Mary, die erklärt hatte, ihr Mann habe das House of Windsor für alle Zeiten gegründet. Philip protestierte verbittert und klagte: „Ich bin der einzige Mann im Land, der seinen Kindern seinen Namen nicht weitergeben darf." Queen Mary, die erste Königin, die ihr Enkelkind den Thron besteigen sah, verstarb am 24. März 1953 im Alter von 85 Jahren.

„Eine hübsche und junge Persönlichkeit, Prinzessin, Ehefrau und Mutter, **erbt nun unsere Traditionen** und **unseren Ruhm …,** unsere gemeinsame Stärke und Loyalität."

**WINSTON CHURCHILL** IM UNTERHAUS, 11. FEBRUAR 1952

**Trauernde Familie**
Frau und Töchter von George VI., die Königinmutter, Elizabeth und Margaret, auf dem Weg zur Beisetzung des Königs. Queen Mary war krank und konnte an der Zeremonie nicht teilnehmen.

**FRÜHER**

**Die Regierung stellt die Rede des Monarchen drei Tage vor der Parlamentseröffnung fertig. Traditionell wurde die Rede auf Ziegenpergament geschrieben, mit einer Tinte, die extrem langsam trocknete. So konnte die Rede nicht verändert werden. Nach dem englischen Wort *goat* für Ziege heißt es noch heute „going goat", wenn die Rede zur Genehmigung in den Palast geschickt wird.**

**SUCHE NACH SCHIESSPULVER**
Am Morgen der Parlamentseröffnung durch die Königin führt der **königliche Leibgardist** eine **zeremonielle Durchsuchung** der Parlamentskeller durch, eine Erinnerung an den *Gunpowder Plot*, die Schießpulververschwörung, von **1605**.

# Die **Königin** im **Parlament** und die **Politik**

**Eine der ersten Pflichten als Königin war für Elizabeth II. die Parlamentseröffnung. Dieses Ereignis voller Pomp und Prachtentfaltung zeigt den Charakter der britischen Verfassung und den bedeutenden, aber heiklen Anteil des Monarchen daran sehr deutlich.**

Die Königin ist das Oberhaupt Großbritanniens und weiterer Mitgliedstaaten des Commonwealth, ihre Rolle an der Spitze der konstitutionellen Monarchie ist rein symbolischer Natur, aber von großer Bedeutung und daher schwierig. Als Spitze der konstitutionellen „Pyramide" trägt sie dazu bei, die Rechte und Freiheiten aller Untertanen zu gewährleisten, wobei sie penibel darauf achten muss, erkennbar über den politischen Debatten zu stehen. Formal hat sie das Recht, in politischen Fragen konsultiert zu werden und auf regelmäßigen Treffen mit dem Premierminister die Regierung zu ermuntern und zu warnen. Zu ihren Pflichten gehört es, Gesetzen zuzustimmen, die vom Parlament beschlossen wurden, und Gesetzesvorlagen zu billigen, die die Krone betreffen. Sie ist zudem für Vertagungen und Auflösungen des Parlaments verantwortlich und wird wöchentlich über parlamentarische Angelegenheiten informiert.

„Es ist Ihrer Majestät eine Freude, Sie (das **Unterhaus**) sofort in diesem Haus zu sehen."

*GENTLEMAN USHER OF THE* BLACK ROD IM PARLAMENT, 4. NOVEMBER 1952

Unterwegs
Queen Elizabeth II. trägt auf dem Weg zu ihrer ersten Parlamentseröffnung das Staatsdiadem von George IV. Bei ihrer Ankunft im Palace of Westminster wird sie es gegen die Staatskrone austauschen.

## Die Krone im Parlament

Die bekannteste und auffälligste Aufgabe der Königin ist es, der jährlichen Zeremonie zur Parlamentseröffnung beizuwohnen, dem Ritual, das den Beginn einer Legislaturperiode markiert. Die Königin eröffnet das Parlament und wendet sich mit einer Thronrede an Oberhaus und Unterhaus, in der sie die Gesetzesvorhaben und das Regierungsprogramm der kommenden Sitzungsperiode darlegt. Beide Häuser des Parlaments können nicht zur Tagesordnung übergehen, bevor die Rede der Königin verlesen wurde. Der Palast beschreibt die Zeremonie als „das farbenfreudigste Ereignis des parlamentarischen Jahres [und] auch das wichtigste, da es die drei gesetzgebenden Elemente vereint [Unterhaus, Oberhaus und die Königin]. Somit repräsentiert diese Zeremonie die Krone im Parlament."

Das Schauspiel beginnt, noch bevor die Königin den Buckingham Palace verlässt. Dort wird ein Parlamentsmitglied, das das archaische Amt des Vizekämmerers ausübt, als symbolische „Geisel" angeboten, um die sichere Rückkehr der Monarchin zu gewährleisten. Dieses Ritual ist ein Überbleibsel aus Zeiten, als das Verhältnis zwischen dem Monarchen und dem Parlament feindselig und die Erinnerungen an den Tod des Königs 1649 noch frisch waren. Charles I. war auf Weisung des Parlaments hingerichtet worden, nachdem die Spannungen über die verfassungsmäßige Beziehung zwischen dem König und der Legislative zum Bürgerkrieg eskaliert waren. Daher wird bis heute bei Parlamentseröffnungen der Vizekämmerer in den Palast gebracht, wo er bis zur Rückkehr der Monarchin wartet.

## Die königlichen Insignien

Währenddessen werden die königlichen Insignien vom Buckingham Palace zum Palace of Westminster gebracht, wo sie für die Ankunft der Königin bereitgelegt werden. Dazu gehören die Staatskrone, eine samtene Barettmütze, ursprünglich das Futter einer Krone und ein Geschenk des Papstes, sowie das Reichsschwert, das für Charles II. angefertigt wurde und Gerechtigkeit und Gnade symbolisiert. Die Königin und der Duke of Edinburgh legen die zwölfminütige Fahrt zwischen den Palästen eskortiert von der Gardekavallerie in der Staatskutsche zurück, dabei trägt die Königin das Staatsdiadem von George IV. Sie wird von einer Fanfare der Reichstrompeter begrüßt, und die *Royal Standard*, die offizielle Flagge der Königin, wird über dem Palace of Westminster gehisst, um anzuzeigen, dass die Königin dort anwesend ist. Sie begibt sich in den Ankleideraum, um die Staatskrone aufzusetzen und die Staatsrobe anzulegen. Anschließend geht sie, von einer weiteren Fanfare angekündigt, durch ein Treppenhaus ins Oberhaus. Dieses wird von der Staircase Party bewacht, einer Sondereinheit der Gardekavallerie, deren Mitglieder als Einzige das Recht haben, im Parlament „das Schwert zu ziehen".

## Weißer Stab und Schwarzer Stab

Hat die Königin das Oberhaus erreicht, sagt sie: „Meine Lordschaften, bitte nehmen Sie Platz". Der *Lord Great Chamberlain*, ein Staatsbeamter, hebt einen Weißen Stab und gibt das Signal für den *Gentleman Usher of the Black Rod*, den „Pförtner des Schwarzen Stabes", auch *Black Rod* genannt. Er

Die Staatskrone
Die ursprünglich für den Vater von Elizabeth II. angefertigte Krone wird bei Staatsangelegenheiten wie der Parlamentseröffnung getragen. Sie trägt drei sehr große Steine und ist mit 2868 Diamanten besetzt.

Ein Saphir verbindet das Kreuz und die Lilie.

Hermelinsaum

Roter Spinell in Cabochonform, bekannt als „Rubin des Schwarzen Prinzen"

Der kissenförmige Diamant Cullinan II

**Erstmals gefilmt**
1958 wurde die Monarchin bei der Verlesung der Thronrede im Oberhaus erstmals fotografiert. Gleichzeitig wurde die Zeremonie im Fernsehen übertragen.

dient als Botschafter der Königin im Parlament und hat die Aufgabe, die Mitglieder des Unterhauses herbeizurufen. Der *Black Rod* geht an die Tür des Unterhauses, die ihm vor der Nase zugeschlagen wird, um zu symbolisieren, dass das Unterhaus von der Krone unabhängig ist. Er klopft dreimal an die Tür, bevor er eingelassen wird, um zu verkünden: „Mr. Speaker (Vorsitzender des Unterhauses), es ist Ihrer Majestät eine Freude, Sie (das Unterhaus) sofort in diesem Haus (dem Oberhaus) zu sehen." Speaker und *Black Rod* führen die Mitglieder des Unterhauses ins Oberhaus, um die Rede der Königin anzuhören.

## Kontinuität im Wandel

Die Königin absolvierte ihre erste Parlamentseröffnung am 4. November 1952. Es war ihre erste wichtige Staatshandlung und zog viele Menschen an, die ihre Ankunft im Palace of Westminster sehen wollten. 2014 eröffnete sie zum 60. Mal das Parlament, ein Rekord, nur zwei Eröffnungen konnte sie nicht persönlich vornehmen: 1959 und 1963 aufgrund der Schwangerschaften mit Prince Andrew und Prince Edward. Während ihrer Regierungszeit hat sie wöchentliche Besprechungen mit zwölf Premierministern abgehalten, hat zwölf US-Präsidenten überdauert und alle Generalsekretäre der Kommunistischen Partei der Sowjetunion, hat sechsmal beobachtet, wie weißer Rauch aus dem Vatikan aufstieg sowie den Bau und den Fall der Berliner Mauer miterlebt. Als wertvoller Faktor ihrer Rolle gilt, dass sie ein beruhigendes Kontinuum in einer Welt ständigen Wandels darstelle. Obgleich die Königin über die Regierungsgeschäfte und die Politik gründlich informiert wird, ist es wichtig, dass sie sich nicht an politischen Entscheidungen beteiligt, sonst droht eine konstitutionelle Krise. Zur vielleicht bedeutendsten in der Regierungszeit Elizabeths kam es im Januar 1957, als Premierminister Eden infolge der Sueskrise zurücktrat (S. 48–49) und die Königin zwischen zwei Kandidaten wählen musste. Nach inoffiziellen Beratungen mit Mitgliedern des Oberhauses und Konsultation Churchills wurde überraschenderweise Harold Macmillan Premierminister und nicht R. A. Butler. 1963 kam es zu einer ähnlichen Situation, erneut wurde Butler übergangen, dieses Mal zugunsten von Alec Douglas-Home.

## SPÄTER

**Hat die Königin das Parlament verlassen, um in den Buckingham Palace zurückzukehren, wird die *Royal Standard* auf dem Palace of Westminster wieder durch die Nationalflagge ersetzt.**

**DIE *OUTLAWRIES BILL***
Nach der Rede des Monarchen bringen die Mitglieder des Unter- und des Oberhauses in ihren jeweiligen Kammern Pro-forma-Gesetzesvorhaben ein, bekannt als ***Outlawries Bill.*** Die **rein zeremoniellen Gesetzesinitiativen** symbolisieren die Autonomie beider Häuser gegenüber der Monarchin und kommen über diese erste Lesung niemals hinaus. Erst danach können die Mitglieder über die Rede der Königin debattieren und sich über eine Antwort verständigen, die sogenannte *Address in Reply to Her Majesty's Gracious Speech.*

**Informationsgespräch mit dem Premierminister**
Einmal pro Woche trifft die Königin ihren Premierminister. Dieses Foto zeigt sie bei einem Treffen 2002 mit Tony Blair. Ihr Lieblingspremierminister war wohl Winston Churchill, zu seinem Abschiedsdinner begab sie sich sogar in die Downing Street.

## FRÜHER

**Das Krönungskleid sollte ein Spiegelbild möglichst vieler Regionen des Commonwealth sein, noch prächtiger war die lila Staatsrobe.**

**PASSEND FÜR EINE KÖNIGIN**

Die Königin bat Norman Harnell, für die Krönung ein ähnliches **weißes Satinkleid** anzufertigen wie für ihre Hochzeit. Es sollte mit den Symbolen der verschiedenen Länder des Vereinigten Königreichs sowie der Staaten des Commonwealth bestickt werden: dem Ahorn Kanadas und dem Farn Neuseelands sowie Jute, Baumwolle und Weizen für Pakistan. Ein Team von zwölf Näherinnen der *Royal School of Needlework* benötigte insgesamt 3500 Arbeitsstunden, um die mehr als 6,5 m lila Seidensamt für die Staatsrobe zu verarbeiten, die mit Hermelin eingefasst und mit Gold bestickt wurde.

**VOM DACH DER WELT**

In den Tagen vor der Krönung kam es auf der anderen Seite der Welt zu einer besonderen Meisterleistung. Am Morgen des Krönungstages verbreitete sich nach und nach die Meldung, dass **der Neuseeländer Edmund Hillary und Tenzing Norgay als erste Menschen den Gipfel des Mount Everest erreicht hatten.** „Gemeinsam und vereint handelnd, können die Männer des Empire alles erobern", hieß es im Evening Standard, in Anspielung auf die Gipfelbesteigung.

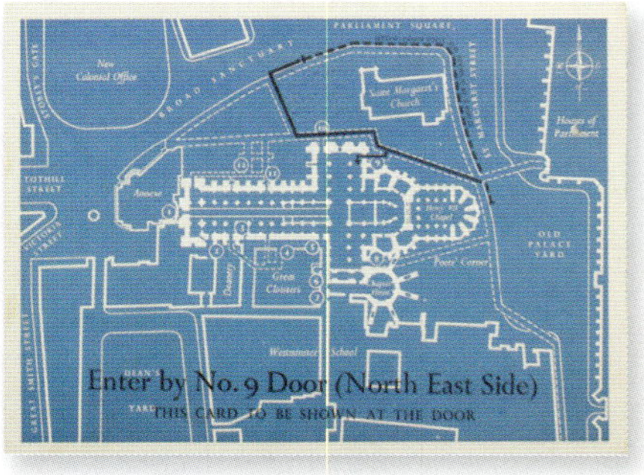


**Ticket für das Hauptereignis**
Lady Godfrey-Faussett erhielt eine Eintrittskarte für die Westminster Abbey. Weitere Gäste waren die Premierminister und Staatsführer aus dem Commonwealth sowie Angehörige ausländischer Königshäuser.

**Ankunft an der Westminster Abbey**
Die Königin betrat die Kirche durch einen dafür erbauten Anbau, ihre Schleppe trugen sechs Damen, die den Anweisungen der Oberhofmeisterin der Königin folgten, der Duchess of Devonshire.

# Die **Krönung**

**Obgleich das Wetter so gar nicht zum Anlass passen wollte, konnte nichts die Begeisterung der Menschen dämpfen, die entlang der Strecke standen oder in aller Welt dieses Ereignis verfolgten, in dem sich Tradition, feierliche Ehrfurcht und aufrichtige Freude verbanden.**

Im Jahr 1953 begann Großbritannien, den Entbehrungen der Nachkriegszeit zu entkommen, und die Krönung einer neuen Königin schlug eine Brücke in die Zukunft. Die Traditionen der Krönungszeremonie verbanden sich mit dem Reiz und dem Glamour, die von der jungen Monarchin ausgingen. Es schienen die passenden Zutaten zu sein, um den Beginn eines neuen elisabethanischen Zeitalters einzuleiten. Da man die technischen Möglichkeiten nutzte, um die Krönung im Fernsehen zu übertragen, konnte der Prunk des Ereignisses einem breiten Publikum so unmittelbar zugänglich gemacht werden, wie es für frühere Generationen noch unvorstellbar war.

Der Augenblick der Krönung
Die Krönungszeremonie begann, immer wieder unterbrochen von der Menge, die skandierte: „Gott segne Queen Elizabeth! Lang lebe Queen Elizabeth! Möge die Königin für immer leben!"

## Süßes Freudenfest

Am Krönungstag fanden überall im Land Straßenfeste statt, und öffentliche Einrichtungen wie Schulen und Kirchen begingen den Tag feierlich. Churchills Begeisterung war grenzenlos, und er animierte seine Regierung, ein landesweites Fest von beispiellosem Ausmaß zu organisieren; die Kosten für die Krönung beliefen sich auf rund 2 Mio. £. Auch verordnete er, dass jeder Bürger ein Extrapfund Zucker mit seiner Ration erhalten und die Rationierung von Süßem einen Tag vor der Krönung enden sollte. Wohl zum Teil als Anerkennung seines Enthusiasmus wurde Churchill einen Tag vorher zum Ritter des Hosenbandordens geschlagen. Am 1. Januar 1953 wurde die Westminster Abbey wegen der Krönungsvorbereitungen geschlossen. Die Aufsicht über den Ablauf der Zeremonie hatte der *Earl Marshal*, der Duke of Norfolk, nach alter Tradition der höchstrangige Adlige des Landes. Seine Frau übernahm den Platz der Königin bei zwei Generalproben, bei denen Elizabeth zuschaute. Sie selbst absolvierte Proben im Palast. Über die Frage, ob die Krönung im Fernsehen übertragen werden sollte, kam es zu großen Meinungsverschiedenheiten. Während Prince Philip als Vorsitzender der Krönungskommission dies befürwortete, waren Churchill, der Erzbischof von Canterbury und andere dagegen. Die Fernsehübertragung der Hochzeit von Elizabeth und Philip hatte jedoch einen Präzedenzfall geschaffen, und die öffentliche Vorfreude war zu groß, um ignoriert werden zu können. So kam man überein, dass nur die Kommunion und die Salbung nicht gefilmt werden würden. Gegen die Einwände einiger Minister wurde vereinbart, die Zeremonie in Rundfunk und Fernsehen weltweit live zu übertragen und in 44 Sprachen zu übersetzen. Am Tag der Krönung, dem 2. Juni, nahm sich ein Viertel der Weltbevölkerung frei. Trotz Nieselregens hatten viele die Nacht über entlang der Strecke kampiert, um sich die besten Plätze zu sichern. Kutschen brachten die Würdenträger in die Westminster Abbey. Zu den 8000 Gästen gehörten auch Würdenträger der verschiedensten Teile des Commonwealth. Zum Entzücken der Menge trotzte Königin Salote Tupou III. von Tonga nach der Zeremonie dem Wetter, ließ das Verdeck ihrer Kutsche öffnen und schwang einen großen Sonnenschirm.

„Die Krönung glich dem **Aufstieg des Phönix.**"

PRINCESS MARGARET

## In die Westminster Abbey

Um 11 Uhr kam die Königin in der Goldenen Staatskutsche vor der Westminster Abbey an, begleitet vom Duke of Edinburgh in der Uniform eines Großadmirals. Elizabeth trug das Staatsdiadem von George IV. Die Edwardskrone lag in der Kirche bereit. Um 11:15 Uhr betrat eine Prozession von in- und ausländischen Würdenträgern sowie Geistlichen die Kirche durch das Große Westportal, gefolgt von der Königin mit ihren Ehrendamen und der Oberhofmeisterin. Am Altar angekommen, nahm die Königin auf dem Krönungsstuhl Platz, während die Requisiten für die Krönung herbeigeholt wurden. Nachdem Elizabeth in verschiedene Richtungen gegenüber der Gemeinde geknickst hatte, konnte die Zeremonie beginnen (S. 64–65). Nach der Krönung begleiteten 16 000 Menschen den 8 km langen Weg zum Buckingham Palace, was zwei Stunden dauerte. Die Aufnahmen aus den Kameras in der Westminster Abbey waren unterdessen per Flugzeug unterwegs nach Kanada, wo sie bereits vier Stunden nach dem Ende der Zeremonie gesendet wurden.

### SPÄTER

**Der kulturelle Einfluss der Krönung war ebenso unmittelbar wie anhaltend. Das Ereignis veränderte den Umgang der Briten mit den Medien genauso wie ihre Rezepte für Hühnchen, zudem brach eine Lawine von Memorabilien los.**

**SPEZIELL FÜR DIESEN ANLASS**
Nach der Krönung gab die Königin ein Mittagessen, für welches Rosemary Hume und Constance Spry das Gericht *Poulet reine Elizabeth* kreierten, das als *Coronation Chicken* „Krönungshühnchen", bekannt wurde. Es enthielt Currypulver und weitere Gewürze, die das **kulinarische Erbe des Commonwealth** widerspiegeln sollten. Zu den weiteren kulturellen Ergüssen gehörte eine **breite Palette von Krönungsmemorabilien,** vom Porzellanservice bis zur Spielzeug-Krönungskutsche.

**ÜBERTRAGEN IN ALLE WELT**
Nach dem Mittagessen erschien die Königin mit der Staatskrone auf dem Balkon des Buckingham Palace, und eine Formation der Royal Air Force flog vorüber. Am selben Abend hielt die Königin eine **Rundfunkansprache:** „An diesem denkwürdigen Tag wurde ich von dem Wissen erhoben und getragen, dass Ihre Gedanken und Gebete bei mir waren. Ich war mir die gesamte Zeit über der Tatsache bewusst, dass meine Völker, die weit über alle Kontinente und Weltmeere verteilt sind, darin vereint waren, mich bei der Aufgabe zu unterstützen, der ich nun mit so viel Feierlichkeit geweiht worden bin." Sie fuhr fort: „Daher bin ich sicher, dass meine Krönung kein Symbol vergangener Macht und vergangenen Glanzes ist, sondern ein Ausdruck unserer Hoffnungen für die Zukunft und für die Jahre, die mir durch Gottes Gnade und Barmherzigkeit gegeben sein werden, um zu regieren und Ihnen als Ihre Königin zu dienen."

**FERNSEHREVOLUTION**
Die Fernsehübertragung beschleunigte den beginnenden Boom beim Absatz von Fernsehgeräten deutlich. Ein Misserfolg war hingegen ein **3-D-Film der Krönung** von Pathé News, den in den Kinos kaum jemand sehen wollte.

**BONBONDOSE ALS KRÖNUNGSSOUVENIR**

WICHTIGES EREIGNIS, 2. Juni 1953

# Die **Krönungszeremonie**

**In einer bewegenden Zeremonie, die alten Traditionen folgte, legte Elizabeth feierliche Eide ab, wurde mit heiligem Öl gesalbt und erhielt die Krone ihrer Vorfahren. Im Gottesdienst zeigte sich die symbolische Bedeutung der königlicher Embleme ebenso wie ihr ganz irdisches physisches Gewicht.**

Als sich die Krönungszeremonie ihrem Höhepunkt näherte, nahm Elizabeth auf dem Krönungsstuhl in der Nähe des Altars Platz. Sie verlas den Krönungseid und erhielt die heilige Kommunion. Der bedeutsamste Teil der Zeremonie war die Salbung. Hinter einem seidenen Baldachin verborgen, wurde die Königin mit gesegnetem Öl gesalbt, einer Mischung aus Orangenblüten, Rosen, Moschus, Zimt und Amber, einem seltenen Material aus dem Verdauungstrakt von Pottwalen. Traditionell wurde dieses Öl aus einem existierenden Vorrat genommen, bei den Vorbereitungen für die Krönung stellte sich jedoch heraus, dass die letzte Phiole bei Bombenangriffen auf London im Zweiten Weltkrieg zerstört worden war. Unglücklicherweise gab es die Apotheke nicht mehr, die das Öl hergestellt hatte, und es sah so aus, als sei die Rezeptur verloren gegangen. Die Krönungskommission konnte jedoch einen Mitarbeiter dieser Apotheke ausfindig machen, einen älteren Mann, der einige Gramm des Öls zur Erinnerung behalten hatte und anhand dieses Musters eine neue Charge mischte.

Nach der Salbung wurde die Königin in das Reichsgewand gekleidet und erhielt die Reichsinsignien und Kronjuwelen. Über eine lose Leinentunika, das *Colobium sindonis*, zog sie die *Supertunica* aus goldfarbenem Stoff. Anschließend präsentierte man ihr die goldenen Sporen als Symbol für Ritterlichkeit und das mit Juwelen besetzte Schwert. Darauf folgten die goldenen *Armillae*, Armreifen, als Zeichen für Aufrichtigkeit und Weisheit. Nun legte sie den Krönungsmantel aus goldfarbenem Stoff an und erhielt den Reichsapfel und zwei Zepter: Das Zepter mit dem Kreuz als Symbol für die vorübergehende Macht unter Gott und das Zepter mit der Taube als Symbol für Gerechtigkeit und Barmherzigkeit. Schließlich wurde sie mit der Edwardskrone aus reinem Gold gekrönt. Für das hier gezeigte Porträt im vollen Ornat wurde diese allerdings gegen die Staatskrone ausgetauscht.

„Hier präsentiere ich Ihnen **Queen Elizabeth,** Ihre **unbestrittene Königin.**“

**GEOFFREY FISHER,** ERZBISCHOF VON CANTERBURY, WÄHREND DER KRÖNUNG VON ELIZABETH II., 2. JUNI 1953

Bild mit Kultstatus
Dieses berühmte Krönungsporträt des Fotografen Cecil Beaton wurde im Buckingham Palace aufgenommen. Für die passende Atmosphäre sorgte ein gemalter Hintergrund der Kapelle der Jungfrau, die unter Henry VII. in der Westminster Abbey errichtet wurde.

# Die **Kronjuwelen**

**Die Insignien, die der Monarch bei der Krönung und anderen offiziellen Anlässen trägt, werden aus Sicherheitsgründen seit Beginn des 14. Jahrhunderts nicht mehr in der Westminster Abbey, sondern im Tower of London aufbewahrt.**

[1] Die für die Krönung 1953 als Geschenk mehrerer Commonwealth-Staaten angefertigten *Armillae*, Armreifen, sind aus 22-karätigem Gold. [2] Zur Salbung des neuen Monarchen fließt geweihtes Öl durch den Ausguss der goldenen Adlerphiole auf den vergoldeten Silberlöffel. Der Löffel wurde wohl erstmals 1199 bei der Krönung von King John verwendet. [3] Die Edwardskrone wurde, ebenso wie das Zepter und der Reichsapfel (rechts), 1661 für die Krönung von Charles II. angefertigt, sie ersetzt die mittelalterliche Krone, die 1649 eingeschmolzen wurde, und wird bei der Krönung aufgesetzt. Bis 1911 wurden Edelsteine in der Krone für das Ereignis geliehen und wieder zurückgegeben, heute sind dauerhaft Halbedelsteine eingesetzt; die Krone wiegt 2,23 kg. [4] Die mit Diamanten besetzte Krone hat einen Durchmesser von 10 cm. Queen Victoria ließ sie auf eigene Kosten nach dem Tod ihres Mannes, Prince Albert, anfertigen und trug sie den Rest ihres Lebens zusammen mit dem Witwenschleier. Sie sollte leicht und bequem sein. [5] Das Zepter wurde 1910 umgestaltet, um den Diamanten Cullinan I aufzunehmen. [6] Der Reichsapfel steht für die Herrschaft Christi über die Welt, der Monarch hält ihn während des Krönungsgottesdienstes in der rechten Hand und demonstriert so seine Rolle als Verteidiger des Glaubens.

[1] *ARMILLAE* VON QUEEN ELIZABETH II.

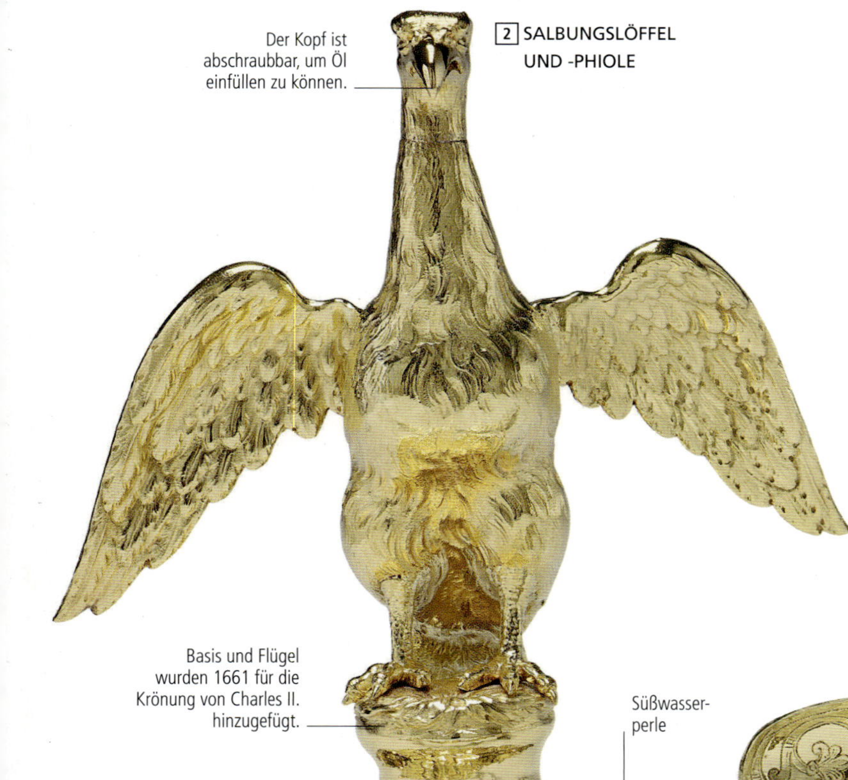


[2] SALBUNGSLÖFFEL UND -PHIOLE

[3] EDWARDSKRONE

4 QUEEN VICTORIAS KLEINE DIAMANTKRONE

Abnehmbare offene Silberbügel machen die Krone sehr prakisch.

Die Krone ist mit 1187 Diamanten im Rosen- und Brillantschliff in Krappenfassungen besetzt.

5 ZEPTER MIT KREUZ

Smaragd im Treppenschliff

Geschliffener Amethyst als Weltkugel

Die stabile emaillierte Fassung ist mit insgesamt 106 g Diamanten (530 Karat) besetzt.

Tropfenförmiger Diamant Cullinan I

Ein emailliertes Band verdeckt die Verbindung zwischen den Stabelementen.

Samthaube

6 REICHSAPFEL

In der Mitte des Kreuzes, das mit Diamanten im Rosenschliff besetzt und mit Perlen verziert ist, sitzt ein Smaragd.

Achteckiger Amethyst im Treppenschliff

Die goldene Hohlkugel ist mit Smaragden, Rubinen, Saphiren und Diamanten besetzt und mit Perlenbändern eingefasst.

# Die **Krönungskleidung**

**Bei Elizabeths Krönung traf zeitgenössische Mode auf traditionelle Ritualgewänder. Die moderne Kleidung entwarf der Modedesigner Norman Hartnell, Roben und Ornat hingegen kamen von der Firma Ede & Ravenscroft, königliche Schneiderei seit 1689.**

1 Die kleine Krone des Duke of Edinburgh wurde von der Firma Ede & Ravenscroft angefertigt. Sie besteht aus einem vergoldeten Silberreif, auf dem sich Kreuze und Lilien abwechseln, sowie einer Haube aus purpurrotem Samt mit Hermelineinfassung und einer golden Quaste in der Mitte. 2 Die von Ede & Ravenscroft entworfene Robe wurde über der vollständigen Uniform eines Großadmirals getragen, einschließlich Stern, Collane und Abzeichen des Hosenbandordens. 3 Princess Margarets Kleid, ein Modell von Norman Hartnell, ist sehr individuell, spiegelt aber auch das Schema von Weiß und Gold wider, wie es die Damen bei Hof tragen. 4 Das 1936 von King George VI. bei Cartier in Auftrag gegebene Halo-Diadem bekam Elizabeth an ihrem 18. Geburtstag. Bei der Krönung trug es Princess Margaret. 5 Die goldene Edwardskrone ist dicht besetzt mit Saphiren, Turmalinen, Amethysten, Topasen und Zitrinen und wiegt 2,23 kg. 6 Robe und Krönungskleid sind von Norman Hartnell entworfen, wobei das Kleid mit floralen Emblemen Großbritanniens und des Commonwealth in Gold, Silber und seidenen Pastelltönen bestickt ist.

1 DIE KLEINE KRONE DES DUKE OF EDINBURGH

4 DAS HALO-DIADEM

2 DIE UNIFORM DES DUKE OF EDINBURGH MIT DER KRÖNUNGSROBE

3 KLEID UND ROBE VON PRINCESS MARGARET

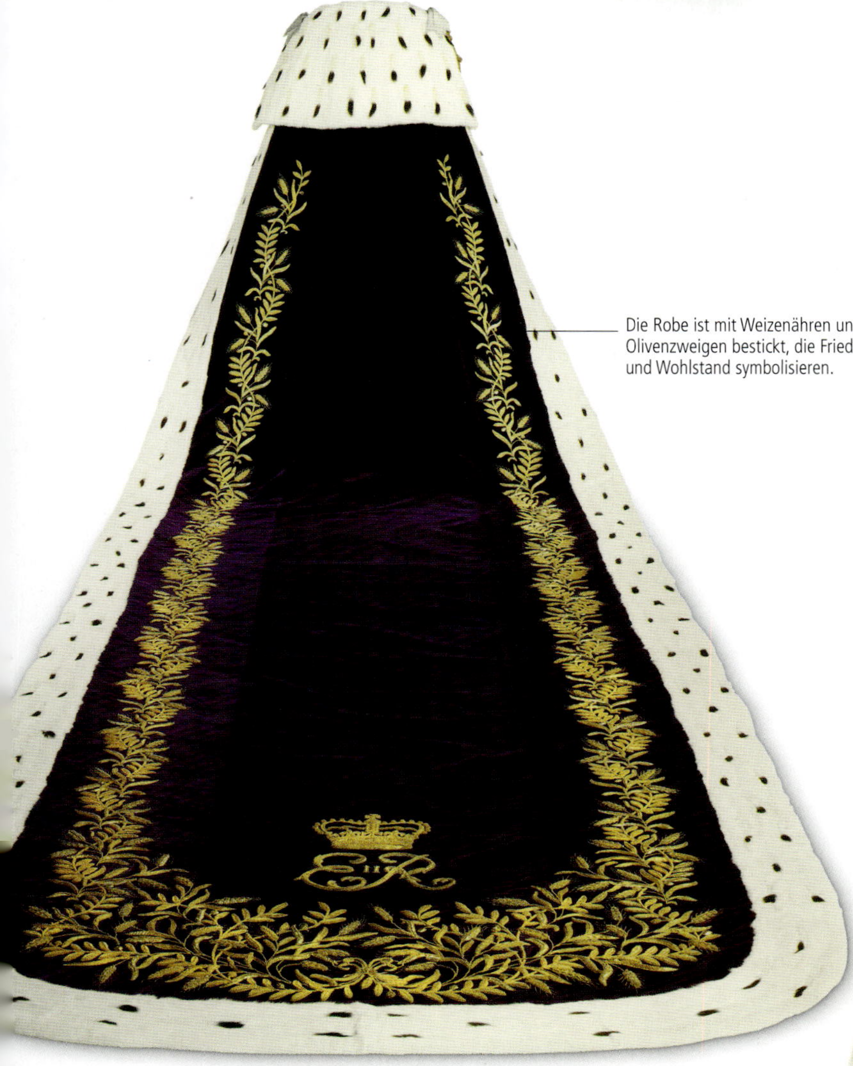

Die Robe ist mit Weizenähren und Olivenzweigen bestickt, die Frieden und Wohlstand symbolisieren.

GESAMTANSICHT DER KRÖNUNGSROBE VON QUEEN ELIZABETH II.

5 EDWARDSKRONE

Der Halsausschnitt mit dem umgedrehten „V" der kurzen Ärmel; jede Lage und der Saum des Rocks haben einen Rand aus abwechselnden Reihen goldener Stäbchen, Strasssteinen und Perlen.

6 KRÖNUNGSKLEID UND -ROBE VON QUEEN ELIZABETH II.

Der weiße Satinrock ist mit verstärktem cremefarbenem Taft gefüttert, um das Gewicht der schweren Stickerei zu tragen.

Mit Hermelin verbrämte Robe aus englischem Seidensamt in Lila; die Robe ist über 6,5 m lang und hat sechs verborgene Haltegriffe, um von den Ehrendamen leichter getragen werden zu können.

Robe aus rotem Seidensamt, mit Hermelin verbrämt

**Verregnete Parade**
Die *Royal Canadian Mounted Police* nahm am 2. Juni 1953 als Repräsentant eines Commonwealth-Staates an der Parade zum Krönungstag teil. Große Menschenmengen säumten den Weg.

NORWICH-TOR, 1952

DIE KIRCHE ST MARY MAGDALENE

ANMER HALL

JAGDGESELLSCHAFT (CA. 1902–1910)

Sandringham House
Der 1870 für Albert, Prince of Wales, und Princess Alexandra erbaute Landsitz wurde von deren Freund Charles Carrington als „das bequemste Haus in England" beschrieben.

KÖNIGLICHE RESIDENZ

# Sandringham

**Das Haus in Sandringham steht auf einem 8000 Hektar großen Gelände in einer landschaftlich schönen Gegend unweit der Küste von Norfolk. Queen Victoria kaufte es 1862 als Hochzeitsgeschenk für den Prince of Wales, den späteren Edward VII., und seine Braut, Princess Alexandra.**

Obwohl zum Anwesen von Sandringham ein beachtliches georgianisches Herrenhaus gehörte, erschien es Albert und Alexandra doch zu klein, und sie ließen es abreißen. 1870 wurde es durch ein mehrgiebliges Landhaus aus rotem Ziegelstein in neojakobinischem Stil ersetzt. Die Ausstattung war für die damalige Zeit hochmodern mit Gasbeleuchtung, Toilettenspülung und Dusche. Es gab große Empfangsräume für offizielle und familiäre Gelegenheiten, die Wohnräume für den Alltag waren vergleichsweise bescheiden. Viel Platz wurde auch der Menagerie der Familie eingeräumt,den Hunden, Katzen und Pferden. Sandringham sagte Princess Alexandra und ihren fünf Kindern sehr zu und kompensierte die Abwesenheiten und die Untreue ihres Mannes teilweise. Geografisch liegt das Anwesen in einem faszinierenden Teil Englands. Er ist Teil des Doggerlands, das bis nach der letzten Eiszeit eine Landbrücke bildete, die Großbritannien und Skandinavien miteinander verband. Die Ähnlichkeiten mit Princess Alexandras Geburtsland Dänemark waren vielleicht der Grund, warum sie sich hier zu Hause fühlte.

1886 richtete Edward das königliche Gestüt in Sandringham ein und wurde bald einer der einflussreichsten Züchter des Landes, aus dessen Gestüt zwei legendäre Rennpferde hervorgingen: der Hengst *Persimmon*, der 1896 die englischen Pferderennen St Leger und das Derby gewann, und *Diamond Jubilee*, der *Triple-Crown*-Sieger von 1900. Das Preisgeld investierte der Prinz in sein Anwesen und schuf einen großen, ummauerten Gemüsegarten, der kürzlich wieder in Betrieb genommen wurde, um Gemüse für das Restaurant des Sandringham-Besucherzentrums zu liefern. Albert und Alexandra begeisterten sich für die Jagd auf Sandringham, sodass Albert, inzwischen zu Edward VII. gekrönt, anordnete, dort alle Uhren eine halbe Stunde vorzustellen, um im Winter abends länger Tageslicht für die Jagd zu haben. Der Brauch der „Sandringham-Zeit" endete 1936. 1932 führte George V. eine neue Tradition in Sandringham ein: Er hielt seine erste Radio-Weihnachtsansprache live in der Sendung für das Empire. Queen Elizabeth setzte diese Tradition 20 Jahre später fort und schrieb 1957 erneut königliche Mediengeschichte, als sie die Nation in der ersten live im Fernsehen gesendeten Weihnachtsansprache in die Bibliothek von Sandringham einlud.

## Zeiten des Rückzugs

Für Elizabeth hat Sandringham eine besondere Bedeutung. Ihr Vater George VI. wurde hier geboren und starb hier. Er wuchs in einem der Häuser auf dem Anwesen auf, im York Cottage, wo er mit seinen Großeltern seine vielleicht glücklichsten Zeiten verlebte. Er war es auch, der den ersten Apfelgarten in Sandringham anpflanzte, das Anwesen ist inzwischen für seinen Apfelsaft berühmt. Zudem verwandelte er einen Bombenkrater, der im Januar 1915 beim ersten deutschen Zeppelinangriff entstanden war, in einen Ententeich.

Seit dem Tod ihres Vaters hat es sich die Königin zur Gewohnheit gemacht, seinen Todestag im Kreise der Familie auf dem Anwesen zu verbringen.

## Öffentlich zugänglich

Sandringham wurde im Jahr 1977 erstmals für das Publikum geöffnet. Zwischen April und Oktober, wenn die königliche Familie hier nicht residiert, sind seither mehrere Empfangsräume im Erdgeschoss der Öffentlichkeit zugänglich.

Ausschmückung und Mobiliar der Räume haben sich seit der Zeit von Queen Alexandra und Queen Mary, der Frau von George V., kaum verändert. Man sieht noble Gastgeschenke von Mitgliedern der russischen und europäischen Königshäuser, die häufig auf Sandringham zu Besuch waren, darunter ein Kerzenleuchter aus Meißner Porzellan und ein Spiegelrahmen vom deutschen Kaiser Wilhelm I. »

DAIMLER MAIL PHAETON

DIAMANTFASAN

Schnappschüsse vom Anwesen
Sandringham, das sich seit über 150 Jahren im Besitz der königlichen Familie befindet, war das geliebte Zuhause von vier britischen Monarchen – und mit dem Umzug von Prince William und seiner jungen Familie nach Anmer Hall beginnt eine neue Generation, das Leben dort zu genießen. Die Königin verbringt besonders gerne Weihnachten in Sandringham und nimmt traditionell an der Feier in der Kirche St Mary Magdalene teil, die von dem Anwesen aus leicht erreichbar ist. Die eindrucksvollen, kunstvoll gearbeiteten gusseisernen Flügel des Norwich-Tors nach einem Entwurf von Thomas Jekyll waren ein Hochzeitsgeschenk der Grafschaft Norfolk und der Stadt Norwich für den künftigen Edward VII. Edward (im Bild am Steuer sitzend) war mit dem Anwesen sehr verbunden und frönte seiner Liebe zum Landleben durch regelmäßige Jagdgesellschaften. Heutige Besucher können im Sandringham-Museum altehrwürdige königliche Fahrzeuge besichtigen und über das Gelände spazieren, auf dem über 100 Vogelarten zu Hause sind, darunter farbenprächtige Fasane.

›› An den Wänden dieser Räume hängen Porträts führender Hofmaler. In Sandringham ist eine bedeutende Sammlung orientalischer Waffen und Rüstungen untergebracht, die 1876, im Jahr der großen Reise des Prince of Wales, aus dem Fernen Osten und Indien mitgebracht wurden. Deren Ausstellung im Ballsaal wechselt jährlich. Im Museum des Landsitzes in der früheren Kutschenremise und den Stallungen ist eine vielfältige Sammlung zu sehen. George V. nutzte das Museum, um alle Jagdtrophäen von seinen anderen Residenzen zusammenzutragen. Auch Oldtimer sind zu bewundern, das Highlight ist der von Edward VII. erworbene Daimler Mail Phaeton. Edward war der erste britische Monarch, der ein Auto besaß; ob er auch fahren konnte, ist nicht bekannt. Sandringham wird von der königlichen Familie als moderner Landsitz geführt. Als die Königin 1952 den Thron bestieg, wurde Prince Philip die Leitung übertragen, und erst kürzlich begann man damit, Prince Charles das Alltagsgeschäft zu übertragen. Der Großteil der Nutzpflanzen wird noch konventionell angebaut, es erfolgt jedoch eine schrittweise Umstellung auf biologischen Anbau. Es wird darauf geachtet, hier Lebensbedingungen für möglichst viele Wildtierarten zu schaffen. Da der Prinz immer ein Auge auf den Naturschutz hat, werden jährlich über 5000 Bäume und mehrere Kilometer Hecken angepflanzt, und man hat zehn Feuchtgebiete angelegt.

„Liebes altes Sandringham, der Ort, den ich **mehr liebe als jeden anderen** auf der Welt.“

KING GEORGE V.

Das Anwesen verfügt über 80 ha Obstplantagen und Beerenobst, darunter die schwarzen Johannisbeeren, die Sandringham für die Fruchtsirupmarke Ribena anbaut. Eine aktuelle Innovation ist die Versuchspflanzung von biologischem schwarzen Trüffel. Die Bodenverhältnisse auf Sandringham gelten als ideal für eine Impfung der Eichen und Haselnussbäume mit Trüffelsporen, und man hofft, dass es den Angestellten der Hundezwinger gelingen wird, Trüffelhunde abzurichten. Der Sandringham Country Park wurde 1968 erstmals der Öffentlichkeit zugänglich gemacht. Den auf 240 ha vergrößerten Wald- und Heidebereich durchziehen zwei markierte Naturlehrpfade. Nachdem Prince William 2014 seine Anstellung bei der *East Anglian Air Ambulance* verkündete, beschlossen er und die Duchess of Cambridge, Anmer Hall, auf dem Anwesen Sandringham als Familienwohnsitz zu wählen. Der herrschaftliche georgianische Wohnsitz war ein Hochzeitsgeschenk, und William kennt das Haus aus Kindertagen sehr gut, als es an Hugh van Cutsem, einen Freund seines Vaters, vermietet war. Nach einer Renovierung und einigen Anbauten, wie einem Gewächshaus durch den Architekten Charles Morris zog die Familie ein.

**Alte Ansichten von Sandringham**
Fotografien aus den 1880er-Jahren zeigen, dass die großen Räume wie der Salon und der Speisesaal vollgestopft waren mit Erinnerungsstücken von Auslandsreisen der Königsfamilie und Gastgeschenken ausländischer Würdenträger. Das Tageslicht fällt durch große Fensterfronten herein: Queen Marys Schreibtisch stand in einem hellen Erkerplatz.

DER SPEISESAAL, 1880

DER SALON, 1882

QUEEN MARYS SCHREIBTISCH

**Rüschen und Volants**
Das größte Gesellschaftszimmer wurde Anfang des 20. Jh. für das Magazin *Country Life* fotografiert. Die Stuckelemente an Decke, Wänden und Türen sowie die Wandbilder existieren noch heute.

**Anglikaner im Ausland**
Als Sonderbotschafterin für die anglikanische Welt außerhalb Englands begrüßt die Königin 1956 James Horstead, den Erzbischof von Westafrika, in einer Kathedrale in Nigeria.

# Die **Königin** als **weltliches Oberhaupt** der **Kirche**

**Die Königin hat ihre öffentliche Rolle als Oberhaupt der *Church of England* immer sehr ernst genommen. Privat hat sie einen unaufdringlichen, aber beständigen Glauben gepflegt und sich immer für die allgemeine Religionsfreiheit eingesetzt.**

Zu den vielen Titeln der Königin zählt auch *Defender of the Faith and Supreme Governor of the Church of England*. Die Rolle ist im Vorwort zu einem der Gründungsdokumente der *Church of England* definiert, wo über den Monarchen geschrieben steht: „durch Gottes Verfügung, unserem Titel entsprechend, Verteidiger des Glaubens … und oberster Statthalter der Kirche von England“. In der *Church of Scotland* spielt die Königin ebenfalls eine Rolle. Auch wenn sie hier nur ein einfaches Mitglied und nicht Oberhaupt ist, wird von ihr durch den Unionsvertrag von 1707 verlangt, die Kirche von Schottland zu schützen. Die Königin spielt eine zentrale Rolle für den Status dieser beiden Kirchen als „etablierte Kirchen“, was bedeutet, dass sie britischem Recht unterliegen.

**17** **Erzbischöfe von Canterbury gab es während der Regierungszeit von Queen Elizabeth II.**

Ein bedeutender Anteil des Krönungseids der britischen Monarchen bezieht sich auf diese Rolle. Unter anderem wird darin geschworen, mit all ihrer Kraft „im Vereinigten Königreich die per Gesetz etablierte anglikanische Religion zu bewahren …, die Unantastbarkeit der Niederlassung der *Church of England* zu sichern … und wie per Gesetz in England festgeschrieben, deren Leitung zu gewährleisten“. Für die Königin sind all das keine leeren Worte, sie fasst es als spirituellen Auftrag auf, den sie sich zu Herzen nimmt. „Die spirituelle Begeisterung, die von ihr ausging, war für diejenigen von uns, die in der Westminster Abbey in ihrer Nähe standen, fast greifbar“, erinnerte sich Dermot Morrah, einer der Hauptorganisatoren der Krönung 1953. Die Königin setzt auf Rat des Premierministers und der Kirchenkommission Bischöfe ein, Bischöfe und Pfarrer leisten ihr gegenüber einen Loyalitätseid und brauchen ihre Genehmigung für einen Rücktritt. Ähnlich dem Parlament eröffnet die Königin auch die Synode, das Leitungsorgan der Kirche von England, und um Maßnahmen und Kirchengesetze zu erlassen, ist ihre Zustimmung erforderlich.

**Ein königlicher Ort der Gottesverehrung**
Die Kirche Crathie Kirk aus dem 19. Jh. in der Nähe von Braemar im schottischen Aberdeenshire hat starke Verbindungen zu Queen Victoria und den nachfolgenden Generationen der königlichen Familie, die hier den Gottesdienst besuchen, wenn sie auf Balmoral Castle Urlaub machen.

## Verteidigung des Glaubens

Persönlich hat die Königin einen tiefen und beständigen Glauben. Wo sie auch ist, sie geht jeden Sonntag in die Kirche, in die königliche Privatkapelle im Windsor Great Park oder die Kirchen St Mary Magdalene in Sandringham oder Crathie Kirk auf Balmoral. Ein Kommentator bemerkte einmal, jede ihrer Entscheidungen sei „geprägt von ihrem Glauben“. Ihr früherer Hausgeistlicher Robin Woods etwa, der die Königin als „eine betende und gläubige Frau“ beschreibt, berichtet von einer Begebenheit anlässlich der Einführung einer neuen Version des Gebetsbuchs der *Church of England* im Jahr 1966. Bevor sie die neue Version genehmigte, rief Elizabeth Woods zu sich und sagte: „Ich denke, ich sollte nichts unterschreiben, was die Liturgie verändert, solange wir es nicht wenigstens einmal durchgebetet haben.“

In einer Ansprache 2012 im Lambeth Palace verteidigte die Königin die Rolle und den Wert der *Church of England*: „Unsere etablierte Kirche wird gelegentlich missverstanden und, wie ich glaube, gewöhnlich auch unterschätzt … Ihren vielen Anhängern verschafft sie Identität und eine spirituelle Dimension. Die *Church of England* hat aber auch, sanft und sicher, für andere Glaubensgemeinschaften und für Menschen, die ohne Glauben sind, eine Umgebung geschaffen, in der sie frei leben können.“

**SPÄTER**

**Einige Fachleute stellen die Zukunftsfähigkeit der Rolle des Monarchen als weltliches Oberhaupt der Kirche von England in Frage, nachdem Gesetzesänderungen im Jahr 2015 es einem Angehörigen des Königshauses ermöglichen, einen katholischen Partner zu heiraten.**

**DIE ZUKÜNFTIGE ROLLE DES MONARCHEN**
Das politische und konstitutionelle Reformkomitee kommentierte die Entscheidung, es einem **Thronerben zu ermöglichen, einen katholischen Partner zu heiraten,** folgendermaßen: „Das Szenario wirft die Frage auf, ob es weiterhin angemessen ist, von dem Monarchen zu verlangen, mit der Kirche von England verbunden zu sein.“

**FRÜHER**

**Die Rolle des Monarchen in der *Church of England* ist eine Folge des Bruchs von Henry VIII. mit Rom im 16. Jh., der in den 1530er-Jahren zu einigen Gesetzesänderungen führte.**

GOLDENE MEDAILLE VON HENRY VIII.

**MACHT AUCH IM GLAUBEN**
1534 erklärte das Parlament Heinrich zum einzigen **Oberhaupt der Kirche von England,** und 1559 verabschiedete das Parlament eine Suprematsakte, die erklärte, dass Elizabeth I. „einziger oberster Herrscher dieser Reiche und aller Herrschaftsgebiete und Länder ist, die Ihrer Hoheit unterstehen, sowohl in spirituellen oder kirchlichen Dingen oder Angelegenheiten als auch in weltlichen“. Ziel dieser Akte war, „der Krone die frühere Zuständigkeit über die Kirche zurückzugeben und jeden ausländische Machtanspruch zu beseitigen, der dazu im Widerspruch steht“.

„… verwoben mit dem Grundgefüge des Landes trägt die Kirche **zum Aufbau einer besseren Gesellschaft bei.“**

ANSPRACHE DER KÖNIGIN IM LAMBETH PALACE, 2012

**Papstbesuch**
Im September 2010 traf Papst Benedikt XVI. bei seinem ersten Besuch im Vereinigten Königreich mit der Königin in Holyroodhouse in Edinburgh zusammen. Er wurde mit königlichem Salut und einer Ehrengarde empfangen.

# Reisen und Staatsbesuche

**Dass Elizabeth II. eine der bekanntesten Frauen der Welt ist, kann man wohl zum Teil darauf zurückführen, dass sie einen Großteil davon besucht hat. Durch ihre Reisen bekommt die Königin Kontakt zu unzähligen Menschen.**

Die Königin ist mehr gereist als jeder andere Monarch. Ihre Bilanz offizieller Überseebesuche reicht bis 1947 zurück, als sie noch Prinzessin war und ihre Eltern nach Rhodesien, heute Simbabwe, und Südafrika begleitete, wo sie in Kapstadt mit einer denkwürdigen Radioansprache an das Commonwealth ihren 21. Geburtstag feierte (S. 40–41). 1951 entsandte man statt des erkrankten George VI. die Prinzessin und ihren Mann Philip auf eine fünfwöchige Reise durch Kanada. Ihre wirklich gewaltigen Reisen begannen erst nach ihrer Thronbesteigung (S. 58–59) und Krönung (S. 62–63).

Teedose als Souvenir
Der Australienbesuch der Königin 1954 sorgte dort landesweit für Begeisterung. Diese achteckige Teedose mit Abbildungen von Elizabeth und Philip wurde speziell zur Erinnerung an diesen Besuch hergestellt.

## Erste Commonwealth-Reise

Eine von Elizabeths ersten Pflichten als Königin war eine strapaziöse Reise durch das Commonwealth, die noch für ihren Vater geplant gewesen war. 1953 startete sie zusammen mit Philip und ließ ihre beiden Kleinkinder für sieben Monate zurück. Ihr Ziel war, wie sie den Menschen des Commonwealth in einer aus Neuseeland gesendeten Weihnachtsbotschaft mitteilte, „zu zeigen, dass die Krone nicht nur ein abstraktes Symbol unserer Einheit ist, sondern ein persönliches und lebendiges Band zwischen Ihnen und mir".

Höhepunkt der Reise war der Besuch 1954 in Australien, auf dem es zu außergewöhnlichen Szenen kam. In Ballarat, im ländlichen Bundesstaat Victoria, säumten etwa 150 000 Menschen die Straßen, um

Auf See
Captain Alan McNicoll führt Elizabeth während ihrer Reise 1954 nach Australien über sein Schiff, die HMAS *Australia*. Dieses Schiff war Teil der Eskorte für die königliche Yacht während der Australienetappe ihrer Weltreise anlässlich der Krönung.

### FRÜHER

**Der Aufgalopp für die gewaltige Commonwealth-Reise der Königin 1953/54 war ihre Krönungsreise auf den Britischen Inseln mit Besuchen in Schottland und Nordirland.**

**DER ERSTE BESUCH IN NORDIRLAND**
Im Juli 1953 **besuchte Elizabeth erstmals Nordirland.** Begleitet von Philip reiste sie mit der Bahn durch die Provinz Ulster und entlang der Nordküste. Die Bevölkerung bekam einen arbeitsfreien Tag, und begeisterte Menschenmengen drängten sich, um die Königin zu sehen. Im königlichen Gefolge befand sich auch Oberst **Peter Townsend,** wohl weil man für etwas Abstand zwischen ihm und **Margaret** sorgen wollte.

einen Blick auf die Königin zu erhaschen. „Wir hatten Anteil an einem erhebenden Erlebnis, aus dem wir alle als bessere Bürger und bessere Briten hervorgingen“, lobhudelte eine örtliche Zeitung. Im Melbourne Cricket Ground versammelten sich mehr als 100 000 Kinder, um Queen Elizabeth zu begrüßen. Bei anderen Gelegenheiten steigerte sich die Aufregung regelrecht zur Hysterie: 2000 Menschen fielen in Ohnmacht, während sie vor der Stadthalle von Sydney darauf warteten, die Königin zu sehen, und in Lismore, im Norden von New South Wales, wurden in einer Menschenmenge Frauen und Kinder niedergetrampelt. Schätzungsweise 10 Mio. Australier, etwa 70 Prozent der gesamten Bevölkerung, sahen die Königin während ihres Besuchs unmittelbar.

## Heimkehr

Elizabeths Commonwealth-Reise endete im Mai 1954 planmäßig. Die Königliche Yacht *Britannia*, 1953 von der Werft John Brown & Co. in Clydebank für über 2 Mio. £ gebaut, sollte das Königspaar nach Hause bringen. Zuvor brachte die Yacht Prince Charles und Princess Anne ins Mittelmeer, wo sie mit ihren Eltern zusammentrafen und gemeinsam zurück nach Großbritannien reisten. Am 1. Mai war die Familie wieder vereint, als Elizabeth und Philip im libyschen Tobruk an Bord gingen. Als die königliche Familie am 15. Mai die Themse hinauffuhr, wurde ihr ein begeisterter Empfang bereitet. Premierminister Winston Churchill war am Vortag in Yarmouth auf der Isle of Wight an Bord gegangen. Die Tower Bridge wurde geöffnet, um die Yacht durchzulassen, und ein Transparent mit der Aufschrift „Welcome Home“ hing über der Brücke. Vom Tower of London wurden 41 Salutschüsse abgefeuert. Nachdem die *Britannia* die erste Commonwealth-Reise zum Ende gebracht hatte, sollte sie in 44 Jahren über 2 Mio. km zurücklegen.

**70 196 Kilometer legte Elizabeth II. während ihrer Commonwealth-Reise 1953/54 zurück.**

## Überallhin – außer ins All

Die Commonwealth-Reise der Königin 1953/54 war ihre längste. Sie ist seither viel gereist, in ihrer Regierungszeit hat sie im Jahr rund 160 000 km zurückgelegt und pro Jahr mindestens einen Staatsbesuch absolviert. Die übrige königliche Familie teilt diese Pflicht mit ihr. In ihrer Weihnachtsansprache 1958 scherzte die Königin, nachdem sie die Reisepläne der königlichen Familie dargelegt hatte: „Unter uns gesagt, wir besuchen viele Teile der Welt. Noch gibt es jedoch keine Pläne, ins All zu reisen – zumindest momentan.“

Die Königin in Afrika
Elizabeth wird unter einem Sonnenschirm zu einem Podium eskortiert, um in Ghana im November 1961 im Kumasi Sports Stadium einer Parade beizuwohnen. Im selben Jahr besuchte sie auch Sierra Leone und Gambia.

## Historische „erste Male“

Während ihrer Regierungszeit hat Elizabeth über 100 Nationen besucht und viele historische Erstleistungen vollbracht. 1986 war sie die erste britische Monarchin, die China einen Besuch abstattete, im Oktober 1994 folgte der erste Besuch Russlands, 1998 folgten erstmals Brunei und Malaysia und 1999 Südkorea. Im Jahr 1995 kehrte die Königin nach dem Ende der Apartheid das erste Mal seit 1947 wieder nach Südafrika zurück.

2011 war Elizabeth die erste britische Monarchin, welche die Republik Irland besuchte (S. 182–183), wobei sie dem Süden der Insel den ersten Besuch seit der Reise ihres Großvaters George V. 1911 abstattete. Bei einem Staatsbankett zu ihren Ehren äußerte die Königin ihre Gedanken zur historischen Bedeutung dieses Moments und sprach von „dem Frieden und dem Verständnis, die nun zwischen unseren Nationen und zwischen den Gemeinschaften innerhalb dieser beiden Nationen herrschen, ein lebendiges Zeugnis dafür, wie viel wir gemeinsam haben“.

## Königliche Botschafterin

Während eines Großteils ihrer Regierungszeit hat die Königin auf Reisen bis zu zehn offizielle Termine pro Tag wahrgenommen und bis zu 14 Stunden pro Tag gearbeitet. Angesichts des Umfangs an Vorbereitungen und Sicherheitsvorkehrungen überrascht es nicht, dass die Organisation solcher Reisen bis zu zwei Jahre in Anspruch nimmt. In jüngster Zeit sind die Staatsbesuche der Königin kürzer und weniger beschwerlich geworden.

Elizabeth ist als Botschafterin für Großbritannien von großem Wert. Ein Besuch der Königin trägt zu mehr britischem Einfluss bei, verbreitet britische Kultur und Werte und bringt wirtschaftliche Ziele voran. Die Zeitschrift *Reader's Digest* beschrieb die Commonwealth-Reise der Königin von 1953/54 als das „vielleicht ehrgeizigste und sicher das erfolgreichste Stück Öffentlichkeitsarbeit, das je unternommen wurde“. Ein Besuch der Königin ist enorm prestigeträchtig, zum Teil wegen der relativ wenigen regierenden Königsfamilien, die es seit dem Zweiten Weltkrieg noch gibt. Lord Chalfont, der bei Staatsbesuchen häufig als begleitender Staatsminister amtierte, bemerkte: „Die britische Monarchie nimmt im Spektrum der internationalen Diplomatie einen einmaligen Rang ein … [Die Königin] hat für die meisten Menschen in Übersee diese undefinierbare Qualität, die manchmal [als] ‚Glamour‘ beschrieben wird.“

## SPÄTER

**In Begleitung des Duke of Edinburgh unternimmt Elizabeth weiterhin ein oder zwei offizielle Auslandsbesuche pro Jahr.**

**IM AUFTRAG IHRER MAJESTÄT**
In jüngster Zeit wird die Königin im Ausland zunehmend **von ihrer Familie vertreten,** ihrem Sohn Prince Charles und den Enkelkindern Prince Harry und Prince William **S. 204–205 ››**. Das zu diesem Zeitpunkt jüngste Mitglied der königlichen Familie, Prince George, unternahm seinen ersten Auslandsbesuch, eine dreiwöchige Reise durch Australien und Neuseeland **S. 204–205 ››**, im Alter von nur acht Monaten.

Die Yacht Ihrer Majestät
Hier liegt die königliche Yacht *Britannia* an der Victoria & Alfred Waterfront während Elizabeths historischem Besuch in Südafrika 1995 nach Aufhebung der Apartheid. Zwei Jahre später wurde die Yacht außer Betrieb gestellt.

HAPPY CHRISTMAS
Happy Christmas

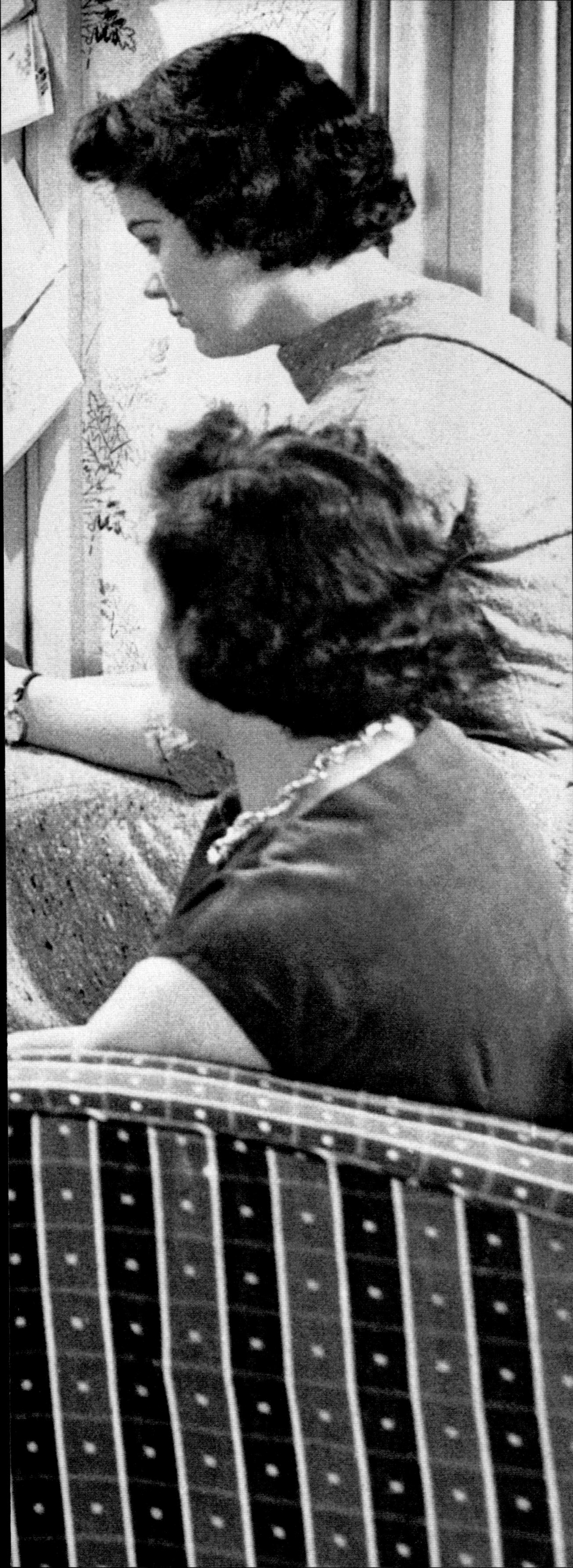

WICHTIGES EREIGNIS, 25. Dezember 1957, 15 Uhr

# Die **erste Weihnachtsbotschaft** im **Fernsehen**

**Die Weihnachtssendung im Rundfunk hatte seit den 1930er-Jahren für eine starke Verbindung zwischen dem Monarchen und dem Volk gesorgt. 1957 nutzte Elizabeth II. die neueste Technologie zur Intensivierung dieser Verbindung.**

Am Weihnachtstag 1932 führte George V. den Brauch der Weihnachtsbotschaft des Königs ein. Diese wurde über den Rundfunk zu Millionen von Hörern übertragen. Elizabeth II. setzte die Tradition fort und brachte ihre eigene Liebe zum Fernsehen mit ein. Nach der Rückkehr von ihrer Commonwealth-Reise 1954 zeigte sie sich erst auf dem Balkon des Buckingham Palace, nachdem sie den Auftritt von Gracie Fields in der BBC-Sendung *Welcome Home Ball* zu Ende angeschaut hatte. Bereits 1960 gab es im Palast 50 Fernsegeräte. Das Jahr 1957 markierte den 25. Jahrestag der ersten Weihnachtssendung im Rundfunk. Richard Webber, der BBC-Chef für Fernsehübertragungen, erinnerte sich: „Wir beim Fernsehen waren darauf aus, alles das zu machen, was der Rundfunk bereits gemacht hatte. Daher fragten wir im Palast nach, ob die Königin es in Betracht ziehen würde, die Botschaft live im Fernsehen zu verlesen. Sie war eine junge Monarchin und wollte dem Geist des neuen Zeitalters folgen, daher fand sie die Idee gut." Die Botschaft sollte live aus der Bibliothek in Sandringham gesendet werden. Elizabeth ging nach nur einer Probe auf Live-Sendung, wobei sie vom Teleprompter ablas. Sie wurde von einer einzigen Kamera gefilmt, die während der Rede schwenkte. Gegen Ende der Sendung sollte sie einige Zeilen aus *Pilgrim's Progress* von John Bunyan zitieren und als Requisite ein Buch in die Hand nehmen. Die Königin bemerkte, dass es das falsche Buch war. Obwohl das für die Zuschauer nicht zu sehen gewesen wäre, ließ sie den richtigen Band holen.

„Vielen von Ihnen werde ich wie eine **unnahbare Figur** erscheinen … Aber jetzt begrüße ich Sie für ein paar Minuten im friedlichen Rahmen **meines Zuhauses.“**

**ELIZABETH II.,** WEIHNACHTSBOTSCHAFT DER KÖNIGIN, 1957

Vor dem Fernseher versammelt
Millionen von Zuschauern sahen 1957 die Weihnachtsbotschaft von Elizabeth II. Sie traf den vom Publikum erwarteten Ton, als sie sagte: „Meine Familie versammelt sich oft vor dem Fernseher, so auch in diesem Moment, und genauso stelle ich auch Sie mir gerade vor."

# 3

# KÖNIGIN UND MUTTER

## 1960–1980

« Rosenzüchtung, die zu Ehren des 25-jährigen Thronjubiläums von Elizabeth II. den Namen *Silver Jubilee*, Silbernes Jubiläum, bekam.

# KÖNIGIN UND MUTTER 1960–1980

## 1960

**3. FEBRUAR 1960**
Der britische Premierminister Harold Macmillan hält vor dem südafrikanischen Parlament seine *„wind of change"*-Rede, in der er die Dekolonisation Afrikas ankündigt.

**19. FEBRUAR 1960**
Elizabeth II. bringt ihren zweiten Sohn Andrew zur Welt.

**6. MAI 1960**
Princess Margaret heiratet Antony Armstrong-Jones, der später zum Earl of Snowdon ernannt wird.

**21. OKTOBER 1960**
Die Königin lässt das erste Atom-U-Boot des Vereinigten Königreichs vom Stapel.

**1960**
Elizabeth gibt erstmals die Genehmigung, ihr Porträt auf Banknoten zu drucken.

« 1-£-Note, wie sie in dieser Form erstmals 1960 herausgebracht wurde

**31. MAI 1961**
Südafrika verlässt das Comonwealth, nachdem seine Apartheidspolitik abgelehnt wird und weiße Südafrikaner für eine unabhängige Republik stimmen.

## 1962

« Die Königin mit Prince Andrew und dem Baby Prince Edward

**11. MAI 1962**
Der 13-jährige Prince Charles besucht die Gordonstoun School in Schottland.

**6. AUGUST 1962**
Jamaika wird unabhängig.

**JUNI 1963**
Verteidigungsminister John Profumo tritt nach einem Sexskandal zurück.

**OKTOBER 1963**
Als Premierminister Harold Macmillan aus gesundheitlichen Gründen sein Amt niederlegt, löst seine Nachfolge eine konstitutionelle Krise aus. Der Königin wird geraten, Alec Douglas-Home zu berufen.

**25. NOVEMBER 1963**
Der Duke of Edinburgh vertritt die Königin bei der Trauerfeier für den ermordeten US-Präsidenten John F. Kennedy.

## 1964

**10. MÄRZ 1964**
Elizabeth II. bringt ihren dritten Sohn Edward zur Welt.

**15. OKTOBER 1964**
Die Labour Party mit kommt an die Macht. Harold Wilson wird Premierminister.

**24. JANUAR 1965**
Churchill stirbt, sechs Tage später folgt das Staatsbegräbnis.

**JUNE 1965**
Die Beatles werden Mitglieder des *Order of the British Empire*.

## 1966

**FEBRUAR 1966**
Prince Charles beginnt seinen halbjährigen Schulbesuch der Geelong Grammar School in Australien.

**27. MÄRZ 1966**
Die in London gestohlene Trophäe der Fußball-WM wird von einem Hund wiedergefunden. England gewinnt am 30. Juli 1966 im Wembley-Stadion den Weltmeistertitel.

**21. OKTOBER 1966**
In Aberfan in Wales begräbt eine Schlammlawine eine Schule unter sich und tötet dabei 116 Kinder und 28 Erwachsene.

**22. DEZEMBER 1966**
Rhodesien verlässt das Commonwealth, nachdem es ein Jahr zuvor bereits widerrechtlich seine Unabhängigkeit erklärt hatte.

**28. MAI 1967**
Der Segler Francis Chichester vollendet seine Einhand-Weltumseglung.

**2. JULI 1967**
Die Königin und Prince Philip besuchen Ottawa anlässlich der 100-Jahr-Feier Kanadas.

**4. JULI 1967**
England und Wales entkriminalisieren die männliche Homosexualität.

**20. SEPTEMBER 1967**
Die Königin wohnt dem Stapellauf des Ozeandampfers *Queen Elizabeth II (QE2)* bei.

« Stapellauf der *QE2*

## 1968

**20. APRIL 1968**
Der konservative Politiker Enoch Powell hält eine Rede, in der er vor den Gefahren zunehmender Immigration und vor „Strömen von Blut" warnt.

**27. SEPTEMBER 1968**
Das US-Musical *Hair* hat in London Premiere, nachdem am Vortag die Theaterzensur aufgehoben worden war.

**21. JUNI 1969**
Die Dokumentation *Royal Family* wird in der BBC gesendet, eine Woche später folgt eine zweite Ausstrahlung auf ITV.

︽ Stuhl für die Amtseinsetzung

**1. JULI 1969**
Einsetzung von Charles als Prince of Wales auf Caernarfon Castle.

**AUGUST 1969**
Ausschreitungen in Nordirland markieren den Höhepunkt in einem Jahr der Eskalation des konfessionellen und nationalistischen Nordirlandkonflikts.

Zwei Jahrzehnte des Umbruchs im Inland wie im Ausland brachten eine Zeit rascher Veränderungen mit sich, denen sich die größer werdende königliche Familie anzupassen verstand, denn die Königin, Princess Margaret und Princess Anne bekamen Kinder. Die Königin war mit vielfältigen Herausforderungen konfrontiert, wie der Entkolonialisierung früherer Überseeterritorien, sich wandelnden Moralvorstellungen zu Hause und dem Zerbrechen der Ehe ihrer Schwester. Die Öffentlichkeit erhielt die ersten intimen Einblicke in das Leben der Königsfamilie, und Elizabeth II. feierte ihr Silbernes Thronjubiläum.

## 1970

**19. JUNI 1970**
Nach dem Sieg der Konservativen wird Edward „Ted" Heath Premierminister.

**JULI 1970**
Nach den Fidschi-Inseln, Tonga, Neuseeland und Australien reist die Königin nach Kanada. Einen Monat später sind Charles und Anne bei Präsident Nixon in Washington zu Gast.

**JANUAR 1971**
In Singapur findet die erste Konferenz der Staats- und Regierungschefs des Commonwealth statt.

**1971**
Princess Anne wird Einzel-Europameisterin im Vielseitigkeitsreiten und später von der BBC zur Sportlerin des Jahres gewählt.

**15. FEBRUAR 1971**
Einführung des Dezimalsystems im Vereinigten Königreich und in Irland mit Herausgabe neuer Münzen.

## 1972

**5. JUNI 1972**
Der ehemalige König Edward VIII., Onkel der Königin und Duke of Windsor, wird beigesetzt.

**20. NOVEMBER 1972**
Die Königin und Prince Philip feiern ihre Silberhochzeit.

**1. JANUAR 1973**
Das Vereinigte Königreich tritt der Europäischen Wirtschaftsgemeinschaft (EWG) bei.

**14. NOVEMBER 1973**
Princess Anne heiratet Mark Phillips.

» Die Hochzeit von Princess Anne mit Mark Phillips

## 1974

**JANUAR 1974**
Der Bergarbeiterstreik und eine daraus folgende Energieknappheit zwingen Premierminister Heath, die Drei-Tage-Woche einzuführen. Die Regierung bricht zusammen. Wahlen führen zu keinem klaren Ergebnis, Neuwahlen bringen die Labour Party unter Harold Wilson an die Macht.

» Briefmarke zur Erinnerung an die Silberhochzeit der Königin und des Duke of Edinburgh

**20. MÄRZ 1974**
Ein Versuch, Princess Anne zu entführen, wird vereitelt.

**11. NOVEMBER 1975**
Der Generalgouverneur von Australien löst eine konstitutionelle Krise aus, als er den australischen Premierminister entlässt.

## 1976

**21. JANUAR 1976**
Die Transatlantikflüge der Concorde beginnen.

» Münze zum Silbernen Thronjubiläum der Königin

**JANUAR–JUNI 1976**
Meinungsverschiedenheiten über Fischereirechte zwischen dem Vereinigten Königreich und Island führen zum „Kabeljaukrieg".

**19. MÄRZ 1976**
Princess Margaret und ihr Mann, der Earl of Snowdon, trennen sich.

**SOMMER 1976**
Eine Hitzewelle sorgt im Vereinigten Königreich für die längste Dürreperiode und den heißesten Sommer seit Beginn der Wetteraufzeichnungen.

**31. DEZEMBER 1976**
*The Prince's Trust*, Prince Charles' Wohlfahrtseinrichtung für junge Menschen, wird offiziell gegründet.

**6. JUNI 1977**
Zu den Feierlichkeiten zum Silbernen Thronjubiläum der Königin zählen Reisen im In- und Ausland, Freudenfeuer der Leuchtfeuertürme aus der Zeit der Armada, ein Gottesdienst in der St Paul's Cathedral, Straßenfeste, eine Prozession auf der Themse und ein öffentlicher Spaziergang der Königin.

» Trauerzug für Earl Mountbatten

**15. JUNI 1977**
Die Vereinbarung von Gleneagles markiert den Beginn des Sportboykotts Südafrikas.

**15. NOVEMBER 1977**
Princess Anne bringt ihr erstes Kind Peter zur Welt, das erste Enkelkind der Königin.

## 1978

**1978/1979**
Streiks der Gewerkschaften im Öffentlichen Dienst und die kältesten Temperaturen seit 16 Jahren sorgen für den „Winter der Unzufriedenheit", wie ihn die Zeitungen nennen.

**25. JULI 1978**
Das weltweit erste Retortenbaby, Louise Brown, wird in Oldham, Manchester, geboren.

**MAI 1979**
Margaret Thatcher wird Premierministerin.

**27. AUGUST 1979**
Die IRA ermordet Earl Mountbatten, Prince Philips Onkel, und drei weitere Menschen.

**21. NOVEMBER 1979**
Sir Anthony Blunt, der Leiter der königlichen Gemäldegalerie, wird als sowjetischer Spion und vierter Mann der sogenannten „Cambridge-Connection" enttarnt.

# Die **Kindheit** der **Prinzen** und der **Prinzessin**

**Die vier Kinder der Königin sind sich recht unähnlich. Zum Teil dürfte das wohl an ihren sehr unterschiedlichen Erfahrungen in der Kindheit und dem beachtlichen Altersunterschied zwischen ihnen liegen.**

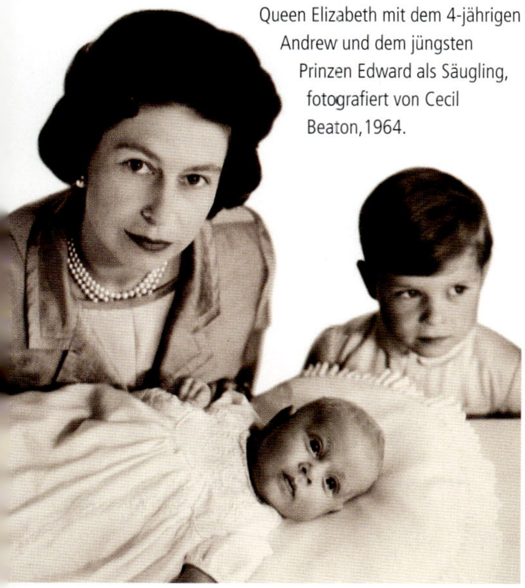

Mutter und Kinder
Queen Elizabeth mit dem 4-jährigen Andrew und dem jüngsten Prinzen Edward als Säugling, fotografiert von Cecil Beaton, 1964.

## FRÜHER

**Prince Charles' erste Lebensjahre waren recht einsam, er hatte noch nicht einmal zu seiner Mutter eine enge Beziehung, da er seine Eltern nur selten sah.**

**EIN EINSAMER GEBURTSTAG**
Schon bevor Elizabeth den Thron bestieg, **ließ sie ihre Kinder zurück, um auf große Überseereisen zu gehen.** Als Philip 1949 kurzzeitig nach Malta berufen wurde, genoss Elizabeth dort, unbelastet vom kleinen Charles, ein paar unbekümmerte Monate als Offiziersfrau. Seinen dritten Geburtstag feierte Charles mit Tee im Buckingham Palace und einer Fahrt im Kinderwagen durch den Green Park, während sich **seine Eltern auf einer Kanadareise befanden.**

**DISTANZIERTE BEGRÜSSUNG**
Nachdem Elizabeth den Thron bestiegen hatte, ging sie völlig in ihrer neuen Rolle auf. Fünf Monate nach der Krönung begab sie sich auf eine Reise, die sie beinahe **sechs Monate von ihren Kindern trennte.** Als Elizabeth die Kinder auf dem Heimweg im libyschen Tobruk zum ersten Mal wieder traf, begrüßte Elizabeth ihren Sohn, indem sie ihm die Hand schüttelte.

Nur wenige Familien standen in der Nachkriegszeit unter einem so hohen Druck von ihnen entgegengebrachter Aufmerksamkeit, Verehrung und Kritik wie die königliche Familie. Dies hat die vier Kinder von Queen Elizabeth II. auf unterschiedliche Weise geprägt. Während der Kindheit von Charles und Anne war ihre Mutter erst kurze Zeit Königin und füllte diese Rolle mit ganzem Herzen aus. Sie widmete sich dem Commonwealth, den Reisen und dem Tagesgeschäft der Monarchie, während sie ihrem Mann in Erziehungsfragen den Vortritt ließ. Als Andrew und Edward 1960 bzw. 1964 geboren wurden, war die Königin nicht nur älter, sondern wohl auch weiser, durchsetzungsfähiger und, Biografen und Hofjournalisten zufolge, entschlossen, eine warmherzige Umgebung zu schaffen. Dies und die deutlichen Unterschiede zwischen den Geschwistern hinsichtlich Temperament und Intellekt sowie der große Altersunterschied führten dazu, dass Charles völlig andere Erfahrungen machte als seine kleinen Geschwister und zu einem völlig anderen Menschen wurde.

### Widersprüchliche Ansichten über die Kindheit

Die frühen Jahre von Charles und teilweise von Anne waren durch eine emotionale Distanz von ihren Eltern gekennzeichnet. Princess Anne ist jedoch anderer Meinung als Charles, der bei seiner Mutter einen Mangel an Zuneigung empfunden hat. „Ich kann nur für mich sprechen“, sagte Anne einmal im Interview, „aber ich glaube nicht, dass es einen Hinweis für die Annahme gibt, sie habe sich nicht um uns gekümmert. Das ist unglaubwürdig. Es mag sein, dass wir als Kinder in dieser Hinsicht nicht zu anspruchsvoll waren, dass wir die zeitlichen Einschränkungen und die Verantwortung verstanden, die auf ihr als Monarchin lasteten ..., aber ich glaube nicht, dass einer von uns jemals dachte, sie habe sich nicht genauso wie jede andere Mutter um uns gekümmert. Ich fände es ungewöhnlich, wenn jemand das anders sehen könnte.“

### Charles' Erziehung und Ausbildung

Charles' Vater Philip war entschlossen, den Prinzen nicht zu verwöhnen, sondern abzuhärten. Dies sollte auch durch seine Ausbildung in entsprechenden Institutionen erreicht werden. Seine erste Schule war Hill House, wo er 1957 als „guter, durchschnittlicher Schüler“ beschrieben wurde. Später in diesem Jahr wurde er Internatsschüler in der Cheam School in Headley in Hampshire. Seine Eltern wollten, dass man ihn wie jeden anderen Schüler behandelte, sein Sonderstatus kam dennoch gelegentlich zum Vorschein, etwa als er nach Hause schreiben wollte und fragte: „Ich weiß, dass meine Mutter die Königin ist, aber wie schreibe ich das auf den Umschlag?“ 1958 verkündete die Königin überraschend, sie werde ihren Sohn zum Prince of Wales ernennen: „Dies [war] ein denkwürdiges Jahr für das Fürstentum ... Ich habe beschlossen, dies durch einen Akt zu unterstreichen, der, wie ich hoffe, den Walisern ebenso viel Freude bereiten wird wie mir. Ich beabsichtige, meinen Sohn Charles heute zum Prince of Wales zu ernennen.“

Philip hegte keinen Zweifel, dass Gordonstoun die geeignete Schule für seinen Sohn sei, sobald er 13 Jahre alt sein würde. In jener Reformschule, auf der Philip selbst so stark geformt worden war, mussten die Kinder eine harte Routine mit kalten Duschen und Querfeldeinrennen aushalten, was der Charakterbildung dienen sollte.

Charles fand den Gedanken daran „ziemlich grauenvoll“ und war Berichten zufolge dort sehr unglücklich. Sein Aufenthalt in Gordonstoun wurde von einem Zwischenfall gekennzeichnet, als er mit 14 Jahren in einem Hotel in Stornoway einen Kirschlikör

Königliches Spielzeug
Diese Miniatur des aus den James-Bond-Filmen bekannten Aston Martin DB5 erhielt Prince Andrew 1966 von der Autofirma als Geschenk. Sie hat drehbare Nummernschilder und kann Rauch ausstoßen wie das Original.

> „Wir möchten, dass unser **Sohn** und unsere **Tochter** so **normal wie möglich aufwachsen,** damit sie **Ihnen und dem Commonwealth getreulich werden dienen** können.“
>
> ELIZABETH II. IN IHRER WEIHNACHTSANSPRACHE, 1958

Baywatch
Prince Charles lächelt pflichtbewusst, während ihm bei einem Aufenthalt in Australien 1966 die Badekappe des *Sydney Surf Club* aufgesetzt wird, die von den Rettungsschwimmern am dortigen Bondi Beach getragen wird. Er wurde dort zum Ehrenmitglied des Clubs ernannt.

bestellte. Während Charles in Schottland war, wurde im Buckingham Palace seine Zukunft festgelegt. 1965 gab es ein Gipfeltreffen, um seine schulische und berufliche Laufbahn zu planen; er war nicht eingeladen. Bald war er der erste Thronfolger, der öffentliche Prüfungen ablegte und einen Studienplatz am Trinity College in Cambridge erhielt.

## Privatunterricht

Princess Anne verlebte ihre Kindheit unbemerkt von der öffentlichen Aufmerksamkeit, denn sie erhielt Privatunterricht. Damit sie andere Kinder treffen konnte, veranlasste ihre Tante, Princess Margaret, die Bildung einer neuen Pfadfindergruppe im Buckingham Palace. Anne gehörte zu den Gründungsmitgliedern. 1963 besuchte Anne als Internatsschülerin die Benenden School in Kent und verliebte sich bald in die Welt der Pferdewettbewerbe und Vielseitigkeitsprüfungen, worin sie 1969 ihre ersten Wettbewerbe gewann.

## Andrew und Edward

Prince Charles' Brüder folgten ihm nach Gordonstoun. Andrew wurde bis zum Alter von acht Jahren von einer Gouvernante unterrichtet und war im Gegensatz zu Charles viel zu Hause. Dann besuchte er die private Vorbereitungsschule Heatherdown in Ascot, bevor er nach Gordonstoun kam. Edward kam 1964 auf die Welt, und Prince Philip war das erste Mal bei der Geburt eines seiner Kinder anwesend. Edward war ein ruhiges Kind, das die Musik der schwedischen Gruppe ABBA und den Rundfunk- und Fernsehmoderator Terry Wogan mochte. Während Andrew in die Royal Navy eintrat, erhielt Edward trotz schlechter Noten einen Studienplatz im Jesus College in Cambridge, was den Vorwurf einer Sonderbehandlung hervorrief. Nach dem Studium begann er bei den Royal Marines eine Offiziersausbildung, fand diese aber zu anstrengend und schied aus.

**Princess Anne**
Porträt von Princess Anne an ihrem 19. Geburtstag, aufgenommen vom Fotografen Norman Parkinson, der sie auch an ihrem 21. Geburtstag, bei ihrer Verlobung und ihrer Hochzeit fotografierte.

In Kindertagen war Charles ein liebevoller Bruder für Anne, deren Geradlinigkeit er bewunderte. Für Andrew und Edward war er eine unnahbarere Person. Heute herrscht zwischen den Geschwistern ein eher kühles Verhältnis. Einem ehemaligen Angestellten zufolge, den der Londoner *Daily Telegraph* zitierte, bestand „wenig Kontakt zwischen ihnen, außer bei Familientreffen und Veranstaltungen. Die Kommunikation erfolgte in der Regel über Privatsekretäre. Sie standen sich nicht nahe, jeder führte sein eigenes Leben."

**Großer Bruder, kleiner Bruder**
Prince Charles unterhält seinen kleinen Bruder Edward in einer Szene des Dokumentarfilms *Royal Family* (S. 94–95). Edward ist gerade fünf Jahre alt, sein großer Bruder beinahe 21.

## SPÄTER

**Prince Charles hat schöne Erinnerungen an die Zeit, als er im Alter von 17 Jahren in Australien zur Schule ging.**

**DOWN UNDER**
Von Februar bis Juli 1966 **verbrachte Charles ein halbes Jahr** in Timbertop, einem entlegenen Ableger der Geelong Church of England Grammar School in Melbourne. Obgleich es auch in Timbertop rau zuging, **gefiel es dem Prinzen im Gegensatz zu Gordonstoun dort sehr gut.**

**NATURVÖLKER UND SCHAFE**
Nachdem der Prinz bei einem Schulausflug nach Neuguinea einige Beispiele der Volkskunst der Papua gesehen hatte, drückte er seine Sorge darüber aus, dass **diese vorindustriellen Gesellschaften ihre traditionelle Lebensweise verlieren könnten.** Dieses Erlebnis führte ihn zum Studium der Anthropologie, was einige seiner späteren Ansichten und Bestrebungen gefördert haben mag. **Charles versuchte sich auch im Schafscheren,** gestand jedoch gegenüber der Presse: „Das war eher ein Fiasko, ich hätte das Schaf beinahe in Fetzen gerissen."

**Die Mauer**
Während eines elftägigen Besuchs in Westdeutschland 1965, bei dem große Menschenmengen kamen, um sie zu sehen, besuchten die Königin und Prince Philip auch die Berliner Mauer am Potsdamer Platz.

Potsdamer Platz
SIEHSTE
DAS
HASTE
DAVON!

* 1948

# Der **Prince of Wales**

**„Ich übernehme nur schwierigste Aufgaben,** denn ich möchte **neue Perspektiven** eröffnen…"

CHARLES, PRINCE OF WALES

Prince Charles' Titel lautet His Royal Highness Prince Charles Philip Arthur George, Prince of Wales, KG, KT, GCB, OM, AK, QSO, PC, ADC, Earl of Chester, Duke of Cornwall, Duke of Rothesay, Earl of Carrick, Baron of Renfrew, Lord of the Isles und Prince and Great Steward of Scotland. Charles ist traditionsbewusst und repräsentiert zugleich einen neuen königlichen Typus. Seine Familie lebt in der königlichen Tradition von Engagement und Dienen, er interpretiert seine Rolle zugleich individuell und modern. Als besonnener Mensch und Akademiker war er der erste Thronfolger, der eine öffentliche Schule besuchte und an Prüfungen teilnahm, einer der wenigen, die studiert haben, anstatt direkt in den Militärdienst zu gehen, und der erste mit einem Studienabschluss.

### Ein radikaler Bewahrer

Charles' Liebe zu Traditionen und zur Umwelt zeigte sich bereits früh. Als er als Teenager eine Schule in Australien besuchte, schrieb er über die Bedrohung der traditionellen Gesellschaften in Neuguinea, und 1970 stellte er als Student in Cambridge in einem Debattierclub folgendes Thema zur Diskussion: „Dieses Haus ist der Ansicht, technologische Fortschritte bedrohen die Individualität des Menschen und beginnen, ihn zu beherrschen." Nachdem er seine Bedenken über die technische Entwicklung geäußert hatte, gestand er, sich aufgrund seines Status „in einer etwas schwierigen Position" zu befinden. Die Abwägung zwischen persönlicher Meinung und der offiziellen Überparteilichkeit ist für ihn noch immer schwierig.

**Ein Mann voller Widersprüche**
Der Prince of Wales ist humorvoll, selbstironisch, intelligent und an vielen Themen interessiert, aber auch unsicher. Auf diesem Foto, während seines Besuchs in Pakistan 2006 aufgenommen, wirkt er entspannt.

**Der Vater mit seinen Söhnen**
Prince Charles 1985 im Heim der Familie in Kensington mit seinen Söhnen Prince William und Prince Harry. Die drei stehen sich nah und haben gemeinsame Interessen.

### Prägende Einflüsse

Charles stand seinem Großonkel Louis Mountbatten nahe. Sie nannten sich „Großvater ehrenhalber" und „Enkel ehrenhalber". Mountbatten versuchte später, seine Enkelin Amanda Knatchbull mit Charles zu verkuppeln. Der Prinz wollte sich aber nicht binden und blieb bis in seine Dreißiger einer der begehrtesten Junggesellen der Welt.

**Rote Krähe**
Prince Charles raucht während einer königlichen Kanadareise 1977 die zeremonielle Friedenspfeife. Während seines Besuchs erhielt er den Häuptlingsnamen „Rote Krähe" des Indianerstamms der Kainai.

Sein Vater, zu dem er ein schwieriges Verhältnis hatte, bestand auf einer militärischen Ausbildung. Charles entschied sich nach reiflicher Überlegung für die Luftwaffe. Im Januar 1969 absolvierte er seinen ersten Alleinflug und erinnerte sich später: „Es war großartig … Zum Glück landete ich …, ich hatte befürchtet, im Kreis zu fliegen, bis der Treibstoff ausgeht." In der Erziehung seiner eigenen Kinder wollte er nicht das selbe Gefühl von Distanz und Einsamkeit aufkommen lassen, das er in seiner Kindheit erleben musste.

„ Er hat viel Zeit seines Lebens damit zugebracht, seine **Rolle zu finden,** aber ich denke, heute hat er **durch** die Beschäftigung mit seinen **Interessen Erfüllung gefunden.**"

PENNY JUNOR, BIOGRAFIN DES KÖNIGSHAUSES

## Steckenpferde

Statt eine militärische Laufbahn zu verfolgen, fand er als einer der größten Landbesitzer Großbritanniens Gefallen an der Landwirtschaft. Als Duke of Cornwall verfügt er über einen enormen Landbesitz (S. 166–167), was zu einer denkwürdigen Bemerkung seines Vaters führte. Als dieser gefragt wurde, ob er sich auf den Scilly-Inseln auskenne, bemerkte er: „Ich glaube, die gehören meinem Sohn." Charles betreibt biologischen Landbau und gründete die mehrere Millionen Pfund schwere Marke *Duchy Originals*, um seine eigenen Produkte zu vermarkten. Biologische Landwirtschaft ist nur eines seiner Steckenpferde, für die der Prinz bekannt ist. Er fördert alternative Heilmethoden, insbesondere die Homöopathie, und spricht mit seinen Pflanzen, um ihr Wachstum anzuregen. Er hat seine eigenen Ansichten über Architektur und kritisiert Bauwerke, die er geschmacklos findet. Als er einen geplanten Anbau an die Londoner Nationalgalerie als „monströses Geschwür im Gesicht eines geliebten, eleganten Freundes" bezeichnete, wurde der Anbau verworfen. In Poundbury in der Grafschaft Dorset hat er ein Dorf entworfen, dessen Gebäude seinen architektonischen Grundsätzen folgen.

## Eine Monarchie neuen Stils formen

Mit zunehmendem Alter hat die Königin vermehrt darauf geachtet, Charles als eine Art Co-Monarch zu etablieren. Er verfolgt dabei ein Vorgehen der „Verschlankung", wodurch das offizielle Auftreten der königlichen Familie auf seine Eltern und seine direkte Familie reduziert wird, während seine Geschwister und deren Nachkommen kaum noch eine Rolle spielen. Charles verspricht, er werde ein Monarch neuen Stils sein, offen und mit klaren Zielen – eine Ankündigung, die politische und konstitutionelle Probleme heraufbeschworen hat. Diese spitzten sich 2015 im Streit um die Freigabe der „Black Spider Memos" zu, Briefen in der typischen spinnenbeinigen Handschrift des Prinzen, die er regelmäßig an Minister der Regierung schreibt, um politische Fragen zu erörtern oder etwas auf die Tagesordnung zu bringen. „Bei der Definition seiner Rolle als Thronfolger", berichtet seine Biografin Catherine Mayer, „hat der Prinz signalisiert, die Monarchie neu aufstellen zu wollen. Einige Hofbeamte und die Königin selbst fürchten, dass weder die Krone noch die Untertanen die Erschütterung durch die Neuerung tolerieren werden."

**Die Stiftung des Prinzen**
Charles spricht 2010 auf der Jahreskonferenz der *Prince's Foundation for the Built Environment*, der Stiftung für die bebaute Umwelt, die heute als *The Prince's Foundation for Building Community* bekannt ist. Charles hatte diese Stiftung 1986 gegründet.

DUCHESS OF CORNWALL

### CAMILLA

Die Duchess of Cornwall wurde als Camilla Rosemary Shand am 17. Juli 1947 in London in eine Familie mit guten Beziehungen hineingeboren, die jedoch nicht adelig war. 1973 heiratete sie Andrew Parker Bowles, mit dem sie zwei Kinder hat. Die Ehe wurde 1995 geschieden. 2005 heiratete sie Charles in einer standesamtlichen Zeremonie, gefolgt von einem vom Erzbischof von Canterbury geleiteten Gottesdienst in der St.-Georgs-Kapelle in Windsor Castle. Anschließend gab die Königin einen Empfang. Falls Prince Charles König würde, wäre Camillas Titel Her Royal Highness Princess Consort.

### CHRONIK

- **14. November 1948** Charles Philip Arthur George wird im Buckingham Palace als Sohn von Princess Elizabeth und dem Duke of Edinburgh geboren.
- **14. November 1951** Er feiert seinen dritten Geburtstag ohne seine Eltern, die sich auf einer königlichen Reise in Kanada befinden.
- **6. Februar 1952** King George VI. stirbt; Charles wird Duke of Cornwall, Duke of Rothesay, Earl of Carrick und Baron of Renfrew, Lord of the Isles und Prince and Great Steward of Scotland.
- **2. Juni 1953** Er ist bei der Krönung seiner Mutter anwesend.
- **7. November 1956** Beginn seines Schulbesuchs in Hill House in der Londoner Innenstadt

WAPPEN DES PRINCE OF WALES

- **26. Juli 1958** Charles erhält den Titel Prince of Wales.
- **1. Mai 1962** Beginn des Besuchs der Schule Gordonstoun in Schottland
- **17. Juni 1963** Er verursacht einen Aufruhr in den Medien, als er in einem Hotel im schottischen Stornoway einen Kirschlikör bestellt.
- **Februar–Juli 1966** Er verbringt ein halbes Jahr in Timbertop in Australien, einer Außenstelle der Geelong Church of England Grammar School.
- **8. Oktober 1967** Beginn seines Studiums der Archäologie, Anthropologie und Geschichte am Trinity College in Cambridge
- **1. Juli 1969** Charles wird in Caernarfon Castle in sein Amt als Prince of Wales eingesetzt.
- **23. Juni 1970** Er wird der erste Thronfolger mit abgeschlossenem Universitätsstudium.
- **29. Juli 1981** Hochzeit mit Lady Diana Spencer
- **21. Juni 1982** Geburt von Prince William
- **15. September 1984** Geburt von Prince Harry
- **9. Dezember 1992** Trennung von Diana
- **28. August 1996** Scheidung von Diana
- **31. August 1997** Diana kommt bei einem Autounfall ums Leben.
- **November 1998** Charles' Pressesprecher sorgt nach einem Interview für Furore, als er andeutet, der Prinz würde es gerne sehen, dass die Königin zu seinen Gunsten abdankt.
- **9. April 2005** Hochzeit mit Camilla Parker Bowles
- **November 2012** Während eines Besuchs in Dumfries House in East Ayrshire soll Charles gesagt haben: „Ungeduldig? Ich? Was für eine Behauptung! Ja, natürlich bin ich ungeduldig …, mir läuft die Zeit davon."
- **20. September 2013** Mit 64 Jahren, zehn Monaten und fünf Tagen wäre er ab diesem Tag die älteste Person, die in der britischen Geschichte je gekrönt wurde. Charles ist zudem länger Thronfolger als jeder andere.

## FRÜHER

**Charles begann 1967 sein Studium am Trinity College in Cambridge. Zur Vorbereitung auf den Tag der Investitur ging er nach Wales.**

### STUDENTENLEBEN

Charles studierte in seinem ersten Jahr am Trinity College in Cambridge Archäologie und Anthropologie. Ein weiteres Jahr studierte er Geschichte und verließ im April 1969 Cambridge, um in Aberystwyth, am University College of

CHARLES IN CAMBRIDGE, 1969

Wales, **Walisisch und die Geschichte des Fürstentums zu studieren.** Das sollte auch seine Beliebtheit unter der walisischen Bevölkerung steigern.

### WALISISCHES BLUT

Walisische Nationalisten fachten damals eine kontrovers geführte Debatte darüber an, ob es legitim sei, dass ein **Mitglied des englischen Königshauses als ihr Fürst eingesetzt wird.** Eine Zeitung berichtete, die Waliser „sind es überdrüssig und müde, dass die Gerippe längst verstorbener Fürsten ausgegraben werden und man vor ihnen damit rasselt". Charles ging darauf ein, indem er ausführte, er **„stamme in dreifacher Hinsicht von den ursprünglichen walisischen Fürsten ab.** Meine Großmutter, Queen Elizabeth, stammte väterlicher- und mütterlicherseits von ihnen ab, daher scheine ich doch recht viel walisisches Blut in mir zu haben." Drei Wochen vor der Investitur hielt Charles in Aberystwyth eine Rede auf Walisisch, was militante Nationalisten jedoch nicht davon abhielt, Bombenanschläge auf Regierungs- und Militärgebäude zu verüben.

# Charles wird als Prince of Wales eingesetzt

**Zwar war Charles bereits elf Jahre zuvor, 1958, im Alter von neun Jahren zum Prince of Wales ernannt worden, man hielt es jedoch für besser, mit der aufwendigen Investiturzeremonie zu warten, bis er erwachsen war.**

Der Titel Prince of Wales, der traditionell, wenn auch nicht immer, vom Thronerben getragen wird, hat eine lange, aber umstrittene Geschichte. Der Legende nach hat Edward I., nachdem der letzte unabhängige Herrscher von Wales, Llywelyn ap Gruffud, im Kampf gegen Edwards Truppen gefallen war, der Bevölkerung von Wales einen Fürsten versprochen, „der kein Wort Englisch spricht". Er meinte jedoch nicht wie erwartet einen Waliser, sondern seinen Sohn, der noch ein Säugling war. 1301 wurde dem späteren Edward II. der Titel Prince of Wales verliehen. Die Legende setzt sich im Wahlspruch des Prince of Wales fort, der im Original „ICH DIEN" lautet, was als das deutsche „Ich diene" interpretiert wird. Es soll auf Johann von Luxemburg, König von Böhmen, zurückgehen, der 1346 im Kampf gegen den Prince of Wales, Edward of Woodstock, dem ältesten Sohn von Edward III., in Crécy in Nordfrankreich starb. Laut *Brewer's Dictionary of Phrase and Fable* soll Edward of Woodstock diese Worte übernommen haben, um zu zeigen, dass „er unter dem König, seinem Vater, diene". Einer Waliser Überlieferung nach soll Edward I. jedoch, als er der Walisischen Nationalversammlung seinen neugeborenen Sohn vorstellte, auf Walisisch ausgerufen haben „Eich dyn", was „[Ich bin] Euer Mann" bedeutet.

**Die Amtsinsignien**
Charles kniet vor seiner Mutter, der Königin, um die Insignien seines neuen Amtes in Empfang zu nehmen. Er hält das zeremonielle Schwert und den goldenen Stab und trägt die neu angefertigte kleine Krone aus walisischem Gold.

### Verschobene Zeremonie

Charles wurde im Alter von neun Jahren zum Prince of Wales ernannt, man glaubte aber, er sei noch zu jung für die Einsetzungszeremonie. Entsprechend verschob man sie und plante die Investitur für 1969, kurz vor seinem 21. Geburtstag. Als Kulisse für die Zeremonie, die unterhalten und beeindrucken sollte, wählte man Caernarfon Castle in Nordwales. Lord Snowdon, der Ehemann von Princess Margaret, wurde zum Constable of Caernarfon Castle ernannt und mit der Aufgabe betraut, die Zeremonie zu organisieren. Er fand daran Gefallen und ließ sich einiges an Prunk einfallen. So bestellte er 4000 scharlachrote Polsterstühle für die Gäste, die später

**Eindrucksvolle Kulisse**
Mit seinen hohen polygonalen Türmen, seiner Größe und herrschaftlichen Präsenz erwies sich das Caernarfon Castle aus dem 13. Jh. als perfekter Ort für die Einsetzungszeremonie.

für 12 £ pro Stück verkauft wurden, um einen Teil der Kosten für die Zeremonie wieder hereinzubekommen. Für seine eigene Rolle entwarf Snowdon ein grünes Kostüm, das er später als eine Kreuzung zwischen „einer Platzanweiserin im Kino der 1950er-Jahre und einem Pagen in ei-nem Märchenfilm" beschrieb. Dies führte zu Meinungsverschiedenheiten mit dem erztraditionellen Sir Anthony Wagner, dem Wappenkönig des Hosenbandordens. Snowdon modernisierte noch weitere Elemente der Zeremonie, so führte er etwa einen Plexiglasbaldachin für das Podium ein, auf dem der Prinz in sein Amt eingesetzt wurde, sodass die Fernsehkameras das Ereignis verfolgen konnten.

## Anschlagspläne

Die Investitur hätte nicht stattgefunden, wäre ein Anschlag ausländischer Mächte planmäßig ausgeführt worden. Zumindest behauptet das der russische Überläufer Major Wassili Mitrochin, der in den zwölf Jahren, in denen er auch für den sowjetischen Geheimdienst KGB arbeitete, Unterlagen aus der Sowjetunion schmuggelte, bevor er sich 1992 nach Großbritannien absetzte. 1999 wurde anhand von Mitrochins Unterlagen eine Verschwörung aufgedeckt, mit der die Investitur verhindert werden sollte. Der Plan unter dem Codenamen *„Operation Edding"* sah vor, einen Monat vor der Zeremonie eine Brücke der Straße von Porthmadog zum Caernarfon Castle zu sprengen. Dafür hätte man später die britischen Sicherheitsbehörden verantwortlich gemacht – warum ist unklar. Der Plan wurde aber in letzter Minute verworfen, sodass die britischen Sicherheitsbehörden nur mit walisischen Nationalisten fertigwerden mussten. Bei einem Zwischenfall kamen zwei walisische Extremisten, Alwyn Jones und George Taylor, ums Leben, als die Bombe, die sie bei sich trugen, vorzeitig explodierte. Ihr Ziel soll die Eisenbahnstrecke des königlichen Zuges nach Caernarfon gewesen sein.

**Stühle zu verkaufen**
Die für die Zeremonie gefertigten scharlachroten Stühle waren mit den drei Straußenfedern der Helmzier des Prince of Wales geschmückt. Sie wurden später von der Regierung verkauft und sind heute begehrte Sammlerstücke.

## Loyalitätsadresse

Am 1. Juli 1969 ging das Ereignis ohne Störung über die Bühne. Prince Charles wurden das Fürstentum Wales und die Grafschaft Chester übertragen. Er erhielt die Insignien seiner neuen Ämter, ein Schwert, eine neue kleine Krone aus walisischem Gold, Mantel, Goldring und goldenen Stab. In seiner offiziellen Antwort an die Königin schwor er: „Ich, Charles, Prince of Wales, werde Ihr Lehensmann mit Leib und Leben, ich werde Ihnen irdische Verehrung und Vertrauen und Treue entgegenbringen und Ihr Leben gegen jedermann verteidigen." Anschließend führte die Königin Charles zum Eleanor's Gate oberhalb des Platzes, um ihn der Menge vorzustellen. Eine Loyalitätsadresse des walisischen Volkes wurde auf Walisisch und Englisch vom Präsidenten der Universität Aberystwyth verlesen, an der Charles Walisisch gelernt hatte. Der Präsident erklärte, das Fürstentum freue sich auf eine Zeit, wenn der Prinz sich persönlich mit seiner Tradition und Sprache, seinen Hoffnungen und Problemen vertraut machen werde. Er schloss mit der Erklärung: „In diesem Vertrauen und dieser Hoffnung grüßen wir ihn und erklären unsere Loyalität." Charles revanchierte sich mit einer Antwort in beiden Sprachen und sagte der Menschenmenge: „Es erfüllt mich mit Stolz und bewegt mich, nun diese Amtsinsignien erhalten zu haben. Noch dazu in dieser großartigen Burg, deren von Jahrhunderten geprägter Atmosphäre sich wohl niemand entziehen kann und wo ich selbst mir der langen Geschichte von Wales und seiner Entschlossenheit bewusst bin, sich seine Individualität und sein eigenes besonderes Erbe zu bewahren – ein Erbe, das in die Nebel der britischen Frühgeschichte zurückreicht und viele tapfere Männer, Fürsten, Dichter, Barden, Gelehrte und in neuerer Zeit großartige Sänger, die denkwürdigen ‚Goons' und herausragende Filmstars hervorgebracht hat. Alle diese Menschen wurden auf die eine oder andere Weise von diesem Erbe beeinflusst." Die Erwähnung von „Goon" bezieht sich auf ein walisisches Mitglied von *The Goon Show*, einer Radio-Comedy-Show, deren großer Fan Charles war.

Neben den 4000 Gästen in der Burg und rund 90 000 Menschen auf den Straßen von Caernarfon verfolgten 19 Mio. Zuschauer im Vereinigten Königreich und bis zu 500 Mio. weltweit die Investitur im Fernsehen. Man schätzt, dass es das größte Fernsehpublikum war, das sich jemals für ein Ereignis in Wales interessiert hat. Dies nutzte man, unterstützt durch eine Werbekampagne, um in einer Zeit des Umbruchs sowohl für die walisische Wirtschaft zu werben als auch einem Rückfall in einen walisischen Nationalismus entgegenzuwirken.

> „Es erfüllt mich mit … **Stolz** und **bewegt mich,** diese Amtsinsignien erhalten zu haben."

PRINCE CHARLES IN SEINER ANTWORT AUF DIE LOYALITÄTSADRESSE DES WALISISCHEN VOLKES

## SPÄTER

**Trotz des Widerstands der Nationalisten schien die Investitur bei den Walisern beliebt zu sein. Eine Umfrage in der Zeitung *Western Mail* berichtete, 74 % der Bevölkerung freuten sich über die Investitur und über Charles als Prince of Wales.**

**STUDIUM MIT THEATERPAUSEN**

Später in diesem Jahr kehrte Charles für sein letztes Studienjahr ans Trinity College in Cambridge zurück. Als **Theaterfan** wurde Charles **Mitglied in der Theatergruppe** der Uni und hatte einen denkwürdigen Auftritt, bei dem er in einer Mülltonne stand. Im November 1969 wurde er 21 und kam in den Genuss der **gewaltigen Einkünfte** seines Landbesitzes als Duke of Cornwall. Er war nun einer der größten Landbesitzer Großbritanniens **S. 166–167 >>.**

CHARLES IN EINER ROLLE ALS WETTERFROSCH IN EINEM THEATERSTÜCK

HINTER DEN KULISSEN, 21. Juni 1969

# *Royal Family*

**Ein Fernsehereignis der Nachkriegsze Dokumentation *Royal Family* von 196 ter die Kulissen erlaubte, wurde in 14 und veränderte die Sicht der Weltöffe Königshaus.**

Üblicherweise war der Buckingham Palac sehr skeptisch und hielt sie auf Distanz. P seit Langem für einen offeneren Umgang dass die immer lauter werdenden Forderu nähe der königlichen Familie, insbesonder einen höheren Grad an Medienkompeten Unterstützt wurde er von einigen fortschr Team des Palastes, die sogar die Monarchi da sie von jungen Leuten zunehmend als beurteilt wurde. Vor diesem Hintergrund cher der Königin, William Heseltine, eine erinnert sich, dass es wegen der bevorsteh Charles „eine unerwünscht große Nachfra Dokumentationen über den jungen Prinz Prince Philip waren der Meinung, eine Bi Menschen würde wahrscheinlich nicht be Stattdessen hielten sie eine allgemeine Do „das Eis zu brechen“. Der damalige BBC- äußerte die Sorge, eine Dokumentation ü würde „die Monarchie töten“, da sie „de beschädigen würde“, auf dem sie begrün trotzdem vorangetrieben, Aufnahmeleite Team folgten der Familie von Juni 1968 b Verpflichtungen und im Privatleben. Der wurde am 21. Juni 1969 erstmals gesendet, und wurde acht Tage später im Privatfern

„Ein **Fernsehfilm,** geben sollte, wie d **ger** für seine **kün** erzogen und vorbe

**WILLIAM HESELTINE,** PRESSESPRECHER DE

**Dreharbeiten für die Dokumentation**
Die von einer Kamera beobachtete königliche Familie versucht, sich ganz natürlich zu geben. Princess Anne wirkt erkennbar wenig begeistert. Später sagte sie einmal: „Mir gefiel die Idee von *Royal Family* nie ... Wir standen seit Kindertagen unter Beobachtung ..., da brauchst du nicht

* 1950

# Die **Princess Royal**

## „Princess Anne [ist] **ein großartiges Mädchen** ... eine Herausforderung."

FOTOGRAF NORMAN PARKINSON, 1981

Anne, für ihre pragmatische Art und ihre schonungslose Arbeitsmoral bekannt, war eine erfolgreiche Spitzensportlerin, hat sich unermüdlich für soziale Belange eingesetzt und dafür gekämpft, ihren Kindern eine möglichst normale Kindheit zu ermöglichen.

### Die Fleißigste aus der Königsfamilie

Seit das öffentliche Leben von Princess Anne Ende der 1960er-Jahre begann, hat sie ihre Rolle als die einer unermüdlichen und fähigen Fürsprecherin im Wohltätigkeitsbereich ausgestaltet. Sie war der Organisation *Save the Children* eng verbunden, deren Präsidentschaft sie 1970 übernahm. Für die Organisation hat sie über 70 Länder besucht, darunter Indonesien, China, Kambodscha, Vietnam, Äthiopien, Malawi, Botswana und Madagaskar. Sie ist mit über 200 Wohltätigkeitsorganisationen verbunden, dabei war sie besonders intensiv in die Gründung von *The Princess Royal's Trust for Carers, Transaid* und *Riders for Health* eingebunden. Zu weiteren Aufgaben gehörte die Präsidentschaft des Britischen Olympischen Komitees, sie war Mitglied des Vereinigten Königreichs im Internationalen Olympischen Komitee und arbeitete im Komitee für die Olympischen Spiele in London mit. Anne wird oft als „die Fleißigste aus der Königsfamilie" beschrieben: Sie nimmt jährlich über 600 Termine im In- und Ausland wahr. Wäre sie keine Prinzessin, wäre sie gerne Fernfahrer geworden.

### Privatleben

Princess Anne steht ähnlich wie ihre Mutter den Medien und deren Eindringen in ihr Privatleben kritisch gegenüber. Als sie 1968 Leutnant Mark Phillips von den *Queen's Dragoon Guards* begegnete, der ihre Liebe zum Reitsport teilte, hielten sie ihre Beziehung geheim.

**Hochzeitsfoto**
Princess Anne und ihr künftiger Ehemann Mark Phillips vor der Hochzeit, ebenfalls ein Foto ihres Lieblingsfotografen Norman Parkinson.

Anfang 1973 hatte sich die Nachricht dann doch verbreitet, was den Palast veranlasste, im Februar eine offizielle Erklärung von Anne zu verbreiten: „Wir sind nicht verlobt, und eine Verlobung ist auch nicht geplant." Am 29. Mai gab der Palast dann doch die Verlobung bekannt; Mark hatte im April bei den *Badminton Horse Trials*, einem dreitägigen Wettbewerb im Vielseitigkeitsreiten, um ihre Hand angehalten. Anne wünschte sich eine ruhige Hochzeit, aber als sie am Morgen des 14. Novembers 1973 in der „gläsernen Kutsche" zur Westminster Abbey fuhr, warteten 1800 Gäste auf sie, und 500 Mio. Menschen saßen vor den Fernsehgeräten.

### Entführungsversuch

Am 20. März 1974 kam es zu einem dramatischen Versuch, die Prinzessin zu entführen. Vier Menschen, darunter auch Personenschützer, wurden von dem bewaffneten Einzeltäter Ian Ball niedergeschossen, der anschließend versuchte, Anne auf der Prachtstraße The Mall in der Nähe des Buckingham Palace aus dem Auto zu ziehen. Den offiziellen Ermittlungen zufolge „trat Ball an ihr Auto, richtete eine Waffe auf Princess Anne und sagte, ‚ich will, dass Sie mitkommen ..., weil ich 2 Mio. Pfund haben will. Werden Sie aussteigen?'" Die Prinzessin erwiderte: „Verdammt unwahrscheinlich, und ich habe auch keine 2 Mio. Pfund." Der Wortwechsel ging noch eine Weile weiter. „Es hat mich so wütend gemacht", sagte die Prinzessin. „Ich hätte beinahe die Geduld mit ihm verloren, aber ich wusste, dass ich ihn dann geohrfeigt und er mich vielleicht erschossen hätte." Passanten und die Polizei griffen ein, und der Entführungsversuch wurde vereitelt. Bei der Vernehmung nach seiner Festnahme sagte Ball zur Polizei: „Ein Gutes hat die Sache: Sie wissen jetzt, dass Sie sie besser schützen müssen."

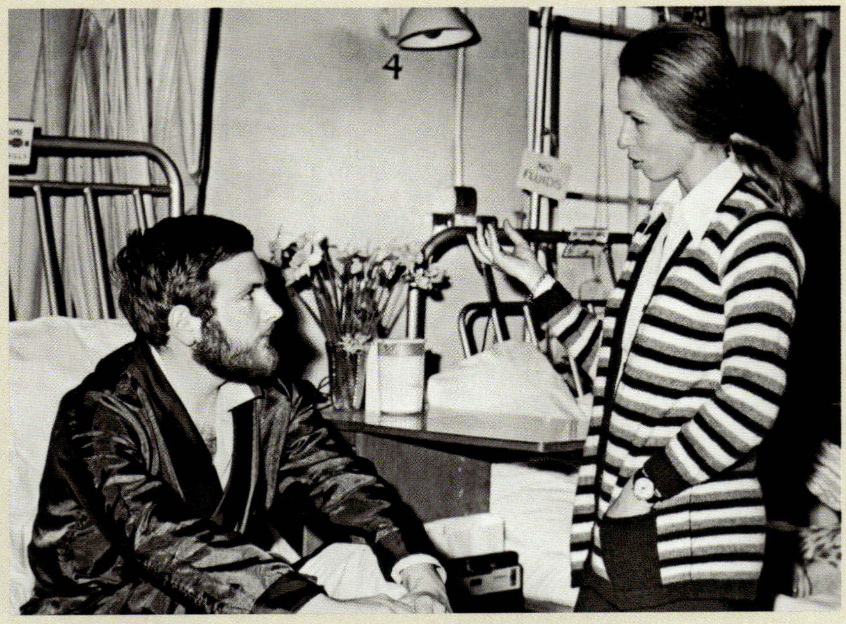

**Personenschützer**
Anne besucht den Polizeibeamten Michael Hills im St George's Hospital in London. Er erlitt bei der Vereitelung des Entführungsversuchs einen Bauchschuss.

### Keine Titel für die Kinder

Princess Anne und ihr Mann bekamen zwei Kinder. Peter Mark Andrew Phillips kam am 15. November 1977 im St Mary's Hospital in Paddington zur Welt und wurde vom Erzbischof von Canterbury am 22. Dezember 1977 im Musikzimmer des Buckingham Palace getauft. Zara Anne Elizabeth Phillips wurde am 15. Mai 1981 ebenfalls im St Mary's Hospital geboren. Sie wurde am 27. Juli 1981 in Windsor Castle vom Dekan von Windsor getauft. Zara trat mit einer höchst erfolgreichen Reiterkarriere in die Fußstapfen ihrer Mutter. 2005 gewann sie als Vielseitigkeitsreiterin die Europameistertitel im Einzelwettbewerb und mit der britischen Mannschaft, 2006 wurde sie Einzelweltmeisterin und gewann die Silbermedaille mit der Mannschaft.

***Save the Children***
Princess Anne beim Start einer Internationalen Kampagne von *Save the Children*. Zweck der Kampagne war es, die Aufmerksamkeit auf die Sterblichkeitsrate von Kindern unter fünf Jahren zu lenken.

Am 13. Juni 1987 verlieh die Königin Anne den Titel Princess Royal, den traditionell die älteste Tochter des Monarchen erhält. Als ihre Kinder geboren wurden, beschloss Anne jedoch, sie nicht mit Titeln zu belasten, sodass Peter Phillips der erste Enkel eines Monarchen ist, der keinen Titel trägt.

„[Ich] entspreche **nicht der gängigen Vorstellung** von einer Märchenprinzessin.“

PRINCESS ANNE

**Zweiter Anlauf**

Im April 1992 wurde Annes erste Ehe geschieden, und im Dezember heiratete sie Timothy Laurence, der inzwischen Vizeadmiral der Royal Navy ist, in einer privaten Zeremonie in der Crathie Church (S. 76–77) in der Nähe von Balmoral Castle in Schottland. Da die *Church of England* die Wiederverheiratung Geschiedener untersagt, erfolgte Annes zweite Eheschließung unter dem Schutz der *Church of Scotland*. Anne war seit Henry VIII. das erste Mitglied der Königsfamilie, das sich scheiden ließ und wieder heiratete.

Prächtig im Pelz

Auf diesem Foto, das Norman Parkinson 1973 für die Zeitschrift *Vogue* aufnahm, trägt Anne einen weißen Pelz und das Festoon-Diadem, ein Geschenk der *World Wide Shipping Group.*

**CHRONIK**

- **15. August 1950** Anne wird in Clarence House in London geboren und am 21. Oktober im Buckingham Palace auf den Namen Anne Elizabeth Alice Louise getauft.
- **1962** Sie hat im Urlaub Streit mit französischen Paparazzi, dieser Vorfall markiert den Beginn ihres distanzierten Verhältnisses zu den Medien.
- **1963** Internatsschülerin der Benenden School in Kent
- **1967** Ihre erste Teilnahme an der Parlamentseröffnung
- **1968** Sie begegnet Leutnant Mark Phillips von den *Queen's Dragoon Guards* auf einer Party anlässlich der britischen Goldmedaille im Vielseitigkeitsreiten bei den Olympischen Spielen in Mexiko.
- **Mai 1969** Sie begleitet die Königin und den Duke of Edinburgh nach Österreich, es ist ihr erster Staatsbesuch.
- **21. Juni 1969** Die Dokumentation *Royal Family* wird ausgestrahlt, Princess Anne hat viele Vorbehalte.
- **1970** Präsidentschaft der Organisation *Save the Children*
- **4. September 1971** Sie gewinnt den Einzeltitel in der Europameisterschaft im Vielseitigkeitsreiten und wird von der BBC zur Sportlerin des Jahres gewählt.
- **29. Mai 1973** Der Buckingham Palace gibt Annes Verlobung mit Mark Phillips bekannt.
- **14. November 1973** Eheschließung mit Mark Phillips bei der „Hochzeit des Jahrzehnts“
- **20. März 1974** Ian Ball versucht, die Prinzessin zu entführen, dabei schießt er vier Menschen nieder.
- **1975** Sie gewinnt sowohl einzeln als auch mit der Mannschaft die Silbermedaille bei der Europameisterschaft im Vielseitigkeitsreiten.
- **Juli 1976** Sie nimmt als Mitglied des britischen Reiterteams an den Olympischen Spielen in Montreal teil.
- **15. November 1977** Geburt von Peter Phillips
- **15. Mai 1981** Geburt von Zara Phillips
- **13. Juni 1987** Die Königin ernennt Anne zur Princess Royal.
- **1989** Anne gibt die Trennung von Mark Phillips bekannt.
- **April 1992** Scheidung von Mark Phillips

DIE HOCHZEIT VON ANNE UND TIMOTHY LAURENCE

- **12. Dezember 1992** Anne heiratet den Marineoffizier Timothy Laurence.
- **17. Mai 2008** Peter Phillips heiratet Autumn Kelly.
- **30. Juli 2011** Zara Phillips heiratet den englischen Rugbyspieler Mike Tindall.

WICHTIGES EREIGNIS 1970

# Königlicher Spaziergang

**Heute erscheint es als selbstverständlich, dass zu jedem königlichen Besuch eine Begegnung mit einer winkenden Menschenmenge gehört. Als Elizabeth II. 1970 in Neuseeland erstmals einen solchen „Spaziergang" unternahm, bedeutete dies einen radikalen Bruch mit einer jahrhundertealten Tradition.**

Der Besuch von Elizabeth II. in Neuseeland und Australien 1970 war besonders bemerkenswert, weil dort eine inzwischen etablierte Tradition, der „Spaziergang", erstmals stattfand, bei dem Mitglieder der königlichen Familie einer Menschenmenge persönlich begegnen. Der allererste königliche Spaziergang dürfte jedoch nicht der von Elizabeth gewesen sein, sondern ein Spaziergang ihrer Eltern 1939 in Kanada. Am 21. Mai dieses Jahres bezauberten sie das kanadische Volk, als sie sich nach der Enthüllung des nationalen Kriegerdenkmals in Ottawa unter die Menge aus über 6000 Veteranen mischten und sich eine halbe Stunde mit ihnen unterhielten.

Die offizielle Legende bezüglich Elizabeths Spaziergang in Neuseeland lautet, die Königin habe spontan das Protokoll aufgebrochen, als sie eine Gruppe von Schulkindern sah, die sie begrüßen wollten. Tatsächlich war der Spaziergang sehr wohl geplant. „Das geschah nicht zufällig", gestand William Heseltine, der kurz zuvor zum neuen Pressesprecher der Königin ernannt worden war. „Wir haben überlegt, wie wir den Besuch anders gestalten können, damit er keine Wiederholung des enttäuschenden Besuchs von 1963 wird. Es entstand die Idee eines engeren Kontakts zur Bevölkerung, wenn auch die meisten kaum mehr als ein Winken oder Lächeln erhaschen würden, und nicht nur zu Bürgermeistern, Stadträten und Politikern." Zurück in England unternahm die Königin ihren ersten Spaziergang in Coventry, und er war ein Riesenerfolg. Eine neue königliche Tradition war geboren, die schon bald von Politikern nachgeahmt wurde.

„Das Wichtigste war, dem Kind einen Namen zu geben – **‚der Spaziergang'** ..., das verlieh ihm eine **romantische Aura** ..."

**WILLIAM HESELTINE,** PRESSESPRECHER DER KÖNIGIN

**Bruch mit den Traditionen**
Ihre typische Handtasche am Arm, unternimmt die Königin 1970 in Neuseeland inmitten einer Menge von Schulkindern ihren „Spaziergang". Sie trägt Kleidung in kräftigen Farben, denn sie war immer der Meinung, es gehöre zu ihrer Rolle, sichtbar zu sein.

**Cool im Kilt**

Das Porträt der königlichen Familie, aufgenommen 1972 während ihres alljährlichen Sommerurlaubs in Balmoral, gehört zu einer Serie zur Silbernen Hochzeit der Königin und des Duke of Edinburgh.

**FRÜHER**

**1976 verbrachte Charles nach einer Ausbildung zum Kapitänleutnant am Royal Naval College in Greenwich beinahe zehn Monate auf dem Minensuchboot *HMS Bronington*.**

**ABSCHIED VOM MILITÄRSDIENST**
Im Dezember **schied Charles aus dem aktiven Militärdienst aus,** wurde aber dennoch **weiterhin** in allen drei Waffengattungen der Streitkräfte **befördert**. 2012 war er Flottenadmiral der Marine, Feldmarschall der Armee und Marschall der Luftwaffe.

**IM DIENST AUF DER *HMS BRONINGTON***

# Der ***Prince's Trust***

**Anfang der 1970er-Jahre sah ein junger idealistischer Prinz die Gelegenheit, im Leben junger Menschen, die weniger privilegiert waren als er, entscheidend und nachhaltig etwas zu verändern. Er gründete die Stiftung *The Prince's Trust*, die noch 40 Jahre später Leben verändert.**

Im Jahr 1972 fesselte Prince Charles ein Rundfunkbeitrag: Auf BBC Radio 4 kam in der Sendung *Today* ein Interview mit George Pratt, einem Bewährungshelfer in London, der über die Arbeit mit Jugendlichen in Schwierigkeiten sprach. Prince Charles war überzeugt, es sei seine Pflicht, diesen Benachteiligten zu helfen. Er empfand große Sympathie für Menschen seiner Generation, denen es an Unterstützung und Selbstvertrauen mangelte.

## Enthusiastisch und idealistisch

Kurz nach der Radiosendung erhielt Pratt einen Anruf vom Privatsekretär des Prinzen, der um einen Gesprächstermin bat. Pratt erinnerte sich später an die „Begegnung mit diesem jungen, enthusiastischen und idealistischen Menschen". Charles sagte ihm, er wolle auch solchen jungen Leuten helfen.

Damals diente der Prinz noch in der Marine. Er begann, sich zu engagieren, wobei alles über Pratt lief, der die Förderanträge ausgab. Diese Anträge wurden dem Prinzen mit der Diplomatenpost jeweils dorthin geschickt, wo er gerade stationiert war. Charles las praktisch jeden Antrag und zahlte über Pratt anonym kleine Bargeldbeträge aus und organisierte Betriebsmittel. So half er etwa einer Gruppe junger Straftäter, im Peak District in Derbyshire eine Campingtour zu unternehmen. Charles zahlte ihre Bahntickets und schickte eine „Camping"-Ausrüstung, die er bei den Streitkräften ausgeliehen hatte.

## Die Stiftung wird geboren

Charles blieb zunächst inkognito. Schließlich wurde er ermutigt, aus dem Schatten zu treten, indem man ihm erklärte, seine öffentliche Beteiligung würde dazu beitragen, den Bekanntheitsgrad des Vorhabens zu erhöhen. Daher gründete Charles im Dezember 1976 den *Prince's Trust*. 2013 erklärte Charles: „Die Überzeugung, dass jeder junge Mensch eine Chance verdient, brachte mich dazu, 1976 den *Prince's Trust* zu gründen." Die Stiftung begann mit

Träume wahr machen
Prince Charles posiert während eines Besuchs im *Surrey County Cricket Club* mit jungen Leuten für ein Foto. Sie nehmen an Aktivitäten des *Prince's Trust* teil. Die Stiftung hilft pro Tag mehr als 100 jungen Menschen.

21 Pilotprojekten überall im Vereinigten Königreich. Einige Beispiele waren die Unterstützung einer 19-jährigen Frau, die im Haggerston Housing Estate im Osten Londons ein Sozialzentrum anbieten wollte; die Unterstützung für zwei Vorbestrafte beim Aufbau eines Angelclubs; Geldmittel zur Anmietung von Schwimmbädern in Cornwall, um junge Rettungsschwimmer auszubilden, und Geld für die Gründung einer Selbsthilfegruppe für Fahrradreparaturen. Seitdem hat sich der *Prince's Trust* großartig entwickelt und ist heute eine der wichtigsten Wohltätigkeitseinrichtungen Großbritanniens. Den Erfolg verdankt er auch Prince Charles' Fähigkeit, Spendenaktionen zu organisieren, wobei er einen Schwerpunkt auf Rockkonzerte legt. 1982 veranstaltete die Stiftung ihr erstes Benefizkonzert mit Status Quo. Im selben Jahr fand die erste Rockgala des *Prince's Trust* im

**750 000 jungen Menschen hat der *Prince's Trust* seit 1976 direkt geholfen.**

Dominion Theatre an der Tottenham Court Road in London statt. Dabei traten Madness, Joan Armatrading, Phil Collins, Kate Bush und Pete Townshend auf. 1996 veranstaltete die Stiftung ein riesiges Rockkonzert im Hyde Park, das Erste, das dort seit über 20 Jahren wieder zugelassen wurde.

## Meilensteine

1983 wurde mit dem Geschäftsgründerprogramm für arbeitslose junge Menschen eine wichtige Plattform der Stiftung installiert. Damit wollte man jungen Menschen helfen, ihr Geschäftsmodell auszuarbeiten und das Startkapital für ihr Unternehmen zusammen-

WICHTIGES EREIGNIS

**VERPASSTE GELEGENHEIT?**

Im Jahr 2010 beschäftigten sich leitende Funktionäre in Clarence House, der Residenz des Prinzen, von wo aus viele verschiedene Wohltätigkeitsaktivitäten betreut werden, mit einer umfangreichen Neuorganisation der Stiftung. In erster Linie sollten in einem sanierten Eisenbahngebäude in London die verschiedenen Büros unter einem Dach zusammengefasst werden. Annähernd 200 000 £ hatte man bereits in Planungen investiert und ein Angebot für die Immobilie abgegeben, aber letztlich wurde der Plan nicht umgesetzt. Der Journalistin Catherine Mayer zufolge lag dies an „internen Konflikten [in Clarence House], die den bereits ziemlich fortgeschrittenen Plan scheitern ließen."

Prince's Trust

Drei Federn

Das Logo des *Prince's Trust* stützt sich auf das heraldische Zeichen des Prince of Wales. Die drei Straußenfedern zierten den Schild des „Schwarzen Prinzen", Edward of Woodstock, im 14. Jh.

zubringen. Innerhalb von drei Jahren waren 1000 dieser Unternehmen auf dem Markt, und 80 % überlebten das erste Geschäftsjahr, verglichen mit normalen Firmenneugründungen eine hohe Erfolgsrate. Seit Einführung des Startup-Programms hat der *Prince's Trust* über 80 000 jungen Menschen zu einer Beschäftigung verholfen. 1998 kamen zum 50. Geburtstag des Prinzen 40 Mio. £ zusammen. Diese Summe wurde von der Regierung auf 80 Mio. £

> „Jeder junge Mensch **verdient** eine **Erfolgschance,** unabhängig von seiner Herkunft ..."
>
> PRINCE CHARLES, 2013

verdoppelt. 1999 brachte eine Neuorganisation verschiedene Einrichtungen der Stiftung unter die Dachorganisation des *Prince's Trust,* und die Königin gewährte eine *Royal Charter*, eine „königliche Satzung", was als Gütesiegel für eine stabile und erfolgreiche Institution gilt. 2000 änderte sich die Organisationsstruktur der Stiftung, für jede Region wurde ein Direktor mit einem Führungsgremium eingesetzt. 2001 erreichte die Gesamtzahl junger Menschen, denen die Stiftung in irgendeiner Form geholfen hatte, 400 000, und im Jahr 2003 wurde die 10 000. Bargeldleistung bewilligt.

## Für junge Menschen eintreten

Das Engagement des Prinzen wirkt sich auf die Arbeit der Stiftung spürbar aus. Die Geschäftsfühererin Martina Milburn erklärt: „Ich bin mit ihm in Gefängnissen gewesen, habe mit ihm Problemviertel besucht und in Klassenzimmern gesessen, wo er sich mit jungen Leuten unterhalten hat. Es ist ihm ein echtes Anliegen, in ihrem Leben etwas zu bewirken. Man spricht mit jungen Menschen, und irgendwie verstehen sie es, weil er die Person ist, die sich in den letzten 37 Jahren kontinuierlich für sie eingesetzt hat." Charles selbst meint: „Man sieht, dass es möglich ist, eine Wende im Leben junger Menschen zu bewirken und ihnen Selbstvertrauen, Selbstwertgefühl und Selbstachtung zu geben."

## Erfolgsgeschichten

Einzelne Erfolgsstorys ragen ganz besonders heraus. Arnold Sebutinde kam mit 22 Jahren ins Gefängnis und sah sich bei seiner Entlassung vielen Problemen gegenüber. Er erinnert sich: „Ich hatte im Fernsehen einen Bericht gesehen, wie die Stiftung junge Leute unterstützt, aber ich hatte Sorge, sie würden mich bei meinem Vorstrafenregister abweisen. Aber sie nahmen mich in ihr Unternehmerprogramm auf." Seminare, ein Kredit und ein Geschäftsberater halfen ihm, eine erfolgreiche Firma zu gründen, in der er aus seinem künstlerischen Talent profitieren konnte. „Die Stiftung war in einer Zeit für mich da, als ich es am meisten brauchte, und hat mir viele Türen geöffnet." Arnold wurde inzwischen als Stiftungsbotschafter nach Clarence House eingeladen und meint: „Ich bin von einem Burschen, dem die meisten lieber nicht auf der Straße begegnet wären, zu einem Gast in einem unserer vornehmsten Häuser geworden. Ich bin der Beweis dafür, dass man es mit Hilfe schaffen kann, vom Rand der Gesellschaft wieder in die Mitte zu kommen. Das hat mir der *Prince's Trust* ermöglicht." Ein prominenterer Ehemaliger der Stiftung ist Hollywoodstar Idris Elba, der die Schauspielschule nur dank der Unterstützung des *Prince's Trust* besuchen konnte. „Das verdanke ich dem *Prince's Trust*", sagt er. „Diese Erfahrung hat mein Leben verändert und mich gelehrt, wie wichtig Wohltätigkeit ist – für andere da zu sein, wenn sie es am dringendsten brauchen."

Investition in die Zukunft

Prince Charles sprach bei der Stiftungsgala im Februar 2013 zum Thema „Investition in die Zukunft". 2007 wurde von der Stiftung ein Kredit von 20 Mio. £ für den Kauf von Dumfries House in Ayrshire gewährt, um es für die Öffentlichkeit zu öffnen; bis 2012 wurde der Kredit zurückgezahlt.

SPÄTER

**Zum 30. Geburtstag der Stiftung 2006 fand im Tower in London ein besonderes Geburtstagskonzert statt. Außerdem wurde mit *The Prince of Wales: Up Close* eine Dokumentation gezeigt, und es gab eine dreistündige Livesendung im Fernsehen, die Interviews mit allen drei Prinzen beinhaltete, Prince Charles, Prince William und Prince Harry.**

**TECHNIKAFFIN**

Das **Zeitalter der Social Media** schaltete der *Prince's Trust* 2009 seine **Website** frei, die im selben Jahr über 5 Mio. Aufrufe verzeichnete, zudem betreibt er ein **Twitter-Account**.

**ERFOLGSBILANZ**

Im Jahr ihrer Einführung 1976 gewährte die Stiftung **Leistungen in Höhe von 7417 £.** 1977 war der Betrag auf **30 000 £ jährlich gestiegen** und 2013 auf **47 Mio. £ jährlich,** wobei zwei Drittel dieser Summe aus Spenden und Benefizveranstaltungen stammten. Dieses Geld hat auf die jungen Leute, die vom *Prince's Trust* unterstützt werden, gewaltige Auswirkungen. Seit 1976 hat die Stiftung **750 000 jungen Menschen geholfen,** und täglich kommen über 100 dazu. 2014 beispielsweise unterstützte die Stiftung 58 000 gefährdete junge Menschen im Vereinigten Königreich.

# Silbernes Thronjubiläum

**Dem Volk begegnen**
Die Königin auf einem königlichen Spaziergang in Camberwell, im Süden Londons. Sie grüßt im Juni 1977, im Jahr ihres Silbernen Thronjubiläums, junge und alte Gratulanten, von denen einige Fähnchen schwenken.

**Genau wie ihre Krönung 1953 bot das Silberne Thronjubiläum der Königin dem Land die Gelegenheit, düstere Schlagzeilen zu vergessen und einen nationalen Feiertag mit Straßenfesten im ganzen Land zu begehen.**

## FRÜHER

**Bereits fünf Jahre vor dem Silbernen Thronjubiläum hatten Queen Elizabeth II. und Prince Philip ihre Silberne Hochzeit gefeiert.**

**SILBERNE HOCHZEIT**
**Zum Gedenken** an die Silberne Hochzeit der Königin mit Prince Philip wurde eine **25-Pence-Sondermünze** geprägt, und in der Westminster Abbey fand ein **Dankgottesdienst** statt. In ihrer Weihnachtsbotschaft in diesem Jahr sprach die Königin davon, „dass ihre gesamte Familie tief berührt war von der Zuneigung, die wir anlässlich unserer Silbernen Hochzeit erfahren durften".

Zu Regierungsbeginn der Königin herrschte die Zeit der Rationierung, ein bitterkalter Winter und eine düstere Wirtschaftslage. Nun lag der „Winter der Unzufriedenheit" nur wenige Jahre zurück, und Großbritannien war gebeutelt von Rezession und inneren Unruhen. Angesichts der bevorstehenden Volksentscheide zur Dezentralisierung war sogar ein Zerbrechen der Union möglich. Es gab Streiks, die Ölkrise, die Dreitage-Woche, eine galoppierende Inflation und Massenarbeitslosigkeit. Die wirtschaftlichen Schwierigkeiten des Vereinten Königreichs waren nach der Abwertung des Pfunds so groß, dass es einen Kredit vom Internationalen Währungsfonds benötigte. So wie seinerzeit die Krönung wurde das Silberne Jubiläum als eine Chance gesehen, das Land von der Misere abzulenken.

### Hauptthema Einheit

Die Feierlichkeiten begannen am 6. Februar 1977, dem Jahrestag der Thronbesteigung. Palast und Regierung hatten für das Jubiläumsjahr Veranstaltungen und Reisen geplant. Die Königin erklärte die Einheit zum Hauptthema des Jubiläums und wollte von möglichst vielen ihrer Untertanen im Vereinigten Königreich und im Commonwealth gesehen werden. Am 10. Februar startete sie zu einer Weltreise, die auf den Fidschi-Inseln begann. Am 4. Mai erhielt die Königin von beiden Häusern des Parlaments eine Loyalitätsadresse. In ihrer freimütigen, von Herzen kommenden – und nicht unumstrittenen – Antwort ließ sie die Meinung ihrer Berater außer Acht, sie solle es vermeiden, den möglichen Zusammenbruch der Union zu thematisieren. Direkt auf diejenigen

**Gedenkmünze**
Die Münze trägt weder Inschrift noch Datum. Zum Jubiläum wurden viele dieser Münzen herausgegeben, die trotz ihrer Größe nur einen Nennwert von 25 Pence haben.

# „Die **jubelnde Menge** stand für ... all die Menschen, die uns begrüßten, **wo immer wir** im Jubiläumsjahr auch **hinkamen**.“

QUEEN ELIZABETH II., WEIHNACHTSBOTSCHAFT, 1977

Bezug nehmend, die für dezentralisierte Nationalversammlungen agitierten, schrieb sie beiden Häusern des Parlaments: „Ich zähle Könige und Königinnen von England und Schottland und Fürsten von Wales zu meinen Vorfahren und kann diese Bestrebungen daher durchaus verstehen. Ich kann jedoch nicht vergessen, dass ich zur Königin des Vereinten Königreichs Großbritannien und Nordirlands gekrönt wurde. Vielleicht ist dieses Jubiläum der richtige Zeitpunkt, an die Vorteile zu erinnern, welche die Union für die Bewohner aller Teile des Vereinigten Königreichs gebracht hat, sowohl im Inneren als auch bezüglich unserer internationalen Beziehungen.“

## Inlandsreisen

Um zu demonstrieren, dass sie die „Königin des gesamten Vereinigten Königreichs“ ist, begab sie sich am 17. Mai auf insgesamt sechs Reisen innerhalb von drei Monaten, bei denen sie unzählige Orte, auch in Schottland und Nordirland, besuchte und 11 200 km zurücklegte. Kein anderer britischer Monarch besuchte jemals so viele Landesteile in so kurzer Zeit. Die Königin reiste durch 36 Grafschaften, beginnend in Glasgow. Überall zog sie die Massen an. In Lancashire kamen an einem einzigen Tag über 1 Mio. Menschen, um sie zu sehen.

## Entzündet die Leuchtfeuer!

Der Höhepunkt des Jubiläumsjahrs war der 7. Juni, der zum Feiertag erklärt wurde. Eine prächtige Prozession führte zum Dankgottesdienst in der St Paul's Cathedral. Als Reminiszenz an die Leuchtfeuer, die zu Zeiten von Elizabeth I. vor der Ankunft der spanischen Armada warnten, entzündete die Königin am Vortag ein riesiges Signalfeuer im Windsor Great Park, auf das 100 weitere folgten, die von Land's End bis zu den Shetland-Inseln loderten, viele an der Stelle der ursprünglichen Leuchtfeuer. Am 7. Juni sahen über 1 Mio. Menschen zu, wie die königliche Familie zur St Paul's Cathedral zog. Am Dankgottesdienst nahmen internationale Staatschefs sowie der damalige und viele frühere Premierminister von Großbritannien teil. Der Gottesdienst begann mit einem Arrangement des Chorals *All People That on Earth Do Dwell* von Ralph Vaughan Williams, der auch zur Krönung der Königin 1953 gesungen worden war. Beim Mittagessen im Londoner Guildhall-Gebäude hielt die Königin eine weitere persönliche Rede. Darin bedankte sie sich bei „all jenen in Großbritannien und im Commonwealth, die mir durch ihre Loyalität und Freundschaft in den letzten 25 Jahren Kraft und Mut gegeben haben“ und auch „bei den vielen Tausend, die mir zu meinem Silbernen Thronjubiläum gratuliert und gute Wünsche für die Zukunft ausgesprochen haben“. Während Tausende auf den Straßen feierten, fuhr die Königin fort: „Herr Oberbürgermeister, als ich 21 Jahre alt war, gelobte ich, mein Leben in den Dienst unseres Volkes zu stellen, und bat um Gottes Hilfe bei der Erfüllung dieses Schwurs. Auch wenn ich dieses Gelübde in meinen unschuldigen Jugendtagen abgelegt habe, als meine Urteilsfähigkeit noch unreif war, bedauere ich kein Wort davon und ziehe auch keines zurück.“ Später zeigte sich die königliche Familie auf dem Balkon und wurde von der Menschenmenge bejubelt.

**Goldene Meilen**
Die goldene Staatskutsche passiert auf dem Weg zur St Paul's Cathedral, wo der Dankgottesdienst zum Silbernen Thronjubiläum stattfand, den Buckingham Palace und Mitglieder der *Queen's Guard*.

**Eine Familienangelegenheit**
Die Königin mit der Familie auf dem Balkon des Buckingham Palace am 7. Juni 1977. Beim Diamantenen Jubiläum 35 Jahre später bestand Prince Charles darauf, dass nur ein Teil der Familie auf dem Balkon erscheint.

**Jubiläumsgottesdienst**
Queen Elizabeth II. und Prince Philip feiern mit Mitgliedern der königlichen Familie und weiteren 2700 Gästen den Dankgottesdienst in der St Paul's Cathedral.

## Anarchie auf der Themse

Nicht alle Briten waren in Feierlaune. Die *Sex Pistols*, die mit ihrem Anarcho-Punkrock und ihrem Kultsong gegen das Establishment *God Save the Queen* anstießen, wurden im Rundfunk nicht gespielt. Ihr Manager Malcom Mclaren entwickelte daher die Idee, ein Stück „situationistischer“ Performance mit einem Werbegag zu kombinieren, und mietete mit Richard Branson ein Schiff. Bransons Plattenlabel *Virgin* hatte sich bereit erklärt, die *Sex Pistols* herauszubringen. Nun versuchten die Punkrocker, die Feier zu stören, indem sie die Themse befuhren und dabei ihr Lied spielten. Schließlich mussten sie anlegen und wurden festgenommen.

## Anhaltende Feierlichkeiten

Am 9. Juni folgte eine abschließende Bootsprozession auf der Themse von Greenwich bis Lambeth. In Lambeth eröffnete die Königin den *Silver Jubilee Walkway* und die neuen *South Bank Jubilee Gardens*, und nach einem Feuerwerk fuhr sie in der Kutsche zurück zum Buckingham Palace, wo sie sich noch mehrmals auf dem Balkon zeigte. Bald danach besuchte die Königin das Tennisturnier in Wimbledon, und viele schreiben es ihrer inspirierenden Anwesenheit zu, dass sich die Britin Virginia Wade den Einzeltitel holte.

## SPÄTER

**Die außergewöhnlichen Ereignisse in London Anfang Juni bedeuteten noch nicht das Ende der Jubiläumsveranstaltungen. Nach den Feierlichkeiten im Vereinigten Königreich war die Königin schon bald wieder unterwegs in Kanada, wo sie das Parlament eröffnete, anschließend reiste sie weiter in die Karibik.**

**EIN BESONDERES JAHR**
Die **Gesamtstrecke,** die von der Königin im Jubiläumsjahr zurückgelegt wurde, wird auf **89 600 km** geschätzt. Das vielleicht schönste Ereignis dieses besonderen Jahres war ein Anruf ihrer Tochter Anne am 15. November, als sie ihrer Mutter, die auf dem Weg zu einer Amtseinsetzung war, mitteilte, sie sei soeben **zum ersten Mal Großmutter** geworden **S. 206–207 ››**.

1930–2002

# Princess Margaret

## „Das **schwarze Schaf,** wenn Sie so wollen.“

**LORD CHARTERIS,** PRIVATSEKRETÄR VON ELIZABETH II.

Margaret Rose of York wurde im August 1930 in Schottland geboren. Im Oktober desselben Jahres wurde sie in der Privatkapelle des Buckingham Palace getauft. Ihr Onkel David, der Prince of Wales, übernahm das Patenamt. Princess Margaret wurde als flatterhaft und kapriziös charakterisiert (S. 40–41). Ihre Großmutter, die Königinwitwe Mary, erzählte während des Zweiten Weltkriegs einer Freundin, Margaret sei „so unglaublich unterhaltsam, dass man gar nicht anders könne, als sie zu ermuntern“.

Ihr öffentliches Leben begann Margaret mit 18 Jahren, als sie Schirmherrin von über 30 karitativen Einrichtungen und Berufsverbänden wurde. Dies umfasste Organisationen wie die *Girl Guides Association*, den English *Folk Dance and Song Club*, die *Winnipeg Art Gallery* und die *National Society for the Prevention of Cruelty to Children*. Die Prinzessin begeisterte sich für Musik und Ballett, 1957 wurde sie die erste Präsidentin des *Royal Ballet* und übernahm auch den Vorsitz der *Sadler's Wells Foundation*. Ihr Einsatz im Rahmen dieser königlichen Pflichten wurde jedoch häufig von den Komplikationen ihres Privatlebens überschattet, und mit zunehmendem Alter geriet sie verstärkt in den Fokus der Medien.

## „Sie war wie ein **Spielzeug** …, **herzlich und ausdrucksvoll,** zum Hätscheln und Spielen gemacht.“

**MARION CRAWFORD,** GOUVERNANTE, BESCHREIBUNG VON MARGARET ALS KIND

**Ballkönigin**
Margaret besucht 1958 eine Filmpremiere im *Odeon Theatre* am Leicester Square in London. Sie galt in der Gesellschaft als Schönheit.

### Königliche Seifenoper

Margarets quälendes, einsames und dabei sehr öffentliches Dilemma, ob sie die Liebe zu dem „unpassenden“ Oberst Peter Townsend über ihren königlichen Status stellen sollte, beherrschte in den 1950er-Jahren die Schlagzeilen. Das Glück schien für die Prinzessin in greifbarer Nähe, als sie eine Beziehung mit dem Fotografen Antony Armstrong-Jones einging. Sie heirateten 1960, und Armstrong-Jones wurde ein Jahr später von der Königin zum Earl of Snowdon erhoben. Das Paar bekam zwei Kinder: David wurde am 3. November 1961 geboren und Sarah am 1. Mai 1964. Die Ehe hatte keine gute Basis. Margaret hatte Armstrong-Jones' Antrag vermutlich angenommen, weil sie einen Tag zuvor erfahren hatte, dass Peter Townsend heiraten würde. Margaret und Armstrong-Jones waren jedoch in den *Swinging Sixties* ein glamouröses Paar. Sie trafen sich sowohl mit Aristokraten als auch mit Rockstars, und man rühmte sie dafür, soziale Schranken einzureißen. Leider begann es in der Ehe ab Anfang der 1970er-Jahre zu kriseln, da beide Partner im Verdacht häufiger Affären standen. Das Paar trennte sich 1976, die Ehe wurde 1978 offiziell geschieden. Es war die erste Scheidung eines ranghohen Mitglieds der Königsfamilie seit der von Princess Victoria Melita von Sachsen-Coburg und Gotha im Jahr 1901.

### Das schwarze Schaf

Bereits 1974 war Margaret eine Beziehung mit dem 17 Jahre jüngeren Sir Roderic Llewellyn eingegangen, einem Spezialisten für Landschaftsgestaltung.

**Rocker**
Margaret mochte ungewöhnliche Begegnungen. Hier genießt sie im Dezember 1976 in der Karibik ein Essen mit Mick Jagger von den *Rolling Stones*.

Als die Affäre nach und nach an die Öffentlichkeit drang, begann Margaret, exzessiv zu trinken, und verschwand für zunehmend längere Aufenthalte in ihrem Ferienhaus auf der Karibikinsel Mustique. Ihre Vorliebe für die Karibik kann bis zu ihrer königlichen Reise dorthin im Februar 1955 zurückverfolgt werden, wo sie einen Calypso inspirierte, in dem es hieß: „Lovin' sister of Queen Lilibet, is the Princess Margaret! Like to dance, like to sing, like to try anything!“ (Die liebevolle Schwester von Queen Lilibet heißt Prinzessin Margaret! Sie tanzt gerne, sie singt gerne, sie probiert gerne alles aus!) In den 1970er-Jahren hatte sich die öffentliche Meinung jedoch gegen die Prinzessin gewandt, es wurden Forderungen laut, sie von der *Civil List* zu streichen, wo die Personen aufgeführt sind, die von der Regierung Geld erhalten. Man sah sie

**Glücklicher Schein**
Margaret und Antony Armstrong-Jones posieren mit ihren Kindern für ein Familienfoto. Zu diesem Zeitpunkt gab es bereits starke Spannungen in der Ehe.

als „königlichen Parasiten“. „Zu den Aufgaben der königlichen Familie gehört es in den Augen der Leute, dass sie sozusagen die Fortsetzung von *Peyton Place* liefern“, erklärte Sir Martin Charteris, ein ehemaliger Privatsekretär der Königin, und bezog sich damit auf eine Seifenoper voller Sex, Geheimnisse und Familienintrigen. „Und in diesen Geschichten gibt es natürlich

„ In unserer Kindheit machte man aus meiner **Schwester die Gute.** Da das langweilig war, versuchte die Presse, aus mir die **Ausgeburt der Hölle** zu machen.“

PRINCESS MARGARET

immer jemanden, der sich danebenbenimmt ..., das schwarze Schaf, wenn Sie so wollen.“

## Verfall und Ende

In späteren Jahren forderten das exzessive Trinken und Rauchen ihren gesundheitlichen Tribut. Während ihres Urlaubs 1998 auf Mustique erlitt die Prinzessin einen Schlaganfall, auf den 2001 weitere Schlaganfälle mit schweren Konsequenzen folgten. Sie litt unter eingeschränkter Mobilität, einer partiellen Gesichtslähmung und war weitgehend erblindet. Im Februar 2002 starb sie schließlich im Beisein ihrer beiden Kinder. Unter den Würdigungen anlässlich ihres Todes waren Worte des Papstes, der hoffte, „die Prinzessin werde im Tod den Frieden finden, der ihr im Leben so oft gefehlt hatte“. Einer ihrer ältesten Freunde, Lord St John of Fawsley, meinte: „Nach einem turbulenten Leben war sie vor ein paar Jahren in einen ruhigen Hafen gelangt und hatte Glück und Gelassenheit gefunden, bis diese grausame Krankheit sie niederstreckte.“

**Stilikone**
Margaret hat Modeschöpfer wie Vivienne Westwood und Christopher Bailey inspiriert, dessen Frühjahrskollektion 2006 für Burberry von Margarets Look in den 1960er-Jahren inspiriert gewesen sein soll.

**CHRONIK**

- **21. August 1930** Margaret wird in Glamis Castle in Schottland geboren.
- **29. November 1934** Erster öffentlicher Auftritt bei der Hochzeit ihres Onkels, Prince George
- **20. Januar 1936** George V. stirbt, und Edward VIII. besteigt den Thron.
- **11. Dezember 1936** Edward VIII. dankt ab, und Margarets Vater wird König. Margaret erhält den Titel The Princess Margaret.
- **1937** Sie wird Pfadfinderin in der ersten Pfadfindergruppe von Buckingham Palace.
- **1944** Erste Begegnung mit Peter Townsend, einem Kriegshelden der Luftschlacht um England und späteren Stallmeister des Königs
- **8. Mai und 15. August 1945** Sie mischt sich gemeinsam mit ihrer Schwester inkognito unter die Menge, um den *Victory in Europe Day* und den *Victory over Japan Day* zu feiern.
- **31. Januar–11. Mai 1947** Sie reist mit ihren Eltern und ihrer Schwester durch Südafrika, begleitet von Townsend.
- **21. August 1951** Sie feiert ihren 21. Geburtstag mit einer Party in Balmoral.
- **6. Februar 1952** Tod ihres Vaters George VI.
- **1953** Peter Townsend wird 1952 geschieden und hält um Margarets Hand an; ihre Schwester, die Königin, verweigert die Erlaubnis zur Heirat.
- **31. Oktober 1955** Sie verzichtet auf Townsend.
- **1957** Sie wird die erste Präsidentin des *Royal Ballet*.
- **6. Mai 1960** Sie heiratet Antony Armstrong-Jones in der Westminster Abbey.

MARGARET UND ANTONY ARMSTRONG-JONES NACH BEKANNTGABE IHRER VERLOBUNG

- **3. November 1961** Geburt ihres Sohnes David, Viscount Linley
- **1. Mai 1964** Geburt ihrer Tochter Lady Sarah
- **1973** Ihr wird Sir Roderic Llewellyn vorgestellt.
- **1976** In den Medien tauchen Fotos der Prinzessin und Llewellyn auf, die sich im Badekleidung auf Mustique vergnügen.
- **Mai 1978** Die Ehe mit Armstrong-Jones, Earl of Snowdon, wird geschieden.
- **1985** Ein Teil ihres linken Lungenflügels wird entfernt.
- **24. Februar 1998** Sie erleidet auf Mustique einen Schlaganfall.
- **2001** Weitere folgenreiche Schlaganfälle lassen sie teilweise erblinden und schränken ihre Mobilität stark ein.
- **9. Februar 2002** Sie stirbt in einem Krankenhaus in London.

KÖNIGLICHE RESIDENZ

# St James's Palace

**Obgleich im St James's Palace kein Monarch mehr gewohnt hat, seit George III. mit seiner Familie 1762 ins Buckingham House umzog, bleibt er eine offizielle königliche Residenz, in der mehrere Mitglieder der königlichen Familie wohnen. Er wird auch für offizielle Zwecke genutzt.**

St James's Palace wurde im Auftrag von Henry VIII. zwischen 1531 und 1536 anstelle eines Leprahospitals erbaut, das Jakobus (James) dem Jüngeren geweiht war, einem eher unbedeutenden Heiligen. In die Zeit der Erbauung fiel Heinrichs Ehe mit Anne Boleyn, die ineinander verschlungenen Initialen „H" und „A" sind ein häufiges Motiv im Palast und wurden auch in die Kamine gemeißelt.

### Kapelle der Königin

Die Kapelle der Königin im St James's Palace war die Idee von James I., der den Baumeister Inigo Jones mit ihrem Entwurf beauftragte. Die 1626 vollendete Kapelle wurde von Queen Henrietta Maria genutzt, der katholischen Frau von Charles I. King James war es auch, der die Trockenlegung und Landschaftsgestaltung des Palastgeländes in Auftrag gab, das nun St James's Park hieß. Hier wurden Teiche angelegt und exotische Tiere, wie Kamele, Krokodile und ein Elefant, gehalten.

### Religionskonflikt

Die Spannungen zwischen Katholiken und Protestanten verschärften sich, als Charles I. 1638 den St James's Palace seiner Schwiegermutter Maria de' Medici überließ. Sie war nicht nur die ehemalige Königin von Frankreich, dem damaligen Feind, sondern auch Katholikin. Das Parlament missbilligte die Schenkung, und Maria musste den Palast verlassen. Charles I. wurde 1649, während des Englischen Bürgerkriegs, wegen Hochverrats verurteilt. Die Nacht vor seiner Hinrichtung im Whitehall verbrachte er im St James's Palace. Nach Abschaffung der Monarchie verwandelte der Protestant Oliver Cromwell als Lordprotektor von England den Palast in eine Kaserne.

### Die Restaurierung

Nach der Restauration der englischen Monarchie 1660 ließ Charles II. den St James's Palace restaurieren, in dem er geboren worden war. Von den königlichen Gärten inspiriert, die er im Exil in Frankreich gesehen hatte, ließ er die Gärten entlang eines langen Kanals gestalten. Er öffnete den Park für die Öffentlichkeit, der zu einem beliebten Treffpunkt für Liebespaare wurde, zu denen auch Charles und seine Mätresse Nell Gwynn gehörten. 1698 wurde der Palast zum Verwaltungszentrum der Monarchie, nachdem Whitehall Palace einem Feuer zum Opfer gefallen war. Jahre später brachten George I. wie George II. hier ihre Mätressen unter.

### Die Königliche Kapelle

Die Königliche Kapelle im St James's Palace wurde ab 1531 von Henry VIII. erbaut und 1540 für die Hochzeit mit Anna von Kleve genutzt. Seither fand hier eine Reihe königlicher Hochzeiten statt, so auch die von Queen Victoria und George V. Beide Kapellen des Palasts wurden für die Aufbahrung von Mitgliedern der königlichen Familie genutzt. Die Särge der Königinmutter und von Princess Margaret waren in der Kapelle der Königin aufgebahrt, während der Sarg von Diana, Princess of Wales, vor dem Altar der Königlichen Kapelle aufgestellt wurde, damit die Familie und Freunde ihnen im privaten Rahmen die letzte Ehre erweisen konnten. Jeden Sonntag findet in einer der Kapellen ein Gottesdienst statt, beide sind somit weiterhin aktiv genutzte Gotteshäuser. Sie sind die einzigen Teile des Palastes, die für die Öffentlichkeit zugänglich sind.

### Arbeitspalast

St James's Palace wird nicht nur für eine Reihe offizieller Zwecke genutzt, sondern ist auch die Londoner Residenz der Princess Royal und von Princess Alexandra. Außerdem sind verschiedene königliche Büros hier untergebracht.

**Der Palast und die Königliche Kapelle**
Äußerlich entspricht der St James's Palace weitestgehend der Abbildung von 1812 (unten links). In der Königlichen Kapelle fand 2013 die Taufe von Prince George of Cambridge statt (unten rechts).

ST JAMES'S PALACE

KÖNIGLICHE KAPELLE

**Gartenanlage**
Dieser Stich des holländischen Graveurs Johannes Kip (1653–1722) von etwa 1690 zeigt die Anlage der Gärten des St James's Palace mit der förmlichen Gestaltung, den Alleen und einem Wildpark.

# Die **Dekolonisation Afrikas** und der **Karibik**

Der Zauber des Augenblicks
Harold Macmillan bei der „Wind des Wandels"-Rede vor dem südafrikanischen Parlament, in der er sich gegen die Apartheidspolitik des gastgebenden Landes äußerte.

**Im British Empire standen die Zeichen bereits auf Wandel, als Elizabeth den Thron bestieg. Sie gestaltete diese Transformation zur Commonwealth-Familie mit, die sie immer geliebt und gepflegt hat.**

Als Elizabeth aufwuchs, bedeckten die Hoheitsgebiete des British Empire einen großen Teil des Globus. Als sie den Thron bestieg, hatte sich viel verändert, am bemerkenswertesten war die Unabhängigkeit des Indischen Subkontinents. Dennoch reiste sie 1952 um die Welt, ohne ihre eigenen Hoheitsgebiete verlassen zu müssen. Das Empire verwandelte sich in ein Commonwealth der Nationen, das, wie die Königin selbst sagt, „keine Ähnlichkeit mit den Imperien der Vergangenheit hat. Es ist eine völlig neue Begrifflichkeit."

## Eine weltüberspannende Brücke

In den 1950er-Jahren umfasste das einstige Empire das Commonwealth, also Nationen wie Kanada, Australien und Indien, sowie viele andere Gebiete und Protektorate, von denen viele in Afrika und in der Karibik lagen. Das Commonwealth war weitläufig und bevölkerungsreich; es bedeckte ein Viertel der bewohnbaren Erdfläche, und in ihm lebte mehr als ein Viertel der Weltbevölkerung. Ein Großteil war noch nicht unabhängig. Zu den Gebieten, die noch immer britische Kolonien oder Protektorate waren, zählten Nord- und Südrhodesien, Malta, Malaysia, Singapur, Jamaika und die englischsprachige Karibik, Kenia, Nigeria, Uganda, Tanganjika, der Sudan, Njassaland, Sansibar, die Goldküste (Ghana) und Somaliland.

Doch beim Regierungsantritt von Elizabeth II. wurde die Veränderung im Verhältnis zwischen dem Monarchen und früheren und aktuellen britischen Herrschaftsgebieten klargestellt. Die Regierung beschloss, Elizabeths Proklamation bei der Thronbesteigung werde nicht auf die britischen Herrschaftsgebiete oder die Imperiale Krone Bezug nehmen, und sie wurde nicht zur „Königin der britischen Herrschaftsgebiete in überseeischen Ländern" erklärt, sondern zur „Königin ihrer weiteren Gebiete und Territorien". In der Anfangszeit schien das Commonwealth erfolgreich und dynamisch. Im Oktober 1957 ließ sich die Zeitschrift *Reader's Digest* darüber aus, dass die Königin „so stolz ist wie ihre Landsleute, dass Großbritan-

### « FRÜHER

**Das Commonwealth hatte es in gewisser Weise seit 1924 gegeben, die Unabhängigkeit Indiens verlangte jedoch eine Änderung der einstigen Verfassung für das Commonwealth.**

**DIE ERKLÄRUNG VON LONDON**
Die Erklärung von London vom 28. April 1949 bedeutete **die Geburt des modernen Commonwealth.** Die Erklärung, in der die „bevorstehenden Verfassungsänderungen in Indien" anerkannt wurden, besagte: „Demgemäß erklären das Vereinigte Königreich, Kanada, Australien, Neuseeland, Südafrika, Indien, Pakistan und Ceylon hiermit, dass sie als **freie und gleichwertige Mitglieder des Commonwealth of Nations** verbunden bleiben und im Streben nach Frieden, Freiheit und Fortschritt frei und gemeinsam tätig werden."

Der letzte Tanz
Queen Elizabeth II. tanzt mit dem ersten Präsidenten von Ghana, Kwame Nkrumah, auf einem Ball im Abgeordnetenhaus in Accra im November 1961.

nien 500 Mio. Menschen von den Kolonialbindungen befreit hat, jährlich 100 Mio. £ in ihre lokale Wirtschaft investiert und ihnen hilft, ihre Autonomie zu organisieren, während die Kommunisten 100 Mio. Menschen hinter dem Eisernen Vorhang festhalten und so behandeln wie kürzlich Ungarn". 1957 hatte sich der Handel mit den ehemaligen Hoheitsgebieten fast verdoppelt, die lokalen Einkommen in diesen Territorien stiegen um 1200%. Im selben Jahr sagte die Königin in einer Rede vor jungen Menschen des Commonwealth: „Ihr wachst in einer Welt auf, die ebenso viele Möglichkeiten bereithält wie in den Zeiten meiner Vorgängerin, Queen Elizabeth I. Was die Welt nun am meisten braucht, ist eine solide Brücke zwischen Ost und West. Das British Commonwealth ist sicherlich eine solche Brücke."

„Der **Wind des Wandels** bläst ..., **ob uns das gefällt oder nicht** ..., Nationalbewusstsein ist eine politische Tatsache."

**HAROLD MACMILLIAN,** IN EINER REDE VOR DEM SÜDAFRIKANISCHEN PARLAMENT, 1960

## Der Wind des Wandels

In Afrika, zu großen Teilen britischer Herrschaftsbereich und Protektorat, geschahen in der Zeit von Queen Elizabeth II. die massivsten Änderungen. Ab dem Ende der 1950er-Jahre entstanden auf dem Kontinent viele neue, unabhängige Nationalstaaten. Manchmal war der sonst friedliche Wandel begleitet von erbitterten Kämpfen und gewaltsamen Aufständen. 1957 wurde die Goldküste in Westafrika als Republik Ghana unabhängig und trat als erstes afrikanisches Land mit demokratischer Regierung dem Commonwealth bei.

Die Unabhängigkeitsbewegung gewann in Afrika an Schwung, als der britische Premierminister Harold Macmillan am 3. Februar 1960 eine Rede vor dem südafrikanischen Parlament in Kapstadt hielt. Damals betrieben die regierenden Nationalisten die Apartheid, und Macmillans Zustimmung, als deren Gast das Land zu besuchen, hatte ihm Kritik eingebracht. Aber Macmillan enttäuschte die weißen Politiker, als er ihnen sagte, durch Afrika wehe ein „Wind des Wandels". „Ob uns das gefällt oder nicht", erklärte Macmillan, „dieses wachsende Nationalbewusstsein ist eine politische Tatsache." Die Nationalisten waren empört. „Wir haben die Zivilisation nach Afrika gebracht", polterte der südafrikanische Premierminister Hendrik Verwoerd. Im Oktober 1960, kurz nach einer angespannten Konferenz der Premierminister des Commonwealth im Mai auf Schloss Windsor, bei der die Apartheidspolitik kritisiert worden war, stimmten die Weißen in Südafrika dafür, sich von der Königin zu trennen, und die neue Republik verließ das Commonwealth. Derweil trieb der „Wind des Wandels" mehr als ein Dutzend Regionen mit schwarzer Mehrheit in Afrika und der Karibik in die nationale Unabhängigkeit. Nigeria und Somalia wurden 1960 unabhängig, Sierra Leone und Tansania 1961, Jamaika, Trinidad und Tobago sowie Uganda 1962, Kenia 1963, Malawi und Sambia 1964, Gambia 1965, Botswana und Lesotho 1966, Mauritius und Swasiland 1968 und Simbabwe, nach langem und erbittertem Kampf, 1980. Die meisten dieser Länder traten sofort dem Commonwealth bei.

## Gefahr gehört zu meiner Arbeit

1961 besuchte die Königin trotz Risiken und Bombendrohungen Ghana, die einstige Goldküste, die erste „schwarze" Kolonie in Afrika, die unabhängig geworden war. Eine Bombenexplosion fünf Tage vor ihrem Besuch verstärkte die Unsicherheit, die britischen Diplomaten fürchteten jedoch, eine Absage des Besuchs würde das neue Land in den sowjetischen Einflussbereich treiben. Die Königin soll bemerkt haben: „Wenn ich den Besuch jetzt absage, wird Nkrumah [damaliger Präsident von Ghana] vielleicht Chruschtschow einladen, und das würde ihnen nicht gefallen, oder?" Als Macmillan einwarf, es sei zu gefährlich, antwortete sie: „Gefahr gehört zu meiner Arbeit."

Flagge zeigen
Die Flagge des Commonwealth zeigt eine stilisierte Weltkugel, umgeben von einem Halbmond aus goldenen Strahlen, die den Buchstaben „C" bilden.

Nach der Ankunft am Flughafen von Accra musste der Weg in die Stadt mit Fackeln erleuchtet werden, weil es einen Stromausfall gab. Die königliche Berichterstatterin Audrey Russell erinnerte sich: „Ich hatte große Sorge um die Königin. Es zeigt ihren enormen Mut, dass sie den Besuch unter diesen Umständen durchzog."

## Kontroverse Meinungen

Nachdem Nordrhodesien 1964 unter dem Namen Sambia unabhängig wurde, drängte auch die weiße Minderheitsregierung von Südrhodesien auf Souveränität. Der Antrag wurde unter Berufung auf den Grundsatz „keine Unabhängigkeit ohne Demokratie" abgelehnt. Afrikanische Premierminister drängten Großbritannien, gegen Südrhodesien vorzugehen. Prince Philip erklärte vor Studenten in Edinburgh: „Es ist besser, die Lösung dieser Probleme mit Geduld zu entwickeln und mit Glück ein besseres Ergebnis zu erzielen, als ein Blutbad zu riskieren, indem man das Tempo forciert." Die Abgeordneten der Labour Party stellten daraufhin den Antrag, „Personen des Königshauses sollten Meinungen im Widerspruch zur offiziellen politischen Haltung nicht äußern", und kenianische Politiker schlossen sich dem an. Die Commonwealth-Konferenz im August 1979 wurde von einem Streit über die Zukunft Südrhodesiens/Simbabwes beherrscht. Die Premierministerin Margaret Thatcher befürwortete den Vorschlag einer Unabhängigkeit Simbabwes unter Bischof Abel Muzorewa. Der Vorschlag schloss aber die Nationalisten unter Robert Mugabe und Joshua Nkomo aus, und es wurde eingewendet, Friede sei ohne sie nicht möglich. Die Königin handelte einen Vorschlag für eine Konferenz in London aus, um für Simbabwe eine neue Verfassung auszuarbeiten.

**SPÄTER**

**1994 fanden in Südafrika die ersten freien und ordentlichen Wahlen in der Geschichte statt, nachdem Nelson Mandela frei und die Apartheid abgeschafft war. Im selben Jahr trat das Land dem Commonwealth bei.**

**DIE KÖNIGIN UND DAS COMMONWEALTH**
Kenneth Kaunda zufolge, einem Nationalisten in Nordrhodesien, war die **Verwandlung vom Empire zum Commonwealth** nur „durch die Persönlichkeit der Königin möglich. Sonst wären viele von uns ausgetreten". Während ihrer Regierungszeit hat die Königin den Ländern des Commonwealth mehr als 200 Besuche abgestattet mit Ausnahme von Kamerun, das 1995 beitrat, und Ruanda, das seit 2009 Mitglied ist.

**29 958 050 km²**
**umfasst die Gesamtfläche der Commonwealth-Nationen.**

Ehrenspalier
Die Königin schreitet in Entebbe in Uganda anlässlich der Konferenz der Regierungschefs des Commonwealth am 21. November 2007 ein Ehrenspalier ab. Die Konferenzen sind das wichtigste Politik- und Entscheidungsforum für das Commonwealth.

ELIZABETH II

# 4

# KÖNIGIN UND GROSSMUTTER

## 1980–2000

« Auf diesem Half Sovereign von 1994 ist das 1985 von Raphael Maclouf erstellte Porträt Elizabeths II. in 22-karätiges Gold geprägt.

# KÖNIGIN UND GROSSMUTTER
## 1980–2000

1980 | 1984 | 1988

**17. OKTOBER 1980**
Die Königin unternimmt einen Staatsbesuch bei Papst Johannes Paul II. im Vatikan.

**3. JUNI 1981**
Während der Parade zu Ehren des königlichen Geburtstags schießt ein 17-Jähriger mit Platzpatronen auf die Königin.

**17. APRIL 1982**
Die Königin und der kanadische Premierminister Pierre Trudeau unterschreiben das Verfassungsgesetz von 1982, das Kanada das Recht verleiht, seine Verfassung zu ändern.

**7.–9. JUNI 1982**
US-Präsident Ronald Reagan besucht Großbritannien.

**30. MAI 1984**
Prince Charles kritisiert in einer umstrittenen Rede zum 150. Jubiläum des *Royal Institute of British Architects* (RIBA) die moderne Architektur. Diese Rede sollte später dazu führen, dass der vorgeschlagene Plan einer Erweiterung der National Gallery verworfen wird.

**3. APRIL 1987**
Die Juwelen der kürzlich verstorbenen Duchess of Windsor werden auf einer Auktion in der Schweiz für 31 Mio. £ verkauft. Der gesamte Erlös des Verkaufs wird dem Pariser *Institut Pasteur* gespendet.

**10. MÄRZ 1988**
Prince Charles entrinnt in der Schweiz nur knapp einem Lawinenunglück, bei dem Major Hugh Lindsay, der frühere Stallmeister der Königin, ums Leben kommt.

**19. SEPTEMBER 1990**
Die Royal Airforce erinnert mit einer Luftparade über dem Buckingham Palace an den 50. Jahrestag der Luftschlacht um England.

Truppenparade zu Ehren des königlichen Geburtstags

**15. SEPTEMBER 1984**
Die Princess of Wales bringt ihren zweiten Sohn, Prince Harry, zur Welt.

**29. APRIL 1986**
Die Königin nimmt an der Beerdigung der Duchess of Windsor teil, der Witwe des Duke of Windsor, dem früheren Edward VIII.

**23. JULI 1986**
Prince Andrew heiratet Sarah Ferguson in der Westminster Abbey. Sie erhalten die Titel Duke und Duchess of York.

Hochzeit von Prince Andrew und Sarah Ferguson

Geburt von Princess Beatrice

**8. AUGUST 1988**
Princess Beatrice erblickt als erstes Kind der Duchess of York das Licht der Welt.

**28. NOVEMBER 1990**
Rücktritt von Premierministerin Margaret Thatcher. Der Tory-Schatzkanzler John Major wird neuer Premierminister.

**29. JULI 1981**
Prince Charles heiratet Lady Diana Spencer in der St Paul's Cathedral.

Gedenkmarke

**21. JUNI 1982**
Die Princess of Wales bringt ihr erstes Kind, Prince William, zur Welt, der fortan Zweiter in der Thronfolge ist.

**9. JULI 1982**
Einem Eindringling gelingt es, bis in das Schlafzimmer der Königin im Buckingham Palace vorzudringen.

**9. FEBRUAR 1983**
Die britische Ein-Pfund-Münze mit dem Kopf der Königin auf dem Avers wird durch die Pfundnote ersetzt.

**MÄRZ 1983**
Der Prince und die Princess of Wales nehmen William mit auf ihren Besuch in Neuseeland und Australien.

**12.–18. OKTOBER 1986**
Die Königin und der Duke of Edinburgh sind auf Staatsbesuch in China. Die Königin ist damit die erste britische Monarchin, die dieses Land besucht.

**APRIL 1987**
Die Princess of Wales lässt sich dabei fotografieren, wie sie im Londoner Middlesex Hospital die Hand eines an AIDS erkrankten Mannes hält.

**15. JUNI 1987**
Prince Edward, Princess Anne sowie der Duke und die Duchess of York nehmen an der Fernsehshow *The Grand Knockout Tournament* teil.

**8. NOVEMBER 1987**
Bei einem Bombenanschlag der IRA im nordirischen Enniskillen kommen bei einem Gottesdienst anlässlich des *Remembrance Day* elf Menschen ums Leben.

**31. AUGUST 1989**
Princess Anne und Captain Mark Phillips trennen sich nach 16 Jahren Ehe.

**23. MÄRZ 1990**
Die Duchess of York bekommt ihr zweites Kind, Princess Eugenie.

**16. JANUAR–28. FEBRUAR 1991**
Britische Streitkräfte beteiligen sich im heute sogenannten Zweiten Golfkrieg an der US-geführten Militärkoalition, um die irakischen Truppen aus Kuwait zu vertreiben.

**17. MAI 1991**
Die Königin spricht vor dem US-Kongress in Washington, D.C.

Mit der Hochzeit des Prince of Wales mit Lady Diana Spencer und der Geburt der Söhne William und Harry begannen die 1980er-Jahre glanzvoll. Am Ende des Jahrzehnts hatte die Königin sechs Enkelkinder, aber die Scheidungen dreier Kinder und der Streit zwischen dem Prince und der Princess of Wales schadeten dem Königshaus. Die Medien hielten sich in Bezug auf die königliche Familie nicht zurück, und Dianas Tod folgte eine Welle öffentlicher Trauerbekundungen. In einer Zeit der Rezession gerieten die königlichen Einkünfte unter Beschuss, woraufhin die Königin anbot, Einkommensteuer zu bezahlen. In den späten 1990er-Jahren fand der Nordirlandkonflikt ein Ende.

## 1992

**7. FEBRUAR 1992**
Mit Unterzeichnung der Verträge von Maastricht werden die Briten EU-Bürger.

**19. MÄRZ 1992**
Der Duke und die Duchess of York trennen sich.

**23. APRIL 1992**
Princess Anne und Captain Mark Phillips lassen sich scheiden.

**7. JUNI 1992**
Andrew Mortons umstrittene Biografie *Diana: Ihre wahre Geschichte* wird veröffentlicht.

Windsor Castle steht in Flammen.

**20. NOVEMBER 1992**
Windsor Castle wird durch einen Brand stark beschädigt.

**24. NOVEMBER 1992**
Die Königin hält in der Londoner Guildhall ihre „Annus horribilis"-Rede.

**26. NOVEMBER 1992**
Das Parlament wird davon in Kenntnis gesetzt, dass die Königin ab April 1993 Einkommensteuer zahlen wird.

**9. DEZEMBER 1992**
Der Prince und die Princess of Wales trennen sich.

**12. DEZEMBER 1992**
Princess Anne heiratet Commander Timothy Laurence, den ehemaligen Stallmeister der Königin.

**23. DEZEMBER 1992**
Die *Sun* veröffentlicht den Text der Weihnachtsansprache der Königin zwei Tage vor der offiziellen Ausstrahlung.

## 1993

Der Grüne Salon im Buckingham Palace

**AUGUST 1993**
Der Buckingham Palace öffnet zum ersten Mal seine Tore für die Öffentlichkeit.

**3. DEZEMBER 1993**
Diana verkündet ihren Rückzug aus dem öffentlichen Leben.

**12. MÄRZ 1994**
Die *Church of England* ordiniert erstmals Priesterinnen.

**6. MAI 1994**
Die Königin und der französische Staatspräsident Mitterrand eröffnen offiziell den Kanaltunnel.

**1. JUNI 1994**
Südafrika schließt sich nach dem Ende der Apartheid wieder dem Commonwealth an.

**5./6. JUNI 1994**
Die Königin nimmt an der nationalen Gedenkfeier zum 50. Jahrestag der Landung der Alliierten in der Normandie teil.

**19.–25. MÄRZ 1995**
Nach 48 Jahren besucht die Königin erstmals wieder Südafrika.

**16. NOVEMBER 1995**
Die Königinmutter unterzieht sich im Alter von 95 Jahren einer Hüftoperation.

**20. NOVEMBER 1995**
Die Princess of Wales antwortet Martin Bashir in einem BBC-Interview außergewöhnlich offen.

Diana im berühmten BBC-Interview

**20. DEZEMBER 1995**
In einem Schreiben drängt die Königin den Prince und die Princess of Wales zur Scheidung.

**30. MAI 1996**
Der Duke und die Duchess of York lassen sich scheiden.

**28. AUGUST 1996**
Der Prince und die Princess of Wales lassen sich scheiden.

## 1997

**2. MAI 1997**
Tony Blair wird nach einem Erdrutschsieg der Labour-Partei Premierminister.

**30. JUNI 1997**
Prince Charles vertritt die Königin bei der Rückgabe des britisch regierten Hongkong an China.

**31. AUGUST 1997**
Diana kommt in Paris bei einem Autounfall ums Leben.

**6. SEPTEMBER 1997**
Nach einer Woche der Trauer findet Dianas Trauerfeier in der Westminster Abbey statt.

**20. NOVEMBER 1997**
Die Königin und Prince Philip feiern ihre Goldene Hochzeit.

**11. DEZEMBER 1997**
Die königliche Yacht *Britannia* wird nach 44 Jahren außer Dienst gestellt.

**10. APRIL 1998**
Nach 30-jährigem Konflikt bringt das Karfreitagsabkommen Frieden für Nordirland.

**15. JUNI 1999**
Prince Edward heiratet Sophie Rhys-Jones. Das Paar erhält die Titel Earl und Countess of Wessex.

Gedenktasse zu Dianas Tod

**1. JULI 1999**
Die Königin eröffnet das Schottische Parlament in Edinburgh, das von diesem Tag an über innerschottische Angelegenheiten wie Bildung, Gesundheit, Landwirtschaft und Justiz entscheidet.

**6. NOVEMBER 1999**
In einem Referendum bestätigen die Australier die Königin als ihre Monarchin.

## « FRÜHER

**Charles und Diana trafen sich seit etwa sechs Monaten, als er ihr am 6. Februar 1981 einen Heiratsantrag machte. Ihre Verlobung wurde am 24. Februar bekanntgegeben – damals war Charles 33 und Diana 19 Jahre alt.**

### EINE STANDESGEMÄSSE PARTIE

Prince Charles wurde bereits in den 1970er-Jahren mit mehreren potenziellen Bräuten in Verbindung gebracht, darunter auch Lady Sarah Spencer, Dianas ältere Schwester. **Diana selbst lernte er erst 1977 kennen.** Durch ihre Verbindungen zum Königshaus – ihre Schwester Jane war mit dem stellvertretenden Privatsekretär der Königin verheiratet, und Diana hatte ihre frühe Kindheit in Sandringham House **S. 122–123 ››** verbracht – schien Diana eine passende Partie zu sein.

### VERLOBUNGSRING

Diana wählte ihren Verlobungsring aus einer Auswahl des Hofjuweliers Garrard aus. Es handelte sich um einen Ring mit **14 Diamanten,** die um einen **ovalen Saphir** angeordnet waren. Sein Wert soll sich auf 30 000 £ belaufen.

DAS VERLOBTE PAAR

„Es war eine **leichte Entscheidung.** Ich freue mich darauf, eine **gute Ehefrau** zu sein."

LADY DIANA SPENCER IN EINEM INTERVIEW VOR IHRER HOCHZEIT IM JULI 1981

**Märchenhochzeit**
Die Braut tritt am Arm ihres Ehemanns aus der St Paul's Cathedral. Millionen Menschen auf der ganzen Welt verfolgten die Zeremonie. Der Tag wurde in Großbritannien zum Nationalfeiertag erklärt.

# Die **Hochzeit** von **Charles** und **Diana**

**Für die Königsfamilie barg die Hochzeit von Prince Charles und Lady Diana Spencer am 29. Juli 1981 die Verheißung einer strahlenden neuen Zukunft; für die britische Öffentlichkeit war sie eine willkommene Ablenkung von Streiks, sozialer Unzufriedenheit und Ausschreitungen.**

Gedenkbriefmarke
Bereits eine Woche vor der Hochzeit wurden Briefmarken herausgegeben, auf denen Charles und Diana abgebildet waren. Das Design stammte von Jeffrey Matthews, das Foto von Lord Snowdon.

Über die Frage nach Prince Charles' künftiger Ehefrau wurde lange spekuliert, nur wenige hatten erwartet, dass er sich für eine junge englische Aristokratin, die Tochter eines Earls, entscheiden würde, anstatt für eine europäische Prinzessin. Presse und Öffentlichkeit waren entzückt von Lady Diana Spencer, die 13 Jahre jünger war als der Prinz und seit 1660 erste britische Staatsbürgerin, die den Thronfolger heiraten würde. Man glaubte, dass sie frischen Wind in die Königsfamilie bringen würde. Während der Vorbereitungen für die „Jahrhunderthochzeit" zog Diana bei der Königinmutter in Clarence House ein, um einen Einblick in das Leben in der Königsfamilie zu erhalten.

Charles und Diana brachen mit royalen Traditionen, indem sie in der St Paul's Cathedral von Sir Christopher Wrens im Zentrum Londons heirateten, die eigentlich als Schauplatz nationaler Gedenktage fungiert. Nie zuvor hatte dort eine königliche Hochzeit stattgefunden, doch das lange Kirchenschiff und die prachtvolle Kuppel boten eine spektakuläre Kulisse. Die Kathedrale bietet 3500 Gästen Platz und war groß genug für die Hochzeit eines Prinzen, an der Staats- und Regierungschefs, Commonwealth-Oberhäupter, Politiker und Diplomaten sowie Angehörige ausländischer Königshäuser teilnahmen. Etwa 650 000 Menschen säumten den Weg von der Mall zur St Paul's Cathedral, und weltweit verfolgten rund 750 Millionen Menschen die Zeremonie am Bildschirm.

## Die nervöse Braut

Kurz vor ihrer Hochzeit gestand Diana ihren Schwestern, dass sie kalte Füße bekäme, woraufhin diese angeblich sagten: „Zu spät, jetzt ist dein Gesicht schon auf Geschirrtüchern." Später beschrieb sie den Tag ihrer Hochzeit als „den emotional verwirrendsten Tag" ihres Lebens und dass sie sich angesichts der Menschenmassen auf der Mall gefühlt habe „wie ein Lamm, das zur Schlachtbank geführt wurde". Diana legte den Weg von Clarence House in einer „gläsernen" Kutsche aus den Hofstallungen zurück, begleitet von ihrem Vater, dem 8. Earl Spencer. Wie sich herausstellte, war die Kutsche zu klein für sie beide, deshalb war die 7,5 m lange Schleppe ihres Hochzeitskleids zerknittert, als sie an St Paul's anlangten. Es dauerte eine Weile, bis die beiden ersten Brautjungfern – Lady Sarah Armstrong-Jones, die Tochter von Princess Margaret, und India Hicks, die Enkelin des gerade verstorbenen Lord Mountbatten – die Schleppe arrangiert hatten und die Braut am Arm ihres Vaters die mit rotem Teppich belegten Stufen der Kathedrale hinaufsteigen konnte. Aufgrund eines Schlaganfalls war der Earl unsicher auf den Füßen, aber er wollte seine Tochter zum Altar führen.

**10 000 Perlen zierten Dianas Hochzeitskleid.**

Diana war während der vom Erzbischof von Canterbury geleiteten Zeremonie so nervös, dass sie die Namen des Prinzen durcheinanderbrachte und ihn „Philip Charles Arthur George" statt „Charles Philip Arthur George" nannte. Das Philharmonia Orchestra, das English Chamber Orchestra und die Royal Opera spielten, und die in Neuseeland geborene Sopranistin Kiri Te Kanawa sang eine Händel-Arie. Eines der Lieder, „I vow to thee my country", wurde auch 1997 bei Dianas Trauerfeier gesungen.

## Der Kuss und die Flitterwochen

Lächelnd und winkend fuhr das frisch vermählte Paar in einer offenen Kutsche durch die Menschenmenge zurück zum Buckingham Palace. Dort zeigte es sich später auf dem Balkon, wo es sich auf Wunsch der Menge küsste. Inzwischen hat sich der Kuss auf dem Balkon als Ritual königlicher Hochzeiten etabliert, doch dieser war der erste. Nach einem Hochzeitsfrühstück mit 120 Gästen wurde das Paar in einem Landauer mit einem „Just Married"-Schild zur Waterloo Station gebracht, von wo sie mit dem Zug nach Broadlands, dem Familiensitz der Mountbattens in Hampshire, fuhren. Dort hatten schon die Königin und Prince Philipp den ersten Teil ihrer Flitterwochen verbracht.

## Ein ungleiches Paar

Eine Zeit lang wurde diese Hochzeit als echte Liebesheirat betrachtet, doch der Altersunterschied und ihre Interessen – Charles mochte klassische Musik, Diana *Duran Duran*, Charles liebte das Landleben, Diana bevorzugte die Stadt, Charles mochte Förmlichkeiten, Diana rebellierte dagegen – machten aus ihnen ein höchst ungleiches Paar.

### SPÄTER

**Die Spannungen in der Beziehung zwischen Charles und Diana wurden Ende der 1980er-Jahre offenbar, die Ehe war eindeutig auch deshalb unter Druck geraten, weil Diana mit den Belastungen des höfischen Lebens zu kämpfen hatte.**

**ZUSAMMENBRUCH EINER EHE**
Im November 1981 wurde verkündet, dass Diana ein Kind erwartete, und der Buckingham Palace bat die Presse darum, die **Privatsphäre der Prinzessin mehr zu respektieren.** Inzwischen wissen wir, dass sie unter Depressionen und Bulimie litt. Charles und Diana zeigten sich **nach außen hin geschlossen,** während ihre Söhne William (geboren 1982) und Harry (geboren 1984) klein waren, aber 1986 schien Charles bereits eine Beziehung mit Camilla Parker Bowles zu haben. Daraufhin folgte Dianas Affäre mit James Hewitt. 1992 war die Ehe in jeder Hinsicht gescheitert. 1996 folgte die Scheidung **S. 142–143 ››.**

Auf dem Balkon des Buckingham Palace
Braut und Bräutigam küssen sich vor Publikum. Das Paar wird (von links nach rechts) flankiert von Prince Philip, der Königinmutter, den Pagen, den Brautjungfern, der Königin, Prince Edward und Prince Andrew.

WICHTIGES EREIGNIS, 17. Oktober 198

# Besuch im Vatik

**Schon früher hatten britische Herrscher 1980 stattete Queen Elizabeth II. dem Va Staatsbesuch als Monarchin ab – eine Re „die wachsenden Einigungsbestrebung lichen Kirchen auf der ganzen Welt unte**

Einer der Schlüsselmomente in der Geschich hauses bestand im Bruch mit Rom im 16. Jh. die britischen Monarchen und die Päpste ze im Krieg miteinander. Erst 1914 wurden die gen wieder aufgenommen, und seitdem ben Dynastie, sie zu verbessern; auch der Staatsb muss in diesem Kontext gesehen werden.

Die erste Begegnung der Königin als Staat fand im Mai 1961 statt. Sie und Prince Phili geflogen und unternahmen anschließend ei besuchten die Insel Vulcano, wo sie inkognito ging es mit dem Zug weiter nach Rom, wo s empfangen wurden, die „Bella! Viva la regin jubelten eine Stunde lang vor dem Quirinals und Philip an einem Staatsbankett und eine glieder der italienischen High Society teilna fand das Derby Italiano statt, ein Pferderenn den Besuch der Königin gelegt worden war Johannes XXIII. getroffen hatte und 1000 N Save the Queen" gesungen hatten, ging es n verkündete, dass sie gerne eine Gondelfahrt

Ein Höhepunkt des Staatsbesuchs bei Paps Jahr 1980 war der Austausch von Geschenk ihr eine Ausgabe von Dantes *Göttlicher Komö* Hosenbandordens aus der Zeit Edwards IV. Papst ein Buch über Windsor Castle von Sir Hope sowie zwei signierte Fotografien.

> **„Treffen** zwischen P und britischen **Mon** dienen der Beseitigu politischer und bilat **Hindernisse."**

**MARK PELLEW,** FRÜHERER BRITISCHER BOTSCHAF

Geistliches und weltliches Oberhaupt
Die Königin, gemäß dem vatikanischen Protokoll in Schwarz gekleidet, unterhält sich mit Papst Johannes Paul II. und lädt ihn ein, „die Römisch-katholische Gemeinde in Großbritannien zu besuchen, denn etwa 4 Mio. meiner Untertanen gehören der Römisch-katholischen Kirche an".

# Gedenkmarken

**In den britischen Überseegebieten gab es bereits im 19. Jahrhundert einige Gedenkmarken, in Großbritannien selbst jedoch nicht vor 1924. Das erste Ereignis im Königshaus, das in Form einer britischen Briefmarke festgehalten wurde, war das Silberne Thronjubiläum von George V. im Jahr 1935.**

[1] Kanada war eines von acht Commonwealth-Territorien, die anlässlich dieses Thronjubiläums Gedenkmarken herausbrachten. [2] Gedenkmarken mit dem Porträt des Königs vor Windsor Castle wurden im gesamten Empire herausgegeben. [3] In insgesamt 57 Commonwealth-Ländern erschienen diese Krönungsbriefmarken. [4] Frühere Entwürfe für diese britische Briefmarke beinhalteten berühmte Wahrzeichen, doch George VI. bevorzugte das schlichte Porträt. [5] Zu dieser Krönung wurden in 68 Ländern Briefmarken herausgegeben. Auf dem neuseeländischen Briefmarkensatz sind Westminster Abbey, die Königskrone und das königliche Zepter, Buckingham Palace, die goldene Staatskarosse und ein Porträt der Königin abgebildet. [6] Dieser Briefmarkensatz wurde vom britischen Designer Richard Guyatt entworfen. [7] Verschiedene Commenwealth-Territorien veröffentlichten Briefmarken anlässlich der königlichen Hochzeit. Diese australische Marke wurde auch in Rot produziert. [8] Ein Jahr nach Dianas Tod erschien ein Fünfersatz mit verschiedenen Porträts. [9] Die Briefmarken dieser Serie zeigen die Entwicklung der Königinmutter vom jungen Mädchen zur königlichen Matriarchin. [10] [11] Prince William war das erste Mitglied des Königshauses, zu dessen 21. Geburtstag in Großbritannien Briefmarken und Münzen herauskamen. [12] Die Herausgabe dieser Briefmarke wurde weithin als Zeichen gewertet, dass die Königin mit dieser Heirat einverstanden war. [13] Diese Briefmarke stammt aus einer achtteiligen Serie, die eher fröhliche, informelle Fotos der Königin zeigt. [14] [15] Die königliche Hochzeit wurde überall im Commonwealth auf Briefmarken abgebildet. [16] Diese britischen Briefmarken zeigen Queen Elizabeth II. bei der Ausübung verschiedener königlicher Pflichten während ihrer Herrschaft.

[6] ELIZABETH II., SILBERNES THRONJUBILÄUM, 1977

[7] CHARLES UND DIANA, HOCHZEIT, 1981

[1] VICTORIA, DIAMANTENES THRONJUBILÄUM, 1897

[3] GEORGE VI., KRÖNUNG, 1937

[8] DAS LEBEN DIANAS, 1998

[4] GEORGE VI. UND ELIZABETH I., SILBERHOCHZEIT, 1948

[2] GEORGE V., SILBERNES THRONJUBILÄUM, 1935

[5] ELIZABETH II., KRÖNUNG, 1953

9 DAS LEBEN DER KÖNIGINMUTTER, 2002

10 WILLIAM, 21. GEBURTSTAG, GROSSBRITANNIEN, 2003

13 ELIZABETH II., 80. GEBURTSTAG, 2006

11 WILLIAM, 21. GEBURTSTAG, BRITISCHES TERRITORIUM IM INDISCHEN OZEAN, 2003

12 CHARLES UND CAMILLA, HOCHZEIT, 2005

14 WILLIAM UND CATHERINE, VERLOBUNG UND HOCHZEIT, PITCAIRN, 2011

15 WILLIAM UND CATHERINE, HOCHZEIT, AUSTRALIEN, 2011

16 ELIZABETH II., DIAMANTENES THRONJUBILÄUM, 2012

1961–1997

# Diana, Princess of Wales

„Eine **Umarmung kann Wunder wirken** – vor allem bei **Kindern.**“

DIANA, PRINCESS OF WALES

**Die künftige königliche Braut**
Die schüchterne, unbedarfte Kindergartenhelferin stand kurz vor ihrer Verlobung mit dem Thronerben, als dieses berühmte Foto gemacht wurde. Im Umgang mit Kindern war Diana stets herzlich und spontan.

Diana Spencer war viertes Kind und jüngste Tochter des Viscounts und der Viscountess Althorp. Ihr Vater, Edward John Spencer, war der frühere Stallmeister von King George VI. und Queen Elizabeth II.; ihre Mutter, Frances Roche, war die Tochter der Baroness Fermoy, einer Hofdame der Königinmutter. Diana wuchs in Park House auf dem Anwesen Sandringham in Norfolk auf, das der Königin gehört. Ihre Eltern ließen sich scheiden, als Diana acht Jahre alt war. 1975, nach dem Tod ihres Großvaters, erhielt Dianas Vater den Titel des 8. Earl of Spencer, und die Familie zog auf den Familiensitz Althrop in Northamptonshire. Als Tochter eines Earls hieß Diana Lady Diana Spencer, zuvor war sie die Honourable Diana Spencer gewesen.

**Ein englisches Schulmädchen**
Als Mädchen mochte Diana Sport, vor allem Schwimmen, und sie träumte davon, Balletttänzerin zu werden, wurde allerdings zu groß dafür. Dieses Foto wurde ein Jahr nach der Scheidung ihrer Eltern aufgenommen.

1976 heiratete Dianas Vater Raine, Countess of Dartmouth, die Tochter der Bestsellerautorin Barbara Cartland. Ihre Schulbildung erhielt Diana in Riddlesworth Hall bei Diss in Norfolk, später an der Mädchenschule West Heath in Kent. Sie verließ die Schule ohne Abschluss. Sie zeigte Talent für Musik und Tanz – sie war eine nicht unbegabte Pianistin und begeisterte sich sehr für Ballett. Nachdem sie kurze Zeit am Institut Alpin Videmanette im schweizerischen Rougemont verbracht hatte, zog Diana zusammen mit drei weiteren Mädchen in eine Wohnung in London, wo sie verschiedene Jobs annahm, unter anderem als Assistentin in einer Kindertagesstätte.

## Verlobung

Diana lernte Prince Charles 1977 kennen. Er war 13 Jahre älter als sie und mit ihrer älteren Schwester Sarah liiert. Danach trafen sie sich 1980 wieder; Diana war 19, und die Affäre zwischen Charles und Sarah war seit über zwei Jahren beendet. Ihre Beziehung entwickelte sich während des Sommers 1980, und noch im selben Jahr lud Queen Elizabeth II. Diana nach Balmoral ein, die private Sommerresidenz der Königin in Schottland. Auch die königliche Familie fand Gefallen an Diana. Als die Presse von der Affäre erfuhr und Fotografen danach vor Dianas Wohnung ihre Zelte aufschlugen, bekam sie einen Vorgeschmack auf die Aufmerksamkeit der Paparazzi, die sie fortan ertragen musste. Am 6. Februar 1981 machte ihr Prince Charles einen Heiratsantrag, und am 24. Februar wurde die Verlobung bekannt gegeben. Als ein Reporter am Tag der Verlobung fragte, ob sie verliebt wären, erwiderte Diana mit gespieltem Tadel „natürlich“. Prince Charles ergänzte: „Was auch immer ‚verliebt‘ bedeuten mag.“

„Die **einzigartige,** die **vielschichtige,** die **außergewöhnliche** Diana.“

CHARLES, EARL SPENCER, IN DER GRABREDE FÜR SEINE SCHWESTER, 1997

## Ehe und Kinder

Charles’ und Dianas Hochzeit (S. 116–117) erregte großes öffentliches Interesse. Das Paar richtete sich im Kensington Palace und Highgrove House ein, dem Anwesen in Gloucestershire, das Prince Charles 1980 erworben hatte. Schon bald nach der Hochzeit wurde Diana in ihre offiziellen Pflichten als Mitglied der Königsfamilie eingeführt.

Am 5. November 1981 wurde Dianas erste Schwangerschaft verkündet, und elf Monate nach der Hochzeit wurde William, der ältere Sohn des Paares, geboren. Diana setzte sich über die Tradition hinweg, indem sie entschied, dass der neun Monate alte Prince William sie und Prince Charles nach Australien und Neuseeland begleiten sollte, anstatt in der Obhut von Kindermädchen zu bleiben. Zwei Jahre später, 1984, kam ihr zweiter Sohn, Harry, zur Welt.

Diana war eine hingebungsvolle, behütende Mutter, die von sich selbst sagte: „Ich lebe für meine Söhne. Ohne sie wäre ich verloren.“

### Scheidung und Tod

Die unter Druck stehende Ehe zerfiel in den frühen 1990er-Jahren (S. 142–143). Nach der Scheidung lebte Diana weiterhin im Kensington Palace und widmete ihren Wohltätigkeitsaufgaben viel Zeit (S. 124–125). In den letzten Jahren ihres Lebens nutzte sie ihren Status dazu, ein Verbot der Produktion und der Nutzung von Landminen zu fordern; was als Abweichung von der Regierungspolitik gedeutet wurde. Ihr Unfalltod im Alter von 36 Jahren (S. 152–153) schockierte die Welt.

**Schillernde Prinzessin**
Die Princess of Wales mit einem prachtvollen Diadem mit 19 herrlichen Perlen, die an diamantenverzierten Liebesknoten hängen. Die Königin hatte Diana das Diadem aus der königlichen Sammlung ausgeliehen.

„Ich möchte für die Menschen eine **Königin der Herzen** sein, aber ich sehe mich **nicht als Königin dieses Landes.**“

DIANA IN EINEM BBC-INTERVIEW MIT MARTIN BASHIR, 1995

**DER 9. EARL SPENCER**

### CHARLES SPENCER

Der im Mai 1964 geborene Charles war der Jüngste von Dianas Geschwistern – sie hatte noch zwei ältere Schwestern, Sarah und Jane. Nach dem Tod seines Vaters im Jahr 1992 erhielt Charles den Titel des 9. Earl Spencer. Als Dianas engster männlicher Verwandter hielt Charles die Grabrede auf der Trauerfeier in der Westminster Abbey. Er beschrieb Diana als „Sinnbild für Mitgefühl, Pflichtgefühl, Stil und Schönheit“ und erinnerte daran, wie sie sich um ihn gekümmert hatte, als sie klein waren und zwischen ihren Eltern hin- und hergeschoben wurden.

**CHRONIK**

- **1. Juli 1961** Diana Frances Spencer wird in Norfolk, England, geboren, die Eltern sind der Viscount und die Viscountess Althorp.
- **1969** Scheidung der Eltern; ihr Vater erhält das Sorgerecht für die Kinder.
- **1970** Besuch des Internats Riddlesworth Hall in Norfolk
- **1974** Besuch der West Heath Girls' School in Kent
- **1975** Ihr Vater erhält den Titel des 8. Earl Spencer.
- **1977** Diana verlässt West Heath und geht für ein paar Monate in der Schweiz zur Schule.
- **Sommer 1977** Sie lernt an einem Wochenende auf dem Land Prince Charles kennen.
- **24. Februar 1981** Offizielle Verkündung der Verlobung mit Prince Charles
- **29. Juli 1981** Hochzeit mit Prince Charles in der St Paul's Cathedral, London
- **21. Juni 1982** Geburt von Prince William
- **September 1982** Der erste allein absolvierte offizielle Auslandsbesuch: als Vertretung der Königin beim Staatsbegräbnis von Fürstin Gracia Patricia von Monaco
- **März / April 1983** Charles und Diana nehmen William mit auf eine sechswöchige Reise nach Australien und Neuseeland.
- **Februar 1984** Diana sieht sich während ihrer ersten Auslandstour, die sie allein unternimmt, eine Aufführung von *Carmen* des London City Ballet in Norwegen an.
- **15. September 1984** Geburt von Prince Harry
- **9. November 1985** Diana tanzt im Weißen Haus mit John Travolta (S. 150–151).
- **19. April 1987** Als Versuch, das soziale Stigma, das dieser Krankheit anhaftet, zu durchbrechen, schüttelt Diana bei einem Besuch des Middlesex Hospital, London, einem Aids-Patienten die Hand.
- **Juni 1992** Andrew Morton bringt ihre Biografie heraus, *Diana: Her True Story*.
- **9. Dezember 1992** Charles und Diana kommen überein, sich zu trennen.
- **Dezember 1993** Diana verkündet, dass sie sich aus dem öffentlichen Leben zurückziehen will.
- **20. November 1995** BBC-Interview mit Martin Bashir
- **28. August 1996** Scheidung von Charles und Diana
- **Januar 1997** Diana unterstützt bei einem Besuch in Angola die internationale Anti-Landminen-Kampagne.
- **25. Juni 1997** Diana unterstützt durch die Versteigerung ihrer Kleider durch das Auktionshaus *Christie's* Organisationen, die sich um Krebs- und Aidskranke kümmern.
- **21. Juli 1997** Dianas letzter öffentlicher Auftritt ist der Besuch einer Unfall- und Notfallstation für Kinder im Londoner Northwick Park Hospital, London.
- **31. August 1997** Diana erliegt den Verletzungen, die sie bei einem Autounfall in Paris erlitten hatte.
- **6. September 1997** Trauerfeier in Westminster Abbey, gefolgt von ihrer Beerdigung in Althorp

DIANAS UNTERSCHRIFT

**FRÜHER**

**Königliche Schirmherrschaften haben eine lange Tradition. Bereits Queen Victoria fungierte als Schirmherrin für viele Krankenhäuser, darunter auch das Great Ormond Street Hospital und das Royal Free Hospital in London.**

***QUEEN ALEXANDRA ROSE DAY***

Queen Alexandra führte am 26. Juni 1912 den *Alexandra Rose Day* ein; dies war der 50. Jahrestag ihrer Ankunft in Großbritannien, um den Prince of Wales, den späteren King Edward VII.

POSTKARTE DES *ROSE DAY* VOM 11. JULI 1914

zu heiraten. Beim ersten Aufruf kamen 32 000 £ zusammen, ein so großer Erfolg, dass er zu einer jährlich stattfindenden Veranstaltung wurde. 1920 hatten die *Rose Days* bereits über 775 000 £ für die Londoner Krankenhäuser eingebracht. **Noch immer finden sie jedes Jahr statt.** Princess Alexandra, die Urenkelin Queen Alexandras, ist die derzeitige königliche Schirmherrin. **Traditionell kauft der Premierminister die erste Rose.**

# Die **gütige Prinzessin**

**Die Princess of Wales stürzte sich auf ihre eigene Art in die Wohltätigkeitsarbeit. Vor allem ihre natürlich wirkende Herzlichkeit und ihr Mitgefühl sowie die Zeit und die Energie, die sie aufwandte, um weltweit humanitäre Belange zu unterstützen, sind im Gädachtnis geblieben.**

„Wenn ich irgendwo **Menschen** sehe, die **leiden,** will ich zu ihnen gehen und tun, **was in meiner Macht steht.“**

DIANA, PRINCESS OF WALES, 1997

Fürsorge für kranke Kinder

Dieses Bild von der *National Heart Week* 1996 zeigt Diana mit jungen Patienten auf einer Kinderstation in London. Die Prinzessin war bekannt dafür, dass sie sich Zeit nahm, sich ans Bett der Patienten setzte, ihre Hand hielt und sich ihre persönlichen Geschichten und Probleme anhörte.

Landminenopfer
Während eines Besuchs in Angola im Januar 1997 lässt sich Diana mit jungen Landminenopfern fotografieren. Zwei Wochen vor ihrem Tod besuchte sie das vom Krieg zerrissene Bosnien und rief zu einem Verbot dieser Waffen auf.

Als Gattin des Thronerben erwartete man von Diana, dass sie als Schirmherrin für karitative Organisationen fungierte. Krankenhäuser besuchen, Gebäude einweihen und Empfänge geben – vor allem seit dem Ersten Weltkrieg gehörte dies zu den Kernaufgaben der Monarchie, um das Königshaus in Kontakt mit dem Volk zu halten. Oft stand diese Arbeit im Fokus der Öffentlichkeit: Philip, Duke of Edinburgh, war Präsident des *World Wide Fund for Nature*, Charles gründete den *Prince's Trust* und fungiert seit 1976 als dessen Präsident, Princess Anne arbeitete für *Save the Children*. Zum größten Teil bestand die königliche Wohltätigkeitsarbeit darin, als Galionsfigur für Spendenaufrufe herzuhalten. Für die Öffentlichkeit schien die Arbeit der Royals darin zu bestehen, Hände zu schütteln, Reden zu halten und Bänder durchzuschneiden.

## Persönliche Note

Dianas natürlich wirkendes Mitgefühl für kranke Menschen sprengte den üblichen Rahmen königlicher Krankenhausbesuche. Sie hatte eine besondere Art, auf verletzliche junge Menschen einzugehen, was wohl von ihrer eigenen Erfahrung mit der Scheidung ihrer Eltern und von ihrem Kampf gegen Bulimie und Depressionen herrührte.

Manchmal wird unterstellt, dass Diana nach dem Scheitern ihrer Ehe ihre Wohltätigkeitsarbeit dazu benutzte, sich positiv von Prince Charles abzugrenzen. Zudem wurde ihr vorgeworfen, sie würde gezielt mit den Medien zusammenarbeiten, um ihnen die besten Fotos zu bieten. Die persönlichen Geschichten jedoch, die nach ihrem Tod bekannt wurden, geben ein Zeugnis von ihrer Fähigkeit ab, leidende Menschen zu erreichen. Bis zu dreimal pro Woche stattete sie dem Royal Brompton Hospital in London private Besuche ab und freundete sich mit Schwerkranken an. Sie lackierte jede Woche die Fingernägel eines Mädchens, das an einem Dialysegerät hing. Für ein anderes Mädchen, das von Ballett fasziniert war, ließ sie eine Geburtstagstorte in Form rosafarbener Ballettschuhe backen. Diana nahm auch Einfluss auf die öffentliche Meinung. Im April 1987 weihte sie Großbritanniens erste Station für HIV-Infizierte und Aids-Patienten im Londoner Middlesex Hospital ein und wurde fotografiert, wie sie einem der Aids-Kranken die Hand schüttelte. Zu dieser Zeit war die Angst vor Aids noch groß, und die Kranken wurden stigmatisiert. Ihre Geste trug dazu bei, die Vorurteile zu zerschlagen.

Begegnung mit Mutter Teresa
1997 traf Diana Mutter Teresa bei den Missionarinnen der Nächstenliebe in der South Bronx von New York. Ihr Besuch in Mutter Teresas Hospiz für Kranke und Sterbende in Kalkutta 1992 hatte bleibenden Eindruck bei Diana hinterlassen.

## Vorbild

Diana wird häufig als Vorbild betrachtet. Weil sie öffentlich über ihre unglückliche Ehe sprach und darüber, dass sie wegen ihrer Depressionen und ihrer Essstörung psychologische Hilfe in Anspruch genommen hatte, fassten andere Frauen den Mut, über diese Probleme zu sprechen.

## Ausgesuchte Hilfsorganisationen

Als Mitglied der Königsfamilie war Diana Schirmherrin von über 100 Hilfsorganisationen. Nach ihrer Trennung von Charles behielt sie nur noch die der folgenden sechs Organisationen: Hilfsorganisation *Centrepoint* für junge Obdachlose, *English National Ballet*, Kinderkrankenhaus Great Ormond Street, Royal Marsden Hospital für Krebs, *National AIDS Trust* und *Lepra-Mission*. Diana war Schirmherrin der *Lepra-Mission* geworden, nachdem sie 1989 Indonesien besucht hatte. Früh erkannt lässt sich Lepra leicht behandeln, aber Leprakranke werden oft mit Ekel betrachtet. Ihre Berater rieten Diana von dem Besuch ab, doch sie ließ sich nicht beirren. Sie wurde gefilmt, wie sie Leprapatienten die Hand hielt und ihre bandagierten Wunden berührte – womit sie jahrhundertealte Tabus brach. Auf späteren Reisen besuchte sie die Projekte der *Lepra-Mission* in Indien, Nepal und Simbabwe.

## Internationaler Star

Diana setzte sich weltweit für die humanitäre Sache ein. Auf einer Kinderstation in Harlem, New York, ließ sie sich mit einem an Aids erkrankten Baby im Arm fotografieren. Im Juni 1997 versteigerte sie über das Aktionshaus Christie's in New York eine große Zahl ihrer Kleider zugunsten von Aids- und Krebskranken. In ihrem letzten Lebensjahr verstärkte sie noch ihren Kampf um ein Verbot von Landminen. Bei einem Besuch in New York, bei dem sie diese Kampagne vorantreiben wollte, begegnete Diana zum zweiten Mal Mutter Teresa.

### SPÄTER

**Nach ihrem Tod versuchte man, in Erinnerung an Diana das humanitäre Engagement weiterzuführen. Als Reaktion auf die Spenden, die spontan eingingen, wurde eine Stiftung gegründet.**

Ziel des *Diana, Princess of Wales Memorial Fund* war es, **Dianas humanitäre Arbeit fortzusetzen,** indem Hilfsorganisationen für benachteiligte Menschen unterstützt wurden. 38 Mio. £ brachte der Verkauf der CD mit der Version von *Candle in the Wind* ein, die der Sänger Elton John auf Dianas Beerdigung gesungen hatte. Die Öffentlichkeit spendete 34 Mio. £, und der Bruder der Prinzessin, Charles Spencer, spendete die Einnahmen der Ausstellung *Diana: A Celebration*, in deren Rahmen 150 Objekte zu sehen waren, darunter Kleider und Erinnerungsstücke. Als die Stiftung 2012 geschlossen wurde, hatte sie 471 Organisationen insgesamt 727 Zuschüsse gewährt und **über 112 Mio. £ zu Hilfszwecken ausgegeben.**

**KONZERT FÜR DIANA**
Im Juli 2007 veranstalteten William und Harry im Londoner Wembley-Stadion das *Concert for Diana*. **Der Erlös kam Dianas auserwählten Hilfsorganisationen** sowie denen ihrer Söhne zugute.

PERIGO MINAS!
DANGER
MINES

**Vorsichtige Schritte**

Im letzten Jahr ihres Lebens setzte sich Diana, Princess of Wales, aktiv für ein internationales Verbot von Landminen ein. Dieses berühmte Foto, auf dem sie durch ein Minenfeld in Angola geht, wurde im Januar 1997 aufgenommen.

Königliche Residenz

# Kensington Palace

**Der Kensington Palace ist ein Herrenhaus aus der Zeit James' (Jakobs) I. und seit fast 70 Jahren Lieblingsresidenz der Königsfamilie in London. Er wurde vom Monarchenpaar William und Mary erworben, die dem Whitehall Palace sowie dem Nebel der Themse entfliehen wollten.**

Als William III. und Mary II. 1688 den Thron bestiegen, war der König angeschlagen, und sein Asthma wurde durch die kalten, feuchten Räume des Whitehall Palace noch verschlimmert. Ihre Suche nach einer Alternative führte 1689 zum Kauf von Nottingham House, einem zweistöckigen Herrenhaus im Dorf Kensington, für 20 000 £. Christopher Wren, der königliche Architekt, wurde damit beauftragt, es zu einem Palast umzubauen. Das Königspaar wollte möglichst schnell einziehen. Um die Kosten gering zu halten, verwendete man Ziegel statt Stein. Als Erstes errichtete Wren an allen vier Ecken des Gebäudes dreistöckige Pavillons als Wohnräume mit einer Reihe Prunkräume, in denen Audienzen und Staatsakte stattfinden konnten. Wren richtete das Gebäude nach Westen aus, ein Nord- und ein Südflügel wurden hinzugefügt. Sie flankierten einen Hof, den man durch einen Torbogen unter dem Glockenturm betrat. Ein Garten im niederländischen Stil wurde um das Gebäude angelegt, mit Rasenflächen, geometrisch angelegten Wegen und Blumenbeeten. Um Weihnachten 1689, nur sechs Monate, nachdem mit den Umbauarbeiten begonnen worden war, konnte der königliche Hofstaat einziehen, auch wenn die Bauarbeiten noch fortgesetzt wurden. Im Jahr 1694 starb Mary im Palast an den Pocken und ließ William am Boden zerstört zurück.

Acht Jahre später, 1702, starb auch William im Kensington Palace an einer Lungenentzündung, nachdem er vom Pferd gefallen war und sich in der Königsgalerie von seinem Sturz erholen wollte. Williams Nachfolgerin Anne bestellte bei Wren eine Treppe, die von ihren Gemächern direkt in den Garten führte. Vor allem die Gartenanlage selbst wurde von Anne geprägt: Sie ließ sie zu einem barocken Repräsentationsgarten mit Formschnitt umgestalten und eine Orangerie errichten, in der ihre Orangenbäume im Winter untergebracht wurden. Letztere wurde von Nicholas Hawksmoor und John Vanbrugh entworfen und enthielt Schnitzereien in Birnbaum- und Kiefernholz von Grinling Gibbons; sie diente auch als Kulisse für königliche Empfänge.

## Georgianische Blütezeit

Nach dem Tod Queen Annes 1714 ging die Krone an George I. aus dem Haus Hannover. Ein Gutachten ergab, dass der Palast repariert werden musste, und dem König gefiel er so gut, dass er viel investierte. Drei zusätzliche Prunkräume – der Kuppelraum, die Geheimkammer (*Privy Chamber*), und der Gesellschaftsraum (*Withdrawing Room*) – wurden hinzugefügt. Die bereits existierenden Prunkräume wurden von dem Künstler und Architekten William Kent renoviert, der den etablierten Maler Sir James Thornhill im Preis unterboten hatte.

Unter George II. und seiner Gemahlin Queen Caroline erlebte der Palast eine lebhafte Zeit. Sie gaben Gesellschaften, und ihr Hof zog illustre Gäste an – Intellektuelle, Politiker, Schriftsteller, Philosophen und Dichter. Der Repräsentationsgarten wurde durch eine Anlage ersetzt, die vom königlichen Gärtner Charles Bridgeman in einem romantischen, natürlichen Stil gehalten wurde. Von ihm stammen viele Elemente, die auch heute noch in den Kensington Gardens zu sehen sind, etwa die Serpentine, der Runde Teich und der Breite Weg. Der Park war samstags geöffnet, wenn die Königsfamilie nach Richmond aufbrach; und schon bald trafen sich dort die Reichen und Schönen und trugen die neueste Mode zur Schau.

Nach Carolines Tod 1737 verlor der Palast an Bedeutung. George II. starb dort 1760; sein Nachfolger George III. zog es vor, in Kew, Windsor und dem Buckingham House zu residieren.

Königliche Pracht
Der Palast steht an den Kensington Gardens. Am Eingang steht eine Statue von Queen Victoria, die von ihrer Tochter, Princess Louise, zum Goldenen Thronjubiläum der Königin 1887 entworfen wurde. Vor der Südfassade steht eine Statue Williams III. von Oranien.

WILLIAM III. VON ORANIEN VOR DER SÜDFASSADE

KENSINGTON PALACE VON SÜDEN

**Der „Versunkene Garten“**
Der im niederländischen Stil des 17. Jh. angelegte Garten ist relativ neu. Er wurde 1909 auf Geheiß Edwards VII. von Ernst Law entworfen, um eine Ansammlung von Gewächshäusern zu ersetzen.

KÖNIGSGALERIE

DAS KÖNIGLICHE TREPPENHAUS

›› Seitdem wurde Kensington Heim für weniger bedeutende Mitglieder der Königsfamilie. Ein exzentrischer Bewohner war der Sohn von George III., Prince Augustus Frederick, Duke of Sussex, dessen Menagerie aus Singvögeln durch seine Gemächer schwirrte. Auch sein Bruder, Prince Edward, Duke of Kent and Strathearn, bewohnte Räumlichkeiten im Palast; Edwards Tochter Alexandrina Victoria wurde neun Monate vor seinem Tod am 24. Mai 1819 in Kensington geboren. Sie war dort regelrecht eingesperrt, und jeder ihrer Schritte wurde von ihrer Mutter und derem Vertrauten, Sir John Conroy, überwacht, die die Prinzessin unter ihrer Kontrolle halten wollten.

„Ich habe hier **schmerzliche und unangenehme Situationen** erlebt, das ist wahr, **trotzdem mag ich diesen guten alten Palast.“**

QUEEN VICTORIA, 1837

Als Victoria 18 wurde, war ihre erste Bitte, jeden Tag eine Stunde allein verbringen zu dürfen. Eine ihrer ersten Amtshandlungen, nachdem sie den Thron bestiegen hatte, bestand darin, Conroy aus den königlichen Gemächern zu verbannen und ihre Mutter aus dem Palast auszuquartieren.

## Ein Palast für alle

Ende des 19. Jh. war der Palast in schlechtem Zustand. Das Mauerwerk bröckelte, und das Holz litt unter Feuchtigkeit und Fäule. Manche wollten den Palast abreißen lassen. Queen Victoria jedoch erklärte, dass „der Palast, in dem sie geboren wurde, zu ihren Lebzeiten nicht abgerissen werden sollte". Schließlich bewilligte das Parlament Mittel zur Restaurierung. Danach wurden die Prunksäle am Geburtstag der Königin 1899 der Öffentlichkeit zugänglich gemacht. Fortan diente der Palast der Königsfamilie als private Wohnstätte und der Öffentlichkeit als Museum.

1940 wurde der Kensington Palace von einer Bombe getroffen, die auch umliegende Gebäude beschädigte. Der Garten war voller Flugabwehrgeschütze, Sandsäcke und Gräben. Nach dem Krieg erfuhr der Palast eine weitere Periode der Vernachlässigung, bis in den 1960er-Jahren Princess Margaret und Antony Armstrong-Jones, der 1. Earl of Snowdon, dort einzogen. Sie wohnten in Apartment 10 – dem „Puppenhaus", wie Margaret die Wohnung beschrieb –, während Apartment 1A nach Entwürfen des Bühnenbildners Carl Toms renoviert und in Margarets Lieblingsfarben Rosa und Gletscherblau umgestaltet wurde. Für Lord Snowdon wurde eine Dunkelkammer eingerichtet. 1981 zogen der Prince of Wales und seine Ehefrau Diana in den Teil des Palastes, den George I. für seine Geliebte eingerichtet hatte. Dort wuchsen die Prinzen William und Harry auf, die auch den örtlichen Kindergarten und die Vorschule in Notting Hill besuchten. So erlebten sie bei Friseurbesuchen, im Kino und im Schnellimbiss auf der Kensington High Street den Hauch einer „normalen" Kindheit.

### Die königlichen Prunkzimmer

Kensington war das Herz der georgianischen Gesellschaft: William Kents Treppe, die zu den Sälen führte, besitzt einen Hauch Unsterblichkeit. Die Windrichtungsanzeige Williams III., mit einer Wetterfahne verbunden, blieb erhalten, als Kent die Königsgalerie umgestaltete.

Kensington Palace blieb der offizielle Wohnsitz von Diana, Princess of Wales. Nach ihrem Tod am 31. August 1997 wurde das Tor am Südeingang zum Zentrum der öffentlichen Trauer. Über 1 Mio. Blumensträuße, die bis zu einer Höhe von anderthalb Metern aufgetürmt waren, wurden dort abgelegt. Der Sarg der Prinzessin blieb eine letzte Nacht im Kensington Palace und wurde am Morgen des 6. Septembers 1997 auf einer Geschützlafette zur Westminster Abbey gefahren.

2011 wurde angekündigt, dass der Duke und die Duchess of Cambridge von Nottingham Cottage auf dem Gelände des Kensington Palace in die ehemalige Wohnung von Princess Margaret ziehen würden. Im folgenden Jahr zog auch Prince Harry wieder in den Palast ein: Die Tradition, in einem Palast die königlichen Privatwohnsitze mit der Öffentlichkeit zugänglichen Räumen zu verbinden, scheint weiterhin Bestand zu haben. Die Prunksäle wurden renoviert und zum Diamantenen Thronjubiläum Elizabeths II. 2012 wiedereröffnet. Sie beherbergen nun ein Museum mit digitalen und interaktiven Präsentationen und Audioreihen, welche die Prunkräume und die Menschen, die hier wohnten, zum Leben erwecken. Zudem bietet das Museum eine Sammlung an königlicher Kleidermode, antiken Möbeln und anderen Devotionalien, die nun von Besuchern besichtigt werden können.

**Der Kuppelraum**
Queen Victoria wurde im prächtigen Kuppelraum getauft, William Kents erster Arbeit für George I. Dem König gefiel der Raum so gut, dass Kent mit der Renovierung aller Prunksäle beauftragt wurde.

**Marineoffizier**
In seiner 22-jährigen Marinekarriere nahm Prince Andrew am Falkland-Krieg teil und hatte das Kommando über die *HMS Cottesmore*. 2001 schied er aus dem aktiven Dienst aus.

* 1960

# Der **Duke** of **York**

„Ich will gar nicht erst behaupten, dass das ein **Kinderspiel** war. Ich werde es **nicht noch mal machen.**“

**PRINCE ANDREW,** NACHDEM ER SICH VOM LONDONER WOLKENKRATZER „THE SHARD“ ABGESEILT HATTE, SEPTEMBER 2012

Prince Andrew ist das dritte Kind von Queen Elizabeth II. und Prince Philip. Geboren am 19. Februar 1960 im Buckingham Palace war er seit 1857, als Princess Beatrice, die jüngste Tochter Queen Victorias, auf die Welt kam, das erste Kind, das von einer regierenden Königin geboren wurde. Bei seiner Geburt war er Zweiter in der britischen Thronfolge; inzwischen ist er Sechster. Er wurde auf den Namen Andrew Albert Christian Edward getauft; Andrew ist die englische Form des Namens seines Großvaters väterlicherseits, Prinz Andreas von Griechenland, der 1944 starb. Andrew besuchte im Alter von acht bis 13 die Heatherdown Preparatory School in Ascot, danach die Gordonstoun School in Schottland, wo sein Vater und sein älterer Bruder ihren Abschluss gemacht hatten. Daraufhin verbrachte er zwei Trimester an der Lakefield College School im kanadischen Ontario, bevor er nach Gordonstoun zurückkehrte und dort seinen Abschluss machte. Danach besuchte er das Britannia Royal Naval College in Dartmouth in Devon, wo er seine Ausbildung zum Marineoffizier begann.

## Marinekarriere

Nachdem er Dartmouth verlassen hatte, lernte Andrew, wie man Hubschrauber fliegt, und wurde der Marineluftstaffel 820 zugeteilt, wo er an Bord des Flugzeugträgers *HMS Invincible* Dienst tat. Sechs Monate später, im April 1982, brach er als Teil der Streitkräfte im Falkland-Krieg auf der *HMS Invincible* in den Südatlantik auf. 1999 wurde Andrew zum Fregattenkapitän ernannt und

Abschied von Hongkong
Prince Andrew bei einem Besuch der britischen Armeeeinheit, die während der Vorbereitungen für die Übergabe von Hongkong an China 1997 auf Stonecutters Island in Hongkong stationiert war.

begab sich im Rang eines Kapitäns zur See ehrenhalber in den Ruhestand. 2010 wurde er zum Konteradmiral ehrenhalber befördert und fünf Jahre später zum Vizeadmiral ehrenhalber.

## Ehe und Kinder

Andrew hatte vor seiner Verlobung mit Sarah Ferguson mehrere Freundinnen, unter anderem die US-amerikanische Schauspielerin Koo Stark. Die rothaarige Fergie, wie sie von allen genannt wurde, war ein Liebling der Presse. Bei seiner Hochzeit mit Sarah am 23. Juli 1986 (S. 134–135) erhielt Prince Andrew den Titel Duke of York, ein Herzogstitel, der traditionell für den zweiten Sohn des Monarchen vorgesehen ist. Die Queen ließ für sie ein Haus im Stil einer Ranch mit zwölf Zimmern in Sunninghill Park in Berkshire bauen. Andrew und Sarah haben zwei Töchter, Princess Beatrice und Princess Eugenie.

## Trennung und Scheidung

Sarah nahm während Andrews häufiger Abwesenheit Hubschrauberflugstunden, was sie zu ihrer Kinderbuchreihe über den Hubschrauber *Budgie* inspirierte, woraus später eine animierte Fernsehserie wurde. Als die Presse anfing, Fotos von Sarah in Begleitung anderer Männer zu veröffentlichen, schwand ihre Beliebtheit allmählich.

Das Paar trennte sich im März 1992 und ließ sich im Mai 1996 scheiden, nur drei Monate vor Charles und Diana. Wie Diana wurde sie nun auch nicht mehr mit „Ihre Königliche Hoheit" angeredet. Andrew und Sarah kamen überein, sich das Sorgerecht für ihre Töchter zu teilen, und Sunninghill Park blieb bis 2004 ihr gemeinsamer Familienwohnsitz. Danach zog Andrew in die Royal Lodge, den früheren Wohnsitz der Königinmutter. Seit 2008 lebt auch Sarah dort. Sie verbringt geschäftlich viel Zeit in New York. 2010 bot sie einem Enthüllungsjournalisten an, ihn für 500 000 £ in Kontakt mit Andrew zu bringen, woraufhin sie sich entschuldigen musste. Sie und Andrew haben dennoch ein gutes Verhältnis zueinander und äußern sich oft positiv über den jeweils anderen.

„Zur See zu fahren ist **etwas Besonderes.** Ein wenig **Disziplin** und **Demut** sind dafür schon notwendig."

PRINCE ANDREW IN EINEM INTERVIEW

DIE DUCHESS OF YORK

## SARAH FERGUSON

Die 1959 geborene Sarah Ferguson ist die Tochter des verstorbenen Major Ronald Ferguson, dem Polotrainer des Duke of Edinburgh und später des Prince of Wales, und seiner Frau Susan. Nachdem sich Sarahs Eltern 1974 hatten scheiden lassen, heiratete ihre Mutter den argentinischen Polospieler Hector Barrantes. Sarah und Andrew kannten sich schon als Kinder, aber ihre Romanze begann erst, als Sarah während des Pferderennens in Ascot 1985 zu einem Fest in den Buckingham Palace eingeladen wurde, angeblich auf Vorschlag von Diana. Zur Zeit ihrer Verlobung arbeitete Sarah in einem Verlagshaus. Andrew entwarf einen Verlobungsring, der aus zehn Diamanten bestand, die einen Rubin umringten, der zu ihren Haaren passte.

## Das Leben nach der Navy

Nach seiner aktiven Zeit bei der Navy wurde Prince Andrew zum Sonderrepräsentanten für internationalen Handel und Investment und sollte die britischen Geschäftsinteressen im Ausland fördern. Von dieser Funktion zog er sich im Jahr 2011 zurück, nachdem er für seine Beziehungen zu umstrittenen Persönlichkeiten kritisiert worden war, unter anderem zu einem Sohn des libyschen Revolutionsführers Gaddafi und einem reichen amerikanischen Finanzier, der wegen Sexualdelikten verurteilt worden war.

Prince Andrew unterstützt zahlreiche Hilfsorganisationen und ist Vorsitzender des *Outward Bound Trust*, einer wohltätigen Bildungsinitiative. Außerdem ist er Ehrenoberst einer Reihe von Regimenten sowohl der britischen Armee als auch in Kanada und Neuseeland.

CHRONIK

- **19. Februar 1960** Andrew wird im Buckingham Palace geboren und ist seit 103 Jahren das erste Kind, das von einer regierenden Monarchin geboren wurde. Er wird auf den Namen Andrew Albert Christian Edward getauft.
- **1973** Besuch der Gordonstoun School in Morayshire, Schottland
- **1979** Er tritt mit dem Ziel, Hubschrauberpilot zu werden, in die Marine ein.
- **April 1981** Er erhält vom Prince Philip sein Fliegerabzeichen und gewinnt eine Auszeichnung als bester Pilot.
- **5. April 1982** Er geht als Teil der Streitkräfte im Falkland-Krieg an Bord der *HMS Invincible* und fliegt mehrere Fronteinsätze.
- **Mai 1984** Er wird zum Kapitänleutnant befördert und dient als Pilot auf der Fregatte *HMS Brazen*.
- **1984** Die Königin ernennt ihn zu ihrem persönlichen Adjutanten.
- **23. Juli 1986** Er heiratet Sarah Ferguson in der Westminster Abbey und erhält den Titel Duke of York.
- **8. August 1988** Geburt der ersten Tochter Beatrice
- **23. März 1990** Geburt der zweiten Tochter Eugenie
- **März 1992** Andrew und Sarah trennen sich; die Scheidung erfolgt vier Jahre später.
- **20. November 1992** Er hilft, Schätze aus dem Feuer zu retten, das auf Windsor Castle wütet.
- **1993** Er wird zum Fregattenkapitän und Kommandanten des Minensuch- und -räumbootes *HMS Cottesmore* ernannt.
- **1999** Er arbeitet im Verteidigungsministerium in der diplomatischen Abteilung des Admiralsstabs.
- **Juli 2001** Er zieht sich aus dem aktiven Dienst in der Royal Navy zurück.
- **2001–2011** Er arbeitet als Sonderrepräsentant für internationalen Handel und Investitionen,

PRINCE ANDREW AM CERN, GENF

um die britischen Geschäftsinteressen im Ausland zu fördern. Auf seinen Reisen besucht er auch die Europäische Organisation für Kernforschung (CERN) in Genf.

- **Juli 2005** Er wird zum Kapitän zur See ehrenhalber ernannt und erhält im folgenden Jahr den Ehrenrang *Commodore* in Chief der Marineflieger.
- **Februar 2010** Er wird zum Konteradmiral ehrenhalber ernannt.
- **3. September 2012** Er seilt sich an „The Shard", Londons höchstem Wolkenkratzer, ab, um Geld für den *Outward Bound Trust* zu sammeln.
- **Februar 2015** Er wird zum Vizeadmiral ehrenhalber ernannt.

**FRÜHER**

**1923 heiratete schon einmal ein Duke of York, der Vater der Königin und spätere King George VI., in der Westminster Abbey.**

**BRAUTSTRÄUSSE**

Die Braut war seinerzeit **Lady Elizabeth Bowes-Lyon.** Als junge Braut im Jahr 1923 war sie auf dem Weg durch das Kirchenschiff spontan stehen geblieben und hatte in einer schlichten Geste ihren Brautstrauß auf das **Grab des Unbekannten Soldaten** gelegt, der im **Ersten Weltkrieg** auf einem europäischen Schlachtfeld sein Leben gelassen hatte. Sie tat dies im Gedenken an ihren geliebten Bruder **Fergus**, der 1915 in der **Schlacht bei Loos** gefallen war.

**Sarah, die neue Duchess of York,** griff diese Geste auf und ließ ihren Brautstrauß ebenfalls auf das Grab legen, nachdem die offiziellen Hochzeitsfotos gemacht worden waren. Auch **Kate Middleton** führte bei ihrer Hochzeit mit Prince William 2011 diese Tradition fort.

# Die **Hochzeit** von **Andrew** und **Sarah**

**Am 23. Juli 1986 heiratete Prince Andrew, der jüngere Bruder von Prince Charles, Sarah Ferguson in der Westminster Abbey. Am Morgen der Hochzeit ernannte die Königin Prince Andrew zum Duke of York, Earl of Inverness und Baron Killyleagh.**

„Es war der **schönste Augenblick** meines Lebens …, als ich **ihn heiratete.**“

SARAH, DUCHESS OF YORK, IN EINEM INTERVIEW, 2015

Hochzeitsprozession
Frisch vermählt verlassen der Duke und die Duchess of York den Chor der Westminster Abbey durch einen Bogen aus Rosen und Lilien. Direkt hinter dem Paar ist Prince William als Page mit Matrosenmütze zu sehen.

Tausende Menschen säumten die Strecke, als Sarah Ferguson, die künftige Her Royal Highness the Duchess of York, mit ihrem Vater Major Ronald Ferguson in der vergoldeten „gläsernen" Kutsche von Clarence House nach Westminster Abbey fuhr. Etwa 2000 Menschen, Mitglieder europäischer Königshäuser und Gäste wie Nancy Reagan, Elton John und Michael Caine nahmen an der Feier in der Westminster Abbey teil. Die Hochzeit stand gemäß der Tätigkeit des Bräutigams unter einem nautischen Motto. Der silberne Perlenbesatz auf Sarahs von Lindka Cierach entworfenem elfenbeinfarbenem Satinkleid war in Anker- und Wellenmotiven gehalten, und die Schleppe war mit den Initialen des Brautpaars, „A" und „S", verziert. Die vier Pagen, einer davon der vierjährige Prince William, trugen Matrosenanzüge und Strohhüte. Peter Phillips, der Sohn von Princess Anne, war ebenfalls Page, seine Schwester Zara Phillips war Brautjungfer. Für Prince Andrew, der die Paradeuniform eines Kapitänleutnants trug, fungierte sein jüngerer Bruder, Prince Edward, als Trauzeuge. Der Erzbischof von Canterbury, Dr. Robert Runcie, leitete den Gottesdienst, und Prince Charles las aus der Heiligen Schrift. Im Gegensatz zu Diana fünf Jahre zuvor, gelobte Sarah, ihrem Ehemann zu gehorchen, was ihr Schelte von Feministinnen eintrug.

## Der Kuss auf dem Balkon

Lachend und winkend fuhr das Paar in einer offenen Kutsche von Westminster Abbey in einer Prozession über die Mall zum Buckingham Palace. Etwa 100 000 Menschen hatten sich vor dem Palast versammelt und warteten darauf, dass sich die Braut mit der Königsfamilie auf dem Balkon zeigte. Andrew und Sarah strahlten und taten, als würden sie nicht verstehen, was die Menge von ihnen wollte. Als sie sich schließlich umarmten und küssten, ernteten sie begeisterten Applaus. Später fand im Buckingham Palace ein Empfang statt.

Der Herzog und die Herzogin brachen in einer offenen Kutsche in die Flitterwochen auf. Die Kutsche war von Prince Edward mit einer Satellitenschüssel aus Pappmaschee und einem

**1,6 m hoch war die von den Küchenchefs des Schulschiffs *HMS Raleigh* in Cornwall hergestellte Hochzeitstorte.**

Schild geschmückt worden. Auf dem stand in Anspielung auf den Film *E.T.* „Phone Home", „Nach Hause telefonieren". Mit ihnen in der Kutsche saß ein riesiger Teddybär, den Diana und Viscount Linley, der Sohn von Princess Margaret, der Countess of Snowdon, eingeschmuggelt hatten. Am Flughafen Heathrow gingen sie an Bord eines königlichen Jets, auf dessen Landeklappen der Schriftzug „Just Married" prangte und der sie auf die Azoren brachte. Dort verbrachten sie ihre fünftägigen Flitterwochen auf der königlichen Yacht *HMY Britannia*.

## Beliebtes Paar

Einige Monarchiekritiker beklagten sich zwar über die verschwenderische Hochzeitsfeier von Prince Andrew und Sarah, doch im Allgemeinen war die Öffentlichkeit von dem Ereignis begeistert, und die Geschäfte waren voller Andenken. Prince Andrews Image in der Öffentlichkeit war nach seinem Falkland-Einsatz noch immer positiv. Man wusste, dass er gern auf Partys ging und viele Freundinnen gehabt hatte, was ihm den Spitznamen „Randy Andy", „der scharfe Andy", eingebracht hatte. Eigentlich war das Timing der Hochzeit optimal, denn so entkam er der Medienschelte, die irgendwann ohnehin über ihn hereingebrochen wäre, noch einige Zeit. Die Presse war der Ansicht, dass er in Sarah Ferguson eine Seelenverwandte gefunden hätte. Fergie, wie sie inzwischen allgemein genannt wurde, war entspannter und bodenständiger als Diana und stets zu einem Scherz oder einem Witz aufgelegt. Mit 26 war sie auch älter und bedeutend erfahrener, als es die Princess of Wales zum Zeitpunkt ihrer Hochzeit gewesen war. Es war allgemein bekannt, dass Sarah schon vor der Hochzeit in Prince Andrews Wohnung im Buckingham Palace eingezogen war, im Gegensatz zu Diana, die abgeschieden in Clarence House gewohnt hatte. Darüber hinaus wusste man, dass Sarah vor Andrew mindestens einen Freund gehabt hatte, was niemanden zu stören schien.

## Frische Brise

Beobachter prophezeiten, dass Sarah eine willkommene frische Brise in das steife Leben des Königshauses bringen würde. Man munkelte, dass sie bei der Königin, die Fergies Witze mochte, sehr beliebt war. Außerdem glaubte man, dass Sarah Princess Diana eine hilfreiche Freundin sein würde und dass sich die beiden eine Zeit lang ziemlich nahegestanden hätten. In der Woche vor der Hochzeit berichteten die Boulevardzeitungen, dass Sarah und Diana zusammen mit der Schauspielerin Pamela Stephenson als Polizistinnen verkleidet in Andrews Junggesellenabschied hineinplatzen wollten. Später hätte sie jedoch der Mut verlassen, und sie hätten stattdessen im *Annabel's*, einem Club im West End, Champagner geschlürft. Diese Eskapade spiegelt Sarahs unkomplizierten Sinn für Humor wider, zeigt aber auch die wachsende Nähe der Königsfamilie zur Prominenz. Diese Verbindung kratzte am geheimnisvollen Nimbus der königlichen Familie und ebnete Presseattacken den Weg.

**Völlig entspannt**
Sarah Ferguson zeigte sich während ihrer Hochzeit mit Prince Andrew entspannt. Sie lachte mit ihrem Mann, zwinkerte den Pagen und Blumenmädchen zu, als sie zum Altar ging, und zeigte der Menge den erhobenen Daumen.

**Glückliche Familie**
Prince Andrew und Sarah blieben nach ihrer Scheidung Freunde und erzogen ihre Töchter gemeinsam. Die Königin mag Sarah angeblich noch immer und hält sie für eine gute Mutter.

## SPÄTER

**Die Liebe der Presse zu Andrew und Sarah begann schon bald nach der Hochzeit zu schwinden, wobei Sarah den Großteil der Kritik abbekam.**

**IN UNGNADE GEFALLEN**
Sarah bekam 1987 den Unmut der Medien nach der verheerenden Fernsehshow ***The Grand Knockout Tournament*** voll zu spüren. Vier Mitglieder der königlichen Familie, Prince Edward, Princess Anne und der Duke und die Duchess of York, nahmen zusammen mit Prominenten an dieser Wohltätigkeitsveranstaltung teil, die nicht gut aufgenommen wurde, unter anderem weil Sarah ihr Team recht unflätig anfeuerte. Des Weiteren wurde sie für ihr Übergewicht kritisiert, und das Haus des Paares in Sunninghill Park erhielt den Spitznamen **„South York"** wegen seiner angeblichen Ähnlichkeit mit der South Fork Ranch aus der amerikanischen Seifenoper ***Dallas***. Die erbarmungslose und oft gehässige Kampagne trug wohl mit dazu bei, dass sich das Paar 1992 trennte. Sarahs mangelnder Wille zur Diskretion brachte die königliche Familie später noch oft in Verlegenheit. **Sir Martin Charteris,** der ehemalige Pressesprecher der Königin, wurde einmal dabei ertappt, wie er Sarah als **„vulgär, vulgär, vulgär"** bezeichnete.

**GEDENKBRIEFMARKE**

FRÜHER

**Die Zeremonie *Trooping the Colour* geht auf das 18. Jh. zurück, als eine Bataillonsflagge (*colour*) langsam an den Soldaten vorbeigetragen wurde (*trooping*), sodass sie gesehen und erkannt werden konnte.**

**GEBURTSTAGSPARADE**
Mit der Zeremonie *Trooping the Colour* wurde 1748 erstmals der Geburtstag von **George II.** gefeiert. Seitdem stellt *Trooping the Colour* an einem Samstag im Juni, wenn mit gutem Wetter zu rechnen ist, **das offizielle Geburtstagsfest** des jeweiligen Monarchen dar.

KING GEORGE V. AUF DER PARADE, 1925

# Der **60. Geburtstag** der **Königin**

**Die Königin feiert jedes Jahr zweimal Geburtstag: am 21. April, ihrem tatsächlichen Geburtstag, und Anfang Juni, wenn sie der Truppenparade *Trooping the Colour* beiwohnt. Ihr 60. Geburtstag wurde mit großen Feierlichkeiten in Großbritannien und überall im Commonwealth begangen.**

Die großen Ereignisse im Königshaus im Jahr 1986, die Hochzeit von Prince Andrew und Sarah Ferguson im Juli (S. 134–135) und die Feierlichkeiten zum 60. Geburtstag der Königin, waren Glanzpunkte in einem für die Monarchie schwierigen Jahr. Es soll zwischen der Königin und Premierministerin Margaret Thatcher Differenzen bezüglich der britischen Haltung zum Apartheidsregime in Südafrika gegeben haben. Im Juli berichtete eine Zeitung, dass die Königin bestürzt sei über die harte Sozialpolitik, die die Regierung seit dem Streik der Minenarbeiter im Jahr zuvor verfolgte, dies wurde sofort vom Palast dementiert. Die Königsfamilie wurde regelmäßig in der satirischen Puppenfernsehserie *Spitting Image* karikiert, was früher undenkbar gewesen wäre. Auch gab es Sicherheitsprobleme: 1981 gab jemand aus der Menge Schüsse mit Schreckschusspatronen ab, als die Königin bei der Truppenparade über die Mall ritt, und der Terror der IRA bedrohte die britischen Hauptinsel. Dies hielt die Menschenmassen nicht davon ab, auf die Straße zu gehen, um den Geburtstag der Königin zu feiern.

## Dudelsack und Osterglocken

Der 60. Geburtstag von Queen Elizabeth II. am 21. April 1986 begann mit einem frühmorgendlichen *Happy Birthday to You*, vorgetragen vom persönlichen Dudelsackspieler der Königin vor ihren Wohnräumen in Windsor Castle. Der Dudelsackspieler ist Mitglied des königlichen Haushalts. Er spielt jeden Morgen um 9 Uhr vor dem

Sag's mit Blumen
Eine lächelnde Queen Elizabeth II. in frühlingshaftem Gelb bekommt im Vorhof des Buckingham Palace Narzissen von einer Gruppe von Kindern überreicht.

Geburtstagsumzug
Die Kapelle und die Soldaten der *Household Division*, denen fünf Tambourmajore in Prunkuniform vorangehen, kehren im Juni 2014 am Ende der Truppenparade über die Mall zum Buckingham Palace zurück.

Fenster der Königin, eine Tradition, die Queen Victoria einführte. Dem Ständchen folgten 21 Salutschüsse im Windsor Great Park, ein Dankgottesdienst in der St.-Georgs-Kapelle in Windsor und ein Umzug in der Kutsche durch die Stadt.

### Letzter Auftritt von *Burmese*

Die Truppenparade am 14. Juni war auch deshalb denkwürdig, weil *Burmese*, das schwarze Lieblingspferd der Königin, zum letzten Mal in der Öffentlichkeit erschien. Die Stute *Burmese* war 1969 ein Geschenk der Royal *Canadian Mounted Police* gewesen und hatte die Königin, die immer im Damensitz ritt, 18 Jahre lang bei jeder Truppenparade getragen. 1981 hatte die Königin auf *Burmese* gesessen, als fünf Platzpatronen aus der Menge abgeschossen wurden, woraufhin das Pferd sich aufbäumte. Die Königin brachte die Stute rasch unter Kontrolle und erhielt großes Lob für ihre Geistesgegenwart. Später erklärte sie, dass *Burmese* die Schüsse im Lärm der Menge gar nicht gehört, sondern nur auf die Bewegung der Pferde der *Household Cavalry* reagiert hätte, die gewendet hatte, um die Monarchin zu schützen. „*Burmese* glaubte, dass die *Household Cavalry* mich angreifen würde, deshalb ging sie zuerst zum Angriff über", sagte die Königin angeblich. Der Angreifer war ein 17-Jähriger, der die Tat wie folgt begründete: „Ich wollte jemand sein."

**6000** **Kinder sangen zu den Feierlichkeiten zum 60. Geburtstag der Königin *Happy Birthday* auf der Mall.**

„We **saw your car,** Hurrah! Hurrah! We saw you **wave,** the **smile you gave,** We saw **your horse,** of course, of course."

GEBURTSTAGSLIED FÜR DIE KÖNIGIN VON CHRISTOPHER LOGUE, 1986

Nach der Truppenparade 1986 ging *Burmese* in den Ruhestand und stand auf der Weide im Park von Windsor Castle, wo die Stute 1990 starb. Queen Elizabeth II. beschloss, sie nicht zu ersetzen. 1987 begann die Königin damit, in einem Phaeton, einer leichten Kutsche, am *Trooping the Colour* teilzunehmen, den Salut nimmt sie stets auf einem Podium entgegen.

Am Nachmittag wurde die Königin zum Buckingham Palace gefahren, wo sie von 6000 Kindern aus ganz Großbritannien und dem Commonwealth begrüßt wurde, die sich im Dauerregen an der Mall aufgestellt hatten, jedes mit einer Osterglocke in der Hand. Vom Balkon des Palastes aus lauschte sie einem Lied, das speziell für diesen Anlass komponiert worden war: *Happy Birthday Ma'am, God Bless You*.

Anschließend ging sie hinunter in den Vorhof des Palastes, um die Osterglocken der Kinder entgegenzunehmen. Prince Andrew und Sarah Ferguson halfen ihr dabei. Abends besuchte die königliche Familie eine Gala im *Royal Opera House*; Star des Abends war Placido Domingo. Aufgeführt wurde unter anderem ein Ballett, das die Königin und Princess Margaret als junge Mädchen darstellte.

Besichtigung der Terrakotta-Armee
Im Oktober 1986 besuchte die Königin die Ausgrabungsstätte der „Terrakotta-Armee" in Xi'an in der Provinz Shaanxi. Queen Elizabeth II. ist die erste britische Monarchin, die je China betreten hat.

### Gedenkbriefmarken

In Großbritannien und im ganzen Commonwealth wurde der 60. Geburtstag der Königin mit der Herausgabe von Gedenkmarken und -münzen gefeiert. Auf jeder Briefmarke des britischen Satzes aus vier Marken zeigen jeweils drei Porträts die Königin in unterschiedlichen Lebensabschnitten, vom frühesten Porträt der Zweijährigen bis zur damaligen Gegenwart. Elf Commonwealth-Staaten brachten Gedenkmarken heraus. Als die Königin am 24. Juli die 13. *Commonwealth Games* in Edinburgh eröffnete, blieben 32 der 59 startberechtigten Länder den Spielen fern, und zwar aus Protest gegen die Politik der britischen Regierung, die sportlichen Beziehungen zu Südafrika aufrechtzuerhalten, und die Weigerung, wirtschaftliche Sanktionen gegen das Apartheidsregime zu verhängen. Im Oktober rundete die Königin ihren 60. Geburtstag mit einem Staatsbesuch in China ab. Es war das erste Mal, dass ein britischer Monarch China besuchte. Damit wurde eine Zeit der Feindschaft beendet, die bis ins 19. Jh. zurückreichte.

## SPÄTER

**20 Jahre später feierte die Königin ihren 80. Geburtstag mit einem königlichen Spaziergang in Windsor, wo sie von Tausenden gegrüßt wurde.**

**GLÜCKWÜNSCHE PER E-MAIL**

Die Königin erhielt **20 000 Karten** und **17 000 E-Mails,** die an ihre 80. Geburtstag-Website verschickt worden waren. Die Glückwünsche umfassten einen Gruß von **500 Besatzungsmitgliedern der *HMS Illustrious*,** die im Indischen Ozean stationiert war. Die Seeleute hatten sich in Form von „Happy 80th" auf dem Deck aufgestellt. Das **Kabinett** schenkte der Königin ein **Porzellanteeset der Manufaktur Spode.** Am Abend gab **Prince Charles,** der zuvor **über BBC Radio einen Glückwunsch** an seine Mutter gesendet hatte, im **Kew Palace ein Familien-Dinner**. Danach gab es ein Feuerwerk und eine Laser-Show über Kew Gardens im Südwesten Londons. Am 25. Juni wurde im Garten des Buckingham Palace eine Party für 2000 Kinder gegeben, die durch ein landesweites Auswahlverfahren ausgesucht worden waren.

DER 80. GEBURTSTAG DER KÖNIGIN, 2006

**Bei Wind und Wetter**
Queen Elizabeth II. reitet 1983 beim *Trooping the Colour* mit der königlichen Leibgarde durch strömenden Regen. Die Zeremonie wird jedes Jahr als offizielle Geburtstagsfeier im Juni veranstaltet.

# Dianas Kleider

**Diana war für ihren glamourösen Modegeschmack berühmt. Kurz vor ihrem Tod hatte sie zehn Kleider ausgesucht, die zu Wohltätigkeitszwecken versteigert werden sollten. Ihre übrigen Kleider sind in Ausstellungen zu sehen.**

[1] Die Princess of Wales trug dieses mitternachtsblaue Samtkleid 1985 zu einem Staatsbankett im Weißen Haus. Bei diesem Anlass tanzte sie mit dem US-amerikanischen Schauspieler John Travolta zu Musik aus dem Film *Saturday Night Fever* (S. 150–151). Das Kleid wurde als das Travolta-Kleid bekannt und brachte 2013 auf einer Auktion 240 000 £ ein. Diana trug es auch auf ihrem letzten offiziellen Porträtfoto, das 1997 vom Earl of Snowdon, dem früheren Ehemann von Princess Margaret, gemacht wurde. [2] Dieses Kleid trug Diana 1986 auf einer Saudi-Arabien-Reise. Es war 2013 ein Objekt der Ausstellung *Fashion Rules* im Londoner Kensington Palace, auf der königliche Kleidung gezeigt wurde. [3] Diana trug dieses Kleid zu einem Dinner, das 1986 im Claridge's Hotel für den griechischen Präsidenten gegeben wurde. Die mitternachtsblaue Kreation ist mit Stern-Pailletten besetzt, dazu gehört ein dramatischer Fishtail-Rock aus mehreren Tüllschichten. Eine in Togo herausgegebene Briefmarke, die an ihre Wohltätigkeitsarbeit erinnert, zeigt die Princess of Wales in diesem Kleid. [4] Das meergrüne, paillettenbesetzte Abendkleid wurde von Catherine Walker entworfen, einer der Lieblingsmodeschöpferinnen der Princess of Wales. Diana hat es anlässlich einer ganzen Reihe von Gelegenheiten getragen, angefangen vom Staatsbesuch in Österreich 1989 bis hin zu einer Filmpremiere. [5] Dieses opulente, vom Mogulstil inspirierte Kleid wurde für Dianas offiziellen Indienbesuch 1992 hergestellt. Bolerojacke und Oberteil bestehen aus rosafarbener, gerippter Seide und sind üppig bestickt. Das ärmellose Kleid ist mit elfenbeinfarbenem Satin gefüttert.

[1] KLEID VON VICTOR EDELSTEIN

Langes, mit Perlen besticktes Oberteil

[2] ABENDKLEID VON BRUCE OLDFIELD

Blauer Tüllrock, gefüttert mit lila Seide

[3] KLEID VON MURRAY ARBEID

Vorne am Kleid verlaufen Kräuselungen entlang der Mittelnaht.

4 ABENDKLEID VON CATHERINE WALKER

Bolerojacke mit Blumenstickereien aus gerippter Seide, verziert mit rosa Pailletten und bunten Perlen

Goldene Kettstich-Blätter auf dem Oberteil

5 KLEID UND WESTE VON CATHERINE WALKER

# **Scheidung** von **Charles** und **Diana**

**Die Ehe des Prince und der Princess of Wales scheiterte in den frühen 1990er-Jahren in aller Öffentlichkeit. Gegenseitige Vorwürfe, untermalt von Pressespekulationen und Gerüchten, schockierten, unterhielten und spalteten die Nation. Die Medien nannten die Scheidung letztendlich „the war of the Waleses".**

Die Risse, die sich schon früh in der Ehe des Prince und der Princess of Wales andeuteten, blieben der Öffentlichkeit einige Jahre lang verborgen. Für Außenstehende schienen sie als Paar zusammenzuhalten und ihren beiden kleinen Söhnen fürsorgliche Eltern zu sein. Bei ihren seltener werdenden Auftritten wirkte Charles, der Diana in den frühen Tagen ihrer Ehe noch stolz präsentiert hatte, jedoch oft mürrisch und unglücklich. Diana kam bei den Menschen besser an als er.

Gerüchte über ein Scheitern der Ehe kamen erstmals auf, als Charles und Diana im Februar 1992 Indien einen offiziellen Besuch abstatteten. Als Diana zum Tadsch Mahal ging, wurde sie fotografiert, wie sie allein vor dem weißen Marmormausoleum saß, das ein Mogulherrscher zum Gedenken an seine Frau errichtet hatte und das gemeinhin als Monument der Liebe betrachtet wird. Sie posierte wohl bewusst, um ihre Einsamkeit und Isolation zu zeigen.

## Enthüllungen

Drei Monate später veröffentlichte der britische Autor Andrew Morton das Buch *Diana: Her True Story*. Es schilderte Sachverhalte wie Dianas Bulimie und den Selbstmordversuch, den sie unternommen hatte, als sie mit William schwanger war. Sie hatte versucht, sich in Sandringham eine Treppe hinunterzustürzen. Auch Charles' Affäre mit Camilla Parker Bowles (S. 176–177) wurde enthüllt. Diana hatte am Verfassen der Biografie mitgearbeitet und auch ihre Freunde dazu ermutigt. Das wirkte sich verheerend auf die öffentliche Meinung aus, weil die königliche Familie im Buch als kalt und zerrüttet geschildert wird. In früheren Zeiten hätte die Königsfamilie vielleicht darauf gehofft, die Eheprobleme des Thronerben vertuschen zu können. Aber es erwies sich in den folgenden Monaten als unmöglich, die Entfremdung des Paares aus den Schlagzeilen herauszuhalten. Abgehörte Telefonate, zuerst zwischen Diana und einem Freund, James Gilbey, dann zwischen Charles und Camilla, entsetzten die Nation. Inzwischen sickerten auch Gerüchte durch, Diana habe eine Affäre mit dem früheren Reitlehrer ihrer Kinder, James Hewitt, gehabt. Im Dezember 1992 verkündete Premierminister John Major dem Unterhaus, dass Charles und Diana sich einvernehmlich trennen würden, jedoch nicht vorhätten, sich

Unglückliches Paar
Charles und Diana bei der Parlamentseröffnung im Oktober 1991. Fotos des Paares zeigen immer wieder, dass die beiden in verschiedene Richtungen starrten, was das Zerwürfnis in ihrer Beziehung widerzuspiegeln schien.

## « FRÜHER

**Prince Charles und Camilla Parker Bowles, damals noch Camilla Shand, lernten sich in den frühen 1970er-Jahren kennen. Sie trafen sich bei Polospielen und gingen bald zusammen aus.**

**EHE ZU DRITT**
Charles Beziehung zu Camilla endete 1973, und **sie heiratete Andrew Parker Bowles**, einen Kavallerieoffizier, mit dem sie eine wechselhafte Beziehung hatte. Selbst wenn Camilla Charles damals hätte heiraten wollen, wäre sie zu dieser Zeit wohl nicht als geeignete Frau für ihn in Betracht gezogen worden. Die

DAS SPÄTERE PAAR BEI EINEM POLOSPIEL, 1975

Freundschaft zwischen Charles und Camilla schien in den späten 1970er- oder frühen 1980er-Jahren, vor seiner Verlobung mit Diana Spencer, wieder aufgeblüht zu sein. Camilla und Andrew Parker Bowles bekamen zwei Kinder und **ließen sich 1995 scheiden,** ein Jahr, nachdem sich Charles in seinem Interview mit Jonathan Dimbleby zu seinem Verhältnis mit Camilla bekannt hatte.

# „Nun ja, wir waren **zu dritt in dieser Ehe,** deshalb war es ein wenig **überlaufen.**“

DIANA GEGENÜBER MARTIN BASHIR IN DER BBC-REIHE *PANORAMA*, 20. NOVEMBER 1995

*Panorama*-Interview
Diana konnte ihr Interview in der BBC- Sendung *Panorama* geben, weil sie es vor dem Buckingham Palace bis kurz vor Ausstrahlung geheim gehalten hatte.

scheiden zu lassen. Er fügte hinzu, dass es „keinen Grund gibt, weshalb die Princess of Wales zu gegebener Zeit nicht zur Königin Englands gekrönt werden sollte“. Diana lehnte die Einladung ab, Weihnachten mit der Königsfamilie in Sandringham zu verbringen, doch das Paar nahm einige Pflichttermine gemeinsam wahr. Bezüglich ihrer Söhne, die im Internat waren, wurde vereinbart, dass sie einen Teil der Schulferien in Highgrove bei ihrem Vater und den anderen im Kensington Palace bei ihrer Mutter verbringen sollten. Im Dezember 1993 kündigte Diana an, dass sie sich aus dem öffentlichen Leben zurückziehen wolle.

## Schwankende öffentliche Meinung

Ein Großteil der britischen Öffentlichkeit hielt zu Diana. Sie war jung, attraktiv und eine liebevolle Mutter. Man konnte nicht verstehen, dass Charles eine ältere Frau bevorzugte, und fragte sich, weshalb er so mürrisch wirkte. Im Juni 1994 gab der Prinz in einem Versuch, sein Image aufzupolieren, dem Journalisten Jonathan Dimbleby für eine Dokumentation über sein Leben und Wirken ein Fernsehinterview. Darin bekannte er öffentlich, dass er Diana betrogen hatte, als „die Ehe unwiderruflich gescheitert war“.

**15 MILLIONEN Menschen schalteten ein, um Dianas BBC-Interview zu sehen.**

Seine Worte sorgten für Aufsehen und machten jede Chance zunichte, durch die Sendung seine Reputation wiederherzustellen. Im November bekräftigte die Veröffentlichung von Dimblebys autorisierter Biografie des Prince of Wales, dass er eine Affäre mit Camilla hatte. Ein Jahr später revanchierte sich Diana, indem sie ein einstündiges Interview in der BBC-Sendung *Panorama* gab. Millionen Menschen schalteten ein, um eine aschfahle Diana zu sehen, die kaum geschminkt wirkte. Sie gestand ihren Seitensprung mit James Hewitt, erzählte von ihren Depressionen und ihrer Bulimie und erklärte, dass Charles' Affäre mit Camilla sie verletzt habe. Gegen Ende des Interviews sagte Diana, dass sie nicht glaubte, je Königin zu werden, und dass sie auch bezweifelte, dass Charles der Rolle des Königs gewachsen sei, und dass sie sich keineswegs scheiden lassen wolle.

Die Biografie des Prinzen
Dimbleby erhielt Zugang zu den Privatarchiven des Prinzen, die über 10 000 Briefe und persönliche Tagebücher enthielten, die noch nie zuvor veröffentlicht worden waren.

## Schadensbegrenzung

Die Königin war da anderer Meinung. Die Monarchie hatte bereits zu großen Schaden erlitten, diese Schlammschlacht zwischen ihrem Sohn und ihrer Schwiegertochter musste beendet werden. Nach Beratungen mit dem Premierminister und dem Erzbischof von Canterbury schrieb sie an den Prinzen und an die Prinzessin und riet ihnen, eine baldige Scheidung in die Wege zu leiten. Charles teilte mit, dass er diese Ansicht teile, und erklärte, dass er nicht vorhätte, erneut zu heiraten. Diana brauchte länger, um ihr Einverständnis zu erklären, aber schließlich gab sie bekannt, dass sie ihre Anwälte angewiesen hätte, Scheidungsvereinbarungen auszuhandeln. Die Bedingungen wurden im Juli 1996 vereinbart, und das Paar ließ sich am 28. August nach 15 Jahren Ehe scheiden.

**17 MILLIONEN £ erhielt Diana bei der Scheidung als Abfindung.**

## Die Zeiten ändern sich

60 Jahre zuvor war angesichts der Entscheidung Edwards VIII., eine zweifach geschiedene Frau zu heiraten, eine Staatskrise ausgebrochen. Er dankte ab. Sollte Charles König werden, dann als geschiedener Mann, der erneut geheiratet hat. Dies ist ein Zeichen dafür, wie sehr sich die öffentliche Meinung und die Königsfamilie über die Jahre verändert haben.

## SPÄTER

**Nachdem die Trennung verkündet war, drehte sich alles darum, ob Diana den Titel Königliche Hoheit behalten durfte, der Mitgliedern der Königsfamilie vorbehalten ist.**

**VERLUST DES TITELS**
Im Juli 1996 wurde in einer gemeinsamen Erklärung, die der Buckingham Palace und Dianas Anwälte abgaben, verkündet, dass Diana eine **pauschale Abfindung** erhalten würde. Kurz vor der endgültigen Scheidung wurde die **Regelung bezüglich Dianas Titel** nach der Scheidung bekannt gegeben. Da Diana nicht mehr mit dem Prince of Wales verheiratet war, würde ihr Titel in Zukunft zwar weiterhin Diana, Princess of Wales lauten, aber ohne den Zusatz Her Royal Highness (HRH), Ihre Königliche Hoheit. Sie würde **weiterhin im Kensington Palace wohnen** und als Mutter des zweiten und dritten Anwärters auf den Thron „als Mitglied der Königsfamilie betrachtet werden“. Verstimmt über den Verlust des HRH-Titels seiner Mutter, soll Prince William gesagt haben, er würde ihn ihr zurückgeben, wenn er einmal König wäre.

**Windsor Castle in Flammen**
Hoch über den aufragenden Mauern kämpft ein Feuerwehrmann gegen die Flammen, die am 20. November 1992 in Windsor Castle lodern. Der Brand war kilometerweit zu sehen.

**FRÜHER**

**Der lateinische Ausdruck *Annus horribilis* wurde der Königin von Sir Edward Ford, ihrem früheren Privatsekretär, in einem Brief vorgeschlagen.**

***ANNUS MIRABILIS***

Der Ausdruck war eine traurige Abwandlung der lateinischen Wendung *Annus mirabilis*, wundervolles Jahr. In der britischen Geschichte wird **als wunderbares Jahr gewöhnlich das Jahr 1759 gesehen,** als die Briten im **Siebenjährigen Krieg** (1756–63) eine Reihe entscheidender Schlachten gegen die Franzosen gewannen. Der größte Sieg von allen war die **Eroberung von Quebec in Kanada durch General James Wolfe,** der mit einer Flotte von 50 Schiffen und 5000 Männern den Sankt-Lorenz-Strom hinauffuhr, um die massiv befestigte Stadt zu belagern, und auf dem Schlachtfeld sein Leben ließ.

DER TOD VON GENERAL WOLFE

# Das *Annus horribilis*

**Vier Tage nachdem Windsor Castle durch einen Brand schwer beschädigt worden war, bezeichnete die Königin anlässlich einer Rede zu ihrem 40. Thronjubiläum im Londoner Guildhall-Gebäude das Jahr 1992 als ihr *Annus horribilis*, ihr schreckliches Jahr.**

Die Stimme der Königin war heiser, als sie am 24. November 1992 ihre Rede hielt. Sie hatte sich erkältet, als sie den Feuerwehrleuten bei ihren Bemühungen, Windsor Castle zu retten, zugesehen hatte. Sie schien so verletzlich wie noch nie während ihrer Herrschaft. Die Königin hatte allen Grund, missmutig zu klingen, das Jahr 1992 war für die Königsfamilie verheerend gewesen. Der Trennung von Prince Andrew und Sarah waren die Scheidung Princess Annes von Mark Phillips im April, die Veröffentlichung von Andrew Mortons Enthüllungen bezüglich der Ehe von Prince Charles und Diana im Mai und die Veröffentlichung von Skandalfotos von Sarah im August gefolgt. Der Inhalt der abgehörten intimen Telefongespräche Dianas und der von Prince Charles mit Camilla Parker Bowles hielten die Boulevardmedien in Atem. Bevor das Jahr zu Ende ging, sollten Charles und Diana ihre Scheidung bekannt geben. Andrew Mortons Buch über Diana, das in der *Sunday Times* als Serie abgedruckt wurde, hatte die königliche Familie der öffentlichen Kritik preisgegeben, und zum ersten Mal entging nicht einmal mehr die Königin selbst dieser Kritik. Die Tatsache, dass die Ehen dreier ihrer Kinder so öffentlich gescheitert waren, warf auch ein schlechtes Licht auf ihre und Prince Philips Fähigkeiten als Eltern.

Restaurierungsarbeiten
Mit Präzision wird hier ein Buntglasfenster repariert. Die Restaurierung des Schlosses konnte sechs Monate vor dem vorgesehenen Termin abgeschlossen werden.

„**1992** ist kein Jahr, auf das ich mit ungetrübter Freude zurückblicke ..., es hat sich als **ein *Annus horribilis* erwiesen.**“

QUEEN ELIZABETH II., 24. NOVEMBER 1992

Trostlose Szene
Verkohlte Dachsparren aus dem 15. Jh. liegen auf dem Boden der St.-Georgs-Halle verstreut. Der Saal wurde aber prachtvoll wiederaufgebaut.

## Windsor Castle in Flammen

Das Feuer, das am Morgen des 20. Novembers auf Windsor Castle ausbrach, war eine Tragödie für die Königin, die das Schloss als ihr Heim betrachtet. Das Feuer brach in der Privatkapelle im Nordostflügel des Schlosses aus und verbreitete sich rasch durch die Prunkräume. 225 Feuerwehrleute mit über 35 Feuerwehreinsatzwagen bekämpften die Flammen, die nach 15 Stunden gelöscht werden konnten. Bei Einbruch der Nacht waren die Flammen und der Rauch, der das Schloss umgab, kilometerweit zu sehen. Prince Andrew, der sich zu dieser Zeit im Schloss aufhielt, alarmierte die Königin, die gegen 15 Uhr eintraf. Es war ihr 45. Hochzeitstag; Prince Philip, der sich auf einer Konferenz in Argentinien aufhielt, sprach ihr am Telefon Trost zu. Zusammen mit anderen Mitgliedern des Königlichen Hofstaats, Offizieren und Soldaten der Household Cavalry und Polizisten des königlichen Personenschutzes stand auch Prince Andrew in der Kette aus Menschen, welche die wertvolle Sammlung von Kunstwerken und Möbeln aus dem Schloss retteten.

Den Flammen zum Opfer fiel unter anderem ein riesiges Reiterporträt von King George III., das zu groß war, um es aus dem Rahmen zu lösen, einige Möbelstücke, Porzellangegenstände und Kronleuchter. Der Schaden an der Bausubstanz war weitaus bedeutender: Die St.-Georgs-Halle, der Bankettsaal und der große Empfangssaal waren schwer beschädigt, die Decken waren hier ganz oder teilweise eingestürzt.

## Königliche Finanzen

Nach dem Brand schlug Peter Brooke, als Minister für das nationale Erbe zuständig, vor, dass die Regierung für die Kosten der Reparaturen aufkommt, die auf 20 bis 40 Mio. £ geschätzt wurden, da das Schloss nicht versichert war. Obwohl der Königin eine Welle des Mitgefühls entegegenschlug, wurde schon bald klar, dass die Öffentlichkeit nicht bereit war, die Reparaturarbeiten an einem noch immer weitgehend privaten Palast mit Steuergeldern zu subventionieren, auch wenn dieser der Regierung gehörte.

15 000 **Putzfragmente wurden aus dem Schutt gerettet**

100 **Räume beschädigte das Feuer insgesamt**

In den Monaten davor war in den Medien debattiert worden, ob die Königin von der Besteuerung ihrer privaten Einnahmen weiterhin ausgenommen werden sollte. Umfragen ergaben, dass 80 % der Bevölkerung für eine Besteuerung waren. Die Regierung gab bald nach. In ihrer Rede im Guildhall-Gebäude sagte die Königin, dass „keine Institution, weder die Stadt noch die Monarchie ..., erwarten sollte, nicht unter der Kontrolle derjenigen zu stehen, die sie unterstützen, ganz zu schweigen von all jenen, die sie nicht unterstützen“. Dieses Hinterfragen fungiere als „wirksamer Motor des Wandels“. Zwei Tage später, am 26. November, verkündete Premierminister John Major vor dem Unterhaus, dass die Königin und der Prince of Wales Steuern auf ihr privates Einkommen zahlen wollten. Die Initiative sei von der Königin ausgegangen, die Ent-

**Dianas Biografie**
Die Biografie Dianas, in der die Einzelheiten ihrer schwierigen Ehe mit Prince Charles ans Licht kamen, traf die königliche Familie unvorbereitet.

scheidung sei bereits im Sommer gefallen. Teile der Presse wollten festgehalten wissen, dass dieser Wandel ihnen zu verdanken war. Das Boulevardblatt *The Sun*, das eine Kampagne zu diesem Thema gestartet hatte, prahlte: „Die Königin zahlt Steuern – ein Sieg der Macht des Volkes." Die Einzelheiten des Vorgehens von Königshaus und Regierung wurden Anfang 1993 veröffentlicht. Zusätzlich stimmte die Königin zu, dass die Regierungszuwendungen aus der *Civil List* an sie selbst, den Duke of Edinburgh und die Königinmutter gekürzt wurden.

Die übrigen Mitglieder der Königsfamilie, die bisher Regierungsgelder erhalten hatten, ihre vier Kinder und Princess Margaret, würde die Königin selbst finanzieren. Sie bot außerdem an, 70 % der Reparaturkosten für Windsor Castle selbst zu übernehmen, und plante, den Buckingham Palace (S. 148–149) der Öffentlichkeit zugänglich zu machen, um einen Teil des Geldes dafür aufzubringen.

**36,5 MILLIONEN £ kostete die Reparatur der Schäden an Windsor Castle.**

## Die Weihnachtsansprache vorzeitig in der Presse

Die Königin musste einen weiteren Schlag hinnehmen, ehe das *Annus horribilis* zu Ende ging. Zwei Tage vor Weihnachten veröffentlichte die *Sun* den Text der Weihnachtsansprache der Königin und verletzte damit die Sperrfristen. Die Königin wurde als „sehr, sehr bekümmert" beschrieben und verklagte die *Sun* wegen Verletzung des Copyrights. Die Zeitung zeigte sich reuig und erklärte sich einverstanden, eine Strafe in Höhe von 200 000 £ an eine von der Königin ausgewählte Hilfsorganisation zu zahlen.

### SPÄTER

**Ein Restaurierungskomitee unter der Leitung von Prince Philip und Prince Charles wurde gegründet, um die Restaurierungsarbeiten auf Windsor Castle zu organisieren.**

**RESTAURIERUNG DES SCHLOSSES**
Zu den ersten Aufgaben des Restauratorenteams gehörte es, Wände und Böden der Prunksäle trockenzulegen, die vom Löschwasser durchtränkt waren. Das Komitee entschied, dass einige der Räume, die vom Feuer zerstört worden waren, etwa der große Empfangssaal, der Bankettsaal und zwei Salons, ihren früheren Zustand zurückerhalten, andere jedoch umgestaltet werden sollten. Letzteres betraf die St.-Georgs-Halle, die im gotischen Stil neu gestaltet wurde. Die Bauarbeiten waren rechtzeitig zum **50. Hochzeitstag der Königin und Prince Philips** beendet, sodass das Paar einen Empfang für 1500 Bauunternehmer, Arbeiter und Feuerwehrleute in den restaurierten Prunksälen geben konnte.

**Reflexionen über ein schwieriges Jahr**
Die Rede der Königin im Londoner Guildhall-Gebäude wurde vier Tage nach dem Brand gehalten. Darin brachte sie ihre Trauer über die gescheiterten Ehen ihrer Kinder und die Zerstörung des Schlosses zum Ausdruck.

**WICHTIGES EREIGNIS,** 7. August 1993

# Der **Buckingham Palace öffnet seine Tore** für die **Öffentlichkeit**

**Die dringende Notwendigkeit, nach dem Brand Gelder für die Restaurierung Windsor Castles aufzubringen, veranlasste die Königin zu ihrer Entscheidung, die Prunksäle mit ihren Gemälden, Möbeln und Porzellan jeweils im Sommer zwei Monate lang zu öffnen, während sie in Schottland weilt.**

Nach dem Brand in Windsor Castle (S. 144–145) und den anderen Ereignissen des *Annus horribilis* (S. 146–147) folgte eine Periode intensiven Nachdenkens und heftiger Diskussionen bei Hofe. Beides führte zur Entscheidung, den Buckingham Palace der Öffentlichkeit zugänglich zu machen. Betroffen von dem Widerstand gegen eine Finanzierung der Reparaturarbeiten aus Steuermitteln, hofften die Berater, dass dieses Vorgehen der Monarchie wieder mehr Volksnähe einbringen und zeigen würde, dass sie gewillt war, sich zu modernisieren. Am Eröffnungstag zahlten 4314 Menschen je 8 £, um die Prunksäle zu besichtigen, einschließlich der 47 m langen Gemäldegalerie, des Bankettsaals, des Grünen Salons und des Thronsaals. Sämtliche im Voraus zu buchenden Gruppenführungen waren auf einen Zeitraum von drei Jahren ausgebucht. Das Programm, das ursprünglich auf fünf Jahre begrenzt war, stellte sich als immenser Erfolg heraus. Jährlich zog es rund 400 000 Besucher an, weshalb der Palast weiterhin geöffnet blieb, selbst nachdem die Kosten für die Restaurierung von Windsor Castle beglichen waren.

In den ersten Jahren wurde kritisiert, dass die Führung langweilig sei. Seitdem wurden noch mehr Räume für Besucher geöffnet, ebenso wie ein Teil des Palastgartens. Darüber hinaus gibt es jährlich wechselnde Themenausstellungen. Der Buckingham Palace zählt zusammen mit den Hofstallungen und der *Queen's Gallery*, in der Objekte aus der beeindruckenden Kunstsammlung der Königin ausgestellt werden, inzwischen zu den beliebtesten Touristenattraktionen Londons. Das dabei eingenomme Geld fließt in den *Royal Collection Trust*, der die königlichen Paläste und deren Einrichtung instand hält.

„Es ist in der Tat **nicht leicht,** etwas **noch Herrlicheres** zu entwerfen."

DER KUNSTKRITIKER **ALLAN CUNNINGHAM** ÜBER JOHN NASHS ENTWÜRFE FÜR DEN BUCKINGHAM PALACE, 1830

Der Grüne Salon
Besucher bekommen eine ausgiebige Führung durch die Prunksäle, die der Architekt John Nash für George IV. entworfen hatte. Durch den Grünen Salon gelangen die Besucher in den Thronsaal, den die Königin für Staatsempfänge und Zeremonien nutzt.

ISABELLA CLARA EUGENIA, AND CATHARINA.
DAUGHTERS of PHILIP II. of SPAIN.

# Diana: Ein Stern geht auf

**Bei einem Galadinner im Weißen Haus ging Diana mit dem Hollywood-Schauspieler John Travolta auf die Tanzfläche. Bilder von der Prinzessin, wie sie in einem figurbetonten dunkelblauen Samtkleid vom berümtesten Discotänzer der Welt herumgewirbelt wird, kündigten Dianas schillernde Ankunft auf dem internationalen Parkett an.**

Das Dinner, zu dem US-Präsident Ronald Reagan und seine Frau Nancy geladen hatten, fand gleich zu Beginn von Charles' und Dianas erstem US-Besuch nach ihrer Hochzeit statt. Es kam zu einem peinlichen Moment, als der Präsident sie mit „Princess David … äh, Princess Diana" empfing, aber das war schnell vergessen, denn in den nächsten Tagen eroberte Diana die USA im Sturm.

Von der unbedarften Kindergartenhelferin, die den direkten Blick in die Kamera scheute, der jungen Braut und Mutter, die zweifelhafte Blusen mit Rüschen und Puffärmeln trug, hatte sich Diana zu einer selbstbewussten, stilsicheren Modeikone gemausert. Ihre Lieblingsmodeschöpfer waren Bruce Oldfield, Catherine Walker, Victor Edelstein und Versace. Mitte der 1980er-Jahre zeigte sie den nach der beliebten Fernsehserie benannten „Denver Clan"-Stil mit breiten Schultern und elaborierten Fönfrisuren. Später favorisierte sie das schmale Etuikleid, das sie durch ihren individuellen Stil und ihre Eleganz prägte. Trotz ihres angespannten Verhältnisses zu den Paparazzi nutzte bald niemand so gut wie sie die Macht der Bilder oder konnte die Kamera wirkungsvoller kontrollieren. Ob sie allein vor dem Tadsch Mahal posierte, ein umwerfendes Abendkleid auf einer Premierengala vorführte oder einen sittsamen weißen Anzug beim Treffen mit Mutter Teresa oder eine frische Chambray-Bluse und Chinos auf einem Minenfeld in Angola trug: Sie füllte die Seiten der Weltpresse mehr als ein Jahrzehnt lang.

„Als [Diana] **reifer wurde**, machte sie sich **weniger Gedanken um Mode** und folgte noch mehr ihrem **eigenen Stil.**"

**VICTOR EDELSTEIN**, MODESCHÖPFER

**Kleid mit Kultcharakter**
Auch dieses vom edwardianischen Stil inspirierte Kleid des britischen Modeschöpfers Victor Edelstein befand sich unter den Kleidern, die Diana im Juni 1997 in New York für wohltätige Zwecke versteigern ließ. Es wurde für 137 000 £ verkauft.

# Dianas Tod

**Als die Briten am Sonntag, dem 31. August 1997 aufwachten, wurden sie von der Nachricht schockiert, dass Diana, Princess of Wales, den Verletzungen erlegen war, die sie bei einem Autounfall in Paris erlitten hatte. Entsetzt und ungläubig versuchten sie zu begreifen, dass das Leben dieser lebhaften, schönen Frau ein so tragisches Ende gefunden hatte.**

Diana hatte sich mit dem Ägypter Dodi Al Fayed, mit dem sie seit kurzem liiert war, in Paris aufgehalten. Sie waren gerade von der Luxusyacht zurückgekehrt, die Dodis Vater Mohamed Al Fayed gehörte, dem Besitzer des Kaufhauses Harrods in London und des Hotels Ritz in Paris. Henri Paul, der stellvertretende Sicherheitschef des Ritz, fuhr das Paar in einer Mercedes-Limousine vom Hotel zu Dodi Al Fayeds Privatwohnung. Sie wurden von Fotografen auf Motorrädern und in Autos verfolgt. Gegen 0:23 Uhr fuhr der Wagen mit etwa 105 km/h in eine Unterführung. Paul verlor die Kontrolle über das Fahrzeug, es prallte auf einen Pfeiler, drehte sich und traf die Tunnelwand. Al Fayed und der Fahrer starben am Unfallort. Diana starb kurz später im Pariser Hospital Pitié-Salpêtrière.

**FRÜHER**

**Dianas Affäre mit dem Milliardenerben und Filmproduzenten Dodi Al Fayed soll im Juli 1997 begonnen haben, als sie und ihre Söhne Urlaub an Bord von Mohamed Al Fayeds Yacht machten.**

DIANA AUF AL FAYEDS YACHT *JONIKAL*

**URLAUBSSCHNAPPSCHUSS**
Ein **Foto von Diana und Dodi,** auf dem sie sich Ende August auf der Yacht Jonikal **küssen,** die Dodis Vater gehörte, sorgte weltweit für **Schlagzeilen.** Zum ersten Mal erfuhren die Menschen von dieser Affäre. Es heißt, **Diana selbst könnte die Paparazzi** auf ihre Anwesenheit auf der Yacht **aufmerksam gemacht haben.**

## Königin der Herzen

Als sich die Nachricht verbreitete, meldete sich der britische Premierminister Tony Blair zu Wort. Bevor er zum sonntäglichen Gottesdienst die Kirche betrat, wandte er sich an die Medien und sagte: „Wir sind eine Nation unter Schock ..., sie war die Königin der Herzen." Seine Worte trafen bei vielen Briten einen Nerv; viele hatten Blumen zum Gedenken an Diana vor dem Kensington Palace abgelegt (S. 154–155).

**Heimkehr**
Bedeckt mit der königlichen Standarte kommt der Sarg mit Dianas Leichnam auf dem Flugplatz der Royal Airforce an. Prince Charles und Dianas Schwestern hatten die tote Prinzessin nach Hause begleitet.

Die Öffentlichkeit fragte sich, weshalb die königliche Familie in Balmoral, ihrem Sommersitz, blieb, anstatt nach London zurückzukehren, und warum die Königin Prince William und Prince Harry dazu zwang, den sonntäglichen Gottesdienstbesuch zu absolvieren, gleich nachdem sie vom Tod ihrer Mutter erfahren hatten. Heute weiß man, dass die beiden darum gebeten hatten. Die Medien, die Diana davor kritisch gegenüberstanden, griffen die Stimmung der Menschen auf. Sie fragten laut, weshalb man über dem Buckingham Palace nicht den *Union Jack* aufzog und auf Halbmast setzte. Gemäß dem königlichen Protokoll ist jedoch die einzige Fahne, die je über dem Palast weht, die königliche Standarte, und die auch nur, wenn der Monarch anwesend ist. Die Boulevardmedien unterstellten dennoch, die Monarchie habe den Kontakt zum Volk verloren.

> „Sowohl **aus ihrem Leben** als auch aus der **ergreifenden Reaktion auf ihren Tod** können wir nur lernen."
>
> ELIZABETH II. IN EINER RUNDFUNKANSPRACHE AM 5. SEPTEMBER 1997

**Blumen für Diana**
Die Königin und Prince Philip sehen sich die Massen an abgelegten Blumen vor den Toren des Buckingham Palace an. Es heißt, sie wären zutiefst bewegt gewesen, wie sich die Liebe zu Diana nach ihrem Tod ausdrückte.

Noch nie war die Königin so direkt kritisiert worden. Eine Schlagzeile lautete: „Sprechen Sie zu uns, Madam, bitte sagen Sie etwas", während eine andere forderte: „Zeigen Sie uns Ihre Betroffenheit." Am 5. September kehrte die Königin in den Buckingham Palace zurück. Vor dem Tor hielt sie an, um sich das Meer von Blumen anzuschauen, die dort abgelegt worden waren. Im Palast ging sie vom Chinesischen Salon aus live auf Sendung und würdigte Diana auf persönliche Weise, indem sie diese als „außergewöhnlichen und begabten Menschen" bezeichnete. Ihre ehrenden Worte wurden gut aufgenommen, und der feindselige mediale Sturm flaute ab.

## Dianas Beerdigung

Dianas Beerdigung fand am Samstag, dem 6. September, statt. Über 1 Mio. Menschen säumten die 6 km lange Strecke, als ihr Sarg, bedeckt von ihrer persönlichen Standarte, vom Kensington Palace zur Westminster Abbey gebracht wurde. Am St James's Palace reihten sich der Duke of Edinburgh, der Prince of Wales, seine Söhne und Charles Spencer in die Prozession ein und folgten zu Fuß dem Sarg. Über dem Buckingham Palace wehte auf Anwei-

**In Trauer vereint**
Prince William und Prince Harry folgen dem Sarg ihrer Mutter, begleitet von ihrem Vater, Großvater und Onkel. Die Prinzen waren 15 und zwölf, als ihre Mutter starb.

sung der Königin letztlich doch der Union Jack auf Halbmast. Die Königin wartete mit anderen Mitgliedern der königlichen Familie am Tor und neigte den Kopf, als der Sarg vorbeikam.

In Großbritannien sahen sich etwa 31,5 Mio. Fernsehzuschauer die Trauerfeierlichkeiten an, weltweit waren etwa 2,5 Mrd. live dabei. Während des Trauergottesdienstes der *Church of England* sang Elton John eine Version seines Liedes *Candle in the Wind*, die er Diana widmete. Charles Spencer kritisierte die Medien und, indirekt, die königliche Familie dafür, wie sie seine Schwester behandelt hatten. Viele der Anwesenden applaudierten. Danach wurde der Sarg in den Heimatort der Familie Spencer, nach Althorp, gebracht, wo Diana in einer privaten Zeremonie auf einer Insel inmitten eines Sees beigesetzt wurde.

## Unfallursache

Die Paparazzi, die den Wagen verfolgt hatten, galten als Unfallverursacher. Der offizielle französische Unfallbericht betont jedoch, dass Henri Paul zu schnell gefahren war und unter dem Einfluss von Medikamenten und Alkohol gestanden hatte. Mohamed Al Fayed behauptete, Diana und sein Sohn hätten ihre Verlobung verkünden wollen, weshalb der britische Geheimdienst sie umgebracht hätte. Er warf sogar

**12,5 MILLIONEN £ betrugen die Kosten für die Ermittlungen um Dianas Tod.**

**250 Zeugen wurden im Laufe dieser Ermittlungen vernommen.**

Prince Philip vor, als Drahtzieher hinter diesem Plan zu stecken. 2004 begann man in Großbritannien mit der offiziellen Untersuchung der Todesursache, aber erst 2007 wurde mit der Beweisaufnahme begonnen. Im April 2008 gelangte die Prüfungskommission zu dem Ergebnis, dass Diana und Dodi Al Fayed durch die Fahrzeuge, die sie verfolgten, und den grob fahrlässigen Fahrstil Henri Pauls ums Leben gekommen waren.

## SPÄTER

**Nach ihrem Tod wurden an verschiedenen Orten Denkmäler errichtet, um an Dianas Leben und Werk zu erinnern.**

**GEDENKSTÄTTEN FÜR DIANA**

Der **„Princess of Wales"-Gedenkspielplatz** in Kensington Gardens, in der Nähe ihres einstigen Zuhauses, erinnert an Dianas Liebe zu Kindern. Dort werden Kinder dazu ermutigt, zu erforschen und ihrer Fantasie freien Lauf zu lassen. Im Zentrum steht ein hölzernes Piratenschiff, daneben gibt es auf dem Spielplatz unterschiedliche Spielgeräte und Spielskulpturen. Gleich in der Nähe, im Hyde Park, wurde der **Diana-Gedächtnisbrunnen** errichtet, bei dem Granitplatten aus Cornwall ein steinernes Oval bilden. Er wurde 2004 von der Königin eingeweiht. Die Skulptur **„Flamme der Freiheit"**, die bereits 1989 in Paris aufgestellt wurde, steht nicht weit vom Eingang des Tunnels entfernt, in dem Diana gestorben war. Sie wurde zu ihrem inoffiziellen Denkmal, als kurz nach dem Tod der Prinzessin die Menschen dort Blumen und Nachrichten hinterließen. Ein klassischer Tempel, der auf der Insel in Althorp nahe bei ihrem Grab steht, erinnert ebenfalls an Diana. Eines der außergewöhnlichsten Denkmäler stellt die **Bronzestatue von Diana und Dodi** dar, die Mohamed Al Fayed bei Harrods aufstellen ließ.

DER DIANA-GEDÄCHTNISBRUNNEN IM HYDE PARK

Daily Mail
1961
1997
R.I.P

**WICHTIGES EREIGNIS,** 31. August – 6. September 1997

# **Abschied** von **Diana**

**Die Öffentlichkeit reagierte auf Dianas Tod mit einer beispiellosen Emotionalität. Nur Stunden nach der Todesnachricht begannen Menschen aller Altersstufen, Blumensträuße und Andenken vor dem Kensington Palace abzulegen. Stellenweise lagen die Blumen hier 1,5 Meter hoch.**

Die spontanen Trauerbekundungen nach Dianas Tod waren außerordentlich intensiv. An den abgelegten Blumensträußen hinterließen viele Menschen Botschaften, in denen sie das Gefühl ausdrückten, mit Diana ein Familienmitglied verloren zu haben, auch wenn sie sie nie persönlich kennengelernt hatten. Die Wartezeit beim Kondolenzbuch im St James's Palace betrug bis zu elf Stunden; die Heilsarmee verteilte Tee an die Menschen in den immer länger werdenden Schlangen. Die emotionale Anteilnahme beschränkte sich jedoch nicht auf London, überall im Vereinigten Königreich wurden Blumen niedergelegt, und in vielen Teilen der Welt, von Sydney bis New York, standen die Menschen Schlange, um sich in Kondolenzbücher einzutragen. In Paris wurden Botschaften und Blumen am Fuß der „Flamme der Freiheit" an dem Pont d'Alma niedergelegt, ganz in der Nähe der Stelle, an der Diana gestorben war. Am Tag ihrer Beerdigung warteten mehr als 3 Mio. Menschen schweigend an der Straße und sahen zu, wie Dianas Sarg zur Westminster Abbey gebracht wurde.

Rückblickend sind die extremen Reaktionen nach Dianas Tod zumindest teilweise kaum zu erklären. Einige Kommentatoren argumentieren mit Massenhysterie, aber zweifellos hatte Dianas herausragende Persönlichkeit bei der Öffentlichkeit eine Saite zum Schwingen gebracht, und viele Menschen hatten tatsächlich das Gefühl, einen Verlust erlitten zu haben. Eine große Zahl persönlicher Botschaften betonte den Kontrast zwischen ihrer Wärme und Spontaneität und der so empfundenen starren Kälte der königlichen Familie. Die Medien griffen dieses Motiv auf und sahen die angebliche Gleichgültigkeit der Königsfamilie in der Tatsache verkörpert, dass der *Union Jack* nicht auf Halbmast über dem Buckingham Palace gehisst wurde.

„Ich begreife nicht, weshalb ich solche **Trauer um jemanden empfinde,** der **nicht** einmal **meinen Namen kannte."**

EINE DER TAUSENDEN HANDSCHRIFTLICHEN BOTSCHAFTEN, DIE FÜR DIANA HINTERLASSEN WURDEN

**Die Botschaft der Blumen**
Tausende Menschen hinterließen Blumen vor Dianas Heim, dem Kensington Palace. Spätere Schätzungen ergaben, dass 1,3 Mio. Blumengebinde im Wert von 25 Mio. £ abgelegt wurden. Die unterste Schicht hatte schon angefangen, sich zu zersetzen, als sie weggeräumt wurden.

KÖNIGLICHE RESIDENZ

# Balmoral Castle

**Gebaut aus einheimischem Granit und gespickt mit Türmen und Türmchen verkörpert Balmoral das romantische Schottlandbild im viktorianischen England. Seit Prince Albert das Anwesen in Aberdeenshire 1852 kaufte, ist es im Besitz der königlichen Familie.**

Queen Victoria und Prince Albert besuchten Schottland erstmals 1842. Sie waren gebannt von der Schönheit, die Albert als „sehr germanisch" empfand. Ihre Begeisterung wurde auch vom regnerischen Wetter nicht gedämpft, und so machte sich das Paar daran, eine eigene Residenz in den Highlands zu suchen.

## Ein Paradies in den Highlands

Die Suche begann auf Vorschlag des Hofarztes in der Gegend der Deeside, die er wegen des milden Klimas empfahl. Auf Lord Aberdeens Rat hin, der das gepachtete Anwesen von seinem Bruder geerbt hatte, übernahm das Königspaar den Pachtvertrag von Balmoral, ohne es zu kennen. Als Victoria und Albert es im September 1848 zum ersten Mal besuchten, waren sie begeistert. „Alles schien Freiheit und Frieden zu verströmen und ließ einen die Welt und ihre traurigen Wirren vergessen", schrieb Victoria in ihr Tagebuch. Albert fühlte sich von der Landschaft an seine thüringische Heimat erinnert, und es wurden Künstler, darunter Edwin und Charles Landseer, damit beauftragt, die Landschaft um Balmoral zu malen.

So schön das Haus auch war, es war viel zu klein, um den Ansprüchen der wachsenden Familie und dem Strom offizieller Besucher gerecht zu werden. Der ursprüngliche Plan eines Anbaus wurde schon bald verworfen. 1849 begann das königliche Paar, mit dem Besitzer über den Verkauf zu verhandeln. Die beiden wollten ein neues Haus errichten. Inspiriert von der Londoner Weltausstellung 1851 bestellte er als Übergangslösung für die Platzprobleme ein Stahlskelettgebäude, das als Ball- und Speisesaal dienen sollte und bis 1856 in Benutzung blieb. 1852 gelang es Albert und Victoria, die Anwesen Balmoral und Birkhall zu kaufen. Am 28. September 1853 legte Victoria den Grundstein ihres neuen Hauses, das nur wenig nördlich des bereits existierenden Gebäudes erbaut werden sollte. Die Pläne stammten vom Architekten William Smith aus Aberdeen, mit einigen Details von Prince Albert. Das Ergebnis war ein clever angelegtes Landhaus, das aus zwei viereckigen Blöcken bestand, die auf einer Diagonalen angelegt waren. Jeder Block hatte einen Hof, und eine Passage verband beide Blöcke miteinander. In einem der Gebäude befanden sich Küche, Haushaltsräume und der Ballsaal; das andere bot der Familie und Gästen die gewünschte Privatsphäre. Die königlichen Wohnräume waren rechtzeitig für einen Besuch im Herbst 1855 fertiggestellt; das alte Haus wurde von den Dienstboten genutzt, bis die Bauarbeiten im folgenden Jahr abgeschlossen waren; danach wurde es abgerissen.

Es wurde eine Brücke über den Dee gebaut, die von Isambard Kingdom Brunel entworfen worden war. Sie stellte eine Verbindung zum Dorf Crathie her, in dem viele Bedienstete des Anwesens lebten. Victorias und Alberts Liebe zu allem Schottischen beeinflusste die Inneneinrichtung des Schlosses. Überall finden sich Tartanmuster, die berühmten Schottenkaros: Teppiche wurden in rotem *Royal Steward Tartan* und grünem *Hunting Steward Tartan* gewebt; Vorhänge und Polsterhüllen in *Dress Steward Tartan*. Das Paar entwarf sogar eigene Tartanmuster, die Königin den *Victoria Tartan*, Albert den *Balmoral Tartan*; beide werden heute noch als königliche Tartans verwendet. 1855 empfand Lady Augusta Bruce, die Hofdame der Duchess of Kent, trotz Bewunderung für das Interieur „insgesamt eine gewisse Abwesenheit von Harmonie". Sie fügte hinzu, dass die Tartans „höchst individuell und angemessen waren, aber nicht alle dem Auge schmeichelten". »

Sommerresidenz
Die Königin verbringt jährlich etwa zehn Wochen, von August bis Oktober, auf Balmoral; sie entspannt sich gern beim Reiten. Gelegentlich zeigt sie sich auf lokalen Veranstaltungen: Hier ist sie 1967 bei einer der Jagdhundprüfungen zu sehen, die auf Balmoral veranstaltet werden, an ihrer Seite sind der Schiedsrichter Lord Porchester und der oberste Wildhüter James Gillan.

DIE KÖNIGIN BEI EINER JAGDHUNDPRÜFUNG, 1967

QUEEN ELIZABETH II. 1971 IM URLAUB IN BALMORAL

TÜRMCHEN UND ZINNEN SIND TYPISCH FÜR DIE HERRSCHAFTLICHE ARCHITEKTUR SCHOTTLANDS.

**Die Südfassade von Balmoral**
Der ummauerte Garten mit verzierten Toren, den Queen Mary in den 1920er-Jahren anlegen ließ, trägt zum märchenhaften Wesen des Schlosses bei, das im Herzen des Cairngorm-Nationalparks liegt.

**›› Das Leben auf Balmoral**

Queen Victoria genoss die frische Luft und die Abgeschiedenheit Balmorals. Sie unternahm Spaziergänge, während Albert jagde. Die Königin befolgte einen strikten Tagesablauf, der aus Spaziergängen, dem Bearbeiten offizieller Unterlagen und dem Führen des Tagebuchs bestand. Diesen Ablauf hielt sie auch nach Alberts Tod ein.

Den Gästen auf Balmoral wurde ein ähnlicher Stundenplan abverlangt. Laut Henry Campbell-Bannerman hatte das Leben etwas Klösterliches: „Wir treffen uns zu den Mahlzeiten, Frühstück um 9:45 Uhr, Mittagessen um 14 Uhr, Abendessen um 21 Uhr, und wenn wir damit fertig sind, verschwindet jeder wieder in seiner Zelle." Zar Nikolaus II. hatte gehofft, Zeit für seine Frau, Victorias Enkelin, und seine Tochter zu haben, als er 1896 Balmoral besuchte. Stattdessen musste er den ganzen Tag mit dem Prince of Wales auf die Jagd gehen und abends Diskussionen über europäische Politik mit der Königin und dem Premierminister, Lord Salisbury, führen.

Heute sind die 20 000 ha Land noch immer in Privatbesitz der königlichen Familie, die ihre Sommerferien hier verbringt. Das Anwesen ist reich an Wild, Mooren voller Moorhühner, Wald und Ackerland. Auf dem Gelände werden Hochlandrinder, Ponys und Hirsche gehalten, und es ist zeitweise für Besucher geöffnet. Die Landschaft gehört zu den schönsten Schottlands und reicht vom Tal des Dee bis hin zu Seen und Bergregionen mit 7 *Munros*, Erhebungen von mehr als 910 m.

„Das **Wetter ist schrecklich,** jeden Tag Regen und Wind, und obendrein **habe ich kein Glück** – ich habe noch keinen einzigen Hirsch erlegt."

DER RUSSISCHE ZAR NIKOLAUS II. IN EINEM BRIEF AN SEINE MUTTER, 1896

Künstler vor Ort

James Giles und James Roberts zählten zu den Künstlern, die beauftragt wurden, vor und nach dem Bau des neuen Schlosses Innenräume und Landschaft festzuhalten. 1856 wurde das alte Balmoral abgerissen; ein Stein kennzeichnet die Stelle, an der sich sein Eingang befand.

DER SPEISESAAL IM ALTEN BALMORAL CASTLE (J. GILES, 1855)

BILLARDZIMMER UND BIBLIOTHEK IM ALTEN BALMORAL CASTLE (J. GILES, 1855)

PRINCE ALBERTS WOHNZIMMER IM ALTEN BALMORAL CASTLE (J. ROBERTS, UM 1860)

**Queen Victorias Schlafzimmer, um 1880–1890**
Balmoral war als Privatresidenz eher schlicht eingerichtet. Victoria und Albert gaben sich ihrer Leidenschaft für Tartanmuster hin, die selbst Teppiche und Tischdecken zieren.

* 1964

# Der **Earl of Wessex**

## „Ich liebe … das **Showbusiness.** Es ist eine **wunderbare Fantasiewelt.**“

PRINCE EDWARD, 1987

Der jüngste Sohn der Königin kam am 10. März 1964 im Buckingham Palace zur Welt und wurde auf den Namen Edward Antony Richard Louis getauft. Zum Zeitpunkt seiner Geburt war er der Dritte in der Thronfolge; momentan ist er der Neunte. Seinen ersten öffentlichen Auftritt hatte er im Alter von drei Monaten, als die Königin nach der alljährlichen Truppenparade mit Edward in den Armen auf den Balkon des Buckingham Palace trat.

Mit 13 besuchte Prince Edward wie vor ihm sein Vater und seine Brüder die Gordonstoun School in Schottland. Im letzten Schuljahr war er Schulsprecher und machte seinen Abschluss in Geschichte, Englischer Literatur, Wirtschaft und Politik. Nach einem Jahr als Lehrer an einer Schule im neuseeländischen Wanganui ging er ans Jesus College nach Cambridge, um Geschichte zu studieren. Seine Zulassung war umstritten, da seine Abschlussnoten unter denen lagen, die für eine Zulassung erforderlich waren. In seiner Zeit in Cambridge spielte er Theater und produzierte Studentenvorstellungen.

### Karrierewahl

Nach dem Studium ging Prince Edward 1986 als Kadett zur Marineinfantrie, brach aber nach dem ersten Drittel der zwölf Monate die Ausbildung ab. In den Medien wurde seine Entscheidung teilweise kritisiert, und Prinz Philip soll außer sich gewesen sein, weil Edward dadurch, dass er seinen Brüdern nicht in den Dienst an der Waffe gefolgt war, mit den königlichen Traditionen gebrochen hatte.

Er entschied sich für eine Karriere in der Unterhaltungsbranche, doch sein erster Vorstoß führte erneut zu Kontroversen, als er dabei half, die Show *The Grand Knockout Tournament* zu inszenieren, die im Juni 1987 zu Wohltätigkeitszwecken im britischen Fernsehen lief. In der Show führten vier Mitglieder der königlichen Familie, Prince Edward, Princess Anne sowie der Duke und die Duchess of York, Andrew und seine Frau Sarah, jeweils ein Team aus Prominenten an und trieben sie in Spielen zu Höchstleistungen an. Die Show fand keinen Anklang und wurde als Blamage betrachtet. Sie spielte jedoch 1 Mio. £ für Hilfsorganisationen ein.

**Bretter, die die Welt bedeuten**
Prince Edwards Entscheidung, mit der Familientradition zu brechen und sich der Unterhaltungsbranche zuzuwenden, wurde seinerzeit kritisiert. Es stellte sich aber heraus, dass er zu stiller Entschlossenheit neigt.

*Jeu de Paume*
Edward begann auf der Universität, *Jeu de Paume* zu spielen, ein Vorläufer des heutigen Tennis. Seine Frau Sophie lernte er bei einem Wohltätigkeitsturnier in dieser Sportart kennen, das er selbst organisiert hatte.

**Das heimische Büro**
Früher war Edwards Firma *Ardent Productions* in den Stallgebäuden von Bagshot Park in Surrey untergebracht, dem Heim des Earl und der Countess of Wessex.

Im Januar 1988 verkündete der Buckingham Palace, dass sich Prince Edward der *Really Useful Group* anschließen würde, der Theaterkompanie des Komponisten Andrew Lloyd Webber. Sein Job als Produktionsassistent befand sich auf sehr niedriger Stufe. Fünf Jahre später, 1993, gründete Edward *Ardent Productions*, eine Firma, die Fernsehdokumentationen und -spielfilme produzierte, aber keinen Profit machte. Nachdem ein Filmteam dieser Firma in Prince Williams Privatsphäre eingedrungen sein soll, während sich dieser an der St Andrews University aufhielt, verließ Edward 2002 die Firma, um die Königin im Jahr ihres Goldenen Thronjubiläums zu unterstützen.

## Heirat

Im Januar 1999 verkündete Edward seine Verlobung mit Sophie Rhys-Jones, einer PR-Sachbearbeiterin, die er 1993 kennengelernt hatte. Ihre Hochzeit am 19. Juni war relativ bescheiden. Sie wurden in der St.-Georgs-Kapelle in Windsor Castle getraut, nicht in der Westminster Abbey, und auch die Gästeliste war weit kürzer, nicht einmal der Premierminister Tony Blair war eingeladen. In einem weiteren Traditionsbruch machte die Königin Edward bei seiner Hochzeit zu einem Earl, einem Grafen, anstatt zu einem Duke, einem – königlichen – Herzog. Edwards Entscheidung für den Titel Earl of Wessex offenbarte seine Liebe zum Theater, angeblich stammt der Titel von einem fiktiven Charakter aus dem Film *Shakespeare in Love*.

Zunächst arbeitete Sophie, die durch ihre Hochzeit zu Her Royal Highness the Countess of Wessex wurde, weiter in ihrer eigenen PR-Agentur, aber 2002 hörte sie zugunsten ihrer königlichen Pflichten damit auf. Seit der Hochzeit hat sie mehr als 3000 öffentliche Verpflichtungen wahrgenommen. Edward und Sophie reisen im Auftrag der Königin und des Außenministeriums oft ins Ausland. Im Jahr des Diamantenen Thronjubiläums der Königin reisten sie durch die Karibik, und sie treten zu Anlässen, auf denen auch Mitglieder ausländischer Königshäuser anwesend sind, oft als die persönlichen Repräsentanten der Königin auf. In den letzten Jahren hat Edward viele Tätigkeitsbereiche seines Vaters übernommen, vor allem das Projekt *Duke of Edinburgh's Award*. Die Königin möchte, dass er den Titel Duke of Edinburgh weiterführt, wenn er an die Krone zurückfällt.

Das Paar hat zwei Kinder, Lady Louise Windsor und James, Viscount Severn. Beide kamen im Frimley Park Hospital zur Welt, einem Krankenhaus des *National Health Service* (NHS). Als Kinder eines Earl tragen sie nicht den Titel Her/His Royal Highness. Das Zuhause der Familie ist Bagshot Park, eine königliche Residenz in Surrey, die Prince Edward von der Krone gepachtet hat. Das prächtige Landhaus aus dem 19. Jh. ist im anglo-indischen Stil gehalten und war einst das Zuhause von Queen Victorias Sohn Arthur, Duke of Connaught.

**DIE COUNTESS OF WESSEX**

### SOPHIE RHYS-JONES

Sophie Rhys-Jones wurde am 20. Januar 1965 geboren und ist die Tochter von Christopher und Mary Rhys-Jones. Ihr Vater war Geschäftsmann, und sie wuchs in Kent auf. Nach der Schule begann sie eine PR-Karriere und arbeitete einige Zeit für *Capital Radio*, bevor sie 1996 ihre eigene Agentur, *RJH Public Relations*, gründete. Prince Philip lernte sie 1993 bei einem Wohltätigkeitsturnier in der Sportart *Jeu de Paume* kennen. Bald darauf waren sie in einer Beziehung, und sechs Jahre später heirateten sie. 2001 berichtete ein Reporter, sie setze ihren königlichen Status dazu ein, Kundschaft für ihre Agentur zu gewinnen. Dies wurde entschieden dementiert. Sophie soll angeblich sehr gut mit der Königin auskommen.

**CHRONIK**

- **10. März 1964** Edward wird im Buckingham Palace geboren und auf den Namen Edward Antony Richard Louis getauft.
- **September 1972** Besuch der Heatherdown Preparatory School in der Nähe von Ascot in Berkshire
- **1977–82** Besuch der Gordonstoun School; Er wird im letzten Schuljahr zum Schulsprecher gewählt und macht dort seinen Abschluss.
- **1982** Er verbringt einige Zeit als Lehrer in einer Schule in Neuseeland.
- **1983–86** Er studiert Geschichte am Jesus College an der University of Cambridge
- **1986** Er gewinnt eine Gold-Auszeichnung im Programm des Duke of Edinburgh.
- **1987** Er bricht seine Ausbildung bei der Marineinfantrie ab.
- **15. Juni 1987** Er organisiert die TV-Show *The Grand Knockout Tournament*, um Geld für Hilfszwecke aufzubringen.
- **1988** Er tritt als Produktionsassistent Andrew Lloyd Webbers Theaterkompanie *Really Useful Group* bei.
- **1993** Er gründet unter dem Namen Edward Windsor die unabhängige TV-Firma *Ardent Productions*.
- **1993** Er lernt auf einem Wohltätigkeitsturnier im *Jeu de Paume* Sophie Rhys-Jones, eine PR-Expertin, kennen.
- **19. Juni 1999** Er heiratet Sophie Rhys-Jones in der St.-Georgs-Kapelle in Windsor Castle; sie erhalten die Titel Earl und Countess of Wessex.
- **2001** Sophie gibt einem Reporter ein Interview, das den Anschein erweckt, sie nutze ihren königlichen Status zum Vorteil ihrer Agentur.
- **6. Dezember 2001** Sophie wird mit einer Eileiterschwangerschaft ins Krankenhaus eingeliefert.
- **2. März 2002** Edward verkündet, dass er und Sophie ihre jeweiligen Firmen, *Ardent Productions* und *RJH Public Relations*, aufgeben würden, um die Königin zu unterstützen.
- **8. November 2003** Ihre Tochter Lady Louise Windsor wird vorzeitig geboren.
- **1. August 2004** Die Königin ernennt Prince Edward zu ihrem persönlichen Adjutanten.
- **23. April 2006** Prince Edward wird zum Ritter des Hosenbandordens geschlagen.
- **17. Dezember 2007** Der Sohn James, Viscount Severn, wird geboren.
- **20. Januar 2010** Sophie wird zur Dame Grand Cross des Victoria-Ordens ernannt.
- **Februar–März 2012** Der Earl und die Countess of Wessex besuchen zum Diamantenen Thronjubiläum der Königin neun karibische Staaten.

**EDWARD UND SOPHIE MIT IHREN KINDERN**

GOD SAVE THE QUEEN
HONI SOIT MAL Y PENSE
DIEU ET MON DROIT
2012

# 5

# DIE KÖNIGS-FAMILIE HEUTE

## 2000–HEUTE

« Teller aus vergoldetem Knochenporzellan, zum Gedenken an das Diamantene Thronjubiläum von Queen Elizabeth II., 2012

# DIE KÖNIGSFAMILIE HEUTE

## 2000–HEUTE

| 2000 | 2003 | 2006 |
|---|---|---|

**1. JANUAR 2000**
Queen Elizabeth II. weiht offiziell den Millennium Dome in Greenwich in London ein.

**4. AUGUST 2000**
Die Königinmutter feiert ihren 100. Geburtstag.

» Tasse zum Gedenken an den 100. Geburtstag der Königinmutter

**21. SEPTEMBER 2001**
Die Botschaft der Königin „Trauer ist der Preis, den wir für die Liebe zahlen" wird vom britischen Botschafter in den USA, Sir Christopher Meyer, während des Gottesdienstes für die 67 britischen Opfer des Terrorangriffs am 11. September 2001 verlesen.

**7. OKTOBER 2001**
Britische Streitkräfte nehmen an der Invasion teil, die Taliban und Al Qaida aus Afghanistan vertreiben soll.

**DEZEMBER 2001**
Lucian Freuds umstrittenes Porträt der Königin wird ausgestellt. Es wird allgemein als wenig schmeichelhaft empfunden.

**9. FEBRUAR 2002**
Princess Margaret stirbt im Alter von 71 Jahren friedlich im Schlaf.

**30. MÄRZ 2002**
Die Königinmutter stirbt im Alter von 101 Jahren.

**9. APRIL 2002**
Auf den Trauergottesdienst für die Königinmutter in der Westminster Abbey folgt die Beisetzung in der St.-Georgs-Kapelle auf Windsor Castle.

**29. APRIL 2002**
Die Königin nimmt an einem Bankett mit den ehemaligen Premierministern teil.

**1.–4. JUNI 2002**
Das Goldene Thronjubiläum der Königin wird mit einem Wochenende voller Veranstaltungen gefeiert, einschließlich der *Party at the Palace*, die im Garten des Buckingham Palace stattfindet.

︾ Die Königin auf dem Weg in die St Paul's Cathedral zum Gottesdienst anlässlich ihres Goldenen Thronjubiläums

**25. JULI 2002**
Die Königin eröffnet die *Commonwealth Games* in Manchester.

**1. NOVEMBER 2002**
Paul Burrell, ein ehemaliger Butler von Diana, der Princess of Wales, wird wegen Diebstahls entlassen.

**20. MÄRZ 2003**
Britische Bodentruppen beteiligen sich an der von den USA geführten Invasion im Irak.

**NOVEMBER 2003**
Ein Reporter des *Daily Mirror* enthüllt, dass er Referenzen gefälscht hatte, um eine Stelle als Diener im Buckingham Palace zu bekommen.

**8. NOVEMBER 2003**
Lady Louise Windsor wird geboren, die Tochter des Earl und der Countess of Wessex.

**6. JANUARY 2004**
Der Untersuchungsrichter eröffnet in London die Ermittlungen zum Tod von Diana und Dodi Al Fayed.

**8. JANUAR 2004**
Die Königin tauft das Kreuzfahrtschiff *Queen Mary 2*.

**6. JULI 2004**
Die Königin weiht den Diana-Gedächtnisbrunnen im Londoner Hyde Park ein.

**30. JANUAR 2005**
In der Presse tauchen Bilder von Prince Harry auf, der mit einer Hakenkreuz-Armbinde eine Kostümparty besucht.

**9. APRIL 2005**
Prince Charles und Camilla Parker-Bowles heiraten standesamtlich; es folgt ein Gottesdienst mit Segnung in der St.-Georgs-Kapelle in Windsor. Camilla erhält den Titel Duchess of Cornwall.

︾ Familienfoto nach der Hochzeit von Prince Charles und Camilla

**23. JUNI 2005**
Prince William macht seinen Abschluss an der University of St Andrews in Schottland.

**1. MÄRZ 2006**
Die Königin eröffnet in Cardiff das Gebäude der Senedd, der Nationalversammlung von Wales.

**12 APRIL 2006**
Prince Harry stellt sich in den Dienst der *Household Cavalry*.

**21 APRIL 2006**
Die Königin feiert ihren 80. Geburtstag.

**10. DEZEMBER 2006**
Zara Phillips, die Tochter von Princess Anne, wird von der BBC zur Sportlerin des Jahres ernannt.

**15. DEZEMBER 2006**
Catherine Middleton kommt zu Prince Williams Abschlussparade nach Sandhurst.

**1. JULI 2007**
Die Prinzen William und Harry richten zum 10. Todestag ihrer Mutter das *Concert for Diana* im Wembley-Stadion aus.

« Prince William und Prince Harry auf dem *Concert for Diana*

**17. DEZEMBER 2007**
James, Viscount Severn, der Sohn des Earl und der Countess of Wessex, wird geboren.

**23 DEZEMBER 2007**
Der *Royal Channel*, der offizielle Kanal der britischen Monarchie, ist auf YouTube.

**26. MÄRZ 2008**
Die Königin begrüßt den französischen Staatspräsidenten Nicolas Sarkozy und seine Frau Carla Bruni, die in Großbritannien auf Staatsbesuch sind.

**7. APRIL 2008**
Die Untersuchung zum Tod Dianas kommt zu dem Urteil, dass es sich um einen Unfall gehandelt hat.

In der ersten anderthalb Jahrzehnten des 21. Jahrhunderts wuchs die Zuneigung der Öffentlichkeit zu Queen Elizabeth II. mit jedem Meilenstein, den sie passierte. Ihr Goldenes sowei später ihr Diamantenes Thronjubiläum wurden landesweit groß gefeiert. Ihr Sohn Charles, der Prince of Wales, heiratete erneut, und die Enkel der Königin, Prince William und Prince Harry, rückten zunehmend in den Vordergrund. Beide machten Karriere in der Armee und übernahmen immer größere Verantwortung. Die Hochzeit von Prince William und Kate Middleton im Jahr 2011 wurde zu einem weltweiten Ereignis, ebenso wie die Geburt ihres Sohnes George zwei Jahre später. 2015 wurde die Königin zur am längsten regierenden Monarchin der britischen Geschichte.

## 2009

## 2012

## 2014

**JANUAR 2009**
Prince William beginnt mit der Ausbildung zum Hubschrauberpilot in der Royal Air Force.

**SEPTEMBER 2009**
Die Prinzen gründen die *Foundation of Prince William and Prince Harry*, 2011 umbenannt in *Royal Foundation of the Duke and Duchess of Cambridge and Prince Harry*.

**FEBRUAR 2011**
Prince William reist nach dem Erdbeben von Christchurch spontan nach Neuseeland.

**29. APRIL 2011**
Prince William und Catherine Middleton heiraten in der Westminster Abbey.

**6. FEBRUAR 2012**
Die Königin begeht den 60. Jahrestag ihrer Thronbesteigung.

**1. APRIL 2012**
Die *Civil List* wird durch die *Sovereign Grant* ersetzt, eine einzige jährliche Zuweisung von Mitteln durch die Regierung.

**30. AUGUST 2012**
Die Königin eröffnet die Paralympischen Spiele in London.

**17. JANUAR 2014**
Geburt von Mia, Tochter von Zara Philips und Mike Tindall

**7.–23. APRIL 2014**
Der Duke und die Duchess of Cambridge reisen mit Prince George durch Neuseeland und Australien.

**16. OKTOBER 2014**
Die Königin besucht die Installation aus Keramikmohnblumen am Tower of London, die an die Toten des Ersten Weltkriegs erinnern soll.

**24. OKTOBER 2014**
Die Königin sendet ihren ersten Tweet.

« Hochzeitsporträt von William und Catherine mit Brautjungfern und Pagen

**2.–5. JUNI 2012**
Das Diamantene Thronjubiläum der Königin wird mit einem Festzug aus Booten auf der Themse und einem Popkonzert vor dem Buckingham Palace gefeiert.

︾ Erinnerungskollektion zum Diamantenen Thronjubiläum der Königin

**SEPTEMBER 2012**
Prince Harry wird als Copilot und Bordschütze eines *Apache*-Hubschraubers in Afghanistan stationiert.

**5.–7. JUNI 2014**
Am 70. Jahrestag der Landung der Alliierten in der Normandie besucht die Königin Frankreich.

**23. JULI 2014**
Eröffnung der *Commonwealth Games* in Glasgow.

**MAI 2015**
Charlotte, das zweite Kind des Duke und der Duchess of Cambridge, wird geboren.

**24.–26. JUNI 2015**
Die Königin und der Duke of Edinburgh machen einen Staatsbesuch in Deutschland.

**11. MAI 2010**
Nachdem die Parlamentswahl am 6. Mai nicht zu klaren Mehrheitsverhältnissen geführt hat, wird David Cameron Premierminister einer konservativ-liberalen Koalitionsregierung.

**15.–21. JUNI 2010**
William und Harry unternehmen ihre erste gemeinsame Reise durch das südliche Afrika.

**17.–20. MAI 2011**
Als erster Monarch nach einem Jahrhundert erstattet die Königin Irland einen Staatsbesuch.

**JULI 2011**
Andrew gibt seinen Posten als Sonderrepräsentant auf.

**30. JULI 2011**
Zara Phillips heiratet den Rugbyspieler Mike Tindall.

**JULI 2012**
Die Königin eröffnet am 27. Juli die Olympischen Sommerspiele in London. Zara Phillips gewinnt am 31. Juli mit dem Team der britischen Vielseitigkeitsreiter die Silbermedaille.

︾ Zara Phillips bei den Olympischen Spielen 2012 in London

**17. APRIL 2013**
Die Königin und der Duke of Edinburgh nehmen am Trauergottesdienst für Margaret Thatcher in der St Paul's Cathedral teil.

» Harry und Zara auf den *Invictus Games*

**16. NOVEMBER 2010**
Verlobung von Prince William und Catherine Middleton

**9. DEZEMBER 2010**
Bei Studentenprotesten in London wird der Wagen von Prince Charles angegriffen.

**29. DEZEMBER 2010**
Geburt der ersten Urenkelin der Königin, Savannah Phillips

**22. JULI 2013**
Die Duchess of Cambridge bringt ihren ersten Sohn George zur Welt.

**10.–14. SEPTEMBER 2014**
In London werden die ersten *Invictus Games* für kriegsversehrte Soldaten veranstaltet.

**19. SEPTEMBER 2014**
Schottland entscheidet sich gegen die Unabhängigkeit.

**9. SEPTEMBER 2015**
Die Königin wird zur am längsten regierenden Monarchin der britischen Geschichte.

# Das **Herzogtum Cornwall**

**Prince Charles ist der Prince of Wales und der Duke of Cornwall. Als Quelle eines Einkommens für den Thronerben unterstützen die Einnahmen aus dem Herzogtum Cornwall die öffentlichen, privaten und wohltätigen Aktivitäten des Prince of Wales und seiner engsten Angehörigen.**

Auch wenn Cornwall oft einfach als *The Duchy*, das Herzogtum, bezeichnet wird, umfasst der Grundbesitz Land im ganzen Südwesten Englands, nur 13 % davon liegen wirklich in Cornwall. Seit der Zeit von Edward III. hat der Grundbesitz variiert, da Ländereien sowohl erworben als auch verkauft wurden. Heute umfasst das Herzogtum 53 134 ha Land, das über 24 Grafschaften verteilt ist. Fast die Hälfte der Besitztümer befindet sich in Devon, andere in Herefordshire, Somerset und Wales. Auch das Londoner Cricketstadion *The Oval* gehört zum Herzogtum sowie Bauernhöfe, Wohn- und Geschäftsimmobilien, Wälder, Flüsse, Steinbrüche, Küste sowie der in den 1990er-Jahren gegründete Ort Poundbury. Viele Besitztümer und Gesetze des Herzogtums gehen auf das Mittelalter zurück. Einige haben ihren Ursprung in den keltischen und angelsächsischen Gesetzen, was Vorwürfe laut werden lässt, es handele sich hier um anachronistischen Feudalismus. Das Herzogtum hat das Recht auf *Bona vacantia*, auf Besitztümer eines jeden, der in Cornwall ohne Testament und Angehörige stirbt. Aus solchen Mitteln werden Umweltprojekte und Sozialprogramme finanziert. Zudem hat das Herzogtum das Recht, den *High Sheriff* zu ernennen. Es stellt die Hafenverwaltung der Scilly-Inseln und besitzt etwa drei Fünftel des Küstenvorlands von Cornwall. Der Herzog hat das Recht auf alle an den Ufern Cornwalls gestrandete Schiffe und auf jeglichen „königlichen Fisch“, als da sind Wale, Delfine und Störe, die am Strand angespült werden.

## Die Ursprünge des Herzogtums

In angelsächsischer Zeit wurden Cornwall und Wales nicht von England aus regiert, König Æthelstan hatte die englische Grenze entlang des Flusses Tamar gezogen. Die Unabhängigkeit überstand auch die Eroberung durch die Normannen. Ein Halbbruder Wilhelm des Eroberers, Robert of Mortain, erhielt Cornwall im Jahr 1072, und das *Domesday Book*, 14 Jahre später zusammengestellt, weist aus, dass die Landbesitzer in Cornwall ausschließlich Mortain verpflichtet waren, nicht wie der Rest des Landes dem König.

Als Edward III. das Herzogtum Cornwall für seinen Sohn, den „Schwarzen Prinzen“ und alle „künftigen Erstgeborenen“ und „offensichtlichen Erben des Königreichs Englands“ gründete, widerrief seine Satzung das Recht des Königs, die Einnahmen innerhalb des Herzogtums zu besteuern, und schrieb fest, dass die königlichen Minister, Sheriffs oder Vögte kein Recht hätten, das Territorium zu betreten. Auch wenn Prince Charles freiwillig Einkommensteuer zahlt (S. 147), unterliegt der Besitz nicht der Körperschaftssteuer, weil es sich um Privatbesitz handelt. Obwohl erstgeborene Töchter eines Monarchen den Thron erben, bleibt das Herzogtum ihnen verwehrt. Ohne männliche Erben fallen die Rechte und Pflichten des Herzogtums an die Krone, und es gibt keinen Herzog.

## Das Herzogtum heute

Prince Charles ist der am längsten dienende Duke of Cornwall, er erbte das Herzogtum Cornwall 1952 beim Tod seines Vaters King George VI. Mit vier Jahren wurde er bei der Thronbesteigung der Königin zum 24. Duke of Cornwall. 1969, im Alter von 21, übernahm

### FRÜHER

**Das Herzogtum Cornwall wurde 1337 von Edward III. für seinen ältesten Sohn, Edward, den „Schwarzen Prinzen“ gegründet, der im Alter von nur sieben Jahren zum ersten Duke of Cornwall wurde.**

**DER SCHWARZE PRINZ**

Als Erwachsener verbrachte der „Schwarze Prinz“ viel Zeit in Frankreich, wo er versuchte, die **französische Krone für seinen Vater zurückzuerobern.** In Cornwall wurde er jedoch weiterhin als **gütiger Grundherr** betrachtet. Als die **Pest England heimsuchte, linderte er das Leid, indem er seinen Pächtern die Pacht erließ** und befahl, dass die Tiere des Herzogs, die auf dem Dartmoor weideten, den Armen überlassen wurden.

Die Scilly-Inseln
Zu Cornwall gehören die meisten der Scilly-Inseln. Das Herzogtum fungiert als deren auf St Mary's ansässige Hafenverwaltung. Mehrere der Anwesen des Herzogtums sind umweltfreundlich betriebene Feriendomizile.

„Mein ganzes **Ziel** war es, den **Schaden zu beheben,** sozusagen die **Wunden** der Landschaft **zu heilen.“**

PRINCE CHARLES, MAI 2006

Ausbildung des nächsten Duke
Prince William und Prince Charles schauen nach ihren Ayrshire-Rindern auf dem Landsitz Highgrove. Prince William wird das Herzogtum Cornwall erben, sollte sein Vater auf den Thron kommen.

**Besuch bei Waitrose**
Prince Charles und die Duchess of Cornwall besuchten am 10. September 2009 den *Waitrose*-Supermarkt in Belgravia in London. *Duchy Originals* fördert nachhaltige, biologische Lebensmittel.

er die Leitung des Herzogtums und hatte Anspruch auf seine Einnahmen. Der Wert der Ländereien und Besitztümer wird auf 763 Mio. £ geschätzt. 2013 hat es 28,8 Mio. £ erwirtschaftet, und Charles hatte ein Einkommen von

**531 km², umfasst das Herzogtum Cornwall im Gesamten**

19 Mio. £, 4 % mehr als im Vorjahr.Der Prinz zahlt Einkommensteuer auf den Gewinn. Im Jahr 2013 waren das etwa 9,2 Mio. £, was Steuern von 4,4 Mio. £ bedeutete. Die archaischen Gesetze des Herzogtums führen auch dazu, dass nur die königliche Familie, ihre Berater und die britische Steuerbehörde wissen, was der Prinz als Aufwendungen vor Steuern geltend macht. Prince Charles ließ zwar einige Kritiker verstummen, doch die Forderung nach mehr Transparenz besteht weiterhin.

Die Labour-Abgeordnete Margaret Hodge, Vorsitzende des Haushaltsausschusses des Unterhauses, sagte: „Das Herzogtum wird von den Steuern ausgenommen, auch wenn es in eine ganze Reihe kommerzieller Aktivitäten verwickelt ist. Diese Steuerfreiheit könnte ihm einen ungerechten Vorteil gegenüber seinen Konkurrenten verleihen, die Körperschafts- und Kapitalertragssteuer bezahlen müssen."

## Nachhaltige Landwirtschaft

Das Herzogtum Cornwall bot Prince Charles die Möglichkeit, seine Leidenschaft für nachhaltige ökologische Landwirtschaft in die Praxis umzusetzen. Die Duchy Home Farm auf dem Anwesen von Highgrove House arbeitet seit 1985 biologisch, wodurch der Prinz zu einem Pionier auf diesem Gebiet wurde. Von Prince Charles persönlich geleitet, vertritt der Betrieb in Bezug auf Anbau und Leitung die Philosophie, dass kommerzieller Erfolg mit ökologischer und sozialer Verantwortung in Einklang gebracht werden kann. Der Erfolg ist gewaltig, die Einnahmen haben sich von 2012 bis 2013 verdoppelt. Eine der Erfolgsgeschichten ist die 1990 gegründete Marke *Duchy Originals*. Inzwischen gehört sie *Waitrose*, einer britischen Supermarktkette, und heißt *Duchy Originals from Waitrose*. Die Kette zahlt jährlich etwa 1 Mio. £ Lizenzgebühren in die Wohltätigkeitsstiftung des Prinzen ein. Die Home Farm ist das Flaggschiff des Herzogtums. Sie spielt eine wichtige Rolle bei der Erhaltung seltener einheimischer Rassen, z. B. Tamworth-Schweine, Irish-Moiled-, Gloucester-, Shetland- und British-White-Rinder sowie Hebriden- und Shropshire-Schafe. Als sich britische Bauern beklagten, wie schwierig es sei, erwachsene Schafe zu verkaufen, startete Prince Charles die „Mutton-Renaissance"-Kampagne, die britische Verbraucher ermutigen sollte, wieder mehr Hammel- anstatt Lammfleisch zu essen. Das Herzogtum umfasst viele Gegenden von herausragender landschaftlicher Schönheit und unterstützt Naturschutzprojekte. Es trägt zu Projekten wie *Fishing for Litter*, „Müll fischen", bei, mit dem Fischer dazu angehalten werden, Müll, der sich in ihren Netzen verfangen hat, an Land zu bringen. Außerdem arbeitet das Herzogtum mit *English Heritage* zusammen, um die historischen Stätten und Monumente instand zu halten.

Zum Herzogtum gehören der Großteil der Landflächen und beinahe ein Drittel der Wohngebäude auf den Scilly-Inseln. Das Herzogtum fördert umweltfreundlichen Tourismus mit eigenen Ferienhäusern auf den Inseln, in Cornwall und in Wales.

**Haferkekse mit Wappen**
Die Haferkekse mit dem Wappen des Herzogtums werden in den *Waitrose*-Filialen verkauft. Die Firma *Duchy Originals* wurde 1990 von Prince Charles gegründet.

## Die Zukunft des Herzogtums

Das Herzogtum hat Prince Charles die Möglichkeit gegeben, die architektonischen und sozialen Theorien seines Buchs *A Vision of Britain* praktisch umzusetzen. 1994 gründete das Herzogtum vor den Toren Dorchesters den experimentellen Ort Poundbury. Die Gebäude wurden in einer Mischung aus traditionellen und modernen Elementen gebaut. Der ganze Ort ist so angelegt, dass man alles zu Fuß erreichen kann, Geschäfte, Freizeiteinrichtungen und Wohngebiete sind integriert und nicht voneinander getrennt. Ähnliche Projekte verfolgt das Herzogtum in Truro und Newquay. In Kennington in London, wo das Herzogtum seit 1337 Land besitzt, wurden die Mieten der Immobilien eingefroren, um sie für ältere Mieter erschwinglich zu halten. Das Herzogtum ist eine Mischung aus Tradition und zeitgemäßer ökologischer und sozialer Verantwortung. Obwohl es für Kontroversen sorgt, steht Prince Charles' besonderer Einsatz für diesen Besitz außer Frage.

**SPÄTER**

**Wenn Prince Charles den Thron besteigt, fällt das Herzogtum Cornwall an Prince William.**

**HERZOGTUM LANCASTER**
Als **König** wird Charles der Königin nachfolgen und zum **Duke of Lancaster** werden. Wie das Herzogtum Cornwall wird das Herzogtum Lancaster für ein Mitglied der Königsfamilie **treuhänderisch verwaltet,** in diesem Fall für die Monarchin. **Einnahmen** aus diesen Ländereien stellen ihr **Haupteinkommen** dar.

**DER KÜNFTIGE HERZOG**
Prince Charles hat bereits damit begonnen, **Prince William auf die Übernahme des Herzogtums Cornwall vorzubereiten.** Seit 2011 nimmt Prince William an der zweimal jährlich stattfindenden Sitzung des ***Prince's Council*** teil, der das Herzogtum leitet. Laut einem Sprecher von Clarence House „lernt William seit einigen Jahren alles über das Herzogtum, damit er umfassend darüber informiert ist".

„Ich habe versucht, **bestehende Muster zu durchbrechen,** die ich für einen Irrtum halte."

PRINCE CHARLES, MAI 2006

**Der *New Highgrove Farm Shop***
Prince Charles und die Duchess of Cornwall eröffnen den neuen *Highgrove Farm Shop* an der High Street in Tetbury. Das Geschäft verkauft Souvenirs sowie Waren, die aus den biologischen Erzeugnissen der Ländereien und Höfe des Herzogtums Cornwall hergestellt wurden.

## FRÜHER

**In den späteren Lebensjahren der Königinmutter versammelten sich jedes Jahr an ihrem Geburtstag, dem 4. August, Gratulanten vor Clarence House, um ihre Glückwünsche zu überbringen.**

**DER 100. GEBURTSTAG**
Über **40 000 Menschen fanden** sich im Jahr 2000 zum 100. Geburtstag der Königinmutter **auf der Mall ein,** um ihr zuzujubeln, als sie zusammen mit ihren Töchtern auf den Balkon des Buckingham Palace trat. An diesem Morgen ließ die Königin, zu deren Gepflogenheiten es gehörte, allen 100-Jährigen im Land zum Geburtstag zu gratulieren, ein handgeschriebenes Telegramm nach Clarence House schicken, der Residenz der Königinmutter. Die Königinmutter war übrigens nur **eine von zwölf 100-Jährigen,** denen die Königin an diesem Tag gratulieren durfte. Die Feierlichkeiten zum 100. Geburtstag der Königinmutter umfassten auch ein Bankett im Londoner Guildhall-Gebäude am 27. Juni. Während der *Horse Guards*-Parade am 19. Juli wurde ein Festumzug veranstaltet, der Marschkapellen, Festwagen, Chöre, Rennpferde, aber auch Aberdeen-Angus-Bullen und Kamele umfasste. Die Königinmutter kam in Begleitung von Prince Charles in einer offenen Kutsche zum Festzug. Am Ende der einstündigen Feier dankte sie allen Anwesenden und erklärte, dass **ihr die Parade große Freude bereitet hätte.**

Mutter und Töchter
Dieses Porträt der Königinmutter mit der Königin und Princess Margaret wurde von dem berühmten Mode- und Porträtfotografen Norman Parkinson zum 80. Geburtstag der Königinmutter 1980 aufgenommen.

# Zwei **königliche Abschiede**

**Das Jahr 2002, das 50. ihrer Herrschaft, begann für die Königin eher traurig. Innerhalb von acht Wochen verlor sie am 9. Februar ihre Schwester Princess Margaret und am 30. März ihre Mutter, die 101 Jahre alt wurde.**

Princess Margaret, vier Jahre jünger als die Königin, starb im Alter von 71 Jahren im Krankenhaus. Sie war seit Jahren krank gewesen und hatte den ersten von mehreren Schlaganfällen 1998 erlitten. All jene, die vor 1960 geboren wurden, erinnerten sich an die junge Prinzessin der 1950er-Jahre, die Nachtclubs und das Theater liebte. Im Licht der neueren königlichen Skandale und Scheidungen ist es schwer zu glauben, dass man sie damals davon abgehalten hatte, Peter Townsend zu heiraten, nur weil er geschieden war. Margarets spätere Heirat mit dem Fotografen Antony Armstrong-Jones, Lord Snowdon, ihre Leidenschaft und Scheidung sowie Klatschgeschichten über ihr Privatleben dominierten in den 1960er- und 1970er-Jahren die Schlagzeilen. Margaret schien damals gelangweilt von ihren königlichen Pflichten, und manche hielten sie für hochmütig und extravagant, aber ihre Schwester konnte auf ihre Loyalität zählen. Trotz ihrer Unterschiede standen Margaret und die Königin sich stets sehr nahe.

### Margarets Beerdigung

Der Trauergottesdienst für Princess Margaret fand am 15. Februar in der St.-Georgs-Kapelle in Windsor, statt. Das Datum markierte auch den 50. Jahrestag der Beisetzung ihres Vaters King George VI. Die Trauernden wurden von der Königin und Prince Philip sowie von Princess Margarets Kindern, Viscount Linley und Lady Sarah Chatto, und Lord Snowdon, ihrem früheren Ehemann, angeführt. Die Königinmutter, die seit Weihnachten an einer Infektion litt, nahm in einem Rollstuhl am Gottesdienst teil. Man hatte sie am Vortag mit dem Hubschrauber aus Sandringham einfliegen lassen.

Princess Margaret hatte viele Einzelheiten ihrer Beeisetzung selbst geplant, einschließlich der Auswahl an Liedern. Außerdem hatte sie darum gebeten, ihren Leichnam zu verbrennen. Nach

Speisekarte zum 100. Geburtstag
In den Eckrondellen der Speisekarte zum 100. Geburtstag sind vier Orte abgebildet, die ihr wichtig waren (im Uhrzeigersinn von oben links): Clarence House, Royal Lodge, Glamis Castle und das Castle of Mey.

„Meine **Mutter** … hatte eine **Freude am Leben,** die ansteckend war.“

AUS DER WÜRDIGUNG DER KÖNIGIN, 5. APRIL 2002

dem Gottesdienst wurde ihr Sarg zum städtischen Krematorium nach Slough gebracht. Ihre Asche brachte man in die St.-Georgs-Kapelle, wo sie in der königlichen Gruft beigesetzt wurde.

### Tod der Königinmutter

Nach der Trauerfeier für Princess Margaret kehrte die Königinmutter in die Royal Lodge nach Windsor zurück, ihrem Landsitz seit 1931. Ihr Gesundheitszustand verschlechterte sich zusehends, und am 30. März starb sie um 15:15 Uhr im Alter von 101 Jahren friedlich im Schlaf; Queen Elizabeth II. saß an ihrem Bett. Prince Charles, der älteste Enkel der Königinmutter, dem sie besonders nahegestanden hatte, kehrte nach England zurück; er war mit seinen Söhnen zum Skiurlaub in Klosters in der Schweiz. Als die Nachricht von ihrem Tod bekannt wurde, versammelten sich Menschenmassen vor dem Buckingham Palace und vor Clarence House, dem Domizil der Königinmutter in London. Obwohl ihr Tod nicht unerwartet war, wurde zutiefst um sie getrauert. Im Jahr 1900 geboren, stand sie in einem Jahrhundert voller Veränderungen für Kontinuität. Ihre Beliebtheit, die sich während des Zweiten Weltkriegs (S. 36–37) herausgebildet hatte, war so stark wie eh und je, und sie wurde von vielen für ihre gute Laune, ihr Lächeln und ihr Pflichtbewusstsein geliebt und bewundert. Ihren letzten offiziellen Auftritt hatte sie am 22. November, nur vier Monate vor ihrem Tod, als sie als Ehrengast an der Wiederindienststellung des Flugzeugträgers *HMS Ark Royal* teilnahm. Während Beileidsbekundungen aus der Öffentlichkeit, von einheimischen und internationalen Führungspersönlichkeiten eintrafen, wurden an Orten wie dem St James's Palace, dem Holyroodhouse in Edinburgh und Windsor Castle die Kondolenzbücher ausgelegt.

Berühmt für ihre Hüte
Das Porträt auf der Gedenktasse zum 100. Geburtstag zeigt die Königinmutter mit einem ihrer typischen breitkrempigen Hüte mit Federn.

### Aufbahrung und Begräbnis

Am Freitag, dem 5. April, wurde der Sarg der Königinmutter auf einer Lafette in einer feierlichen Prozession vom St James's Palace zur Westminster Hall gebracht, wo er vier Tage lang bis zum Begräbnis aufgebahrt wurde.

50 Jahre vorher war auch King George VI. in der mittelalterlichen Halle aufgebahrt worden, die den ältesten Teil des Westminster-Palastes darstellt. 14 Mitglieder des Königshauses folgten dem Sarg. Als Bruch mit den Traditionen war auch Princess Anne darunter, normalerweise folgen nur Männer dem Sarg. Die Königin nahm an dem kurzen Gottesdienst teil, bei dem der Sarg auf einen 2 m hohen Katafalk in der Halle gestellt wurde. Auf dem Sarg befanden sich die persönliche königliche Standarte der Königinmutter und die Krone, die sie bei der Krönung von George VI. 1937 getragen hatte.

Totenwache
In der Paradeuniform eines Konteradmirals steht Prince Charles an einer Ecke des Katafalks der Königinmutter. An jeder Ecke stand einer ihrer Enkelsöhne.

Im Verlauf der folgenden drei Tage defilierten mehr als 200 000 Menschen an dem Katafalk vorbei, um der Verstorbenen die letzte Ehre zu erweisen. Während der Totenwache standen an allen vier Ecken Soldaten. Am Vorabend der Beerdigung hatten die vier Enkelsöhne der Königinmutter, der Prince of Wales, der Duke of York, der Earl of Wessex und Viscount Linley, als Zeichen der Trauer und des Respekts dort Wache gehalten. Am selben Abend hielt die Königin eine Fernsehansprache, in der sie „die Entschlossenheit, Hingabe und Lebensfreude“ ihrer Mutter würdigte. Vor Beginn des Trauergottesdienstes am 9. April schlug die größte Glocke von Westminster Abbey 101-mal. Der Sarg wurde von 128 Dudelsackspielern von Westminster Hall zum Westportal der Westminster Abbey begleitet. Mehr als 1 Mio. Menschen füllten den Platz vor der Westminster Abbey und die Straßen in der Umgebung, während über 2100 Trauergäste, darunter 35 Mitglieder der britischen Königsfamilie und Vertreter 25 ausländischer Königsfamilien, am Gottesdienst teilnahmen, bei dem zwei der Lieblingskirchenlieder der Königinmutter gesungen wurden: *Immortal, invisible, God only wise* und *Guide me, O thou great Redeemer*.

Nach dem Gottesdienst, als ihr Sarg nach Windsor Castle gebracht wurde, flog die Royal Air Force mit *Spitfire*- und *Hurricane*-Flugzeugen sowie einer *Dakota*- und einer *Lancaster*-Maschine ihren *Battle of Britain Memorial Flight* über dem Buckingham Palace und der Mall. Eine riesige Menschenmenge hatte sich an der 37 km langen Strecke versammelt. Später an diesem Tag wurde in einem privaten Trauergottesdienst der Leichnam der Königinmutter neben ihrem Ehemann in der schwarzen Marmorgruft der George-VI.-Gedächtnis-Kapelle im nördlichen Schiff der St.-Georgs-Kapelle beigesetzt, wo auch die Asche von Princess Margaret ruht.

Salutschüsse
Schützen des Königlichen Artillerieregiments 105 feuern von Stirling Castle in Schottland zu Ehren der Königinmutter 41 Salutschüsse ab. Auch in anderen Städten wurde Salut geschossen.

**SPÄTER**

**Nach dem Tod der Königinmutter zog Prince Charles in Clarence House, ihrem früheren Londoner Domizil, ein. Prince Andrew zog in die Royal Lodge in Windsor.**

**KUNSTWERKE**
Die Königinmutter **hinterließ** ihre gesamten **Besitztümer der Königin,** ihrer einzigen noch lebenden Tochter. Zuvor hatte sie einen **Treuhänderfonds für ihre Urgroßenkel** eingerichtet. Das Vermögen der Königinmutter, das auf 70 Mio. £ geschätzt wurde, bestand überwiegend aus Gemälden, Porzellan, Schmuck und anderen Kunstwerken, einschließlich einer kostbaren Fabergé-Sammlung. Die Kunstwerke sind heute Teil der *Royal Collection*, und vieles davon ist in der *Queen's Gallery* ausgestellt.

**GEDENKSTATUE**
2009 wurde eine 3 m hohe **Bronzestatue der Königinmutter** enthüllt, die neben der Statue von King George VI. auf den Stufen über der Mall steht. Die Statue, die 2 Mio. £ gekostet hat, wurde vom Erlös der 5-£-Gedenkmünzen bezahlt, die zum 80. Geburtstag der Königin 2006 herausgegeben worden waren.

**Das Schlafzimmer von Maria Stuart**
In Holyrood fand ein berühmter Mordfall der britischen Geschichte statt. Auch deshalb faszinieren seit dem 18. Jh. die mit Eichenholz verkleideten Räume von Maria Stuart die Besucher.

KÖNIGLICHE RESIDENZ

# Holyroodhouse

**Der Palast Holyroodhouse in Edinburgh war bereits vor der Vereinigung der Kronen im Jahr 1603 eine bedeutende Residenz. Maria Stuart, Königin der Schotten, lebte hier, und er war Schauplatz großer Ereignisse in der Beziehung zwischen England und Schottland.**

Holyrood wurde 1128 von David I. als Augustinerabtei gegründet. Er war der Sohn der hl. Margaret von Schottland, einer angelsächsischen Prinzessin, die im Zuge der normannischen Eroberung nach Schottland geflohen war. Der Legende nach hatte der König bei der Jagd hier eine Vision des Kreuzes Christi, des *Holy Rood*

## Türme und Tumult

Als Edinburgh im Jahr 1437 schottische Hauptstadt wurde, wohnten die Monarchen lieber in den Gemächern der Abtei als im Edinburgh Castle. Für seine neue Gemahlin, Margaret Tudor, die Tochter von Heinrich VII., hatte James IV. (1473–1513) das Gästehaus der Abtei zum Palast umbauen lassen. 1507 ließ er einen Teich für einen Park sowie Sport- und Freizeitanlagen trockenlegen.

James V. (1512–1542) baute neue Gemächer in einem großen durch Wassergraben und Zugbrücke geschützten Turm. Holyrood wurde während der Auseinandersetzungen mit England in den 1540er-Jahren mehrfach angegriffen und niedergebrannt, aber der Turm hielt stand. 1566 wurde die Tochter von James V., Maria Stuart (1542–1587), dort Zeugin des brutalen Mordes an David Rizzio, ihrem italienischen Sekretär und angeblichen Liebhaber. Er wurde von mehreren Personen unter der Leitung von Marias Ehemann Lord Darnley mit 56 Stichen getötet – noch heute sollen die Blutflecken sichtbar sein.

Nach ihrer erzwungenen Abdankung und Flucht nach England 1567 bewohnte Maria Stuarts Sohn, James VI., Schottlands erster protestantischer König, den Palast. Als er 1603 als James (Jakob) I. den englischen Thron bestieg, zog der gesamte auf etwa 600 Personen angewachsene Hofstaat mit ihm nach London, und Holyrood verlor an Bedeutung. Charles I. wurde 1633 in Holyrood noch einmal zum König von Schottland gekrönt, aber ab 1646 überließ man die Verwaltung dem Duke of Hamilton. Im Bürgerkrieg hielt Cromwell das Gebäude besetzt, und 1650 ging es erneut in Flammen auf. Die damaligen Palastgebäude werden heute als Schuppen genutzt.

Im Jahr 1660 lebte Holyrood mit der Restauration der Monarchie wieder auf. Nach den Entwürfen des Architekten Sir William Bruce entstand 1679 ein symmetrisch angelegter Barockpalast, in dem sich die turbulente Geschichte des Ortes fortsetzte. Charles II. wohnte nie in dem von ihm in Auftrag gegebenen Gebäude, aber sein Bruder, James (Jakob) VII. (von Schottland) und II. (von England), hatte enge Bindungen zum Palast. 1686/87 gründete er gegen große Widerstände ein Jesuitenkolleg und widmete die Abtei wieder dem katholischen Glauben – die daraufhin 1688 Angriffsziel der Aufständischen während der *Glorious Revolution* wurde. 1745 geriet Holyroodhouse in den Jakobitenaufstand, als der Enkel von James (Jakob), Charles Eduard Stuart, genannt „Bonnie Prince Charlie", bei seinem Versuch, die katholischen Stuarts wieder auf den britischen Thron zu bringen, nach der Eroberung von Edinburgh dort Hof hielt.

## Tradition und Moderne

Trotz der jahrhundertelangen Verbindungen zum Königshaus wurde Holyroodhouse erst in den 1920er-Jahren dessen offizielle Residenz in Schottland. Die traditionelle *Holyrood Week*, ein Sommerfest der schottischen Geschichte und Kultur, ist ein Höhepunkt des königlichen Jahres. Zusammen mit der *Royal Company of Archers* empfängt die Königin dort Tausende Gäste aus allen Bereichen Schottlands. Wenn die Familie nicht in Schottland weilt, kann der Palast besichtigt werden.

Prunkvolle Ausstattung

Ein barocker Aufgang mit Wandteppichen, Fresken und Stuckarbeiten führt zu den Prunkräumen, in denen die Eröffnungsfeier der Holyrood Week stattfindet. Jedes Jahr beginnt das Fest mit der Übergabe der Schlüssel von Edinburgh durch den Lord Provost an die Königin.

TREPPENAUFGANG

NORDWESTTURM AUS DEM 16. JH.

SCHLÜSSELÜBERGABE, 2014

**Goldenes Ereignis**
Tausende säumen die Mall, als sich die „goldene" Staatskutsche mit der Königin, eskortiert von Mitgliedern der *Household Cavalry* und anderen berittenen Soldaten, dem Triumphbogen *Admiralty Arch* nähert.

# Goldenes Thronjubiläum

**Millionen von Menschen in Großbritannien und dem Commonwealth bejubelten 2002 die Königin zu ihrem Goldenen Thronjubiläum. Während der ein Jahr andauernden Feierlichkeiten legten die Königin und Prince Philip auf ihren Reisen mehr als 64000 Kilometer zurück.**

Die Königin wollte ihr Goldenes Thronjubiläum feiern, indem sie sich möglichst vielen ihrer Untertanen unmittelbar zeigte, und zwar im Vereinigten Königreich und auf der ganzen Welt. Damit wollte sie ihnen für ihre Unterstützung und ihre Loyalität in den 50 Jahren ihrer Herrschaft danken. Auch wenn der Tod von Princess Margaret im Februar und jener der Königinmutter im März (S. 168–169) so nah am 50. Thronjubiläum der Königin, dem 6. Februar, lagen, absolvierte die Königin das geplante Programm. Nur neun Tage nach dem Tod ihrer Schwester wurde sie auf Jamaika empfangen, und im Laufe der folgenden Monate bereisten sie und Prince Philipp ausgiebig Neuseeland, Australien und Kanada. Zwischen Mai und August besuchte die Königin mehr als 70 Groß- und Kleinstädte in allen vier Landesteilen Großbritanniens und unternahm viele „Spaziergänge". Mehrere britische Zeitungen hatten prophezeit, dass sich das Goldene Thronjubiläum als Flop erweisen würde, weil die Öffentlichkeit ihre Begeisterungsfähigkeit für königliche Ereignisse verloren hätte, doch damit lagen sie falsch.

Eine Welle der Zuneigung
Die Königin winkt der Menschenmenge, während sie zum Dankgottesdienst in die St Paul's Cathedral gefahren wird. Angeblich war sie überrascht von der Menschenmenge, die gekommen war, um sie zu sehen.

## Goldenes Jubiläumswochenende

Tausende von Erwachsenen und Kindern nahmen an den Feierlichkeiten teil, die zum Wochenende des Goldenen Thronjubiläums Anfang Juni organisiert worden waren, und Millionen verfolgten das Ganze an den Fernsehbildschirmen. Zu den Veranstaltungshöhepunkten dieses Wochenendes gehörten zwei Konzerte im Garten des Buckingham Palace. Beim *Prom in the Palace* am 1. Juni, zu dem 12000 Gäste kamen, spielten das BBC Symphony Orchestra und der BBC Symphony Choir klassische Musik. Die *Party at the Palace* am 3. Juni präsentierte 50 Jahre britischen Pop, angeführt von Brian May, dem Gitarristen der Rockband Queen, der auf dem Palastdach sein Arrangement von *God Save the Queen* spielte. Das Konzert, auf dem auch Paul McCartney, Eric Clapton, Cliff Richard und Tony Bennett auftraten, hatte weltweit 200 Mio. Zuschauer, und vor allem die jüngeren Mitglieder der Königsfamilie hatten ihre Freude daran. Zwischen zwei Liedern von Paul McCartney entzündete die Königin vor dem Queen-Victoria-Denkmal auf der Mall ein Feuer. Es war Teil einer Kette von mehr als 2000 Leuchtfeuern, die auf dem britischen Staatsgebiet und in Commonwealth-Ländern überall auf der Welt entzündet wurden.

## Der Jubiläumstag

Am Montag, dem 4. Juni, fuhr die Königin in der „goldenen" Staatskutsche in einer Prozession vom Buckingham Palace zur St Paul's Cathedral, wo vom Erzbischof von Canterbury ein nationaler Dankgottesdienst abgehalten wurde. Hochrangige Persönlichkeiten der Römisch-katholischen und der Methodistischen Kirche, der *Church in Wales* und der *Church of Scotland* nahmen daran teil, außerdem Repräsentanten aus dem Commonwealth. Nach einem Bankett im Guildhall-Gebäude, das vom Oberbürgermeister von London veranstaltet wurde, kehrten die Königin und die königliche Familie zur Jubiläumsparade in den Buckingham Palace zurück, an der sich über 20000 Menschen beteiligten.

Gedenkteller
Der Wedgewood-Teller war eine der Memorabilien, die zur Feier des Goldenen Thronjubiläums produziert wurden.

Motivwagen, die Aspekte des britischen Lebens in den 50 Jahren seit der Thronbesteigung der Königin illustrierten, fuhren in einer Parade über die Mall zum Palast. Später säumten unzählige Menschen, von denen viele den Union Jack, die britische Fahne, schwenkten, die gesamte Länge der Mall, um der Königin und ihrer Familie zuzujubeln, als sie nach einem Tag voller Feierlichkeiten auf dem Balkon des Buckingham Palace erschienen. Die Menschen veranstalteten Straßenfeste, die Mitglieder der *British Antarctic Survey* spielten auf dem Eis der Antarktis Cricket, und in New York wurde das Empire State Building am Abend des 4. Juni zu Ehren der Königin lila und golden angestrahlt, ein seltenes Kompliment der USA für eine Persönlichkeit aus Europa.

Königlicher Gruß
Eine Concorde und die Flugstaffel Red Arrows bilden die Nachhut der 22 km langen Luftparade über der Mall und dem Buckingham Palace, die den Jubiläumstag beschloss.

### FRÜHER

**Viele, die an den Feierlichkeiten zum Goldenen Thronjubiläum teilnahmen, waren zu jung, um sich an das Silberne Thronjubiläum der Königin zu erinnern, oder waren damals noch gar nicht geboren.**

**VOR 25 JAHREN**
Bei den Gedenkfeiern zum Goldenen Thronjubiläum wurden viele Elemente des **Silbernen Thronjubiläums** **‹‹ S. 104–105** wieder aufgegriffen, insbesondere die feierliche Prozession in der **„goldenen" Staatskutsche** vom **Buckingham Palace zur St Paul's Cathedral,** in der ein nationaler Dankgottesdienst stattfand. 1977 war die Nation in festlicher Stimmung, überall gab es Straßenfeste. **Millionen grüßten die Königin,** die sich mehrmals auf dem Balkon des Buckingham Palace zeigte. Es gab eine **königliche Bootsparade auf der Themse** und ein **Feuerwerk.** Aber weltweite Fernsehübertragungen hatten noch nicht die Bedeutung wie im Jahr 2002, und 1977 gab es nichts, was auch nur annähernd den beiden Musikereignissen beim Palast gleichkam.

### SPÄTER

**Im Rahmen der Feiern zum Goldenen Thronjubiläum gründete die Königin den *Queen's Award for Voluntary Service*, ursprünglich als *Queen's Golden Jubilee Award* bekannt.**

**DIE GEMEINSCHAFT UNTERSTÜTZEN**
Der *Queen's Award for Voluntary Service* wird für **herausragende Leistungen an ehrenamtliche Gruppen** vergeben, die regelmäßig ihre Zeit opfern, um anderen in der Gemeinschaft zu helfen, ihre Lebensqualität und ihre Möglichkeiten zu verbessern. **2003 wurden die Auszeichnungen erstmals vergeben.** Das *Cabinet Office*, eine Behörde der britischen Regierung, verkündet jedes Jahr am 2. Juni, dem **Jahrestag der Thronbesteigung** der Königin, die Namen der Preisträger. Die Auszeichnung erhalten beispielsweise Gruppen, die Opfer von Verbrechen unterstützen, Fahrdienste für alte Menschen übernehmen oder gemeinschaftliche Sportprojekte organisieren.

# Besuch in St Andrews

**Prince William und seine Verlobte Catherine Middleton kehrten an die University of St Andrews in Schottland zurück, wo sie sich 2001 als Studenten kennengelernt hatten. Dort eröffneten sie die Gedenkfeiern zum 600. Jubiläum der Universität. Es schien sehr passend, dass sie einer ihrer ersten gemeinsamen öffentlichen Verpflichtungen an dem Ort nachgingen, an dem ihre romantische Liebesgeschichte begonnen hatte.**

William und Catherine lernten sich im September 2001 kennen, als sie beide an der St Andrews University an der Ostküste Schottlands studierten. St Andrews ist ein kleines Küstenstädtchen und der Standort des weltberühmten, 1764 gegründeten *Royal and Ancient Golf Club*. Die dortige Universität ist die älteste Schottlands und hat 6000 Studenten, die einen charakteristischen roten Talar tragen. In ihrem ersten Studienjahr wohnten William und Kate in der St Salvator's Hall, die auch liebevoll *Sallies* genannt wurde, dem ältesten Wohnheim der Universität. Beide strebten einen Abschluss in Kunstgeschichte an, William wechselte später allerdings zu Geografie. Während des Studiums hatte William eine Übereinkunft mit den Medien getroffen: Es würde festgelegte Interviews und Fototermine geben, und sie würden ihn ansonsten in Ruhe lassen, damit er ein normales Studentenleben führen konnte. Er kaufte im lokalen Supermarkt ein und besuchte Studentenkneipen und Bars. Er war Kapitän der universitätseigenen Wasserballmannschaft und repräsentierte 2004 die schottischen Universitäten auf dem Hochschulauswahlturnier *Celtic Nations*. Angeblich wurde er erstmals auf Catherine aufmerksam, als sie zu Beginn ihres Studiums bei einer studentischen Modenschau als Model auftrat. Im zweiten Jahr teilten sie sich mit zwei Freunden eine Wohnung im Zentrum von St Andrews und zogen für das letzte Jahr in ein Cottage ein wenig außerhalb des Städtchens. Beide machten am selben Tag ihren Abschluss, am 23. Juni 2005.

Die Spekulationen, dass das Paar kurz davor war, sich zu verloben, verdichteten sich um die Zeit von Catherines 25. Geburtstag im Januar 2007 und führten dazu, dass sie sich für einige Zeit trennten. Im Oktober 2010 verlobten sie sich schließlich während eines Urlaubs in Kenia.

„Es **fühlt sich an,** als würde ich **nach Hause kommen.**“

**PRINCE WILLIAM** BEI DER ERÖFFNUNG DER FEIERLICHKEITEN ZUM 600. JUBILÄUM VON ST ANDREWS, 25. FEBRUAR 2011

**Erster offizieller Besuch als königliches Paar**
Catherine trägt einen scharlachroten Mantel, der farblich zu den Talaren der Studenten von St Andrews passt, als sie der Menschenmenge zuwinkt. Während ihres Besuchs enthüllte das verlobte Paar eine Tafel, die an das 600. Jubiläum der Universität erinnert.

**FRÜHER**

**Nach Dianas Tod trat Camilla selten öffentlich auf. Die Kampagne, sie als Charles' auserwählte Gefährtin zu rehabilitieren, wurde behutsam geführt.**

**SCHRITT FÜR SCHRITT**

Charles und Camilla traten auf der Party zum 50. Geburtstag von Camillas Schwester Annabel im Hotel Ritz in London **erstmals als Paar** auf. Die Presse war über die Anwesenheit des Prinzen informiert worden, und 200 Fotografen waren dort, als sie die Veranstaltung verließen. Im Jahr 2002 begrüßte Camilla in ihrer Eigenschaft als Vorsitzende der Nationalen Osteoporose-Gesellschaft Charles **mit einem Kuss,** als er auf einem Empfang der Hilfsorganisation eintraf. Es war der erste öffentliche Kuss. Im Zuge der Kampagne, Camillas öffentliches Profil aufzupolieren, wurde **viel Gewicht auf ihr Engagement** bei der Aufklärung über Osteoporose gelegt, eine Krankheit, unter der ihre Mutter und ihre Großmutter gelitten hatten.

CHARLES UND CAMILLA VERLASSEN DAS RITZ.

# Die **Hochzeit** von **Charles** und **Camilla**

**Mehr als 30 Jahre nach Beginn ihrer Romanze, ein Jahrzehnt, nachdem ihre Affäre publik geworden war und fast acht Jahre nach Dianas Tod wurden der Prince of Wales und Camilla Parker Bowles am 9. April 2005 endlich Mann und Frau.**

Clarence House verkündete die Verlobung des Prince of Wales mit Camilla Parker Bowles am 10. Februar 2005. Charles schenkte seiner Braut zur Verlobung einen Ring, der seiner Großmutter, der Königinmutter, gehört hatte. Die Königin gab eine Stellungnahme heraus, in der sie ihre und Prince Philips Glückwünsche für die Zukunft des Paares zum Ausdruck brachte, und die Prinzen William und Harry sollen begeistert gewesen sein. Nach seiner Scheidung hatte Prince Charles verkündet, dass seine Beziehung mit Camilla Parker Bowles „nicht verhandelbar" sei, doch Dianas Popularität und die Woge der Emotionen nach ihrem Tod hatten es ihm schwergemacht, die Öffentlichkeit auf seine Seite zu ziehen. Die Medien standen der Frau feindselig gegenüber, die sie für Dianas unglückliches Schicksal verantwortlich machten. Im Jahr 2000 traf die Königin Camilla zum ersten Mal, seit die Beziehung bekannt geworden war. Dies wurde als Zeichen gewertet, dass sie Camilla akzeptierte. 2002 wurde Camilla bei den Feierlichkeiten zum Goldenen Thronjubiläum in die Ehrenloge eingeladen. Obwohl sie ein Haus in Wiltshire hat, zog Camilla in Clarence House ein, als es 2003 zu Charles' Haushalt und Wohnort wurde. Das Meinungsklima hatte sich verändert, sodass das Paar seine Beziehung legitimieren konnte.

### Verfassungsrechtliche Fragen

Im Hinblick auf Charles' künftige Rolle als Oberhaupt der *Church of England* brachte Camillas Status als geschiedene Frau potenzielle verfassungsrechtliche Schwierigkeiten mit sich, die an die Abdankungskrise von Edward VIII. 1936 erinnerten (S. 22–23).

Eine Hochzeit im Rahmen der *Church of England* wurde ausgeschlossen, weil Camilla geschieden war und ihr Mann noch lebte; Charles war auch geschieden, aber seine erste Frau war nicht mehr am Leben, daher sah ihn die Kirche als Witwer an. Das Paar sollte schließlich in dem Standesamt, das Windsor Castle am nächsten lag, heiraten. Danach sollte es einen Segnungsgottesdienst in der St.-Georgs-Kapelle in Windsor geben. Der Erzbischof von Canterbury, Dr. Rowan Williams, erklärte, dass die Arrangements für die Eheschließung mit den Richtlinien der *Church of England* in Einklang stünden, „was der Prince of Wales als engagierter Anglikaner und künftiges Oberhaupt der *Church of England* voll und ganz akzeptiert".

Einige Verfassungsrechtler argumentierten, dass der Thronerbe durch eine standesamtliche Trauung nicht legal eine Ehe eingehen könne. Der Justizminister Charles Falconer erklärte in einer Stellungnahme des Oberhauses am 24. Februar, dass das Gesetz zur Menschenrechtskonvention von 1998 an die Stelle jeglicher Regeln bezüglich königlicher Hochzeiten getreten sei.

### Zwei Zeremonien

Die Hochzeit war für den 8. April vorgesehen, wurde jedoch um einen Tag verschoben, damit Charles die Königin auf der Beerdigung von Papst Johannes Paul II. vertreten konnte. Über 20 000 Menschen grüßten das Paar, als es um 12:30 Uhr zu seiner Trauung vorfuhr. Diese fand vor einer kleinen Gruppe aus Gästen der Familie statt, die in einem Minibus von Windsor Castle zum Standesamt fuhren, die Königin und der Duke of Edinburgh waren nicht dabei. Die Königin hatte dies damit begründet, dass das Paar in Stille heiraten wollte und ihre Anwesenheit dies nicht ermöglicht hätte. Als Trauzeugen fungierten Prince William und Tom Parker Bowles, Camillas Sohn.

Die Braut trug ein Kleid, eine Jacke und einen breitkrempigen Hut in Creme. Zu dem vom Fernsehen übertragenen Segnungsgottesdienst in der St.-Georgs-Kapelle, zu dem auch die Königin und

„Der Duke of Edinburgh und ich **freuen uns sehr** darüber, dass der Prince of Wales und Mrs. Parker Bowles **heiraten** werden."

QUEEN ELIZABETH II. IN EINER VOM BUCKINGHAM PALACE VERÖFFENTLICHTEN STELLUNGNAHME

*Highland Games*

Charles und Camilla in entspannter Stimmung bei den *Highland Games* in Caithness im August 2003

**Familienporträt**
Das offizielle Hochzeitsporträt zeigt das Paar mit der Königsfamilie und Camillas Vater, Major Bruce Shand, sowie Camillas Kindern aus erster Ehe, Tom und Laura.

Prince Philip kamen, trug Camilla ein Kleid und eine Jacke aus blauer und goldener Seide sowie einen goldenen Kopfschmuck.

Zu den Gästen gehörten Charles' Biograf Jonathan Dimbleby, der Moderator Sir David Frost und die Schauspieler Kenneth Branagh und Joanna Lumley. Charles und Camilla betraten Arm in Arm die Kapelle und sprachen vor dem Erzbischof von Canterbury ihre Gelübde. Danach plauderten sie mit den Menschen vor der Kapelle, bevor sie zu dem von der Königin arrangierten Empfang in die Prunksäle von Windsor Castle zurückkehrten. In einer Rede erklärte Elizabeth II., wie stolz sie wäre, dass ihr Sohn „trotz *Becher's Brook*, *The Chair* und anderer schrecklicher Hindernisse … nun hier steht". Sie spielte damit auf Hindernisse des Pferderennens *Grand National* an, das am selben Tag ausgetragen wurde.

## Duchess of Cornwall

Camilla erhielt den Titel Her Royal Highness the Duchess of Cornwall, in Schottland Duchess of Rothesay, nicht den Titel Princess of Wales – aus Rücksicht auf die öffentliche Meinung, die Diana mit diesem Titel verband. Aus ähnlichen Gründen wurde angekündigt, dass Camilla bei Charles' Thronbesteigung nicht Queen Camilla würde. Eine Meinungsumfrage aus dieser Zeit ergab, dass zwar 65 % der Bevölkerung die Hochzeit guthießen, aber nur 7 % fanden, dass Camilla Königin werden sollte.

**Das Großkreuz des Victoria-Ordens**
Die Königin machte Camilla 2012 zu einer *Dame Grand Cross* des Victoria-Ordens. Die Zulassung zu diesem Orden gewährt die Königin in Anerkennung besonderer persönlicher Dienste und als Zeichen der Zuneigung und des Vertrauens.

**SPÄTER**

**Camilla übernahm wichtige neue Aufgaben und spielte eine bedeutende Rolle bei den Feierlichkeiten zum Diamantenen Thronjubiläum 2012.**

Ihre **erste Auslandsreise** als Eheleute unternahmen die Duchess und Prince Charles, als sie im November 2005 die USA besuchten und von Präsident George W. Bush im Weißen Haus empfangen wurden. Bereits im Juni 2005 hatte Camilla an der **alljährlichen Truppenparade** in London teilgenommen und sich erstmals auf dem Balkon des Buckingham Palace gezeigt. Im Dezember 2010 umringten Studenten, die unter anderem **gegen die Erhöhung der Studiengebühren protestierten,** das Auto, in dem Prince Charles und Camilla zur *Royal Variety Show* über die Regent Street fuhren.

**DIE KÜNFTIGE KÖNIGSGEMAHLIN?**

Da der Prince of Wales immer mehr öffentliche Aufgaben der Königin übernahm, tauchte Camilla immer häufiger auf staatlichen Anlässen auf. Am 8. Mai 2013 wohnte sie erstmals der **Parlamentseröffnung** bei. In vollem Ornat saß sie dabei neben Prince Charles an der Seite des Thrones, während sich die Königin an das Parlament wandte. Dies wurde von vielen als Zeichen gewertet, dass sie die künftige Queen Consort, die Königsgemahlin, sein würde. Nach einer Umfrage von 2015 sind inzwischen 49 % der britischen Bevölkerung der Meinung, dass Camilla Queen Consort werden sollte, wenn Charles irgendwann den Thron besteigt.

CAMILLA IN KÖNIGLICHEM ORNAT, 2013

# Diamantene Hochzeit

**Die Königin erreichte einen weiteren großen Moment ihres Lebens als die erste Monarchin in der britischen Geschichte, die auf 60 Jahre Ehe zurückblicken konnte. Sie und Prince Philip hatten 1947 geheiratet, in einer Zeit, in der in Großbritannien großer Mangel herrschte. 60 Jahre später standen sie gemeinsam in der Westminster Abbey, um in einem besonderen Festgottesdienst ihre Ehegelübde zu erneuern.**

Der Gottesdienst fand am 19. November statt, dem Tag vor dem eigentlichen Ehejubiläum. Mehr als 30 Mitglieder der Königsfamilie und 2000 Gäste nahmen daran teil. Darunter waren auch fünf Chorsänger, die bereits 1947 im Chor der Westminster Abbey gesungen hatten, sowie zehn Paare, die am selben Tag geheiratet hatten. Die Musik umfasste Psalmen und Kirchenlieder, die das Paar für ihre Hochzeit ausgewählt hatte, und der Erzbischof von Canterbury, Dr. Rowan Williams, forderte die beiden dazu auf, in ihren Herzen die Versprechen, die sie einander gegeben hatten, zu erneuern. Prince William las aus der Bibel, und Oscar-Preisträgerin Dame Judi Dench las ein Gedicht vor, das eigens zu diesem Anlass von Hofdichter Andrew Motion verfasst worden war. Danach plauderten die Königin und der Duke mit Menschen aus der Menge, die sich auf dem Parliament Square versammelt hatte.

Am Tag vor dem Gottesdienst besuchte das Paar Broadlands, das frühere Heim des verstorbenen Lord Mountbatten, wo es vor 60 Jahren seine Flitterwochen verbracht hatte. Am 20. November, dem Tag des Jubiläums, flogen die Königin und der Duke of Edinburgh auf die Mittelmeerinsel Malta, wo sie von 1949 bis 1951 gelebt hatten, während Prince Philip in der Marine diente. Die Königin erinnert sich außerordentlich gerne an ihre Jahre auf der Insel, die einzige Phase ihres Lebens, in der sie und Philip ein einigermaßen normales Leben führen konnten, jenseits „des Rampenlichts der Öffentlichkeit … und des Drucks, den dies mit sich bringt", wie der Erzbischof von Canterbury am Tag zuvor erklärte, als er dem Paar für die letzten 60 Jahre dankte, in denen sie im Licht der Öffentlichkeit dem Land und dem Commonwealth mit Hingabe gedient hatten.

„**Manche Paare** müssen mehr als andere **im vollen Licht der Öffentlichkeit leben.**"

**DR. ROWAN WILLIAMS** IN SEINER PREDIGT, 19. NOVEMBER 2007

Glückliche Erinnerungen
Im Rahmen der Feierlichkeiten zum Diamantenen Hochzeitsjubiläum besuchten die Königin und der Duke of Edinburgh Broadlands, das Haus, in dem sie ihre Flitterwochen verbracht hatten. Das Foto wurde aufgenommen, als das Paar auf dem Anwesen spazieren ging und in alten Zeiten schwelgte.

* 1982

# Der **Duke** of Cambridge

## „Ich bin **ziemlich normal.**"

PRINCE WILLIAM IM GESPRÄCH MIT MATT LAUER VON NBC NEWS, 15. JUNI 2007

William wurde am 21. Juni 1982 im St Mary's Hospital in Paddington geboren, weniger als ein Jahr nach der Hochzeit des Prince und der Princess of Wales. Charles war im Kreißsaal mit dabei. Das Baby rückte gleich bei seiner Geburt auf den zweiten Platz der Liste der Thronfolger und wurde sechs Wochen später vom Erzbischof von Canterbury im Musikzimmer des Buckingham Palace auf den Namen William Arthur Philip Louis getauft. Zu seinen sechs Taufpaten gehörten auch Konstantin II., der frühere griechische König, und Laurens van der Post, ein südafrikanischer Schriftsteller, den Prince Charles sehr verehrte. William war neun Monate alt und fing gerade an zu krabbeln, als er seine Eltern auf eine sechswöchige offizielle Reise nach Neuseeland und Australien begleitete. Das war ein relatives Novum; als Charles in vergleichbarem Alter gewesen war, wurde er zu Hause zurückgelassen, als seine Mutter, die damalige Princess Elizabeth, 1949 zu einer längeren Auslandsreise aufbrach. William, der den Spitznamen „Wombat" erhielt, wurde während der Tour zu einem Magneten für die Fotografen, genau wie es sein Sohn George 31 Jahre später sein würde.

**Mutter und Sohn**
Der pausbäckige William gluckst vor Freude, als seine Mutter Diana ihn in die Luft schwingt. William stand seiner Mutter sehr nahe, die starb, als er erst 15 Jahre alt war.

### Kindheit und Schulzeit

Diana litt während ihrer Schwangerschaft erstmals an Depressionen und Bulimie, aber die Spannungen in ihrer Ehe mit Charles blieben der Außenwelt noch verborgen. Beide Eltern wollten ihre Söhne vor der Presse schützen, damit sie möglichst normal aufwachsen konnten. Diana ließ die Jungen in lässiger Kleidung herumlaufen und ging mit ihnen in Vergnügungsparks und Fastfood-Restaurants, um ihnen ein breites Spektrum an Alltagserfahrungen zu ermöglichen. Später nahm sie sie mit bei ihren Besuchen in Krankenhäusern und Obdachlosenzentren, um ihr Mitgefühl und ihre Empathie zu schulen.

Williams besuchte im Alter von vier Jahren die Jane Mynors' Nursery School, einen Kindergarten in Notting Hill, unweit vom Kensington Palace. Später ging er auf die Wetherby School in London, mit acht Jahren auf das Internat Ludgrove in Berkshire. Ab 1995 besuchte William das Eton College bei Windsor, das 1440 von King Henry VI. gegründet wurde. Oft wurde behauptet, dass Diana entschieden hätte, William nach Eton zu schicken, da ihr Vater und ihr Bruder dort gewesen waren.

**Märchenprinz**
Dieses offizielle Foto wurde zu Williams 21. Geburtstag am 21. Juni 2003 veröffentlicht. In einem Interview, das er zu diesem Anlass gab, stritt er noch ab, eine Freundin zu haben, auch wenn Catherine Middleton in diesem Jahr auf seiner Geburtstagsfeier in Windsor Castle war.

Doch auch Charles war dafür, da er das strenge Regime seiner eigenen Schule, Gordonstoun, gehasst hatte.

William machte mit seinem Vater und seinem Bruder Urlaub in Balmoral, als Diana im August 1997 ums Leben kam. In der Hysterie um ihren Tod warfen die Medien der Königfamilie – eher ungerechterweise – vor, sie hätte sich den Prinzen gegenüber gefühllos verhalten, als diese mit dem Schicksalsschlag zurechtkommen mussten. William war nach dem Tod seiner Mutter am Boden zerstört; auf seinen Vorschlag hin sang Elton John *Candle in the Wind* auf ihrer Trauerfeier. Die schon früher auch für Eton mit den Boulevardblättern getroffene Vereinbarung, dass sie William dort nicht behelligen und von ihm im Gegenzug Informationen bezüglich seiner Fortschritte bekämen, trug zweifellos dazu bei, ihn und Harry zu schützen, der ihm im folgenden Herbst nach Eton folgte.

Polospiel

William jagt vor seinem Bruder bei einem Wohltätigkeitspolospiel dem Ball nach. Beide Prinzen sind wettbewerbsfähige Polospieler und haben ihre Begeisterung für diesen Sport von ihrem Vater geerbt.

## Der Prinz als Student

William verließ Eton im Juni 2000 mit Abschlüssen in Geografie, Biologie und Kunstgeschichte. Außerdem war er dort Kapitän der Wasserballmannschaft gewesen. Nach einem Jahr, in dem er Afrika, Belize und Chile bereiste und arbeitete, schrieb er sich an der St Andrews University ein, der ältesten Universität Schottlands, 1413 gegründet. Dies stellte einen Bruch mit den königlichen Traditionen dar, jeder Prinz, der bisher studiert hatte, war entweder nach Oxford oder nach Cambridge gegangen, doch St Andrews, das sich in einer Kleinstadt an der schottischen Ostküste befindet, bot William mehr Privatsphäre und Freiheit. Während seines Aufenthalts dort belästigte ihn die Presse nur ein einziges Mal ernstlich. Ironischerweise geschah dies ausgerechnet durch ein Filmteam von *Ardent Productions*, der Firma seines Onkels, Prince Andrew.

William lernte Catherine (Kate) Middleton gleich am Anfang seiner Zeit in St Andrews kennen und teilte sich im letzten Studienjahr mit ihr und zwei Freunden eine Wohnung. Nachdem er seinen *Master of Arts* in Geografie in der Tasche hatte, begann William eine Militärkarriere; er ging auf die *Royal Military Academy* in Sandhurst in Berkshire und trat damit in die Fußstapfen seines jüngeren Bruders, der bereits ein Jahr zuvor dorthin gegangen war. Im Dezember 2006 trat William als Leutnant Wales in den Dienst der *Blues and Royals*, ein Regiment der *Household Cavalry*. Obwohl er den Wunsch geäußert hatte, aktiven Dienst an der Waffe zu leisten, wurde dies für den Zweiten in der Thronfolge als zu gefährlich erachtet. Im Januar 2009 wechselte er zur Royal Air Force (RAF) und ließ sich zum Hubschrauberpiloten ausbilden, der für Such- und Rettungsmissionen eingesetzt wurde.

## Königliche Pflichten

Die Verlobung von William und Catherine Middleton wurde am 16. November 2010 verkündet, ihre Hochzeit fand fünf Monate später statt, und sie erhielten die Titel Duke and Duchess of Cambridge. Kurz nach der Geburt ihres ersten Kindes, George, im Juli 2013, kündigte William an, dass er seine militärische Vollzeitkarriere beenden wolle, um seinen königlichen Pflichten und der Wohltätigkeitsarbeit mehr Zeit zu widmen. Charlotte, das zweite Kind des Paares, kam im Mai 2015 zur Welt. Neben zahlreichen Aufgaben, die er für die Königin im In- und Ausland übernahm, unterstützt William viele Hilfsorganisationen sowie Naturschutzorganisationen, vor allem den *Tusk Trust*, der sich der Erhaltung der afrikanischen Tierwelt verschrieben hat. 2009 hatte er zusammen mit Prince Harry eine Wohltätigkeitsstiftung gegründet, auf die sie sich bei ihrer Arbeit konzentrierten. Nach seiner Hochzeit wurde sie zur *Royal Foundation of the Duke and Duchess of Cambridge and Prince Harry*.

> **„Die Frage, ob ich [König] werden will, stellt sich nicht**. Ich wurde da hineingeboren, es ist meine Pflicht.“
>
> PRINCE WILLIAM IM INTERVIEW MIT PETER ARCHER VOM PRESSEVERBAND, 2003

### CHRONIK

- **21. June 1982** William wird als Sohn von Charles und Diana, Prince und Princess of Wales, im St Mary's Hospital in Paddington in London geboren.
- **4. August 1982** Er wird im Musikzimmer des Buckingham Palace auf den Namen William Arthur Philip Louis getauft.
- **September 1985** Er geht in die Jane Mynors' Nursery School im Westen Londons.
- **September 1990** Er geht auf die Ludgrove School, ein Jungeninternat in Berkshire.
- **Dezember 1992** Der Prince und die Princess of Wales trennen sich.
- **September 1995** Er geht auf das Eton College, wo er auch seinen Abschluss macht.
- **31. August 1997** Seine Mutter Diana, Princess of Wales, stirbt bei einem Autounfall.
- **Juni 2000** Er macht seinen Abschluss am Eton College.

PRINCE WILLIAMS WAPPEN

- **September 2001** Er beginnt einen vierjährigen Master-Studiengang an der St Andrews University in Schottland.
- **21. Juni 2003** Er wird an seinem 21. Geburtstag zu einem Mitglied des Staatsrats.
- **Juni 2005** Er macht seinen Abschluss in St Andrews.
- **Juli 2005** Seine erste Auslandsreise allein führt ihn im Namen der Königin nach Neuseeland.
- **September 2005** Er wird Schirmherr von *Centrepoint*, einer Hilfsorganisation für jugendliche Obdachlose in London.
- **September 2006** Er tritt in die *Royal Military Academy* in Sandhurst in Berkshire ein.
- **16. Juni 2008** Er wird zum Ritter des Hosenbandordens geschlagen.
- **Januar 2009** Er beginnt seine Ausbildung zum Rettungspiloten in der Royal Air Force.
- **29. April 2011** Er heiratet Catherine Middleton in der Westminster Abbey in London.
- **22. Juli 2013** Geburt des ersten Kindes, George Alexander Louis
- **September 2013** Ende des aktiven Diensts in der Royal Air Force
- **April 2014** Der Duke und die Duchess of Cambridge reisen mit Prince George durch Neuseeland und Australien.
- **Mai 2015** Geburt des zweiten Kindes Charlotte

WICHTIGES EREIGNIS, 17.–20. Mai 2011

# **Staatsbesuch** in **Irland**

**Auf Einladung von Präsidentin Mary McAleese stattete die Königin als erste britische Monarchin seit 1911 der Republik Irland einen Staatsbesuch ab. Dies stellte einen historischen Wendepunkt in den schwierigen Beziehungen zwischen dem Vereinigten Königreich und der Republik Irland dar.**

Der letzte britische Monarch, der – abgesehen von Nordirland – Irland besucht hatte, war der Großvater der Königin, George V. Damals war ganz Irland noch Teil des Vereinigten Königreichs. Seitdem trennte die beiden Länder eine lange Geschichte von Feindseligkeiten, die ihre Anfänge im Osteraufstand 1916 nahmen, einem Kapitel des blutigen Kampfs der Iren um ihre Unabhängigkeit. Es folgte ein erbitterter Konflikt über die Teilung der Insel in den Irischen Freistaat, die spätere Republik Irland, und Nordirland, das Teil des Vereinigten Königreichs blieb. Die Unterzeichnung des Karfreitagsabkommens 1998, in dem die Republik ihren territorialen Anspruch auf Nordirland aufgab, trug dazu bei, den Weg für den königlichen Besuch zu ebnen, der als Symbol der Versöhnung betrachtet wurde. In Dublin herrschte während des Besuchs der Königin die höchste Sicherheitsstufe. Am ersten Tag legte Elizabeth einen Kranz im *Garden of Remembrance* nieder, der dem Gedenken „all jener gewidmet ist, die um der Freiheit der Iren willen ihr Leben ließen". Sie besuchte Croke Park, wo 1920 während einer Partie der Sportart Gälischer Fußball britische Soldaten auf irische Zivilisten feuerten. Später an diesem Abend, bei einem Staatsbankett auf Dublin Castle, begeisterte die Königin ihr Publikum, indem sie ihre Rede auf Irisch, einer bekanntermaßen ausgesprochen schwierigen Sprache, begann: „A Uachtarain agus a chairde …" „Präsidentin und Freunde …" Als Mary McAleese dies hörte, soll sich ihr Mund zu einem „Wow" geformt haben. Die Königin sprach einfühlsam über die bewegte Vergangenheit und den Bau von Brücken in eine bessere Zukunft. Ihre Erwähnung des persönlichen Leids derjenigen, die den Verlust von Familienmitgliedern hinnehmen mussten, war auch eine deutliche Anspielung auf den Mord an ihrem Cousin, Lord Mountbatten, der 1979 von der IRA ermordet wurde.

„An der Geschichte gereift blicken wir auf Ereignisse, die **anders** oder **gar nicht erst** hätten geschehen sollen."

**QUEEN ELIZABETH II.** BEIM STAATSBANKETT AUF DUBLIN CASTLE, 18. MAI 2011

**Ein smaragdgrüner Mantel**
Die Königin trägt irisches Grün bei ihrem Besuch des historischen Rock of Cashel in der Grafschaft Tipperary. Da sich der Staatsbesuch dem Ende zuneigte, war dies ein entspannter Tag, an dem sie auch Zeit fand, das berühmte Rennpferdgestüt Coolmore zu besichtigen.

## FRÜHER

**William ist der vierte Pilot in der Royal Family und tritt in die Fußstapfen seines Großvaters, seines Vaters und seines Onkels, des Herzogs von York.**

**WIE DER VATER, SO DER SOHN**
Die **Liebe zum Fliegen** verdankt William seinem Vater. Prince Charles konnte als **Inhaber eines Pilotenscheins** 1971 bereits selbst zum Royal Air Force (RAF) College Cranwell zur Jetpiloten-Ausbildung fliegen. Drei Jahre später wurde er bei der **Royal Navy** in Yeovilton zum Hubschrauberpiloten ausgebildet. Oft übernahm er selbst das Steuer eines Flugzeugs der *Queen's Flight*, die seit 1995 die Mitglieder der Königsfamilie befördert.

WILLIAM (4) KLETTERT AUS EINEM HUBSCHRAUBER.

**FALKLAND-ERZÄHLUNGEN**
Im **Falklandkrieg** diente Andrew, Duke of York und damals Zweiter in der Thronfolge, als **Kopilot** in einem ***Sea-King*-Hubschrauber** auf dem Flugzeugträger *Invincible*. Er begeisterte William, indem er ihm erzählte, wie er argentinische Exocet-Raketen von den Schiffen der British Task Force abwehrte.

# Der **fliegende Prinz**

**Das Fliegen steckt den Royals im Blut. William erwarb sein Pilotenabzeichen, die RAF-Wings, während seiner Militärzeit und wurde danach ein engagierter SAR-Pilot. Nach Verlassen der Streitkräfte wollte er neben seinen königlichen Pflichten weiterhin Hubschrauber fliegen.**

Im Jahr 2007 gab das Verteidigungsministerium bekannt, dass William vier Monate bei der Royal Air Force (RAF) ausgebildet würde. Lieutenant Wales, wie er bei der Armee hieß, hatte gerade eine Schulung zum Kommandanten einer Panzeraufklärungseinheit absolviert und sich für drei Jahre bei der Armee gemeldet. Mit der Entscheidung gegen seine Anwesenheit an der Front in Afghanistan wurde jedoch beschlossen, er solle bei der Royal Air Force und der Royal Navy Erfahrungen sammeln. Der Wechsel zur RAF bedeutete die Erfüllung seines Wunschs, fliegen zu lernen, und machte ihn mit einer modernen Luftwaffe vertraut. William absolvierte einen zwölfwöchigen Intensivkurs und lernte im RAF-Fliegercollege Cranwell in Lincolnshire, Hubschrauber und Flugzeuge zu steuern. Nach achteinhalb Flugstunden unternahm er seinen ersten Alleinflug. „Es war ein fantastisches Gefühl", sagte er später. Am 11. April 2008 überreichte Prince Charles, Cranwell-Absolvent der 1970er-Jahre, William die RAF-Wings. Gegen Ende seiner RAF-Zeit gelangte William sogar an die Front – er war an einem 30-Stunden-Flug in einem Militärtransporter Boeing C-17 Globemaster zur Luftbasis Kandahar in Afghanistan zur Überführung eines gefallenen Soldaten beteiligt, wie nach seiner Rückkehr bekannt wurde. William sagte, er sei „zutiefst geehrt", Teil der Crew gewesen zu sein, die den Verstorbenen nach Hause brachte. William diente auch kurzzeitig bei der Royal Navy. Während seines Einsatzes auf der *HMS Iron Duke* in der Karibik nahm er an einer Operation mit der Küstenwache der USA teil, bei der ein Schnellboot mit 900 kg Kokain im Wert von mehr als 55 Mio. € aufgebracht wurde.

## Search-And-Rescue-Pilot

2009 wechselte William zur RAF und absolvierte bei der dortigen SAR-Force eine Ausbildung zum Hubschrauberpiloten. Dieser Zweig des Militärs gewährleistet Suche und Rettung (Search and Rescue) rund um die Uhr in ganz Großbritannien, Zypern und auf den Falklandinseln. Er war aus den Luft- und Seerettungsstaffeln zur Bergung von Flugzeugbesatzungen im Zweiten Weltkrieg hervorgegangen. Die SAR-Force hat zwar nach wie vor eine militärische Rolle, die meisten Einsätze betreffen heute jedoch Zivilisten in Not auf dem Meer oder im Gebirge und werden gemeinsam mit der britischen Küstenwache ausgeführt. Im Dienst der SAR-Force konnte William weiterhin fliegen und bei den Streitkräften aktiv sein, ohne bei Kampfhandlungen eingesetzt zu werden. Nach der Beförderung zum Flight Lieutenant absolvierte er an der Defence Helicopter Flying School der RAF Shawbury in Shropshire eine zwölfmonatige Pilotenweiterbildung, bei der er etwa 80 Trainingsstunden auf dem Hubschrauber *Griffin HT1* ableistete und sich mit Nachtflügen, speziellen Einsatzsituationen und Formationsflügen vertraut machte. Im Januar 2010 ging Flight Lieutenant Wales zum *SAR Conversion Course* am RAF-Stützpunkt Valley auf der Insel Anglesey in Nordwales. In den ersten sechs Wochen setzte er sein Training auf einem Griffin fort und ging dann weiter zur *Sea King Operation Conversion Unit*, wo er mit Simulatoren und *RAF-Sea-King*-Hubschraubern trainierte.

**1765 Ereignisse beschäftigten Williams Search-and-Rescue-Einheit des RAF Valley im Jahr 2012.**

## Die aktivste SAR-Einheit

Nach der Ausbildung wurde William im September 2010 dem Squadron C Flight No. 22 am RAF-Stützpunkt Valley zugewiesen – der aktivsten SAR-Einheit des Landes –, wo er einen Sea King Mark 3 flog. Sein Einsatz war für 30 bis 36 Monate vorgesehen.

Eine SAR-Schicht dauert 24 Stunden. Die Crew muss binnen 15 (tagsüber) beziehungsweise 45 Minuten (nachts) nach Notrufeingang startbereit sein. Morgens findet ein Briefing zu den Wetterverhältnissen und anderen Faktoren sowie zum Zustand des Fluggeräts statt. Die Crew ist für Checks vor dem Flug zuständig, verbringt jedoch die meiste Zeit im Aufenthaltsraum. Eine SAR-Crew besteht standardmäßig aus zwei Piloten – einer ist der Kapitän – und einem Funker, der am Einsatzort den Retter mit der Winde am Seil herablässt. Üblicherweise ist dieser Retter ein ausgebildeter Sanitäter, der am Einsatzort Erste-Hilfe- und Bergungsmaßnahmen ausführt.

Bei Williams erstem Einsatz als Kopilot am 2. Oktober 2010 wurde ein Verletzter von einer Bohrinsel mit dem Hubschrauber ins Krankenhaus gebracht. Im Laufe der folgenden drei Jahre war William an 156 SAR-

**Billy the Fish**
Laut RAF-Namensschild ist William „Will Wales". Den Spitznamen „Billy the Fish" bekam er, weil „Wales" im Englischen wie der Plural von „Wal" klingt.

**SAR-Absolventen**
Flight Lieutenant Wales (letzte Reihe Mitte) zeigt mit sechs anderen Schülern sein Abschlusszertifikat nach dem SAR-Trainingskurs auf dem RAF-Stützpunkt Valley im September 2012.

# „Ich **genieße meine Zeit in der RAF** sehr und würde zu gern weitermachen. Aber mein **anderes Leben fordert mich zunehmend.**"

**WILLIAM,** VOR DEM AUSSCHEIDEN AUS DEM AKTIVEN DIENST, 2013

**Am Steuer**
William wird als „hochprofessioneller und kompetenter Pilot" beschrieben und war an vielen gewagten Rettungseinsätzen über der Irischen See und dem nordwalisischen Bergland beteiligt.

### SPÄTER

**Im August 2014 wurde Williams Rückkehr zur Fliegerei als Rettungshubschrauberpilot bekannt gegeben.**

**EINE NEUE FLIEGERKARRIERE**
Nach einer Schulung nahm William im März 2015 die Arbeit bei der **East Anglian Air Ambulance (EAAA)** mit Sitz an den Flughäfen Cambridge und Norwich auf. Er will seine neue Rolle um seine königlichen Pflichten herum arrangieren und wird **das Gehalt wohltätigen Zwecken spenden.** Sein **Arbeitsvertrag** wurde mit der zivilen Firma Bond Air Services geschlossen.

Die EAAA betreibt zwei EC145-T2-Hubschrauber und beschäftigt je drei Piloten in Norwich und in Cambridge. In jedem Hubschrauber sind ein Pilot, ein Arzt und ein Rettungsassistent. Während der Herzog für die EAAA arbeitet, lebt er mit seiner Frau zumeist in Anmer Hall, ihrem Landhaus im Sandringham Estate (Norfolk).

Operationen beteiligt, wobei in 149 Fällen Menschen gerettet wurden. 2012 bestand er die Prüfungen zum Einsatzleiter für die vierköpfige Crew.

## Ein unübertroffenes Gefühl

Das Fliegen bereitet William erkennbar Vergnügen. Die TV-Dokumentation *Helicopter Rescue* der BBC (2013) zeigte ihn als Kapitän bei der Rettung eines Jungen aus einem Steinbruch. William sagte im Beitrag: „Das Gefühl, wenn man wirklich etwas Gutes getan und jemandem das Leben gerettet hat, ist nicht zu übertreffen."

Vor ihrer Heirat lebten William und Catherine in einem gemieteten Haus auf Anglesey zusammen, und Catherine drückte ihre Besorgnis bei gefährlichen Einsätzen ihres Mannes aus. Als Williams aktiver Dienst bei der RAF im September 2013 endete, hatte er über 1300 Flugstunden absolviert.

# Williams und Catherines Hochzeit

**William heiratete die aus der Mittelklasse stammende bürgerliche Catherine Middleton – ein Bruch mit der Tradition. Sie eroberte jedoch die Herzen der Menschen. Etwa eine Million Menschen jubelte dem Paar nach der Hochzeit in der Westminster Abbey am 29. April 2011 zu.**

Vergleiche mit der Hochzeit von Prince Charles und Lady Diana Spencer 30 Jahre zuvor waren unvermeidlich. Auch diese war als „Märchenhochzeit" angekündigt, monatelang sehnsüchtig erwartet und als Staatsakt im barocken Prunk der St Paul's Cathedral abgehalten worden. In der stärker mit der Monarchie verbundenen Westminster Abbey finden nur knapp 2000 Menschen Platz, und William hatte auf einem Mitspracherecht für sich und Catherine bei den Einladungen bestanden. Daher waren über die Hälfte der Gäste Verwandte und Freunde des Paares. Die Liste der eingeladenen Staatsoberhäupter, Politiker, Diplomaten und anderer Honoratioren hatte man beherzt gekürzt.

Am Hochzeitsmorgen wurde verkündet, dass die Königin ihrem Enkel die Titel Duke of Cambridge, Earl of Strathearn und Baron Carrickfergus verliehen hatte und Catherine (Kate) durch die Trauung den Titel Her Royal Highness the Duchess of Cambridge erhielt. Williams neue Titel sind aus England, Schottland und Nordirland.

**« FRÜHER**

**Am 16. November 2010 wurde die Verlobung von Prince William, dem Zweiten in der Thronfolge, und Catherine Middleton bekannt gegeben.**

**DIANAS RING**
William gab Catherine den mit Saphir und Diamanten besetzten Verlobungsring der **Princess of Wales** **‹‹ S. 116.** Der Presse gegenüber äußerte er, dass ihm der Ring sehr viel bedeute und er so seine Mutter an den Ereignissen beteilige.

**72 MIO. Menschen haben sich die Hochzeit auf YouTube angesehen.**

## Leitmotiv Blumen

Das mittelalterliche Kirchenschiff der Westminster Abbey war in eine Allee mit bis zu 7,5 m hohen Bäumen verwandelt und mit 30 000 Blumen wie Azaleen und anderen blühenden Pflanzen aus dem Windsor Great Park dekoriert worden. Prince William in der scharlachroten Uniform der *Irish Guards* und sein Trauzeuge Prince Harry im Blau der *Blues and Royals* waren ein deutlicher Kontrast vor diesem Hintergrund.

Die Braut wurde von ihrer Schwester Pippa als Trauzeugin sowie vier Brautjungfern und zwei Pagen begleitet. Am Arm ihres Vaters schritt sie vom Westportal der Abbey zum Chor.

Das von Sarah Burton vom Modehaus Alexander McQueen entworfene Kleid bestand aus elfenbeinfarbenem und weißem Satin; Korsage und Rock hatte die *Royal School of Needlework* mit floralen Spitzenapplikationen besetzt. Der Rock bildete hinten eine Semi-Tournüre im viktorianischen Stil und endete in einer kurzen, knapp 3 m langen Schleppe.

Ein Diadem, das die Queen ihr geliehen hatte, hielt Kates Schleier. Sie trug einen kleinen Strauß aus weißen Frühlingsblumen. Der Dekan von Westminster, John Hall, leitete den Gottesdienst nach dem Ritus der *Church of England*, der Erzbischof von Canterbury, Rowan Williams, traute das Paar. Richard Chartres, der Bischof von London, hielt die Predigt, und der Bruder der Braut, James Middleton, übernahm die Lesung.

Das frisch vermählte Paar verließ die Abbey unter Glockengeläut und kehrte in dem von vier Pferden gezogenen Staatslandauer von 1902 zum Buckingham Palace zurück. Ihm folgten Kutschen mit der Königin und anderen Angehörigen der Königsfamilie.

## Mittagsempfang

Die Königin gab einen Mittagsempfang für rund 600 Gäste, zu dem Freunde des Paares sowie Vertreter der zahlreichen Organisationen geladen waren, mit denen sie verbunden sind.

William und Catherine erschienen mit ihren Familien auf dem Balkon des Buckingham Palace, um der versammelten Menge zuzuwinken. Überschwänglich jubelte man ihnen beim mittlerweile traditionellen Hochzeitskuss zu, woraufhin sie ihn wiederholten. Eine der kleinen Brautjungfern, Williams dreijähriges Patenkind Grace van Cutsem, hielt sich vom Lärm überwältigt die Ohren zu. In der traditionellen Parade der Royal Air Force über dem Palast flogen Lancaster-, Spitfire- und Hurricane-Maschinen aus dem Zweiten Weltkrieg.

Kurz nach 15:30 Uhr fuhr William seine Braut in einem Aston-Martin-Cabrio zu seiner offiziellen Residenz Clarence House.

Am Abend kehrte das Paar zur von Prince Charles veranstalteten privaten Dinnerparty mit anschließendem Tanz für Freunde und Verwandte in den Palast zurück. Auf dem Palastgelände gab es ein kleines Feuerwerk.

**Achtstöckige Torte**
Fünf Wochen arbeiteten Konditorin Fiona Cairns und ihr Team an der zauberhaften achtstöckigen Hochzeitstorte. Der Bräutigam wünschte sich zudem einen Schokokuchen nach seinem Lieblingsrezept.

**3 Stunden lang läuteten die Glocken der Westminster Abbey nach der königlichen Hochzeit.**

## Öffentliche Feiern

Der Tag der Hochzeit, ein Freitag, wurde zum Nationalfeiertag erklärt. Millionen Menschen verfolgten die Ereignisse im Fernsehen. Über 5000 Straßenparty-Genehmigungen wurden beantragt, unter anderem von Premierminister David Cameron in der Downing Street. Nationalfahnen und Wimpel zierten die Straßen in London und andernorts. Die Kosten des Ereignisses wurden auf 20 Mio. £ (28 Mio. €) geschätzt. Den größten Teil zahlte Prince Charles, doch die Middletons leisteten auch einen Beitrag.

**Hochzeitsporträt**
Braut und Bräutigam posieren nach der Trauung umgeben von Catherines Brautjungfern und Pagen im Thronsaal des Buckingham Palace.

Ehepaar
Catherine schenkt Prince William, der ihre Hand ergreift, ein Lächeln. Das soeben getraute Paar schickt sich an, die Westminster Abbey an der Spitze der Prozession zu verlassen.

„Wenn wir etwas machen, **dann richtig.**“

DER BRITISCHE PREMIERMINISTER **DAVID CAMERON** ÜBER DIE KÖNIGLICHE HOCHZEIT

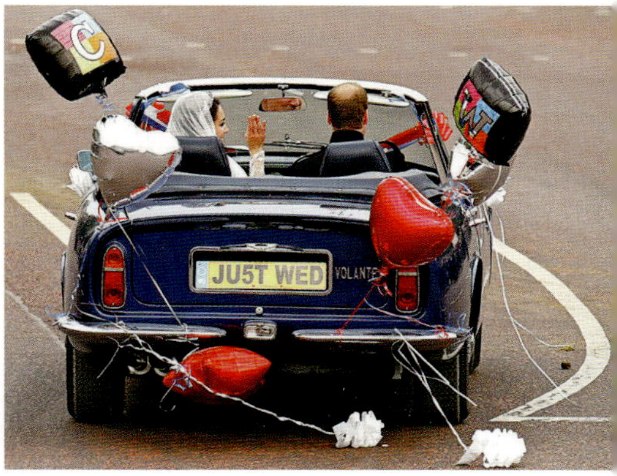


Stilvolle Fahrt
Prince William fährt seine Frau nach dem Empfang in einem klassischen Aston-Martin-Cabrio seines Vaters. Es war mit Luftballons verziert, und das Nummernschild war ausgetauscht gegen „JUST WED“.

## SPÄTER

**Prince William kehrte am Tag nach der Hochzeit zu seinen Pflichten als RAF-SAR-Pilot zurück. Das Paar reiste erst am 9. Mai auf die Seychellen in die Flitterwochen.**

**KÖNIGLICH ARBEITEN**
Schnell begannen die offiziellen Pflichten der Herzogin. Im Mai trafen sie und William im Buckingham Palace in privatem Rahmen mit **Barack Obama** und seiner Frau Michelle zusammen, und im Juli folgte die erste Überseereise nach **Kanada und in die USA** **S. 204–205 ››**.

**BENEFIZ-SPENDENAKTION**
Catherines Hochzeitskleid wurde während des Sommers im Buckingham Palace ausgestellt und war ein Besuchermagnet. Auch dank des Kleides konnten 8 Mio. £ (11 Mio €) für den Wohltätigkeitsfonds der Herzogin aufgebracht werden.

# Memorabilien

**Seit Queen Victorias Zeiten sammeln viele Menschen mit Leidenschaft königliche Memorabilien, von feinem Porzellan zum Andenken an Krönungen bis zu Massenprodukten, wie Dosen, Tassen und Poster.**

[1] Eine Medaille aus vergoldetem Silber und Emaille für ein Mitglied des *Royal Entertainment Committee* im Jahr 1863 [2] Die Porzellantasse von Royal Doulton für Gäste der offiziellen Krönungsdinners [3] Die Vase von Royal Doulton aus dem Jahr 1902 trägt aufgemalte florale Motive auf blau-goldenem Grund. [4] Ein Miniaturpokal von Royal Crown Derby [5] Die Weberei JJ Cash aus Coventry gab an ihre Angestellten diese Gedenkmedaille aus. [6] Das bestickte Band mit Anstecker auf der Rückseite wird an die Jacke geheftet. [7] Rowntree & Sons gab 1911 diese ungewöhnliche, mit Schokolade gefüllte Schatulle heraus. [8] Blau-goldener Pokal von Coalport anlässlich der Krönung von George VI. und Elizabeth am 12. Mai 1937 [9] Diese mit Keksen gefüllte Dose erinnert an den 60. Hochzeitstag von Queen Elizabeth II. und Prince Philip. [10] Die Dose anlässlich der Hochzeit des Prince of Wales trägt die Wappen des Prince of Wales und der Duchess of Cornwall sowie das Datum ihrer Hochzeit. [11] [12] Anlässlich der Geburten von William und Harry wurden Miniaturpokale ausgegeben. [13] Die Porzellankanne in limitierter Auflage stammt aus der offiziell von der Königin autorisierten Sammlung. Die Verkaufserlöse dienen der Erhaltung der Königlichen Kunst- und Antikensammlung. [14] Dieser Becher ist Teil des offiziellen Porzellansortiments zum Andenken an Prince Williams Heirat mit Catherine Middleton.

Die verschlungenen Initialen Prince Alberts und Princess Alexandras

[1] HOCHZEITSSOUVENIR, PRINCE ALBERT OF WALES UND PRINCESS ALEXANDRA

Doppelporträt King Edwards VII. und Queen Alexandras

[2] BECHER, KRÖNUNG, EDWARD VII.

Königsmonogramm, Edward VII., ERVII, für Edward Rex (König)

[3] VASE, KRÖNUNG, EDWARD VII.

[5] MEDAILLE, SILBERNES THRONJUBILÄUM, GEORGE V.

[6] ANSTECKBAND, SILBERNES THRONJUBILÄUM, GEORGE V.

22-karätige Vergoldung

[4] POKAL, KRÖNUNG, GEORGE V.

Szenen aus dem Empire, zu dem Indien, Teile von Afrika und Australasien gehörten

[7] SOUVENIRDOSE, KRÖNUNG, GEORGE V.

8 POKAL, KRÖNUNG, GEORGE VI.

9 GESCHENKDOSE, DIAMANTENE HOCHZEIT, ELIZABETH II.

10 KEKSDOSE, HOCHZEIT, PRINCE OF WALES

11 MINIATURPOKAL, GEBURT, WILLIAM

12 MINIATURPOKAL, GEBURT, HENRY

13 TEEKANNE, DIAMANTENES THRONJUBILÄUM, ELIZABETH II.

14 BECHER, HOCHZEIT, PRINCE WILLIAM UND CATHERINE

* 1982

# Die **Duchess** of Cambridge

## „Ich hoffe wirklich, **etwas bewegen zu können,** und sei es auch nur wenig.“

CATHERINE MIDDLETON, IN EINEM INTERVIEW NACH DER VERLOBUNG AM 16. NOVEMBER 2010

Catherine Elizabeth Middleton kam am 9. Januar 1982 im Royal Berkshire Hospital in Reading als erstes Kind von Michael und Carole Middleton zur Welt. Ihre Eltern lernten sich kennen, als beide für British Airways (BA) arbeiteten. Sie heirateten am 21. Juni 1980 und bekamen drei Kinder: Catherine Elizabeth, Philippa Charlotte (Pippa) und James William. 1984 ging die Familie nach Amman in Jordanien, wo Michael Middleton weiterhin für BA tätig war. 1987 kehrten sie nach England zurück. Carole Middleton startete mit „Party Pieces“ einen erfolgreichen Internet-Versandhandel für Kinderpartyartikel, eine der ersten Internetfirmen Großbritanniens. Catherine besuchte einen englischen Kindergarten in Jordanien, bis die Familie zu Beginn ihrer Grundschulzeit in St Andrew's in Pangbourne, Berkshire, nach England zurückkehrte. Catherine war eine sehr gute Sportlerin. Als Prince William im Alter von neun Jahren ihre Schule zum Hockeyspielen besuchte, war sie unter den Zuschauern. Im Anschluss an St Andrew's besuchte sie die Eliteschule Downe House, wo sie nicht beliebt war, weil sie wenig aus sich machte, sehr mager war und der Mittelklasse entstammte. Kate litt womöglich an der boshaften Atmosphäre. Ihre Eltern nahmen sie von der Schule, und ihre Mutter half ihr, wieder Selbstvertrauen aufzubauen, unter anderem auch, indem sie ihr zeigte, wie sie mehr aus ihrem Äußeren machen konnte. Auch auf dem Marlborough College, das sie danach besuchte, fiel sie nicht unbedingt als blendende Schönheit auf, war jedoch eine gute Schülerin und erreichte einen sehr guten Abschluss, der mit dem deutschen Abitur vergleichbar ist. Sie hatte ein Angebot für einen Studienplatz an der Edinburgh University, entschied sich jedoch für ein Auslandsjahr in Italien und schrieb sich danach an der University of St Andrews für Kunstgeschichte ein. Prince William belegte dort dasselbe Fach.

**Studienabschluss**
Catherine Middleton beendete ihr Studium im Jahr 2005 mit einem „guten“ *Bachelor of Arts*-Abschluss. Da hatte sie ihren Kommilitonen und späteren Ehemann Prince William bereits beeindruckt.

### Studentenleben

William und Catherine gingen beide im Herbst 2001 nach St Andrews und wurden im selben Studentenwohnheim untergebracht. Obwohl der Prinz von der Pressemeute scharf beobachtet wurde, fiel Catherine erst im nächsten Frühjahr auf. Sie war eines der Models

**Beim Thronjubiläum**
Catherine, hier beim Diamantenen Thronjubiläum der Königin, war eine Mode-Ikone geworden. Jede Bewegung, jedes Outfit und sogar die kleinste Gewichtsveränderung wurden genau registriert.

**Hochzeitsporträt**
Das offizielle Familienfoto zeigt Prince William und Catherine mit Queen Elizabeth II., Prince Philip und Prince Harry, dem Duke und der Duchess of Cornwall sowie Carole, Michael, James und Pippa Middleton.

einer studentischen Modenschau, und William hatte 200 £ für einen Sitzplatz in der ersten Reihe bezahlt. Catherine erschien mehrmals auf dem Laufsteg, und wie es heißt, war der Prinz fasziniert. Eine diskrete Liebesbeziehung entwickelte sich, und im nächsten Jahr zogen sie mit zwei Studenten in ein Reihenhaus in St Andrews.

## Ende des Studiums

Nach ihrem Studienabschluss 2006 hatte Catherine eine Teilzeitanstellung beim Modelabel Jigsaw. Die Presse spekulierte über die Zukunft ihrer Beziehung zu William. Die Jigsaw-Gründerin Belle Robinson erinnert sich an die Fernsehteams vor dem Büro. „Wir fragten: ‚Willst du zur Hintertür raus?‘, und sie antwortete: ‚Sie werden uns jagen, bis sie das Bild haben. Vielleicht sollte ich rausgehen und sie fotografieren lassen. Danach lassen sie uns in Ruhe.‘ Ich fand sie sehr reif für eine 26-Jährige.“

Im April 2007 versetzen William und Catherine die Medien durch eine Beziehungspause in Aufregung. Clarence House schwieg, und bald wurde das Paar wieder in der Öffentlichkeit zusammen gesehen. Es hieß, ihre Beziehung sei wieder aufgelebt.

## Königliche Hochzeit

Das Paar verlobte sich im Oktober 2010 in einem Urlaub in Kenia, mit dem Prince William das Bestehen seines RAF-SAR-Pilotenkurses feierte. Catherine bekam von Prince William den Verlobungsring seiner Mutter Diana, Princess of Wales. Kate und William heirateten am 29. April 2011 und zogen in ein einfaches Haus auf der Insel Anglesey, wo William als SAR-Pilot arbeitete. Sie hatten keine Hausangestellten, und Freunde berichteten, dass sie ein möglichst normales Leben führen wollten – Catherine kaufte im Ort ein, kochte Abendessen und ließ William ein Bad ein, wenn er nach Hause kam. Das sorgsam abgeschirmte Privatleben bot eine Ruhepause von der Dauerbeobachtung durch die Presse. Catherine war eine Mode-Ikone geworden, auch weil sie sich gegen die königliche Tradition sträubte und ihre Kleidung – bei britischen Modeketten ebenso wie bei exklusiven Designern – selbst auswählte. Erschien sie in einem Outfit, war es bald darauf ausverkauft.

> **„Das beste Kostüm,** das ich je hatte, war eine **Clownshose**, die meine Oma genäht hatte.“
>
> DIE **DUCHESS OF CAMBRIDGE** IN EINEM INTERVIEW

## Nächste Generation

Im Dezember 2012 kam Catherine ins Krankenhaus. Der Buckingham Palace verkündete, sie sei schwanger und leide an einer extremen Form von Morgenübelkeit. Zwei australische Radiomoderatoren sendeten vertrauliche Informationen, die sie einer Krankenschwester entlockt hatten, die daraufhin Selbstmord beging. Nach der Geburt von Prince George am 22. Juli 2013 verbrachten William und Catherine einige Wochen mit den Middletons in Berkshire und kehrten anschließend mit Catherines Mutter und der ehemaligen Haushälterin der Königin nach Anglesey zurück. Im Oktober bezogen sie den Kensington Palace. Im Jahr 2015 trat William eine Stelle als Rettungspilot an, und das Paar lebte in Anmer Hall auf dem Landgut Sandringham Estate.

Am 2. Mai 2015 kam Catherines und Williams zweites Kind, Princess Charlotte Elizabeth Diana im St Mary's Hospital in London zur Welt. Als Vierte auf der Liste der Thronerben, ist sie das erste so hoch geborene Mädchen in der Geschlechterfolge seit der Geburt von Princess Anne vor 65 Jahren.

**Die neue Prinzessin**
Ihren ersten öffentlichen Auftritt hatte Princess Charlotte bereits zehn Stunden nach ihrer Geburt. Am darauf folgenden Abend wurden Wahrzeichen Londons, wie die Tower Bridge und London Eye, rosa illuminiert.

### CHRONIK

- **9. Januar 1982** Geboren im Royal Berkshire Hospital, Reading, als Catherine Elizabeth, ältestes Kind von Michael und Carole Middleton
- **Mai 1984** Die Middletons gehen nach Amman (Jordanien), wo Michael Middleton als Flugdienstberater für British Airways arbeitet. Catherine besucht einen englischsprachigen Kindergarten.
- **September 1987** Die Middletons kehren nach England zurück, und Catherine besucht die St Andrew's School bei Pangbourne, Berkshire.
- **1987** Carole und Michael Middleton gründen „Party Pieces“, einen Versandhandel für Partyartikel.
- **September 1995** Catherine ist kurzzeitig an der Schule Downe House.
- **April 1996** Sie kommt an die Internatsschule Marlborough College für Jungen und Mädchen.

**GEMEINSAMES WAPPEN DES DUKE UND DER DUCHESS OF CAMBRIDGE**

- **2000** Auslandsjahr in Florenz mit Unterricht am *British Institute*
- **September 2001** Sie schreibt sich an der schottischen St Andrews University für Kunstgeschichte ein.
- **2003** Beginn der Beziehung mit Prince William; sie versuchen, dies verborgen zu halten, um eine Belagerung durch die Medien zu vermeiden.
- **Februar 2006** Catherine bekommt vom *Royalty and Diplomatic Protection Department* rund um die Uhr Personenschutz.
- **15. Dezember 2006** Catherine ist offizieller königlicher Gast bei Prince Williams Abschlussparade in Sandhurst.
- **April 2007** Das Paar trennt sich vorübergehend.
- **Oktober 2010** William und Catherine verloben sich während einer zehntägigen Keniareise.
- **29. April 2011** Sie heiratet den Duke of Cambridge in der Westminster Abbey und wird Duchess of Cambridge.
- **6. Dezember 2012** Nachdem die Herzogin mit schwerer Morgenübelkeit ins Krankenhaus King Edward VII. eingeliefert wird, gibt der St James's Palace ihre Schwangerschaft bekannt.
- **22. Juli 2013** Das erste Kind George Alexander Louis kommt zur Welt.
- **September 2014** Aufgrund der Schwangerschaft sagt sie den Besuch auf Malta in Vertretung der Königin zum 50. Jahrestag der Unabhängigkeit Maltas ab.
- **Mai 2015** Catherines zweites Kind kommt zur Welt.

**Salut aus der Luft**
Ein *Hurricane*-Kampfflugzeug der Royal Air Force überfliegt zum Gedenken an die Luftschlacht um England den Buckingham Palace während der Flugparade zum Diamantenen Thronjubiläum der Königin.

**FRÜHER**

**Die einzige andere Monarchin in der britischen Geschichte, die ein Diamantenes Thronjubiläum feiern konnte, war Queen Victoria im Jahr 1897.**

GEDENKTUCH ZUM GOLDENEN THRONJUBILÄUM QUEEN VICTORIAS

**VICTORIAS THRONJUBILÄEN**

Die Feier zu **Queen Victorias Diamantenem Thronjubiläum** war zwar **prunkvoller als die zum Goldenen,** doch die Königin war gesundheitlich sehr angegriffen. Von Arthritis gebeugt, konnte sie die Stufen der St Paul's Cathedral nicht mehr bewältigen, und man beschloss, den Dankgottesdienst im Freien zu halten. Wie üblich in Schwarz gekleidet, saß sie in ihrer Kutsche.

# **Diamantenes** Thronjubiläum

**2012 beging Queen Elizabeth II. ihr Diamantenes Thronjubiläum. Knapp ein Jahr nach der Hochzeit von Prince William und Catherine waren die Nation und das Commonwealth in der Stimmung, die 60 Jahre ihrer Regentschaft zu feiern.**

Das Diamantene Thronjubiläum von Elizabeth II. bot Gelegenheit, über den Dienst der Königin an ihrem Land in 60 wechselvollen Jahren nachzudenken. Premierminister David Cameron gab diesen Gefühlen Ausdruck, als er am 7. März vor dem Unterhaus sagte: „Auf kulturell zunehmend unsicherem Grund und in den wechselnden Gezeiten der Politik war Ihre Majestät stets ein verlässlicher Anker."

**400 000 Jubiläumsmedaillen wurden an Streitkräfte, Gefängnispolizei und Notdienste ausgegeben.**

## Feierlichkeiten

Im Januar kündigte die Regierung an, dass der Schwerpunkt der Feiern zum Thronjubiläum der Königin auf dem ersten Juniwochenende liegen würde. Der Montag und der Dienstag danach wurden zu Feiertagen erklärt, damit die Menschen im Land Straßenpartys oder Picknicks veranstalten oder an den organisierten öffentlichen Ereignissen teilnehmen konnten. Zum Auftakt besuchte die Königin am Samstag, dem 2. Juni, das Pferderennen Epsom-Derby. In London begann das Fest am Sonntag mit einer Bootsparade auf der Themse, die von dem Canaletto-Gemälde *London, Westminster Brücke von Norden gesehen, am Lord Mayor's Day* aus dem 18. Jh. inspiriert war, das vergoldete Barkassen und eine Flussbootflotte vor der Kulisse der St Pauls Cathedral zeigt. Über 1000 alte und neue Boote aus dem ganzen Land und aller Welt waren versammelt, darunter Schiffe, die 1940 bei der Evakuierung von Dünkirchen beteiligt waren, ein Maori-Kanu aus dem frühen 19. Jh. und ein hölzernes Ruderboot, das einst von Queen Victoria in Cornwall benutzt worden war. Die Barkasse *Gloriana* mit einem 18-köpfigen Rudererteam, darunter die Olympiaruderer Sir Steve Redgrave und Sir Matthew Pinsent, war für diesen Anlass gebaut worden. Die Königin, der Duke of Edinburgh und weitere Mitglieder der Königsfamilie waren an Bord der MV *The Spirit of Chartwell*, die mit Gold und Samtmarkisen hergerichtet war. Im kalten Regen

**Festzug auf der Themse**
Viele kleine Ruderboote passieren die Westminster Bridge. Die hoch aufragenden Gebäude im Hintergrund zeigen, wie sehr sich die Londoner Skyline unter Queen Elizabeth II. verändert hat.

Jubiläumsporzellan
Die Gestaltung des offiziellen Gedenkporzellans zum Diamantenen Thronjubiläum basiert auf dem Rockingham-Service, das beim Krönungsbankett von Queen Victoria im Jahr 1838 zum ersten Mal verwendet wurde.

schauten sie dem ersten Teil der 12 km langen Flussparade zu, bis sich die königliche Barkasse zum Finale des Festzuges an der Tower Bridge der Prozession anschloss.

## Konzert im Palast

Tags darauf fand vor dem Buckingham Palace auf einer um das Queen-Victoria-Memorial herumgebauten Bühne ein vom Musiker Gary Barlow organisiertes Konzert statt. 10 000 Gratistickets waren verlost worden, und für die Ticketbesitzer gab es am Nachmittag ein Picknick in den Palastgärten mit einem Menü von Starkoch Heston Blumenthal. Auftritte von Elton John, Stevie Wonder und Paul McCartney bildeten Höhepunkte. Prince Philip musste wegen einer Blasenentzündung ins Krankenhaus und konnte dem Konzert nicht beiwohnen. Um 22:30 Uhr setzte die Königin einen Glaskristall in ein Gehäuse und aktivierte so einen Laser, der das Letzte von über 4000 Leuchtfeuern einer Kette entzündete, die von Tonga und Neuseeland nach Sydney, Neu-Delhi, Hongkong und Kanada sowie von John O'Groats in Schottland bis zu den Kanalinseln führte. Am letzten Tag besuchte die Königin mit Angehörigen einen Dankgottesdienst in der St Paul's Cathedral. Anwesend waren auch die Generalgouverneure und Premierminister des Commonwealth sowie Vertreter vieler Bereiche des öffentlichen Lebens. Nach einem Mittagessen mit 700 Gästen in der Westminster Hall kehrte die Königin in einer offenen Kutsche zum Buckingham Palace zurück. Schließlich zeigte sich die königliche Familie während der Luftparade der Kunstflugstaffel *Red Arrows* und anderer Flugzeuge auf dem Balkon.

„In diesem besonderen Jahr … stelle ich mich **erneut in Ihren Dienst.**"

QUEEN ELIZABETH II. AM 2. FEBRUAR 2012, DEM 60. JAHRESTAG IHRES AMTSANTRITTS

Barkasse für eine Königin
Das Vorbild der Ruderbarkasse *Gloriana* war eine vergoldete Barkasse des Londoner Oberbürgermeisters auf einem Gemälde von Canaletto.

## Auslandsreisen

Zehn Jahre zuvor hatten Queen Elizabeth II. und Prince Philip zum Goldenen Thronjubiläum noch selbst alle Commonwealth-Länder besucht, diesmal jedoch ließ sich die 86-jährige Monarchin von Familienangehörigen vertreten. Zu diesen Reisen gehörten Besuche des Prince of Wales und der Duchess of Cornwall in Australien, Kanada, Neuseeland und Papua-Neuguinea, von Prince William und Catherine in Malaysia, Singapur, den Salomonen und Tuvalu sowie von Prince Harry in Belize, Jamaika und auf den Bahamas. Eine weitere Veranstaltung im Jubiläumsjahr war ein Essen für Regenten aus dem Ausland am 18. Mai im Windsor Castle. 22 regierende und ehemalige Monarchen nahmen daran teil, darunter der Kaiser von Japan, zwei Königinnen, drei Prinzen und ein Sultan.

### SPÄTER

**Zum Thronjubiläum der Königin wurden vielerorts dauerhafte Zeichen gesetzt, die von ihren 60 Jahren auf dem Thron zeugen sollen.**

**JUBILÄUMSEHRUNGEN**
Unter den bleibenden Ehrungen waren **60 vom *Woodland Trust* angelegte Jubiläumswälder.** Der als „Big Ben" bekannte Uhrenturm des Westminster Palace wurde in „Elizabeth Tower" umbenannt, und das Hauptportal zu den *Kew Gardens* wurde zum „Elizabeth Gate".
Im Dezember 2012 gab das britische Außenministerium bekannt, ein **Teil des britischen Territoriums in der Antarktis heiße fortan „Queen Elizabeth Land".** Die Königin verlieh Chelmsford in England, Perth in Schottland und St Asaph in Wales Stadtrechte; Armagh in Nordirland erhielt einen Oberbürgermeister. Richmond in Südwestlondon wurde zum „Royal Borough", zum königlichen Bezirk.

**JUBILÄUMSMEDAILLE**
Das Vereinigte Königreich, Kanada und die englischsprachige Karibik gaben jeweils **unterschiedliche Versionen einer Medaille zum Thronjubiläum heraus,** die für besondere Verdienste in den Streitkräften, der Polizei, in Justizvollzugsanstalten, bei Rettungsdiensten und für besondere Leistungen in oder Dienste an der Öffentlichkeit verliehen wurden.

Entzünden des nationalen Leuchtfeuers
Mit einem Glaskristall in einem Laser entzündet die Königin ein Feuer, woraufhin eine leuchtende Flamme vor dem Buckingham Palace in den Himmel steigt.

**WICHTIGES EREIGNIS,** 28. Juli 2012, 00:17 Uhr

# **Eröffnung** der **Olympischen Spiele**

**Am frühen Morgen des 28. Juli trat Queen Elizabeth II. ans Mikrofon und erklärte die Olympischen Spiele 2012 in London für eröffnet. Sie sprach mitten in der aufwendigen, bereits fünf Stunden andauernden Eröffnungszeremonie, die der Oscar-prämierte Regisseur Danny Boyle choreografiert hatte.**

Für viele kam der Höhepunkt der Show gegen 22:30 Uhr: Das Publikum sah einen Kurzfilm, in dem Daniel Craig als James Bond im Buckingham Palace eintrifft. Man führt ihn, gefolgt von den Corgis Monty, Willow und Holly, ins Büro der Königin, wo sie mit dem Rücken zur Kamera an ihrem Schreibtisch sitzt und schreibt. Ist sie es wirklich? Alle Zweifel sind weggewischt, als sie sich umdreht und den Geheimagenten mit „Good evening, Mr. Bond“ begrüßt. Dann sieht man, wie die Königin und der Agent den Palast verlassen und in einen Hubschraubers steigen, der zum Olympiastadion fliegt. Dort springen sie ab. In diesem Moment tauchten über dem Stadion zwei echte Fallschirmspringer auf, einer gekleidet wie die Königin. Minuten später erschien die Königin in derselben Kleidung in Begleitung des Duke of Edinburgh und nahm ihren Platz ein. Dass sie diese Rolle spielen würde, war das am besten gehütete Geheimnis des Abends.

Dem Leiter des Organisationsteams, Sebastian Coe, zufolge waren William und Harry so verblüfft wie alle anderen, die Königin in ihrer ersten Filmrolle zu sehen. Als die Fallschirmspringer hinabschwebten, hörte man die Prinzen rufen: „Los, Oma!“ Der Dreh hatte unter Danny Boyles Regie drei Stunden gedauert. Mit diesem Überraschungsauftritt gab die Königin ihren Segen zu den erfolgreichen Olympischen Sommerspielen, bei denen Großbritannien Dritter im Medaillenspiegel wurde. Nach dem Erfolg des Diamantenen Thronjubiläums im Juni war dies die Krönung eines triumphalen königlichen Sommers (S. 194–195).

„Ich erkläre hiermit die **Olympischen Spiele von London,** mit welchen die **30. Olympiade der modernen Ära** begangen wird, für eröffnet.“

**QUEEN ELIZABETH II.,** ERÖFFNUNG DER OLYMPISCHEN SPIELE, 28. JULI 2012

**Lichtkrone**
Queen Elizabeth II. eröffnet in einem pfirsichfarbenen Cocktailkleid mit einem Kopfschmuck aus Porzellanblumen die Olympischen Spiele in London. Sekunden später hüllte ein Feuerwerk das Stadion in eine Krone aus Licht.

* 1984

# Prince Harry

**„Ich bestehe aus drei Teilen: einer trägt Uniform, einer ist Prince Harry, und der dritte … ist privat.“**

PRINCE HARRY, AUS AFGHANISTAN KOMMEND, JANUAR 2012

Prince Harry ist der jüngere Sohn von Charles, Prince of Wales, und Diana, Princess of Wales. Momentan steht er an fünfter Stelle in der Thronfolge nach Prince Charles, Prince William und Williams Kindern. Harry wurde am 15. September 1984 im St Mary's Hospital in Paddington in London geboren und Henry Charles Albert David genannt. Der niedliche Schelm mit dem roten Schopf entwickelte offenbar schon als Kind eine unbekümmerte Lebenseinstellung, ganz anders als sein zurückhaltenderer, ernsterer Bruder.

**Charmanter Frechdachs**
Prince Harry steht in Prince Charles' Landhaus Highgrove in der Tür zum Garten. Harry und William verbrachten die Schulferien teilweise in Highgrove und teilweise in Dianas Apartment im Kensington Palace.

### Tod von Diana

Beim tragischen Tod seiner Mutter war Harry zwölf Jahre alt. Im schwarzen Anzug folgte er tapfer zusammen mit Großvater, Vater, Bruder und Onkel mütterlicherseits, dem Earl Spencer, dem Sarg seiner Mutter zur Westminster Abbey. Als Erwachsener hat Harry offen über diesen schmerzhaften Verlust gesprochen: „Für uns war sie einfach die beste Mutter der Welt." Zweifellos liegt in dieser Erfahrung seine Fähigkeit begründet, sich in seiner Wohltätigkeitsarbeit und bei offiziellen Verpflichtungen in Kinder hineinzuversetzen. Eine Reise nach Botswana und Südafrika mit Prince Charles im Winter nach Dianas Tod war Harrys erste Begegnung mit Afrika. Seither hat er den Kontinent oft besucht.

### Eton und die Zeit danach

Im September 1998 folgte Harry Prince William an das Eton College in Berkshire bei Windsor. Akademisch glänzte er nicht unbedingt, wohl aber im Sport, vor allem im Polo und Rugby. Er trat dem Kadetten-Korps der Schule bei und erreichte den Offiziersrang. Auch Teenagereskapaden ließ er nicht aus: Als die Medien berichtete, er habe minderjährig Alkohol und Cannabis konsumiert, arrangierte sein Vater für ihn einen Besuch in einem Südlondoner Therapiezentrum für Drogensüchtige. Nach dem Schulabschluss 2003 nahm er sich vor Beginn der Militärlaufbahn Zeit für Reisen nach

**Volksnaher Prinz**
Von allen Mitgliedern der Königsfamilie ist Prince Harry als Identifikationsfigur in der Bevölkerung am besten geeignet. Auch seine Wandlung vom frechen jungen Mann zum lautstarken Anwalt der guten Sache hat ihn der Öffentlichkeit ans Herz wachsen lassen.

Australien, Argentinien und Afrika. In Afrika erstellte er eine Dokumentation über die Not von Waisenkindern in Lesotho. Einen Teil des Jahres verbrachte er als Trainer bei der *Rugby Football Union* und besuchte Schulen und Vereine im ganzen Land, um für den Sport zu werben. Prince Harry begann im Mai 2005 seine Ausbildung an der *Royal Military Academy* in Sandhurst in Berkshire und nahm nach dem Abschluss den Dienst bei den *Blues and Royals* auf, die zur *Household Cavalry* gehören. Er wurde zweimal in Afghanistan eingesetzt und qualifizierte sich zum Einsatzleiter für *Apache*-Kampfhubschrauber (S. 200–201). In einem Interview zum Leben an der Front sagte er: „Ich habe vier Tage nicht richtig geduscht und meine Kleidung eine Woche nicht gewaschen."

**Aus Liebe zu Afrika**
Prince Harry zeigt 2014 in Lesotho einigen Jungen ein Foto, das er gerade von ihnen gemacht hat. Sie besuchen eine Abendschule, die von Prince Harrys Afrika-Projekt *Sentebale* betrieben wird.

„Wir sind in unserer Position **sehr privilegiert.** Aber … mit den Privilegien ist eine **große Verantwortung** verbunden."

**PRINCE HARRY** IN EINEM INTERVIEW MIT DEN CBS-NACHRICHTEN, 13. MÄRZ 2012

## Ein Talent für gute Taten

Wie bei William zeigt sich auch bei Harry der Einfluss ihrer Mutter Diana besonders in der Unterstützung von Wohltätigkeitsprojekten. 2006 gründete Harry mit Prinz Seeiso aus Lesotho Sentebale, was in der Sprache Sesotho „Vergiss mich nicht" bedeutet. Die Organisation kümmert sich um schutzlose Kinder, die vergessenen Opfer der Armut und von HIV-Infektionen. Das *Concert for Diana* im Juli 2007 im Wembley-Stadion war ein Benefizkonzert für *Sentebale* sowie für Dianas bevorzugte Projekte. 2010 besuchten Harry und William *Sentebale* auf ihrer offiziellen Reise nach Südafrika, Botswana und Lesotho (S. 204–205).

Harrys eigene Erfahrung von Gefahr und Leid im Krieg wiederum hat ihn dazu bewogen, kriegsversehrte Soldaten aktiv zu unterstützen. Er nahm 2011 Richtung Nordpol und 2013 Richtung Südpol an Expeditionen kriegsversehrter Soldaten teil, um Geld für das Projekt *Walking With the Wounded* zu sammeln. Außerdem engagierte er sich im Rahmen der sehr erfolgreichen *Invictus Games* im Oktober 2014 für kriegsversehrte Soldaten.

Harry ist so manches Mal mit den Paparazzi aneinandergeraten. Nachdem in den Medien ein Foto aufgetaucht war, das ihn bei einer Kostümparty in Uniform mit Hakenkreuzbinde zeigte, bat er um Verzeihung. 2012 wurde er in Las Vegas nackt mit einer Unbekannten abgelichtet, offenbar beim Stripbillard. Solche Vorfälle trugen dazu bei, sein Image als Partyprinz zu etablieren, was seiner Popularität nicht abträglich war: 2014 wurde er in Großbritannien zum Lieblingmitglied der königlichen Familie gewählt. Dies hängt stark mit seiner Gabe zusammen, normale Menschen zu erreichen, die er wohl von seiner Mutter geerbt hat.

**Prince Harrys Wappen**
Die Königin verlieh Prince Harry an seinem 18. Geburtstag sein eigenes Wappen. Die roten Muscheln auf den Halsbändern der Löwen, des Einhorns und auf dem Schild stammen vom Wappen der Familie Spencer.

## Die Zukunft

Man weiß, das Prince Harry bereits zwei längere Beziehungen hatte. Zwar hat er den Wunsch geäußert zu heiraten und Kinder zu bekommen, ist aktuell jedoch Single. In einem CBS-Interview stellte er fest: „Ich bin definitiv kein Diplomat." Trotzdem ist er mittlerweile stärker in offizielle Aufgaben des Königshauses eingebunden. Dieser Aspekt seines Lebens wird noch mehr Bedeutung bekommen, wenn er nach Verlassen der Armee neue Verantwortungsbereiche übernehmen wird.

**CHRONIK**

- **15. September 1984** Harry wird um 4:20 Uhr im St Mary's Hospital in Paddington geboren.
- **21. Dezember 1984** Er wird vom Erzbischof von Canterbury in der St.- Georgs-Kapelle in Windsor auf den Namen Henry Charles Albert David getauft.
- **September 1992** Er besucht wie William das Jungeninternat Ludgrove School in Berkshire.
- **August 1997** Seine Mutter Diana stirbt bei einem Autounfall.
- **1998–2003** Er besucht das Eton College, wo er Abschlüsse in Kunst und Geografie erwirbt.
- **2004** Er verbringt ein Jahr in Australien, Argentinien und Lesotho in Afrika.
- **September 2005** Mit dem 21. Geburtstag übernimmt er königliche Pflichten als Staatsrat.
- **2006** Er unterstützt die Gründung von *Sentebale*, ein Hilfsprojekt für Waisenkinder in Lesotho.
- **April 2006** Er tritt seinen Dienst bei der *Household Cavalry* an.
- **1. Juli 2007** Er organisiert mit seinem Bruder das *Concert for Diana* im Londoner Wembley-Stadion.

**WILLIAM UND HARRY BEIM *CONCERT FOR DIANA***

- **Dezember 2007** Er wird in Afghanistan als Fliegerleitoffizier eingesetzt.
- **6. Januar 2009** Die Königin gewährt William und Harry ihren eigenen königlichen Haushalt im St James's Palace.
- **März 2012** Harry stattet Belize, den Bahamas und Jamaika im Rahmen des Diamantenen Thronjubiläums der Königin einen offiziellen Besuch ab.
- **September 2012** Zweiter Einsatz in Afghanistan als Copilot und Bordschütze eines *Apache*-Kampfhubschraubers
- **Oktober 2013** Erster offizieller Besuch in Australien
- **Dezember 2013** Er nimmt an der Südpolexpedition von *Walking With the Wounded* teil.
- **18. Mai 2014** Er nimmt an der Gedenkfeier zum 70. Jahrestag der Schlacht von Monte Cassino in Italien teil.
- **8.–14. September 2014** Als Leiter des Organisationskomitees besucht er alle Wettkämpfe der *Invictus Games*.
- **September 2014** Er wird zum Ehrenpräsidenten des Organisationskommitees für die Rugby-Weltmeisterschaft im August 2015 in England ernannt.
- **März 2015** Er gibt sein Ausscheiden aus der Armee ab Juni bekannt, um ein neues Kapitel seines Lebens aufzuschlagen.

## FRÜHER

**Harrys Liebe zu den Streitkräften begann bereits in seiner Kindheit. Als Spross der Königsfamilie war das Militär Teil seines Lebens.**

**KLEINER SOLDAT**

Als Achtjähriger begleitete er Diana bei einem **offiziellen Besuch der Kaserne der *Light Dragoons*** in Hannover und wurde dort in einer Mini-Armeeuniform fotografiert. Sein Lieblingsfilm soll das Armee-Historiendrama *Zulu* mit Michael Caine sein.

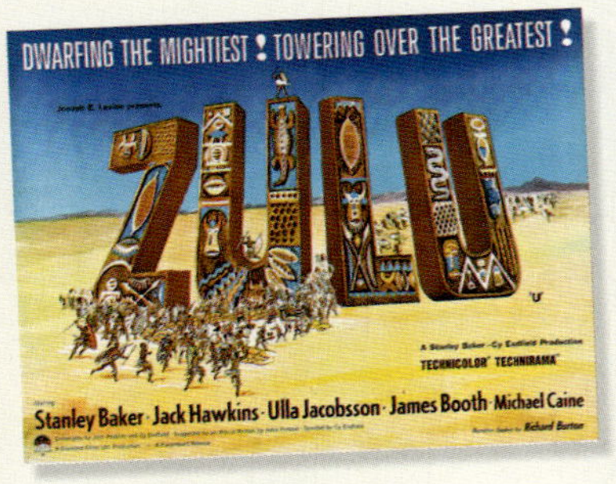


***ZULU*, 1964, FILMPLAKAT**

**SCHULKADETT**

Harry war begeistertes **Mitglied des Kadetten-Korps am Eton College,** in dem militärische Grundausbildung und Führungsfähigkeiten vermittelt werden. Er wurde **Kadettenoffizier** und war bei der Jahresinspektion 2003 **Parade-Kommandeur.**

„Wer sagt, die **Armee mache keinen Spaß, ist verrückt …,** (das ist) der aller-, allerbeste Job, den man sich wünschen kann.“

PRINCE HARRY IN EINEM INTERVIEW

Apachen-Krieger

Prince Harry in Tarnkleidung im britischen Lager Bastion in Südafghanistan. Er war 2012 als Copilot und Bordschütze eines *Apache*-Kampfhubschraubers vier Monate lang an der Front eingesetzt.

# **Harry** in der **Armee**

**Prince Harry diente zehn Jahre in der Armee und war zweimal in Afghanistan. Seit Prince Andrew auf den Falklandinseln war er das erste Mitglied der Königsfamilie, das in einem Kriegsgebiet im Einsatz war.**

Harry wollte immer Soldat sein. Die akademische Ausbildung lag ihm weniger als seinem Bruder William, doch sein Schulabschluss war ausreichend für einen Eignungstest der *Royal Military Academy* Sandhurst, dem Ausbildungszentrum für Offiziere in der Britischen Armee, wenngleich die Neuzugänge inzwischen in aller Regel Uni-Absolventen sind. Harry wurde angenommen und begann im Mai 2005 als Kadettenoffizier in Wales. Zu der anspruchsvollen Ausbildung gehörten neben hartem körperlichem Training auch praktische und theoretische militärische Fächer.

Nach dem Abschluss wurde Harry im April 2006 als Unterleutnant dem zur *Household Cavalry* gehörenden Regiment der *Blues and Royals* zugewiesen. Er absolvierte daraufhin eine Truppenleiterschulung, um sich zum Kommandeur für Panzeraufklärer zu qualifizieren.

> „**Ausgeschlossen**, dass ich Sandhurst durchziehe und dann … **zu Hause sitze,** während meine Jungs **da draußen für ihr Land kämpfen.**“
>
> PRINCE HARRY ERKLÄRT SEINE ENTSCHEIDUNG FÜR DEN FRONTEINSATZ.

Mützenabzeichen der Blues and Royals

Die *Blues and Royals* wurden 1969 aus zwei Regimentern der britischen Armee gebildet, den *Royal House Guards* und den *Royal Dragoons*. Die Ursprünge dieser Regimenter reichen bis in die 1660er-Jahre zurück.

## Enttäuschende Entscheidung

Im Februar 2007 gaben das Verteidigungsministerium und das Büro von Prince Charles gemeinsam bekannt, dass Harry mit seinem Regiment als Teil der 1. Panzerbrigade in den Irak entsandt werde. Harry hatte öffentlich verkündet, er verlasse die Armee, wenn er zurückbleiben müsse. Im Mai widerrief der Chef des britischen Generalstabs, General Sir Richard Dannatt, diese Entscheidung, weil Harry als besonderes Angriffsziel eine Gefährdung seiner Kameraden darstellte. Der Prinz akzeptierte die Entscheidung, verbarg seine Enttäuschung jedoch nicht.

Im Februar 2008 enthüllte das Verteidigungsministerium Harrys Einsatz in Afghanistan. Er war in der Flugsicherung tätig gewesen und hatte dabei für Bodentruppen, die im Angriff auf die Taliban waren, Luftunterstützung hinzugezogen.

Da ausländische Medien die diesbezügliche Nachrichtensperre nicht beachteten, sah man sich gezwungen, den Sachverhalt zu bestätigen und Harrys Einsatz sofort zu beenden. Er sagte dazu: „Wütend wäre das falsche Wort, aber ich bin ein bisschen enttäuscht. Ich dachte, ich könnte bis zum Ende dabei sein und mit den Jungs heimkehren.“

## Hubschrauberpilot

Harry begann Ende 2008 in Middle Wallop in Hampshire eine Ausbildung zum Piloten für Militärhubschrauber. Ab Juni 2009 besuchte Prince Harry gemeinsam mit Prince William die *Defence Helicopter Flying School* der Royal Air Force in Shawbury in Shropshire, wo sich die Brüder ein Zimmer auf dem Stützpunkt teilten.

Im Mai 2010 verlieh Prince Charles Harry im Rahmen einer Zeremonie in Middle Wallop sein Fliegerabzeichen. Danach begann für Harry die lange Ausbildung im *Apache*-Kampfhubschrauber, 2011 wurde er zum Hauptmann befördert. Die etwa 45 Mio. £ teuren *Apache* sind hoch entwickelte und schwer bewaffnete Kampfhubschrauber zur Panzerbekämpfung. Sie können Tag und Nacht und bei jeder Witterung ein spezifisches Ziel erfassen und verfügen über lasergelenkte Raketen und eine 30-mm-Bordkanone. Die zweiköpfige Crew besteht aus Pilot und Copilot bzw. Bordschütze.

Im Oktober 2011 ging Harry für das Training in realistischem Szenario und mit scharfer Munition zur *US Naval Air Facility* im kalifornischen El Centro, was ihn für Fronteinsätze qualifizierte. Harry erwies sich als Naturtalent und war Kursbester.

## Im Lager Bastion

Harry kam im September 2012 auf den britischen Luftstützpunkt Camp Bastion in Südafghanistan zu einem viermonatigen Kampfeinsatz als *Apache*-Copilot und Bordschütze der Staffel 662 des 3. Regiments der britischen Heeresflieger. Er nahm an unterschiedlichen Missionen über der Provinz Helmand teil, von Unterstützung von NATO-Bodentruppen bis zum Geleit für britische *Chinook*- und US-amerikanische *Black-Hawk*-Sanitätshubschrauber bei der Evakuierungen von Verletzten.

In Interviews und einer Filmdokumentation machte Harry deutlich, wie sehr er das Armeeleben als Flucht vor dem Druck der öffentlichen Wahrnehmung als Mitglied der Königsfamilie schätzte: „In der Armee ist es leicht zu vergessen, wer ich bin. Alle tragen die gleiche Uniform und machen das Gleiche. Ich verstehe mich gut mit den Jungs, und mein Job macht mir Spaß. So einfach ist das.“ Er gab auch zu, bei der Rettung von Verletzten auf Talibankämpfer geschossen zu haben, erklärte jedoch, er habe dabei nur seine Arbeit getan.

Nach dem Dienst bei den Heeresfliegern übernahm er 2014 einen Posten als Stabsoffizier der Heeresverwaltung der britischen Streitkräfte. Zu seinen Aufgaben gehörte die Organisation militärischer Veranstaltungen in London, etwa die jährliche Militärparade *Trooping the Colour* (S. 138–139).

Hightech im Cocpit

Harry im Cockpit seines *Apache*-Hubschraubers mit im Helm integrierter Zielvorrichtung vor einem Auge; damit kann der Bordschütze die Raketen per Kopfbewegung ins Ziel leiten.

**SPÄTER**

**Nach einem Jahrzehnt Militärdienst schied Prince Harry im Juni 2015 aus der Armee aus.**

**DEN VERSEHRTEN HELFEN**

Mit Harrys Entscheidung, die Armee zu verlassen, reißt seine Verbindung zu den Streitkräften nicht ab. Die ***Invictus Games,*** ein Sportereignis für im Kriegseinsatz versehrtes Militärpersonal, hat er bereits organisiert. Ab August 2015 arbeitet er **ehrenamtlich beim *Recovery Capability Programme*** des Verteidigungsministeriums **und der *London District Personnel Recovery Unit*** und hilft dabei, verletzten oder kranken Militärangehörigen Erholung und Unterstützung zu verschaffen.

HARRY BEI DER ENTHÜLLUNG EINER GEDENKSTÄTTE FÜR DEN ERSTEN WELTKRIEG IN FOLKESTONE, 2014

**WICHTIGES EREIGNIS,** 22. Juli 2013, 16:24 Uhr

# George kommt zur Welt

**Prince William war bei Catherine, als ihr Sohn am Nachmittag des 22. Julis 2013 mit 3,8 Kilogramm das Licht der Welt erblickte. Die Geburt fand im Lindo-Flügel des St Mary Hospital in Paddington unweit des Kensington Palace statt, wo William 31 Jahre zuvor geboren worden war.**

Die Nachricht wurde den Medien per E-Mail bekannt gegeben und im Nu rund um den Globus getwittert, sogar bevor – ein Bruch mit der Tradition – im Vorhof des Buckingham Palace auf einer Tafel mitgeteilt wurde: „Ihre Königliche Hoheit die Herzogin von Cambridge wurde heute um 16:24 Uhr sicher von einem Sohn entbunden. Ihre Königliche Hoheit und ihr Kind sind wohlauf." Am nächsten Tag wurden im Londoner Green Park und im Tower Salutschüsse abgefeuert, die Glocken der Westminster Abbey läuteten drei Stunden lang, und die Brunnenfontänen auf dem Trafalgar Square wurden blau illuminiert. Viele Menschen gesellten sich zu den Hunderten von Journalisten, die tagelang vor dem Krankenhaus gewartet hatten. Geduldig harrten sie aus, um den kleinen Prinzen zu Gesicht zu bekommen. Schließlich trafen erst Catherines Eltern ein und dann Prince Charles und die Herzogin von Cornwall, um ihr erstes Enkelkind zu begrüßen. Kurz vor 20 Uhr traten Catherine und William mit ihrem Sohn vor die Wartenden. Sie ließen sich fotografieren und sprachen ein paar Worte. Wie jeder stolze Vater bemerkte William, das Baby habe kräftige Lungen, und Catherine verriet, William habe das Kind bereits einmal gewickelt. Am nächsten Tag wurde der Name verkündet: George Alexander Louis. Der Mittelpunkt all der Aufregung, His Royal Highness Prince George of Cambridge, blieb recht unbeeindruckt von der Tatsache, dass seine Uroma die regierende Monarchin und er selbst dazu bestimmt ist, eines fernen Tages König zu sein. Seit Queen Victorias Tod 1901 lebten zum ersten Mal drei Generationen unmittelbarer Thronfolger zur gleichen Zeit: Sohn, Enkel und Urenkel der Königin.

## „Das Aussehen hat er von ihr, zum Glück."

**PRINCE WILLIAM** ZU DEN WARTENDEN MEDIENVERTRETERN VOR DEM KRANKENHAUS, 23. JULI 2013

**Stolze Eltern**
William und Catherine präsentieren den wartenden Fotografen ihren Sohn. Das Paar beschloss, in den ersten Wochen kein Kindermädchen für Prince George einzustellen und sich mit Unterstützung von Catherines Mutter selbst um ihn zu kümmern.

**FRÜHER**

**Als Kinder begleiteten William und Harry ihre Eltern bei einigen Auslandsbesuchen.**

**REISEPROFIS**

1983 nahm Diana den neun Monate alten William zu einem offiziellen Besuch mit Charles nach **Neuseeland und Australien** mit. Ihre Entscheidung war nicht unumstritten, denn man sah es nicht gern, dass die beiden nächsten Thronfolger sich im selben Flugzeug befanden « **S. 122.** 1985 schlossen sich William und Harry ihren Eltern am Ende eines **offiziellen Italienbesuchs** an, außerdem begleiteten beide Söhne ihre Eltern 1993 nach **Kanada.**

KÖNIGLICHE NEUSEELANDREISE

# William, Catherine und Harry im Ausland

**Wie andere Mitglieder der königlichen Familie fungieren William und Harry als Botschafter für Großbritannien und waren in den letzten Jahren oft erfolgreich unterwegs. Catherine begleitet William, wenn sie kann, und Prince George war auch schon einmal dabei.**

Königliche Auslandsreisen haben mehrere Ziele: Sie dienen der positiven Darstellung Großbritanniens, fördern daher britische Interessen auch in wirtschaftlicher Hinsicht und optimieren generell das Klima zwischen Großbritannien und anderen Nationen. Bei Besuchen in Commonwealth-Ländern werden Freundschaften gepflegt. William und Harry vertreten die Königin bei wichtigen Veranstaltungen und Zeremonien auf offiziellen Auslandsreisen. Durch ihre entspannte, freundliche Art gewinnen sie überall die Sympathien der Menschen. Bei weniger offiziellen Besuchen wirken die Prinzen im Interesse der Wohltätigkeitsprojekte und Organisationen, die sie unterstützen.

Im Juni 2010 unternahmen William und Harry gemeinsam eine Reise nach Südafrika. In Botswana betrachteten die Brüder unmittelbar das Werk des *Tusk Trusts*, einer von William unterstützen Naturschutzorganisation, und reisten danach weiter nach Lesotho, wo Harry seinem Bruder einige Projekte der gemeinsam mit Prinz Seeiso von Lesotho für gefährdete Kinder und Waisen gegründeten Organisation *Sentebale* zeigte. Die Reise endete in Südafrika: Dort sah sich William als Präsident des englischen Fußballverbands gemeinsam mit Harry das WM-Spiel England gegen Algerien an.

Abschied nehmen

Der Herzog und die Herzogin von Cambridge und Prince George besteigen im Jahr 2014 am Ende ihrer triumphalen Reise durch das Land die Maschine nach Canberra und winken Australien zum Abschied zu.

„Er ist **cool**, sehr **bodenständig** ... Man denkt, es wird schwierig, aber er will **einfach nur lachen.**“

USAIN BOLT ÜBER SEIN TREFFEN MIT PRINCE HARRY IN JAMAIKA, 2012

Ungleiches Rennen

Harry läuft auf dem Trainingsgelände von Usain Bolt in Mona in Jamaika ein Rennen gegen den Rekordsprinter. Der Prinz nutzte einen Fehlstart, um Bolt abzuhängen.

## Alleingang

Seine erste Auslandsreise allein unternahm William im Juli 2005 kurz nach dem Universitätsabschluss. Das Rugbyteam British and Irish Lions hatte ihn eingeladen, es auf ihrer Neuseelandtour zu begleiten.

Er vertrat die Königin bei offiziellen Veranstaltungen zum 60. Jahrestag des Kriegsendes in Auckland und Wellington. Im Januar 2010 kehrte er zu einem zweitägigen Besuch nach Neuseeland zurück und vertrat die Königin bei der Eröffnung des Gebäudes des Obersten Gerichtshofs in Wellington. Danach stattete William Australien einen inoffiziellen Besuch ab, um Land und Leute kennenzulernen; zuletzt war er im Alter von neun Monaten dort gewesen.

Kaum ein Jahr später erschütterte ein schweres Erdbeben die Stadt Christchurch auf Neuseelands Südinsel. 185 Menschen starben, und es gab große Zerstörungen. William flog hin und nahm im Namen der Königin an einer nationalen Gedenkfeier teil. Er inspizierte das verwüstete Gebiet, sprach mit Opfern und Rettungskräften und reiste auch nach Greymouth, wo kurz zuvor 29 Arbeiter bei einem Minenunglück ums Leben gekommen waren. Anschließend flog er nach Australien und besuchte die hochwassergeschädigten Provinzen Queensland und Victoria.

## Gemeinsam unterwegs

Zwei Monate nach der Hochzeit führte ihre erste gemeinsame Auslandsreise William und Catherine nach Kanada. Während des neuntägigen Besuchs waren die beiden offizielle Zuschauer der Parade auf dem Parliament Hill in Ottawa am Nationalfeiertag Canada Day. Catherines leuchtend roter Hut war mit Ahornblättern dekoriert, Kanadas Wahrzeichen, und sie trug eine Ahornblatt-Diamantbrosche der Königin. Zudem besuchten William und Catherine Prince Edward Island, das Nordwest-Territorium und schließlich in Calgary in der Provinz Alberta die alljährliche zehntägige Rodeoshow und Landwirtschaftsausstellung Stampede. Am Ende der Reise ging es kurz im Namen der britischen Filmindustrie zu einer Veranstaltung in Los Angeles. Die nächste längere Auslandsreise des Paares führte anlässlich des Diamantenen Thronjubiläums der Königin im Jahr 2012 nach Südostasien und in den Pazifik, in die Commonwealth-Länder Singapur, Malaysia, Salomonen und Tuvalu.

Im April 2014 starteten William und Catherine zu einer 19-tägigen Reise durch Neuseeland und Australien. Der neun Monate alte Prince George begleitete sie, und so wiederholte sich die Reise seines Vaters mit seinen Eltern 32 Jahre zuvor. Mit dabei war die kurz vor der Reise für seine Betreuung engagierte Kinderfrau Maria Borrallo. Die öffentlichen Auftritte des kleinen Prinzen waren sorgfältig arrangiert: Er besuchte mit seiner Mutter eine Krabbelgruppe in Wellington und einen Zoo in Sydney und entzückte die versammelten Fotografen, als er ein Stofftier zu Boden warf.

Catherine hatte für September 2014 ihre erste offizielle Alleinreise nach Malta geplant, doch zu Beginn ihrer zweiten Schwangerschaft trat heftige Morgenübelkeit auf, sodass sie die Reise absagen musste. William sprang in letzter Minute ein. Im Dezember absolvierte das Paar eine höchst erfolgreiche Reise in die USA. Die im fünften Monat schwangere Catherine hielt sich an den strengen Zeitplan in New York und besuchte Kinderprojekte und ein Basketballspiel. Unterdessen reiste

**671 Geschenke bekam Prince George bei seinem Besuch in Neuseeland und Australien.**

William allein nach Washington zu einem Treffen mit Präsident Barack Obama und einem Arbeitsessen mit einem Konsortium der Weltbank, um über den Kampf gegen illegalen Elfenbeinhandel zu sprechen.

Catherine war aufgrund der Schwangerschaft auch nicht dabei, als William im Februar 2015 zu Staatsbesuchen nach Japan und China reiste. In Japan besuchte er die von Katastrophen gebeutelte Region Fukushima. Mit ihm besuchte auch nach fast 30 Jahren wieder ein Mitglied der Königsfamilie China. William traf in Beijing mit Präsident Xi Jinping zusammen, eröffnete ein Festival zur Förderung britischer Unternehmen in Shanghai und besuchte in der Provinz Yunnan ein Elefanten-Schutzgebiet.

## Harrys Reisen

Harrys erste offizielle Auslandsreise im Namen der Königin führte ihn im Jahr des Diamantenen Thronjubiläums nach Belize, auf die Bahamas und nach Jamaika. Er gewann die Sympathien seiner Gastgeber, indem er abseits der öffentlichen Termine bei Straßenpartys mitfeierte, tanzte und mit Kindern Fußball spielte. In Jamaika trat er bei einem spaßigen Rennen gegen den Sprintchampion Usain Bolt an. Außerdem führten offizielle Besuche Prince Harry nach Chile, Brasilien, Estland und Italien, wo er am 70. Jahrestag der Schlacht von Monte Cassino dabei war, wo der schweren Verluste gedacht wurde, welche die alliierten Truppen im Zweiten Weltkrieg in Italien erlitten hatten.

**SPÄTER**

**Prince George erwies sich in Australien als so beliebt, dass manche Kommentatoren in ihm den Grund für die schwindende Unterstützung für die republikanische Bewegung sahen.**

**GEORGE DER REPUBLIKANERBEZWINGER**

Die **republikanische Bewegung** in Australien hat zum Ziel, die Staatsform von der konstitutionellen Monarchie in eine Republik zu ändern. Nach der Australienreise von William und Catherine mit Baby George 2014 war die **Unterstützung für die republikanische Bewegung so gering** wie seit drei Jahrzehnten nicht mehr. Eine Umfrage hatte ergeben, dass noch 42 % die republikanische Bewegung unterstützten, der niedrigste Wert seit 35 Jahren. Mittlerweile waren 51 % für die Monarchie; bei den 18–24-Jährigen war die Zahl auf 60 % gestiegen. Frauen waren im Allgemeinen stärker für die Monarchie als Männer. Eine australische Frühstücksfernsehshow ernannte George zum „Republikanerbezwinger".

**Treffen im *Oval Office***
Beim Besuch im Weißen Haus in Washington im Dezember 2014 plaudert Prince William mit Präsident Obama. William war in Washington, um sich gegen illegalen Wildtierhandel einzusetzen.

# Die **Enkel** von **Queen Elizabeth II.**

**Queen Elizabeth II. und Prince Philip, Duke of Edinburgh, haben acht Enkelkinder. Das Älteste, Peter Phillips, wurde 1977 geboren und das Jüngste, James, Viscount Severn, 2007. Es wird einhellig berichtet, die Königin genieße es, sie um sich zu haben.**

Das Familienleben ist für Elizabeth II. sehr wichtig. All ihre Kinder und Enkel treffen sich im Sommerurlaub in Balmoral. Die jüngeren Cousins und Cousinen amüsieren sich bei Familienpicknicks, beim Ponyreiten und anderen Outdoor-Aktivitäten. Zu Weihnachten kommt die Familie in Sandringham zusammen und zu Ostern im Windsor Castle. Die Königin hat all ihren Enkeln selbst das Reiten beigebracht. Sie liebt ihre Späße und lässt ihnen, wie viele Großeltern, mehr Freiheiten als seinerzeit ihren eigenen Kindern, denen sie eine eher distanzierte Mutter gewesen sein soll.

Die Großeltern geben Prince William (1982) und Prince Harry (1984), an zweiter und fünfter Stelle in der Thronfolge, Stabilität, sie unterstützten und beschützten sie, vor allem in den Trennungsjahren ihrer Eltern Charles und Diana und nach dem Verlust der Mutter. Als sie erwachsen waren, wurde die Königin ein noch wichtigerer Teil im Leben der Prinzen, und beide bitten sie um Zustimmung und Rat. „Meine Beziehung zur Königin ist immer besser geworden", hat William gesagt und erklärt, als er jünger war, sei es ihm manchmal schwergefallen, mit ihr über wichtige Dinge zu reden. Bei Williams Abschlussparade in Sandhurst 2006 und seiner Hochzeit mit Catherine 2011 waren der Stolz und die Freude der Königin offensichtlich. Auch Prince Harry hat ein gutes Verhältnis zur Königin. Wie sein Bruder hat er im Jahr des Diamantenen Thronjubiläums in ihrem Namen einige Reisen in Commonwealth-Länder unternommen und hat voller Wärme über ihr Verständnis und ihre Anteilnahme gesprochen.

Die Königin und ihre Enkel
Dieses Familienporträt ist 1998 in den Ferien auf dem Gelände von Balmoral entstanden und zeigt Queen Elizabeth II. und Prince Philip mit fünf Enkeln; von links nach rechts: Harry, Eugenie, William, Beatrice und Zara.

## FRÜHER

**Die bekannteste königliche Großmutter der britischen Geschichte war Queen Victoria, die insgesamt 20 Enkel und 22 Enkelinnen hatte. Das älteste Enkelkind wurde 1859 geboren, das jüngste 1891.**

### DIE GROSSMUTTER EUROPAS

Victorias Kinder heirateten in viele europäische Königshäuser ein. Unter ihren Enkeln waren King George V. von Großbritannien, der deutsche Kaiser Wilhelm II. sowie die Gemahlinnen des letzten russischen Herrschers, Zar Nikolaus' II., und der Könige Rumäniens, Griechenlands, Norwegens und Spaniens. **Queen Victoria war Überträgerin der Bluterkrankheit.** Diese genetische Störung verhindert die Blutgerinnung und wird von Frauen übertragen, tritt aber meistens bei Männern auf. Über drei ihrer Töchter gelangte sie in viele europäische Königsfamilien.

QUEEN VICTORIA MIT PRINCE ARTHUR UND PRINCESS MARGARET OF CONNAUGHT

**Stolze Großeltern**
Königin Elizabeth II. und Prince Philip schauen zu, wie ihr ältester Enkel Peter Phillips und seine Braut Autumn Kelly nach ihrer Hochzeit am 17. Mai 2008 die St.-Georgs-Kapelle von Windsor verlassen.

## Die Kinder von Princess Anne

Peter Phillips (geb. 1977) und Zara Phillips (geb. 1981), Sohn und Tochter von Princess Anne und ihrem ersten Ehemann Mark Phillips, sind die ältesten Enkel der Königin. Sie stehen derzeit an 13. und 16. Stelle der Thronfolge, tragen aber keinen Adelstitel, da sie Enkel der Monarchin über die weibliche Linie sind. Ihre Eltern traten beide bei Olympischen Spielen als Reiter an, Mark Phillips 1972 in München und Princess Anne 1976 in Montreal. Da überrascht es nicht, dass Peter und Zara schon früh sportliches Interesse entwickelten. Als Kinder wurden sie weitestgehend von der Öffentlichkeit abgeschirmt. Sie sind die einzigen Enkel des Duke of Edinburgh, die seine alte Schule Gordonstoun in Schottland besuchten (S. 52–53). Peter erwarb an der Universität von Exeter einen Hochschulabschluss in Sportwissenschaft. Danach strebte er eine Karriere im Bereich Sportsponsoring-Management an und arbeitete eine Weile für das Formel-1-Team Williams. Derzeit ist er im Event-Management tätig. 2008 heiratete er die in Kanada geborene Wirtschaftsberaterin Autumn Kelly, die er beim Grand Prix in Montreal kennengelernt hatte. Sie war römisch-katholischen Glaubens, wurde jedoch Mitglied der *Church of England*, damit Peter seinen Platz in der Thronfolge nicht aufgeben musste, da zu der Zeit noch eine Regelung in Kraft war, die besagte, dass durch eine Ehe mit einem Katholiken das Anrecht auf den Thron erlischt. Dies wurde 2013 durch den *Succession to the Crown Act* geändert. Peter und Autumn haben zwei Töchter.

Zara ist wie ihre Eltern eine meisterliche Reiterin. Im Jahr 2006 war sie Weltmeisterin im Vielseitigkeitsreiten und gehörte zum Team, das in dieser Disziplin bei den Olympischen Spielen in London 2012 die Silbermedaille gewann. Sie ist William und Harry im Alter von allen königlichen Cousins und Cousinen am nächsten und Patin von Prince George. Ihr Auftreten war oft rebellisch, so erschien sie im Alter von 17 Jahren mit einem Zungenpiercing bei Prince Charles' 50. Geburtstag, und die Klatschmagazine schrieben oft über sie. 2011 heiratete sie in der Kirche Canongate Kirk in Edinburgh Mike Tindall, einen früheren Rugby-Spieler und Kapitän der englischen Nationalmannschaft. Die beiden haben eine Tochter.

„Wenn die Königin **‚gut gemacht'** sagt, **bedeutet** das **unheimlich viel.**"

PRINCE WILLIAM IN EINEM INTERVIEW MIT ROBERT HARDMAN, 2011

## Die jungen Yorks

Princess Beatrice (geb. 1988) und Princess Eugenie (geb. 1990) sind die Töchter von Andrew und Sarah, Duke und Duchess of York. Derzeit stehen sie an siebter und achter Stelle in der Thronfolge. Als Enkelinnen über die männliche Linie tragen sie den Titel Her Royal Highness. Ihre Eltern einigten sich nach der Scheidung auf ein gemeinsames Sorgerecht.

Princess Beatrice, die Legasthenikerin ist, besuchte die Mädchenschule St George's School in Ascot und studierte Geschichte am Goldsmiths College der Universität von London, wo sie ihr Studium 2011 abschloss. Als erstes Mitglied der Königsfamilie lief sie den kompletten London-Marathon und ist Schirmherrin zahlreicher Projekte und Organisationen, vorrangig zur Förderung junger Menschen. Berühmtheit erlangte sie durch den Hut, den sie bei Prince Williams Hochzeit trug; durch seine Versteigerung erzielte sie später 81 000 £ für wohltätige Zwecke. 2014/15 absolvierte sie ein Praktikum im Londoner Büro von *Sony Pictures Television*.

Princess Eugenie besuchte das Internat Marlborough College in Wiltshire und beendete 2012 erfolgreich ihr Studium der englischen Literatur und Kunstgeschichte an der Universität in Newcastle. Als Mädchen musste sie sich wegen eines angeborenen Wirbelsäulenschadens einer orthopädischen Operation unterziehen und wirbt heute intensiv Spenden für das Royal National Orthopaedic Hospital ein. Derzeit arbeitet Eugenie für ein New Yorker Auktionshaus.

**Flugkontrolle**
James, der damals jüngste Enkel der Königin, betrachtet im Jahr 2013 die Flugparade nach der Zeremonie *Trooping the Colour*. Der Sohn des Earl und der Countess of Wessex steht neben seiner Schwester Louise auf dem Balkon des Palastes.

## Die Kinder des Earl of Wessex

Die Kinder des Earl und der Countess of Wessex, Lady Louise Windsor (geb. 2003) und James, Viscount Severn (geb. 2007), stehen an zehnter und elfter Stelle der Thronfolge, haben jedoch keinen Adelstitel. Dies wurde bei der Eheschließung ihrer Eltern entschieden, als Prince Edward es vorzog, ein Earl, ein Graf, anstelle eines königlichen Duke, Herzogs, zu sein (S. 161).

Louise kam als Frühchen im Frimley Park Hospital in Surrey zur Welt, in das ihre Mutter als Notfall eingeliefert worden war. Bei der Hochzeit von Prince William und Catherine Middleton war Louise Brautjungfer. Häufig sieht man sie bei königlichen Anlässen wie *Trooping the Colour*; auch bei der Flussparade zum Diamantenen Thronjubiläum war sie mit ihrem Bruder zugegen. James wurde im selben Krankenhaus wie seine Schwester per Kaiserschnitt geboren. Es heißt, die Königin möge die beiden sehr und sei gerne mit ihnen zu Pferd im Windsor Great Park unterwegs.

**SPÄTER**

**Im Jahr 2010 wurden die Königin und der Duke of Edinburgh zum ersten Mal Urgroßeltern. Momentan haben sie fünf Urenkelkinder.**

**DIE NÄCHSTE GENERATION**
Das älteste Urenkelkind von Elizabeth II., **Savannah Anne Kathleen,** die Tochter von Peter und Autumn Phillips, wurde am 29. September 2010 geboren. Die Königin wohnte ihrer Taufe in der Holy Cross Church in Avening in Gloucestershire bei. Am 29. März 2012 folgte die zweite Tochter des Paares, **Isla Elizabeth.** Der **erste Urenkelsohn Prince George of Cambridge,** Sohn von William und Catherine, kam am 22. Juli 2013 zur Welt **<< S. 202.** Seine Cousine **Mia Grace Tindall** ist die Tochter von Zara und Mike Tindall und wurde am 17. Januar 2014 geboren. **Charlotte,** die kleine Schwester von George, gesellte sich am 2. Mai 2015 zur Familie.

PRINCE GEORGE

* 1926

# Elizabeth II., die späten Jahre

„Man kann **viel tun,** wenn man **vernünftig ausgebildet** ist."

QUEEN ELIZABETH II.

Queen Elizabeth II. soll von der Zuneigung, die ihr die Öffentlichkeit während ihres Goldenen Thronjubiläums im Jahr 2002 erwiesen hat, überwältigt gewesen sein. Die vorangegangenen zwei Jahrzehnte waren für die königliche Familie, die Institution der Monarchie und für die Königin schwierig gewesen. Sie hatte erlebt, wie die Ehen dreier ihrer Kinder in aller Öffentlichkeit scheiterten, und sie selbst war 1997 nach dem Tod von Diana, Princess of Wales, harter Kritik ausgesetzt gewesen. Symptomatisch für den veränderten Umgang der Medien und der Öffentlichkeit mit der königliche Familie war die satirische Fernsehshow *Spitting Image*, die in den 1980er- und 1990er-Jahren sehr populär war und in der sogar Karikaturpuppen der Königin, ihrer Mutter und Prince Phillips auftraten. So etwas wäre zu Beginn der Regentschaft von Elizabeth völlig undenkbar gewesen.

Die Königin überstand all diese Stürme mit Erfolg, und die Öffentlichkeit bringt ihr immer mehr Respekt für die Art und Weise entgegen, wie sie ihre Rolle als Monarchin lebt: mit Hingabe, Pflichtgefühl, unerschütterlicher Stärke, guter Laune und Höflichkeit. Zum Teil ist der Respekt sicher auf ihr langes Leben zurückzuführen. Sie ist nun 89 Jahre alt und absolviert immer noch ein strapaziöses Arbeitspensum. Mehr noch wird wohl ihre Bereitwilligkeit honoriert, sich auf Veränderungen einzustellen. Sie hat die Monarchie in ihren Grundfesten reformiert. 1992 bot sie an, künftig Einkommenssteuer und auf ihr privates Vermögen Kapitalertragssteuer zu zahlen. Im Bemühen, deren Erhaltung zu finanzieren, öffnete sie dem Volk ihre offiziellen Residenzen, auch den Buckingham Palace. Sie unterstützte die Abschaffung des männlichen Erstgeburtsrechts, wodurch nun das älteste Kind des Regenten ungeachtet seines Geschlechts die Thronfolge antreten kann. Auch die Regelung, dass eine Ehe mit Katholiken den Ausschluss von der Thronfolge bedeutet, wurde mit ihrer Unterstützung abgeschafft.

**Eine Monarchin in den Achtzigern**
Die Königin hat auch im Alter von 89 Jahren einen prall gefüllten Terminkalender. Hier sieht man die begeisterte Pferdefreundin bei ihrer Ankunft zum *Ladies Day* beim Rennen in Ascot im Juni 2014.

**Dinner mit der Königin**
Queen Elizabeth II. und Prince Philip empfangen am 24. Mai 2011 den US-Präsidenten Barack Obama und seine Frau zu einem Staatsbankett im Buckingham Palace.

**393 offizielle Verpflichtungen hatte die Königin im Jahr 2014.**

**Gedenkfeier**
Jedes Jahr im November erweist die Königin am Kriegerdenkmal von White Hall bei der alljährlichen nationalen Gedenkfeier *Remembrance Day* all jenen die Ehre, die im Dienst für ihr Land starben.

## Individueller Stil

Die Königin hat einen individuellen Kleidungsstil entwickelt, der sich in all den Jahren bewährt hat: ein zweiteiliges Kostüm oder Kleid und Mantel, etwas mehr als knielang, zumeist einfarbig, ein großer Hut, leicht nach hinten gesetzt, damit man das Gesicht sehen kann, flache Schuhe und eine Handtasche, deren Inhalt ein großes Geheimnis ist. Nahezu immer trägt sie eine Perlenkette und eine Brosche. Bei sehr festlichen offiziellen Anlässen wie Staatsbanketten erstrahlt sie in perlenbesetzten Abendkleidern mit Schärpe über der linken Schulter und Diamantschmuck. Queen Elizabeth II. begann 1982, in der Öffentlichkeit eine Brille zu tragen. Sie setzte sie auf, um eine Rede vorzulesen, und bemerkte: „Merkwürdigerweise braucht meine Mutter gar keine Brille, und ich – 52, 56, nun, so alt ich eben bin (sie war 56) – stehe hier und kann nichts erkennen."

Bisweilen warf man ihr vor, sie schaue in der Öffentlichkeit grimmig drein. Sie sagte dazu, sie habe ein Gesicht, das schnell verärgert aussieht, wenn es nicht lächelt. In jüngster Zeit sieht man sie mehr lächeln und lachen als früher. Die Königin hat in ihrer Regentschaft für über 240 offizielle Porträts Modell gestanden oder gesessen.

## Landfrau

1986 erzählte die Königin dem BBC-Produzenten Eddie Mirzoeff, der eine Dokumentation über die königliche Familie erstellte, dass sie bisweilen manche Aufgabe widerwillig erledige, wenn sie stattdessen draußen sein könnte. Das erfrischend ehrliche Geständnis zeigt, dass die Königin im Herzen eine Frau vom Land ist, die am liebsten in Balmoral lange mit ihren Hunden spazieren geht. Sie liebt es, ihre Enkel um sich zu haben (S. 206–207), und weithin bekannt ist ihre Leidenschaft für Pferde. Sie reitet noch immer, bevorzugt dabei aber mittlerweile die robusten Fell-Ponys aus Nordengland, die für ihr ausgeglichenes Temperament und ihre Trittsicherheit bekannt sind. Sie ist auch Schirmherrin der *Fell Pony Society*. Die Königin trägt übrigens nie einen Reiterhelm, sondern zieht einen Seidenschal vor. Ihre Tochter, Princess Anne, ihre Pferdepfleger und die Unfallvorsorge-Organisation *Royal Society for the Prevention of Accidents* haben zwar dagegen protestiert, aber sie ignoriert es. Die Königin liebt Pferderennen und kennt sich sehr gut mit Pferdezucht und Stammbäumen aus. Sie besitzt 25 bis 30 Rennpferde und sieht so oft es geht bei Pferderennen zu, wo sie am entspanntesten wirkt. Mit Ausnahme des Epsom-Derbys hat sie als Besitzerin alle großen klassischen Rennen gewonnen. Als jedoch 2011 ihr Pferd *Carlton House* als Favorit für das Derby geschlagen wurde und nur auf Platz drei kam, war ihr die Enttäuschung am Ende deutlich anzusehen.

> „Das **wahre Maß** für all unser Tun ist, wie lange **das Gute in ihm** andauert … Alles was wir tun, tun wir für die **jungen Menschen.**"
>
> QUEEN ELIZABETH II. AM 70. JAHRESTAG DER LANDUNG DER ALLIIERTEN IN DER NORMANDIE, JUNI 2014

**Als Erstes im Ziel**
Die Königin ist eine Expertin für Pferderennen. Hier sieht man sie, wie sie im Juni 2013 ihre Stute Estimate nach dem Sieg im *Gold Cup* in Ascot lobt.

### CHRONIK

- **17. Oktober 1980** Staatsbesuch im Vatikan
- **17. April 1982** Elizabeth II. unterzeichnet in Ottawa das kanadische Verfassungsgesetz und verzichtet damit auf das Recht des britischen Parlaments, Kanada betreffende Gesetze zu erlassen.
- **9. Juli 1982** Michael Fagan dringt in das Schlafzimmer der Königin im Buckingham Palace ein und wirft damit Fragen zur Sicherheit auf.
- **1985** Die Königin und Mitglieder der Königlichen Familie werden in der satirischen TV-Show *Spitting Image* karikiert.

**GEDENKBRIEFMARKEN ZUM 60. GEBURTSTAG DER KÖNIGIN**

- **Oktober 1986** Sie besucht als erste britische Monarchin China.
- **16. Mai 1991** Sie spricht als erste britische Monarchin vor dem US-Kongress.
- **20. November 1992** Windsor Castle wird gegen Ende des *Annus horribilis* von einem Feuer stark beschädigt.
- **1993** Die Königin zahlt zum ersten Mal Einkommenssteuer.
- **20. Dezember 1995** Sie teilt Charles und Diana mit, eine Scheidung sei wünschenswert.
- **September 1997** Sie wird von den Medien für ihre scheinbare Gefühllosigkeit beim Tode Dianas kritisiert.
- **Dezember 1997** Sie wohnt der Zeremonie zur Außerdienststellung der königlichen Yacht *HMY Britannia* bei.
- **6. Februar 2002** Der 50. Jahrestag der Thronbesteigung ist der Auftakt zum Jahr des Goldenen Thronjubiläums der Königin.
- **20. November 2007** Queen Elizabeth II. und Prince Philip feiern Diamantene Hochzeit.
- **8. November 2010** Die Königin hat einen Account bei Facebook, und es gibt eine offizielle Website, *The British Monarchy*.
- **29. Dezember 2010** Geburt der ersten Urenkelin Savannah Phillips, Tochter von Peter und Autumn Phillips
- **Mai 2011** Sie besucht die Republik Irland, ein historischer Moment in der problematischen Beziehung zu diesem Land.
- **Oktober 2011** Sie besucht zum 16. und wahrscheinlich letzten Mal Australien.
- **2. Juni 2012** Sie besucht als Auftakt der Feierlichkeiten zum Diamantenen Thronjubiläum das Epsom-Derby.
- **28. Juli 2012** Sie eröffnet die Olympischen Sommerspiele in London.
- **Juni 2014** Sie stattet Frankreich anlässlich des 70. Jahrestags der Landung der Alliierten in der Normandie einen Staatsbesuch ab.
- **21. April 2015** Sie feiert ihren 89. Geburtstag.

# Die **Königin** als **Schirmherrin**

**Außer von königlichen Zeremonien oder Staatsbesuchen kennt die Öffentlichkeit die Königin auch als Schirmherrin, die Krankenhäuser, Schulen und Organisationen besucht, oder als Gastgeberin bei Empfängen für ihre vielen Wohltätigkeitsprojekte.**

Gartenparty
Die Königin begrüßt im Garten des Buckingham Palace den verletzten Afghanistanveteranen Andy Reid bei einer Party für die Vereinigung *Not Forgotten*, die ehemalige Soldaten unterstützt.

## FRÜHER

**Das alljährliche Verteilen des *Maundy money* am Gründonnerstag als wohltätiges Werk der Königin hat seine Ursprünge im Mittelalter.**

**KÖNIGLICHER *MAUNDY*-GOTTESDIENST**
An jedem **Gründonnerstag,** dem *Maundy Thursday*, besucht Elizabeth II. eine **Kathedrale** und übergibt Senioren der Gemeinde zwei Geldbörsen. Eine enthält **moderne** Münzen, die andere **eigens geprägte Münzen,** das sogenannte *Maundy money*. Die Zeremonie basiert auf dem Gebot Christi während der Fußwaschung beim letzten Abendmahl, einander zu lieben (Mandatum), und hat seine Ursprünge im 13. Jh. Damals gab der Herrscher Geld, Essen und Kleidung und wusch den Empfängern die Füße.

***MAUNDY MONEY* VON GEORGE VI.**

Queen Elizabeth II. ist Schirmherrin von über 600 Organisationen und Wohltätigkeitsprojekten, von medizinischen Organisationen, wie der Krebsforschung und dem Britischen Roten Kreuz, bis zu kleineren, wie den *Friends of the Elderly* (Freunde der Senioren) und der *Fire Fighters Charity* (Hilfe für Feuerwehr- und Rettungspersonal). Viele wissenschaftliche und Fachinstitute, wie die *Royal Society*, das *Royal Institute of British Architects* und die *Royal Society for the Protection of Birds*, haben königliche Satzungen, die automatisch die Schirmherrschaft des regierenden Monarchen zusichern. Die Königin unterstützt aber auch kleine Projekte, wie den *Reedham Trust* in Surrey, der sich um verwaiste Kinder kümmert, die *Manchester Geographical Society* zur Förderung geografischer Forschung in Nordwestengland, und die erste Missionsanstalt der *Church of England*, die *Society for Promoting Christian Knowledge* von 1698. Die Königin ist Schirmherrin der *National Federation of Women's Institutes*, die 1915 mit dem Ziel gegründet wurde, ländliche Gemeinden zu beleben und Frauen für die Lebensmittelproduktion zu gewinnen. Im Winterurlaub in Sandringham besucht sie das Neujahrstreffen ihrer Ortsgruppe in West Newton. Außerdem unterstützt die Königin viele Tierschutzprojekte, vom *Dog Trust* und der *Royal Society for the Prevention of Cruelty to Animals* (Prävention von Gewalt gegenüber Tieren) bis zur *Fell Pony Society* und dem *Labrador Retriever Club*.

### Unterschiedliche Hilfen

Die Unterstützung der Königin für die Projekte variiert je nach Charakter, Aufbau und Art der Arbeit. Sie gestattet das Führen ihres Namens im Briefkopf, was dem Profil der Organisation nützt. Die Mitarbeiterinnen und Mitarbeiter können hin und wieder zu einem Treffen mit der Königin oder einem ihrer Privatsekretäre eingeladen werden, um von der Arbeit zu berichten, oder sie entsendet einen Vertreter zur jährlichen Hauptversammlung. Steht ein wichtiges Ereignis an, zum Beispiel ein bedeutendes Jubiläum, kommt sie auch einmal selbst. Sie besucht nationale und regionale Geschäftsstellen und trifft Mitarbeiter und Ehrenamtliche. Die Königin gestattet einzelnen Wohltätigkeitsprojekten, einen Mittags- oder Abendempfang im Buckingham Palace, im Windsor Castle oder, wenn sie in Schottland ist, im Holyrood Palace abzuhalten. So haben wohlhabende Unterstützer die Gelegenheit, ihrer Schirmherrin zu begegnen; zudem zieht es Sponsoren an und ist wirksame Öffentlichkeitsarbeit. Bisweilen ist die Hilfe der Königin aber auch ganz praktischer Natur, wenn sie zum Beispiel dem *Leonard Cheshire Trust*, der in Simbabwe mit behinderten Menschen arbeitet, einen Geländewagen schenkt. Als Zeichen ihrer Anerkennung lädt sie Vertreter der von ihr geförderten Organisationen zu den alljährlichen sommerlichen Gartenpartys im Buckingham Palace ein und leistet auch als Privatperson großzügige Spenden.

### Bewusstsein schaffen

Die Anwesenheit der Königin bei einer Veranstaltung oder Organisation erregt landesweite Aufmerksamkeit. Sie hat beispielsweise im Jahr 2013 mit Camilla, der Duchess of Cornwall, gemeinsam die neue Hauptgeschäftsstelle von *Barnardo's* eröffnet. Elizabeth II. war seit 1983 Schirmherrin der Gesellschaft, die jedes Jahr 200 000 schutzbedürftige Kinder in Großbritannien unterstützt, und die Duchess of Cornwall ist deren Präsidentin. Da die Eröffnung kurz vor Weihnachten stattfand, wurden sie zur jährlichen Spendenaktion *Giving Tree* mit Baumschmuck-Geschenken eingeladen. Die Medien berichteten von der Veranstaltung und bescherten dem Projekt auf diese Weise große Aufmerksamkeit.

**1,4 MILLIARDEN £ warb Queen Elizabeth II. für die von ihr unterstützten Wohltätigkeitsprojekte ein.**

### Arbeitsteilung

Insgesamt 17 Mitglieder der königlichen Familie sind ebenfalls königliche Schirmherren und unterstützen insgesamt 2415 Organisationen in Großbritannien und fast 3000 weltweit. Einzelne Angehörige der königlichen Familie fördern Projekte, die sie als lohnenswert oder wichtig erachten und die in ihre eigenen Interessensgebiete fallen. Ihr Einsatz für ein Wohltätigkeitsprojekt hilft stets, die öffentliche Aufmerksamkeit dafür zu erhöhen. Prince Philip ist allein Schirmherr von über 700 Organisationen, von denen über 250 mit Sport- und Freizeitinitiativen und 100 mit den Streitkräften zu tun haben. Prince Charles engagiert sich für die bebaute und die unbebaute Umwelt, während sich Camilla mit Maßnahmen zur Literatur- und Leseförderung, wie *Booktrust* und *First Story* befasst. Sie ist zudem Vorsitzende der *National Osteoporosis Society*, die zur Glasknochenkrankheit forscht, an der ihre Mutter und ihre Großmutter litten. Princess Anne gehört zu den Schwer-

**Schiffstaufe**
Als Schirmherrin der *Royal National Lifeboat Institution* tauft die Königin im Hafen von Falmouth anlässlich des Goldenen Thronjubiläums 2002 ein neues Allwetterrettungsschiff, die *RNLB Richard Cox Scott.*

**SPÄTER**

**Die Zahl der Wohltätigkeitsprojekte, welche die Königin und die Mitglieder der königlichen Familie fördern, steigt jedes Jahr.**

**ANFRAGEN FÜR EINE SCHIRMHERRSCHAFT**
Den Organisationen ist bewusst, dass es **öffentliche Aufmerksamkeit und Spendengelder bringt, einen königlichen Schirmherrn zu haben,** ganz zu schweigen von Ansehen und Status. Der Buckingham Palace erhält jedes Jahr **Hunderte von Anfragen.** Einzelne Mitglieder der königlichen Familie können nur eine begrenzte Anzahl neuer Anfragen übernehmen, und insbesondere die Jüngeren ziehen weniger bekannte Anliegen vor.

arbeitern der königlichen Familie. Sie hat derzeit die Schirmherrschaft für über 300 Organisationen. Seit 1970 ist sie Präsidentin von *Save the Children* und hat dieser Kinderhilfsorganisation zu mehr Aufmerksamkeit verholfen. Mindestens zweimal pro Jahr reist sie nach Afrika, um dort die Arbeit der Orgnisation zu erleben, und wagt sich dabei oft in entlegene Gebiete. Prince William und Prince Harry haben das mitfühlende Interesse Dianas geerbt. Prince William hat einige der Projekte übernommen, die seiner Mutter am wichtigsten waren, wie *Centrepoint* für obdachlose Jugendliche und das Royal Marsden Hospital. Er und Catherine haben bereits im Rahmen ihrer Hochzeit wohltätige Zwecke unterstützt. Projekte für Kinder liegen ihnen besonders am Herzen. Zum wachsenden Portfolio von Catherine, der Duchess of Cambridge, gehört das Projekt *Place2Be*, das Kinder mit psychischen Problemen unterstützt und *Art Room*, das Kunsttherapien für verhaltensauffällige Kinder anbietet. Auch Prince Harry ist Schirmherr einiger Organisationen, zu denen das von ihm mitgegründete *Sentebale* in Lesotho zählt (S. 198–199). Nachdem er der Armee nunmehr den Rücken gekehrt hat, wird er zukünftig mehr Zeit für solches Engagement finden.

**Traditionelle Wohltätigkeit**
2014 hat die Königin das *Maundy money* in der Kathedrale von Blackburn verteilt. Die Zahl der Empfänger entspricht immer ihrem Alter: Sie war 88 Jahre alt, daher erhielten 88 Männer und 88 Frauen das *Maundy money.*

**FRÜHER**

**Das „Arbeitsleben" eines Regenten veränderte sich im Laufe der Jahrhunderte. Viele Pflichten entwickelten sich erst in den letzten 100 Jahren.**

**KÖNIGLICHE EINMISCHUNG**
**Queen Victoria** mischte sich in einer Art und Weise in die Regierung ein, die heute unmöglich wäre: Sie überhäufte ihre Minister mit Briefen voller Ratschläge und Ermahnungen, vor allem zu Auslandsangelegenheiten und öffentlichen Terminen. Dabei scheute sie öffentliche Auftritte und vermied sie nach Prince Alberts Tod 1861 bis auf sieben **Parlamentseröffnungen** ‹‹ S. 60–61 fast gänzlich.

**PFLICHTGETREUER MONARCH**
Auch wenn **Edward VII.** öffentlich auftrat und Krankenhäuser und andere Einrichtungen eröffnete, entstand das Konzept des arbeitenden Königs eigentlich unter **George V.** Er betonte den **Gedanken der Pflichterfüllung** und hielt den Erhalt traditioneller Werte und Gepflogenheiten für die Hauptaufgabe eines Monarchen.

# Königliches **Arbeitsleben**

**Die Königin absolviert mehr als 300 offizielle Termine pro Jahr, darunter die langwierigen, oft anstrengenden zeremoniellen Pflichten, die sie als Staatsoberhaupt ausübt. Sogar im 90. Lebensjahr hat sie ein anspruchsvolles, vielfältiges Arbeitsprogramm.**

An einem normalen Tag widmet sich die Königin im ersten Teil des Vormittags ihrer Korrespondenz. Sie erhält täglich etwa 200 bis 300 Briefe. Sie schaut die Post durch, wählt einige Briefe zum Lesen aus und sagt ihrem Korrespondenzsekretär oder den Kammerfrauen, wie sie beantwortet werden sollen. Praktisch jeder Brief erhält eine Antwort. Dann trifft sich die Königin mit ihren Privatsekretären und bespricht die Unterlagen, die in einer roten „Regierungsbox" mit königlichem Monogramm eintreffen. Sie umfassen Strategiepapiere, Kabinettsunterlagen und Schreiben von Ministern und Commonwealth-Beamten. Alle müssen gelesen und erforderlichenfalls genehmigt und unterzeichnet werden. Die Königin trifft sich mit ausländischen Diplomaten, britischen Botschaftern, hochrangigen Armeeangehörigen, Bischöfen, Richtern und Persönlichkeiten aus Wissenschaft und Literatur. Sie spricht mit jedem etwa 20 Minuten lang allein. Etwa 25-mal im Jahr, Tendenz steigend, verleiht die Königin um 11 Uhr im Ballsaal des Buckingham Palace in einer Zeremonie Menschen Orden und Auszeichnungen, es sind etwa 2600 im Jahr. Manchmal vertreten Prince Charles, Prince William oder Princess Anne sie dabei.

**50 000 Menschen besuchen den Buckingham Palace jährlich als Gäste der Königin.**

**Öffentliche Verpflichtungen**
Besuche in Schulen, Krankenhäusern, Gemeindezentren und Firmen absolviert die Königin normalerweise nachmittags, bisweilen handelt es sich auch um Ganztagestermine, zu denen der Duke of Edinburgh sie meistens begleitet. Die Auswahl trifft sie sorgfältig unter den zahlreichen Einladungen, die sie alljährlich von ihren persönlichen Repräsentanten in jeder Grafschaft des Vereinigten Königreiches bekommt. Wenn die Königin in London ist, findet ihr wöchentliches Treffen mit dem Premierminister Mittwochs um 18:30 Uhr statt. Bei Sitzungen des Parlaments erhält sie von einem Fraktionsführer der Regierung einen Bericht über die Entwicklungen

Königliche Prosession
Die Kutschprozession anlässlich des Staatsbesuchs der Präsidentin der Republik Indien, Prathiba Patil, beginnt den steilen Anstieg zum Windsor Castle. Sie war im Oktober 2009 Gast der Königin.

**SPÄTER**

**Die Königin überträgt nach und nach Mitgliedern der königlichen Familie einige ihrer öffentlichen Verpflichtungen, insbesondere Reisen ins Ausland.**

**KÜRZER TRETEN**

Dass die Königin im Jahr ihres **60. Thronjubiläums << S. 192–195** keine Auslandsreise unternahm, zeigte, dass sie wegen ihres Alters lange Strecken vermeiden möchte. Bedeutsam war ihre Entscheidung, 2013 zum ersten Mal seit 40 Jahren dem Treffen der **Staatsoberhäupter des Commonwealth** in Sri Lanka fernzubleiben. Trotz Boykottaufrufen wegen Menschenrechtsverletzungen im Gastgeberland reiste an ihrer Stelle **Prince Charles.** Die Auslandreisen der Königin beschränken sich auf Europa. 2014 besuchte sie Italien und war zum **70. Jahrestag der Landung der Alliierten** in der Normandie in Frankreich. Im Juni 2015 erstattete sie Deutschland einen Staatsbesuch.

Abschlussparade
Die Königin mit den *Argyll and Sutherland Highlanders* in ihrer Kaserne in Canterbury in Kent, wo sie als Oberbefehlshaberin der Armee der Abschlussparade des Bataillons beiwohnte.

des Tages, den sie am selben Abend liest. Später besucht sie gelegentlich eine Filmpremiere, ein Konzert oder einen Empfang einer der zahlreichen Organisationen, deren Schirmherrin sie ist. Sie gibt außerdem selbst offizielle Empfänge, beispielsweise alljährlich für das diplomatische Korps oder für die Gewinner des Preises *Queen's Award for Enterprise* für herausragende Wirtschaftsunternehmen.

## Das *Court Circular*

Eine Liste der Termine der Königin und anderer Mitglieder der königlichen Familie wird am Folgetag im Rundschreiben des Hofes, dem *Court Circular*, veröffentlicht. Es erscheint in den Zeitungen *The Times*, *Daily Telegraph* und *The Scotsman* und existiert seit 1803, als George III. einen Hofberichterstatter ernannte. Dieser hatte die Aufgabe, die Zeitungen mit genauen Informationen über den Hof zu versorgen, um den vielen falschen Gerüchten in der damaligen Presse zu begegnen. Das *Court Circular* wird im Büro der Königin erstellt, und sie genehmigt es, bevor es den Zeitungen übermittelt wird.

Duke of Normandy
Elizabeth II. trägt auf den Kanalinseln, die autonome Gebiete mit eigenen gesetzgebenden Gremien sind und seit 1106 zur englischen Krone gehören, den Titel Duke of Normandy. Hier erscheint ihr Kopf auf einer Banknote der Insel Jersey.

## Staatsbesuche

Auf Empfehlung des Außenministeriums lädt die Königin üblicherweise zweimal im Jahr ausländische Staatsoberhäupter zu einem offiziellen Besuch ein, um Bindungen zu stärken und Wirtschaftsbeziehungen auf- oder auszubauen. Den Anfang eines Besuchs bildet traditionell ein zeremonieller Willkommensgruß der Königin oder eines anderen hochrangigen Familienmitglieds. Findet der Besuch in London statt, inspiziert der Gast eine Ehrengarde auf dem Paradeplatz *Horse Guards Parade* und fährt dann in einer Kutschenprozession zum Buckingham Palace. Am Abend gibt die Königin ein Staatsbankett zu seinen Ehren. Während des ein- bis dreitägigen Besuchs trifft der Gast den Premierminister und besucht eine Stätte mit Bezug zu seinem Land. Zu den letzten Besuchern zählen der Präsident Irlands im Jahr 2014 und der Präsident von Mexiko 2015.

## Oberbefehlshaberin

Die Königin ist Oberbefehlshaberin der Streitkräfte, was sie durchaus ernst nimmt. Laut königlichen Vorrechts darf nur der Monarch auf Veranlassung der Regierung Krieg oder Frieden erklären. Elizabeth II. hat dies nie getan, da es seit 1939 keine offizielle Kriegserklärung mehr gegeben hat, auch wenn britische Truppen im Laufe ihrer Regentschaft an bewaffneten Konflikten beteiligt waren. Die Königin interessiert sich sehr für die Streitkräfte des Vereinigten Königreichs und des Commonwealth. Sie besucht Armee, Marine und Luftwaffe, um Soldaten und Soldatinnen aller Ränge zu begegnen, und trifft sich mit dem Generalinspekteur der britischen Streitkräfte und anderen hochrangigen Militärs. Sie und Mitglieder der Familie haben diverse militärische Ehrenränge und wohnen im November dem Gottesdienst zum *Remembrance Day* in Whitehall bei.

> „Ich… **diene** diesen Inseln mit **Herz und Hingabe.**“
>
> QUEEN ELIZABETH II. IN EINER WEIHNACHTSANSPRACHE, 1957

Zu den königlichen Pflichten als Staatsoberhaupt gehört auch die Parlamentseröffnung (S. 214–215). Viele der Aufgaben der Königin sind voller Symbolik, etwa der Gottesdienst für den Hosenbandorden alljährlich im Juni im Windsor Castle. Der 1348 von Edward III. gegründete Orden ist der angesehenste britische Ritterorden. Dem Gottesdienst geht eine Prozession aller Ritter in ihren blauen Samtmänteln und Federhüten voraus. Großes Vergnügen bereitet der Königin stets die seit 1913 von der Gartenbauvereinigung *Royal Horticultural Society* organisierte Blumenschau in Chelsea auf dem Gelände des Royal Hospitals, sie ist ein fester Termin in ihrem Kalender. In jedem Sommer lädt Elizabeth II. mindestens dreimal zu Gartenpartys in den Buckingham Palace und einmal in den Edinburgher Holyrood Palace. 8000 Menschen aus allen Lebensbereichen, die etwas Besonderes für die Gemeinschaft geleistet haben, genießen dann Tee, Kuchen und die Begegnung mit der Königin.

Auf unterschiedlichste Art und Weise erfüllt die Königin ihre Funktion als Staatsoberhaupt, und natürlich obliegen ihr auch seltene besondere Aufgaben wie die Eröffnung der Olympischen Spiele. Ihr Arbeitspensum wäre für jeden Menschen beeindruckend und ist es erst recht für eine Dame in den Achtzigern.

Der Hosenbandorden
Vier königliche Ritter, Andrew, Edward, William und Charles, nehmen am Gottesdienst des Hosenbandordens teil, dessen Oberhaupt die Königin ist.

**Parlamentseröffnung**
In ihrer offiziellen Funktion als Staatsoberhaupt verliest Queen Elizabeth II. einmal im Jahr vom Thron aus die Rede bei der feierlichen Parlamentseröffnung.

WICHTIGES EREIGNIS, 23.–26. Juni 2015

# Die **Königin** auf **Deutschlandbesuch: vier Tage, drei Städte**

**Britisches Wetter und die traditionellen 21 Salutschüsse begleiteten die Ankunft von Queen Elizabeth II. (89) und ihrem Ehemann Prince Philip (94) am frühen Abend des 23. Juni 2015 am Berliner Flughafen Tegel.**

Nach dem offiziellen Empfang im Schloss Bellevue mit militärischen Ehren hatten die Fans am späten Vormittag Gelegenheit, dem royalen Paar bei einer Bootsrundfahrt auf der Spree zuzujubeln. Dann folgten die Termine Schlag auf Schlag: ein Treffen mit der Bundeskanzlerin, ein Besuch der Vortragsreihe „Queen's Lecture" an der TU Berlin und jeden Abend eine Feierlichkeit zu ihren Ehren.

Auch die Frankfurter durften sich über eine adlige Stippvisite freuen, bei dem die beliebte Monarchin einen Eintrag im Gästebuch der Paulskirche hinterließ und sich anschließend nebst Gemahl auf dem Balkon des Rathauses zeigte.

Der letzte Tag ihres Staatsbesuchs war den Opfern des Nationalsozialismus gewidmet. Erstmals besuchte die Königin die Gedenkstätte des KZ Bergen-Belsen in Celle, das im April 1945 von der britischen Armee befreit wurde. Sie legte einen Kranz nieder und sprach mit Überlebenden des Holocaust.

„Diese Besuche unterstreichen die **vollständige Aussöhnung** zwischen unseren Ländern. Deutschland hat sich mit allen seinen Nachbarn versöhnt. ... Großbritannien zählt sich **seit 1945 zu den engsten Freunden** Deutschlands in Europa."

**QUEEN ELIZABETH II.**, BEIM STAATSBESUCH IN BERLIN, 24. JUNI 2015

Abschied von Berlin
Kleine und große Fans säumen den Weg bei der Verabschiedung der Königin aus Berlin und werden mit einem herzlichen Lächeln belohnt.

## FRÜHER

**Als Queen Elizabeth II. 1952 den Thron bestieg, war Großbritannien ein ganz anderes Land.**

**KRIEGSRATIONEN**
Die im Zweiten Weltkrieg eingeführte **Rationierung** von Lebensmitteln galt noch und endete erst mit Abschaffung der Fleischrationierung im Mai 1954.

**SCHNELLER TELEFONIEREN**
Ferngespräche mussten von einem Telefonvermittler verbunden werden. 1958 machte die Königin das **neue automatische Telefonwahlsystem durch einen Direktanruf** von Bristol nach Edinburgh publik.

**WÄHRUNG NACH DEM DEZIMALPRINZIP**
20 Shilling oder 240 Pence ergaben ein Pfund. Am 15. Februar 1971 stellte Großbritannien auf das **Dezimalsystem** um. Man führte neue Münzen ein, und die 50-Pence-Münze ersetzte die 10-Shilling-Note.

**10-SHILLING-NOTE, 1961**

**45 000** **Weihnachtskarten, hat die Königin insgesamt bis 2012 verschickt.**

**175 000** **Telegramme verschickte die Königin bis 2012 an 100-Jährige in Großbritannien und dem Commonwealth.**

„Sie will die Krone in dem Wissen **weitergeben,** dass sie **alles getan** hat, **was sie konnte.**“

PRINCE WILLIAM ÜBER DIE KÖNIGIN, 2011

# Eine **lange Regentschaft**

**Mit 89 Jahren ist Queen Elizabeth II. die älteste Monarchin der britischen Geschichte. Am 9. September 2015 übertraf sie zusätzlich Queen Victorias Rekord von 63 Jahren und 216 Tagen auf dem Thron und wurde somit auch Großbritanniens am längsten regierende Monarchin.**

In mancherlei Hinsicht scheint sich das Leben der Königin im Laufe der Jahre wenig verändert zu haben. Jahr für Jahr nimmt sie von der Parlamentseröffnung bis zur Weihnachtsansprache dieselben Termine wahr wie 1953. Die Sommerferien verbringt sie üblicherweise in Balmoral, Ostern in Windsor und Weihnachten in Sandringham. Elizabeth II. steht für Stabilität und Kontinuität in einem Land, das in den Jahren seit ihrer Krönung extreme Veränderungen erlebt hat.

1953 war die britische Gesellschaft vorwiegend weiß und christlich; heute ist sie multikonfessionell und multikulturell. Damals war man ehrerbietiger, und die Presse übte nur sehr selten Kritik an der Monarchie. Debütantinnen, Mädchen aus „guten Familien“ im „heiratsfähigen Alter“, wurden bei Hofe vorgestellt, was die Königin 1958 abschaffte.

### Ein einzigartiger Rekord

Im Jahr des Diamantenen Thronjubiläums gab der Buckingham Palace Statistiken heraus, die vom einzigartigen Dienstrekord der Königin zeugen. Sie hatte zu dem Zeitpunkt mehr als 404 500 Ehrungen und Auszeichnungen verliehen und über 610 Einsetzungszeremonien persönlich vorgenommen.

Ihre politische Erfahrung ist unübertroffen, sie hat mehr als 3500 vom Parlament verabschiedeten Gesetzen die königliche Zustimmung erteilt und jeder Parlamentseröffnung beigewohnt, mit schwangerschaftsbedingten Ausnahmen in den Jahren 1959 und 1963. Bis zum Mai 2015 haben ihr zwölf britische Premierminister gedient. Der erste, Sir Winston Churchill, kam 1874 in viktorianischer Zeit zur Welt; der aktuelle, David Cameron, ist 1966 geboren. Die Königin hat über 260 offizielle Auslandsreisen in 116 Länder unternommen, darunter 82 Staatsbesuche. Sie war dabei die erste britische Monarchin, die China und Russland besuchte.

### Welt im Wandel

Für Kenner des Königshauses ist die Königin konservativer als Prince Philip, dem man einen modernisierenden Einfluss im königlichen Haushalt zuschreibt, vor allem in den frühen Regentschaftsjahren. Gleichwohl hat Elizabeth II. akzeptiert, dass die Monarchie sich an eine Welt im Wandel anpassen muss.

Die *Beatles* im Palast
1965 verlieh die Königin jedem Mitglied der *Beatles* den Verdienstorden *Order of the British Empire*. Viele Leute waren darüber damals empört.

Sie hat Kürzungen der monetären Zuwendungen und die Versteuerung ihres Einkommens bereitwillig akzeptiert oder sogar begrüßt, der Öffentlichkeit den Buckingham Palace geöffnet, die königliche Yacht aufgegeben und sogar ihre Haushalts- und Reisekosten reduziert. Manche Beobachter sind der Meinung, sie sei heute offener für neue Ideen als vor 20 oder 30 Jahren. Nicht viele 89-Jährige haben einen Twitter-Account oder stellen ihr Heim für Popkonzerte zur Verfügung.

Ein Lorbeerkranz im Haar anstatt einer Krone

**PORTRÄT VON MARY GILLICK, 1952**

**PORTRÄT VON ARNOLD MACHIN, 1968**

Porträt im Wandel der Zeit
Fünf Porträts von Elizabeth II. sind seit Beginn ihrer Regentschaft auf britischen Münzen erschienen. Das erste ist links zu sehen, das im März 2015 enthüllte neueste ganz rechts. Die lateinische Inschrift auf den meisten Münzen lautet *Dei gratia regina fidei defensor*, „Von Gottes Gnaden Königin und Verteidigerin des Glaubens“.

**ERSTES GROSSSIEGEL VON QUEEN ELIZABETH II., UM 1953**

**GROSSSIEGEL VON QUEEN ELIZABETH II., 2001**

Das Großsiegel des Königreichs
2001 wurde das Großsiegel von Queen Elizabeth II. geändert, weil der silberne Siegelstempel für den Wachsabdruck abgenutzt war.

In den 1990er-Jahren betrachteten viele Menschen im Zuge der öffentlichen Scheidungen von drei Kindern der Königin und der Kontroverse nach dem Tod von Diana, Princess of Wales (S. 152–153), die Monarchie als überkommen. 1998 fanden in einer Umfrage zwei Drittel der Befragten, die königliche Familie habe keine Verbindung zu normalen Menschen, und nur 52 % – gegenüber 70 % im Jahr 1994 – fanden, Großbritannien stünde mit Monarchie besser da. 2012 jedoch sprachen sich 80 % der erwachsenen Briten für die Monarchie aus und nur 13 % für eine Republik. Die stark gestiegene Unterstützung resultierte aus der Bewunderung für die Königin im Thronjubiläumsjahr und der Beliebtheit von Prince William und Catherine ein Jahr nach ihrer Heirat. Auch das Commonwealth hat sich unter Elizabeth II. verändert. 1953 waren nur acht seiner Länder unabhängig. Nach der Dekolonisation in den 1960er- und 1970er-Jahren sind es nun 53, von denen aber nur 15 die Königin als Staatsoberhaupt anerkennen. Kanada verabschiedete 1982 ein Gesetz zur „Heimführung" seiner Verfassung, womit das britische Parlament für Änderungen der kanadischen Verfassung nicht mehr zuständig ist. 1999 stimmte Australien knapp gegen den Wechsel der Staatsform hin zu einer Republik. Während die Königin das Ergebnis begrüßte, machte sie trotzdem deutlich, dass diese Frage von den Menschen Australiens allein zu entscheiden sei.

## Die Zukunft der Monarchie

Dass die Königin abdanken könnte, wird für höchst unwahrscheinlich gehalten. Sie wird sich an das Versprechen vom Tag ihres 21. Geburtstags gebunden fühlen, ihr ganzes Leben dem Dienst an ihrem Volk zu widmen (S. 56). Spekulationen der Presse, Prince Charles könne in der Thronfolge übergangen werden, sind wohl ebenso unbegründet, denn hier kommen die Mechanismen einer traditionellen Erbmonarchie zum Tragen. Prince Charles ist seit seinem dritten Lebensjahr der rechtmäßige Thronerbe. Wenn er den Thron besteigt, wird er über 60 Jahre lang Thronfolger gewesen sein. Es ist unklar, ob Camilla Königin wird oder nicht, es heißt aber, sie möchte es nicht. Zweifellos wird sich die Monarchie unter Charles weiter verändern. Er hat bereits gesagt, er sei eher ein Verteidiger „jeglichen" Glaubens als ein Verteidiger „des" (anglikanischen) Glaubens, was eine Neuinterpretation eines Bestandteils des königlichen Titels darstellt. Ferner will er die Monarchie verschlanken. Unter seiner Regentschaft wird es wohl weniger arbeitende Mitglieder der königlichen Familie geben, und er könnte den Buckingham Palace als Königsresidenz aufgeben, um ihn als Verwaltungszentrum zu nutzen. Die britische Monarchie hat gut 1000 Jahre lang überlebt, indem sie sich fortwährend dem Wandel angepasst hat. Schon jetzt stehen nach Charles zwei Generationen von Thronfolgern bereit, und so gibt es allen Grund zu der Annahme, dass die Monarchie weiterhin Bestand haben wird.

Von Generation zu Generation
Prince William betrachtet in einer Ausstellung über die Kreativität Großbritanniens in Schanghai, die er eröffnete, ein Porträt seiner Großmutter.

**SPÄTER**

**In der britischen Monarchie ist der Thron keinen Augenblick vakant. Im Moment des Todes des Herrschers folgt ihm unverzüglich der neue Monarch nach.**

**DIE THRONFOLGE**
**Beim Ableben der Königin** wird ein **Thronbesteigungsrat** aus Kronräten und anderen Personen im St James's Palace tagen und **Prince Charles formal zum Monarchen erklären.** Er darf einen neuen Königsnamen wählen, wenn er es wünscht, und wird nicht zwangsläufig King Charles III. Zwar besagt ein **2015 verabschiedetes Gesetz,** dass eine erstgeborene königliche Tochter auf den Thron folgen darf, doch die nächsten Thronfolger nach Prince Charles, William und George, sind beide männlich.

**PORTRÄT VON RAPHAEL MAKLOUF, 1985**

**PORTRÄT VON IAN RANK-BROADLEY, 1998**

Diamanten-Diadem, das Elizabeth II. bei der Krönung trug

**PORTRÄT VON JODY CLARK, 2015**

# Register

# F



# G



# H



# I



# J



# K



# L



# M

# Dank


Der Verlag möchte folgenden Personen und Institutionen für ihre Unterstützung danken:

Stefan Podhorodecki und Paul Self für die Fotografie, Sneha Sunder Benjamin, Arpita Dasgupta, Helen Bridge, Suefa Lee, Isha Sharma, Fleur Star und Sonia Yooshing für die Lektoratsassistenz, Devika Awasthi, Paul Drislane, Parul Gambhir, Roshni Kapur, Shahid Mahmood und Amit Malhotra für die Grafikassistenz, Monica Byles für das Korrektorat, Colin Hynson für die Erstellung des Registers sowie Gill Pitts, Karen Self, Helen Spencer und Sharon Bartlett für die Erlaubnis, ihre Sammlung königlicher Memorabilien fotografieren zu dürfen.

Besonderer Dank gilt Agata Rutkowska, Picture Library Assistant, Royal Collection Trust; Chris Barker, Assistant Curator, Royal Mint und John Loughery für ihre Hilfe und Ratschläge.

Der Verlag möchte sich außerdem bei James Grinter von Reeman Dansie Auctioneers für die Erlaubnis bedanken, ihre Sammlungen fotografieren zu dürfen.

Reeman Dansie Auctioneers
No. 8 Wyncolls Road
Colchester CO4 9HU
www.reemandansie.com/

**Bildnachweis**
Der Verlag dankt den folgenden Personen und Institutionen für die Genehmigung zum Abdruck ihrer Abbildungen:

(Legende: o – oben, u – unten, M – Mitte, l – links, r – rechts, go – ganz oben, gu – ganz unten)

**1 Royal Mint Museum. 2–3 Corbis:** Reuters / Luke Macgregor. **5 Corbis:** Bettmann (ur); Hulton-Deutsch Collection (gor). **Dorling Kindersley:** Reeman Dansie Auctioneers (Mlo, ul). **The Royal Collection Trust © Her Majesty Queen Elizabeth II 2015:** (Mro). **6 Alamy Images:** Holmes Garden Photos (Mo). **Corbis:** Ralf-Finn Hestoft (ur). **Getty Images:** Hulton Archive (ul); Central Press (gol); Chris Jackson (gor). **Royal Mint Museum:** (Mro). **7 Corbis:** Chris Ison / epa (ur); Pool Photograph (gol). **Getty Images:** WPA Pool (ur, gor). **The Royal Collection Trust © Her Majesty Queen Elizabeth II 2015:** (Mlo) **8–9 Getty Images:** Chris Jackson. **10–11 Dorling Kindersley:** Reeman Dansie Auctioneers. **12 123RF.com:** Scott Clarke (Mu). **Dorling Kindersley:** Reeman Dansie Auctioneers (Mlo, Mr). **13 Dorling Kindersley:** Reeman Dansie Auctioneers (Ml); The Wardrobe Museum, Salisbury (Mo). **Getty Images:** Keystone (uM). **Press Association Images:** Topfoto / Topham Picturepoint (Mru) **14 Alamy Images:** (l).**Corbis** Hulton-Deutsch Collection (Mr). **15 Corbis:** Hulton-Deutsch Collection (ur). **Getty Images:** Hulton Archive (ul). **The Royal Collection Trust © Her Majesty Queen Elizabeth II 2015:** (goM). **16–17 Corbis:** Hulton-Deutsch Collection. **18–19 Corbis:** Jason Hawkes (go). **18 Rex Features:** Jonathan Hordle (ul). **19 Corbis:** Philip Craven / Robert Harding World Imagery (uM). **Dreamstime.com:** Aagje De Jong (ur). **20 Alamy Images:** Steve Vidler (u). **Getty Images:** Tim Graham (gor, Mro). **21 Rex Features. 22 Corbis:** Hulton-Deutsch Collection (ur). **Dorling Kindersley:** Reeman Dansie Auctioneers (gor). **The Art Archive:** Mondadori Portfolio (ul). **23 Alamy Images:** Keystone Pictures USA. **Getty Images:** Hulton Archive (Mru). **24 Dorling Kindersley:** Reeman Dansie Auctioneers (gol, goM). **Getty Images:** Fox Photos (Mro). **25 Getty Images:** Topical Press Agency (goM); Keystone. **26 Corbis:** (r). **Getty Images:** The Print Collector (ul). **27 Dorling Kindersley:** Reeman Dansie Auctioneers (gol). **Royal Mint Museum:** (uM). **The Stanley Gibbons Group plc:** (Mr). **28 Getty Images:** Tim Graham (u). **28–29 The Royal Collection Trust © Her Majesty Queen Elizabeth II 2015. 30 Press Association Images:** Fiona Hanson (u). **The Royal Collection Trust © Her Majesty Queen Elizabeth II 2015:** (gor, Mro). **31 The Royal Collection Trust © Her Majesty Queen Elizabeth II 2015. 32 Corbis:** Bettmann (r). **Getty Images:** Rita Martin (ul). **Mirrorpix:** (uM). **33 Alamy Images:** Heritage Image Partnership Ltd (ul). **Corbis:** Matthew Polak / Sygma (goM). **Dorling Kindersley:** Reeman Dansie Auctioneers (gol). **34 Getty Images:** Lisa Sheridan / Studio Lisa / Hulton Archive (Ml). **Press Association Images:** (ur). **The Royal Collection Trust © Her Majesty Queen Elizabeth II 2015:** (Mo). **35 The Royal Collection Trust © Her Majesty Queen Elizabeth II 2015. 36 Corbis:** Hulton-Deutsch Collection (gor). **36–37 Getty Images:** Fox Photos / Hulton Archive. **37 Alamy Images:** Pictorial Press Ltd (goM). **Press Association Images:** Topfoto / Topham Picturepoint (ur). **38–39 Corbis:** Hulton-Deutsch Collection. **40 Getty Images:** Topical Press Agency / Hulton Archive (ul). **The Royal Collection Trust © Her Majesty Queen Elizabeth II 2015:** (Mro). **41 Getty Images:** David E Scherman / The LIFE Picture Collection. **42–43 Corbis:** Hulton-Deutsch Collection. **44 Getty Images:** Popperfoto. **45 Getty Images:** Popperfoto (uM). **Mirrorpix:** (Mr). **Press Association Images:** AP Photo (gol). **46–47 The Royal Collection Trust © Her Majesty Queen Elizabeth II 2015. 48 Dorling Kindersley:** Reeman Dansie Auctioneers (Mo). **Getty Images:** Central Press (ur); E Round / Fox Photos (Mr). **Mirrorpix:** (Ml); NCJ – Kemsley (ul). **49 Alamy Images:** Vintage Image (Mlo). **Corbis:** Bettmann (ul). **Getty Images:** Topical Press Agency (Ml). **Press Association Images:** AP (Mr). **50 123RF.com:** tommroch (Ml). **Mirrorpix:** NCJ – Kemsley (ul). **Rex Features:** Associated Newspapers / Daily Mail (Mr). **51 123RF.com:** © Stamp Design Royal Mail Group Ltd (ur). **Rex Features:** Daily Mail. **52–53 Getty Images:** Central Press. **52 Christopher Hogue Thompson:** (ul). **53 Getty Images:** Central Press (Mru). **Leo Reynolds:** (M). **Victor Kusin:** (goM). **54 Dorling Kindersley:** Reeman Dansie Auctioneers (ul). **54–55 Dorling Kindersley:** Reeman Dansie Auctioneers. **55 Dorling Kindersley:** Reeman Dansie Auctioneers (ur). **56 Corbis:** Henri Bureau / Sygma (ur).

**Getty Images:** Lisa Sheridan / Studio Lisa (gor). **57 The College of Arms:** The royal arms (the arms of Queen Elizabeth II). Reproduced by permission of the Kings, Heralds and Pursuivants of Arms (Mr). **The Royal Collection Trust © Her Majesty Queen Elizabeth II 2015. 58 Dorling Kindersley:** Reeman Dansie Auctioneers (ur). **Mirrorpix:** NCJ – Topix (go). **59 Dorling Kindersley:** Reeman Dansie Auctioneers (gol). **Getty Images:** E. Round / Fox Photos (ur). **60 Getty Images:** Central Press (ul). **60–61 The Royal Collection Trust © Her Majesty Queen Elizabeth II 2015. 61 Corbis:** Pool Photograph (ur). **Press Association Images:** Barratts / S&G Barratts / EMPICS Archive (gor). **62 Dorling Kindersley:** Reeman Dansie Auctioneers (Mlu, ul). **Getty Images:** Topical Press Agency. **63 Corbis:** Bettmann (Mo). **Dorling Kindersley:** Paul Self. **64–65 Alamy Images:** V&A Images. **66 The Royal Collection Trust © Her Majesty Queen Elizabeth II 2015:** (Ml, Mlu, ul). **66–67 The Royal Collection Trust © Her Majesty Queen Elizabeth II 2015. 68 The Royal Collection Trust © Her Majesty Queen Elizabeth II 2015:** All Rights Reserved (Mlo, ul, r). **69 The Royal Collection Trust © Her Majesty Queen Elizabeth II 2015:** All Rights Reserved (gol, gor, r). **69 The Royal Collection Trust © Her Majesty Queen Elizabeth II 2015:** (gol, ul). **70–71 Corbis:** David Boyer / National Geographic Creative. **72 Alamy Images:** Justin Kase (ul). **Getty Images:** Max Mumby / Indigo (uM); Picture Post (Mlu). **72–73 Alamy Images:** The Print Collector (uM). **Rex Features:** Peter Richardson / Robert Harding (gol). **73 Alamy Images:** Krys Bailey (uM); The Foto Factory (Mu). **74 Bridgeman Images:** English Photographer, (20th century) / Museum purchase with funds donated by Michael D Wolfe (ur). **The Royal Collection Trust © Her Majesty Queen Elizabeth II 2015:** (ul). **The Art Archive:** Victoria and Albert Museum London / V&A Images (M). **75 Bridgeman Images:** English Photographer, (20th century) / © Country Life. **76 Getty Images:** Cornell Capa / The LIFE Picture Collection. **77 Dreamstime.com:** Creativehearts (M). **Getty Images:** Dan Kitwood (ur). **The Art Archive:** Ashmolean Museum (Mlu). **78 Alamy Images:** Vintage Image (Ml). **78–79 Getty Images:** Central Press (M). **79 Corbis:** Bettmann (goM); Gideon Mendel (ur). **80–81 Press Association Images:** AP. **82–83 Royal Mint Museum. 84 Alamy Images:** V&A Images (Mo). **Bridgeman Images:** Armstrong-Jones, Antony (b.1930) / Private Collection / Photo © Christie's Images (Mr). **Press Association Images:** PA / PA Archive (uM). **85 123RF.com:** © Stamp Design Royal Mail Group Ltd (M).**Corbis:** Norman Parkinson / Sygma (ul). **Rex Features:** Mike Hollist / Associated Newspapers (Mru). **Royal Mint Museum:** (Mro). **86 Alamy Images:** V&A Images (Ml). **Corbis:** Teresa Dapp / dpa (gor). **TopFoto.co.uk:** (uM). **87 Corbis:** Norman Parkinson / Sygma (gor). **Rex Features:** Joan Williams (ul). **88–89 Getty Images:** Jim Gray. **90 Getty Images:** Mark Cuthbert (l); Tim Graham (Mr). **91 The College of Arms:** the arms of HRH the Prince of Wales. Reproduced by permission of the Kings, Heralds and Pursuivants of Arms (Mr). **Getty Images:** Mark Cuthbert (ul); WPA Pool / Pool (M). **Rex Features:** Reginald Davis (gol). **92 Corbis:** Adam Woolfitt (Mu). **Rex Features:** Joan Williams (Mlo). **93 Bridgeman Images:** Armstrong-Jones, Antony (b.1930) / Private Collection / Photo © Christie's Images (ul). **Corbis:** Bettmann (Mru). **TopFoto.co.uk:** PA (gol). **94–95 Getty Images:** Hulton Archive. **96 Corbis:** Norman Parkinson / Sygma (go) **Getty Images:** Central Press (ul). **Press Association Images:** Khan Tariq Mikkel / Polfoto (Mr). **97 Corbis:** Norman Parkinson / Sygma (M). **98–99 Rex features:** Reginald Davis. **100–101 Getty Images:** Lichfield. **102 Getty Images:** Central Press (Mlo); WPA Pool / Pool (u). **103 Rex Features:** (ur). **The Prince's Trust:** (goM). **104 Getty Images:** Graham Wiltshire (go). **Royal Mint Museum:** (ur). **105 Getty Images:** Serge Lemoine (ul); Central Press (gor); Fox Photos / Hulton Archive (M). **106 Corbis:** Norman Parkinson / Sygma (ur). **Getty Images:** Jacques Gustave (gor); Popperfoto (ul). **107 Alamy Images:** Trinity Mirror / Mirrorpix. **Getty Images:** Hulton Archive (u). **108 Getty Images:** Guildhall Library & Art Gallery / Heritage Images (ul). **Press Association Images:** John Stillwell / PA Archive (ur). **108–109 Corbis:** Stapleton Collection. **110 Rex Features:** Associated Newspapers (gor). **TopFoto.co.uk:** Topham / AP (ur). **111 Corbis:** Stephen Morrison / epa (ur). **112–113 Royal Mint Museum. 114 123RF.com:** © Stamp Design Royal Mail Group Ltd (ul). **Alamy Images:** Trinity Mirror / Mirrorpix (M). **Corbis:** Bettmann (Mr); Quadrillion (Ml). **115 Getty Images:** Tim Graham (Mlu). **Rex Features:** (Mu). **The Royal Collection Trust © Her Majesty Queen Elizabeth II 2015** (Mo). **116 Corbis:** Atlan-Bureau-Dejean-Graham-Guichard-Karel-Melloul-Nogues-Pavlovsky-Rancinan. **Getty Images:** Tim Graham (Ml). **117 123RF.com:** Andy Lidstone / © Stamp Design Royal Mail Group Ltd (gor). **Corbis:** Douglas Kirkland (ur). **118–119 Getty Images:** Anwar Hussein. **120 123RF.com:** © Stamp Design Royal Mail Group Ltd (8). **Dorling Kindersley:** © Stamp Design Royal Mail Group Ltd (go). **The Stanley Gibbons Group plc:** (14, 15); (1, 2, 3, 4, 5, 6, 7, 9, 10, 11, 12, 13). **121 Dorling Kindersley:** © Stamp Design Royal Mail Group Ltd (1, 2, 3, 4, 5, 6, 7, 8, 9, 12, 13, 15). **Dreamstime.com:** © Stamp Design Royal Mail Group Ltd (10, 11, 14). **122 Getty Images:** Central Press (ul). **Rex Features:** (gor). **123 Getty Images:** Sion Touhig (ul). **Press Association Images:** PA Archive (ur). **Rex Features:** David Levenson. **124 Alamy Images:** Trinity Mirror / Mirrorpix (M). **Rushden Research:** (Mlo). **125 Mirrorpix:** Gavin Kent (gor). **Press Association Images:** Bebeto Mattews / AP (ul). **126–127 Getty Images:** Tim Graham. **128 Getty Images:** Jason Hawkes (ur); DEA / W. BUSS (ul). **129 SuperStock:** Steve Vidler / Steve Vidler. **130 Alamy Images:** Prisma Bildagentur AG (gol). **Press Association Images:** David Jensen / EMPICS Entertainment (goM). **131 Getty Images:** Samir Hussein / WireImage. **132 Rex Features:**Glenn Harvey. **133 Corbis:** Denis Balibouse / Reuters (Mru); Michel Setboun (go); Hulton-Deutsch Collection (uM). **134 Alamy Images:** Trinity Mirror / Mirrorpix. **135 Getty Images:** Tim Graham (gor). **Rex Features:** Glenn Harvey (ul). **136 Rex Features:** Associated Newspapers (Mlo); Illustrated London News (u). **137 Getty Images:** Chris Jackson (gol). **Rex Features:** Mauro Carraro (uM); (Mr). **138–139 Corbis:** Quadrillion. **140 Rex Features:** Nils Jorgensen (l, M, r). **141 Rex Features:** Tim Stewart News (gor, r). **142 Rex Features:** (Mlu). **142–143 Press Association Images:** Tony Harris / PA Archive. **143 Rex Features:** (goM, Mr). **144–145 Getty Images:** Tim Graham. **146 Alamy Images:** Heritage Image Partnership Ltd (ul). **Bridgeman Images:** National Gallery of Canada, Ottawa, Ontario, Canada / Phillips, Fine Art Auctioneers, New York, USA (Ml). **Press Association Images:** Anthony Devlin / PA Wire (Mo). **147 Alamy Images:** Terry Fincher (u). **Rex Features:** Simon & Schuster US (gol). **148–149 The Royal Collection Trust © Her Majesty Queen Elizabeth II 2015. 150–151 Corbis:** Courtesy of Ronald Reagan Library. **152 Getty Images:** Anwar Hussein (Mro). **Mirrorpix:** (ul). **Rex Features:** SIPA Press (Ml). **153 Corbis:** Jason Hawkes (ur). **Getty Images:** AFP (go). **154–155 Corbis:** Ralf-Finn Hestoft. **156 Alamy Images:** Dennis Hardley (uM). **Getty Images:** Cowper / Central Press (Mlo); Lichfield (ul). **157 Corbis:** Roger Antrobus. **158 Mary Evans Picture Library** (u). **The Royal Collection Trust © Her Majesty Queen Elizabeth II 2015:** (Ml, M). **159 Bridgeman Images:** English Photographer, (19th century) / Private Collection. **160 Getty Images:** Tim Graham (l, Mr). **161 Photoshot:** (ur). **Rex Features:** Glenn Harvey (gol); Tim Rooke (uM). **162–163 The Royal Collection Trust © Her Majesty Queen Elizabeth II 2015. 164 Corbis:** Pool Photograph (Mlu, Mru). **Dorling Kindersley:** Paul Self (gol). **Getty Images:** Stephen Hird / AFP (Mro). **165 Getty Images:** Alex Livesey (ul). **Mirrorpix:** Phil Harris / Daily Mirror (ur). **Rex Features:** Hugo Burnand / Clarence House (Ml). **The Royal Collection Trust © Her Majesty Queen Elizabeth II 2015:** (M). **166 Alamy Images:** Skyscan Photolibrary (Ml). **Corbis:** Michael Crabtree / Reuters (ur). **167 Corbis:** Demotix / Amer Ghazzal (goM). **Getty Images:** Matt Cardy (ur). **Rex Features:** (gol). **168 Corbis:** Norman Parkinson / Sygma (go). **Dorling Kindersley:** Reeman Dansie Auctioneers (ur). **169 Corbis:** Jeff J Mitchell / Reuters (ul); Reuters (gor). **Dorling Kindersley:** Paul Self (Mlo). **170–171 The Royal Collection Trust © Her Majesty Queen Elizabeth II 2015. 171 Alamy Images:** Realy Easy Star / Giuseppe Masci (uM); Rolf Richardson (Mru). **Corbis:** Andrew Milligan / PA Wire / epa (ur). **172 Rex Features:** Tony Kyriacou. **173 Corbis:** Pool Photograph (Mo). **Rex Features:** (ur). **174–175 Getty Images:** Carl De Souza. **176 Corbis:** Reuters (ul). **Photoshot:** UPPA (Ml). **177 Corbis:** Dave Evans / Demotix (ur); Pool Photograph. **178–179 Getty Images:** AFP. **180 Getty Images:** Tim Graham (ul). **180–181 Corbis:** Reuters (M). **181 Press Association Images:** David Jones / PA Archive (goM). **182–183 Corbis:** POOL / Reuters. **184 Corbis:** Phil Noble / Reuters (Mru). **Getty Images:** Tim Graham (Ml). **Rex Features:** SAC Faye Storer (ul). **185 Corbis:** POOL / Reuters. **186 Corbis:** John Stillwell / PA / POOL / epa (gor). **Rex Features:** Hugo Burnand / Clarence House (ul). **187 Corbis:** Chris Ison / epa (Mr). **Press Association Images:** Dave Thompson / PA Archive (l). **188 Dorling Kindersley:** Reeman Dansie Auctioneers (gol, Mlo, Ml, ul, uM, gur, ur). **188–189 The Royal Collection Trust © Her Majesty Queen Elizabeth II 2015. 189 Dorling Kindersley:** Reeman Dansie Auctioneers (gol, goM, gor, Mo, Mro, ur). **190 Getty Images:** Tim Graham (ul). **190–191 Getty Images:** Max Mumby / Indigo (M). **191 The College of Arms:** The conjugal arms of the Duke and Duchess of Cambridge. Reproduced by permission of the Kings, Heralds and Pursuivants of Arms (Mr). **Rex Features:** Ray Tang (uM). **192–193 Rex Features:** Senior Aircraftsman Daniel Herri. **194 Corbis:** (gol); Kerim Okten / epa (u). **195 Corbis:** Rune Hellestad (Mru). **Rex Features:** Vickie Flores / LNP (ul). **The Royal Collection Trust © Her Majesty Queen Elizabeth II 2015:** (go). **196–197 Getty Images:** WPA Pool / Pool. **198 Getty Images:** Tim Graham (ul). **198–199 Getty Images:** Chris Jackson (M). **199 The College of Arms:** The arms of HRH Prince Henry of Wales. Reproduced by permission of the Kings, Heralds and Pursuivants of Arms (uM). **Getty Images:** AFP (Mr); Chris Jackson (goM). **200 Alamy Images:** AF archive (Mlo). **Corbis:** John Stillwell / PA Wire / epa (r). **201 Getty Images:** Max Mumby / Indigo (ur). **Press Association Images:** John Stillwell / PA Archive (gor). **Roland Smithies / luped.com:** (Mlu). **202–203 Rex Features:** Zuma. **204 Getty Images:** Chris Jackson (Mr). **Rex Features:** Tim Rooke (ul); (Ml). **205 Rex Features:** (u). **206 Alamy Images:** Globe Photos / ZUMA Press, Inc. (ur). **Getty Images:** Hulton Archive (ul). **207 Getty Images:** Shaun Curry (gol); Max Mumby / Indigo (uM). **Rex Features:** TRH Duke & Duchess of Cambridge (Mr). **208 Getty Images:** Anwar Hussein (Mr); Samir Hussein (l). **209 Dorling Kindersley:** © Stamp Design Royal Mail Group Ltd (gor). **Getty Images:** Chris Jackson (gol). **Rex Features:** Tim Rooke (uM). **210 Dorling Kindersley:** Reeman Dansie Auctioneers (uM). **Getty Images:** WPA Pool / Pool (gol). **210–211 Getty Images:** WPA Pool / Pool (ur). **211 Getty Images:** Tim Graham (gol). **212 Getty Images:**WPA Pool / Pool (u). **213 Dorling Kindersley:** Bank of Jersey (Mlu). **Getty Images:** WPA Pool / Pool (gol, ur). **214–215 Corbis:** Pool Photograph. **216–217 Getty Images:** Ullstein Bild. **218 Corbis:** Hulton-Deutsch Collection (Mro). **Royal Mint Museum:** (ur, uM). **219 Getty Images:** WPA Pool / Pool (gor). **Rex Features:** Royal Mint (ur). **Royal Mint Museum** (goM, ul, gol, uM).

**Umschlagabbildungen:** *Vorderseite:* **Getty Images:** Mark Cuthbert/UK Press; *Rückseite:* Alamy Images: V&A Images (glu); **Getty Images:** Stringer/AFP (gro): Hulton Archive (Mro); Lisa Sheridan/Studio Lisa/Hulton Archive, Keystone-France/Gamma-Keystone (Mlu); Samir Hussein (Mu); **Dorling Kindersley:** Reeman Dansie Auctioneers (glo); **Rex Features:** Ray Tang (Mru)

Alle anderen Abbildungen © Dorling Kindersley

Weitere Informationen unter:
www.dkimages.com